DDR-Literatur im Tauwetter

Band II

DDR-Literatur im Tauwetter

Band II

Wandel – Wunsch – Wirklichkeit

Richard A. Zipser
unter Mitarbeit von
Karl-Heinz Schoeps

PETER LANG
New York · Berne · Frankfurt am Main

Library of Congress Cataloging in Publication Data
Main entry under title:

DDR-Literatur im Tauwetter.

Bibliography: v.
Contents: Bd. 1–2, Wandel, Wunsch, Wirklichkeit – Bd. 3, Stellungnahmen.
1. German Literature – Germany (East)   2. German
Literature – 20th Century.   3. Authors, German – Germany
(East) – Interviews.   4. German Literature – Germany
(East) – History and Criticism – Addresses, Essays,
Lectures.   I. Zipser, Richard A., 1943–   II. Schoeps,
Karl-Heinz, 1935–   . III. Title: DDR-Literatur
im Tauwetter.
PT3732.D19   1985   840'.8'09431   83-49516
ISBN 0-8204-0104-8 (Bd. I-II)
ISBN 0-8204-0136-6 (Bd. III)

CIP-Kurztitelaufnahme der Deutschen Bibliothek

DDR-Literatur im Tauwetter / Richard A. Zipser
unter Mitarbeit von Karl-Heinz Schoeps. – New York;
Bern; Frankfurt am Main: Lang

NE: Zipser, Richard A. [Hrsg.]
Bd. 2. Wandel – Wunsch – Wirklichkeit. – 1985.
   ISBN 0-8204-0104-8

305254

INHALTSVERZEICHNIS

SARAH KIRSCH

Foto: Roger Melis

Geboren 1935 in Limlingerode/Südharz als Tochter eines Fernmeldeme-
chanikers. Zuerst arbeitete sie in einer Zuckerfabrik, dann studierte sie Bio-
logie in Halle. Von 1963 bis 1965 war sie Studentin am Literaturinstitut Johannes R. Becher in Leipzig. Längere Zeit lebte sie als freischaffende
Schriftstellerin in Halle und Ost-Berlin; 1977 übersiedelte sie nach West-
Berlin. 1978–1979 hielt sie sich in der Villa Massimo in Rom auf. Zur Zeit
lebt sie in Bothel, BRD.

Werke:

Die betrunkene Sonne (Kinder-Hsp, 1963); Gespräch mit dem Saurier (G, 1965; zusammen
mit Rainer Kirsch); Landaufenthalt (G, 1967); Die Vögel singen im Regen am schönsten (G,
1968); Gedichte (1969); Zaubersprüche (G, 1973); Die Pantherfrau. Fünf unfrisierte Erzählungen aus dem Kassetten-Recorder (1973); Die ungeheuren bergehohen Wellen auf See (En,
1973); Es war dieser merkwürdige Sommer (G, 1974); Zwischen Herbst und Winter (K, 1975;
zusammen mit Ingrid Schuppan); Rückenwind (G, 1976); Musik auf dem Wasser (G, 1977);
Erklärung einiger Dinge (Dokumente und Bilder, 1978); Zwei poetische Wandzeitungen: Som-
mergedichte. Wintergedichte (1978); Katzenkopfpflaster (G, 1978); Drachensteigen (G, 1979);
La Pagerie (P, 1980); Hans mein Igel (K, 1980); Erdreich (G, 1982).

Worin sehen Sie das Ziel Ihrer literarischen Arbeit? Halten Sie es für erreichbar?

a) Neue Augen für die Mitmenschen, mit denen sie die Welt, wenn nicht
besser verstehen, so doch besser bestehen.
b) Ja.

Rückenwind

Wie er mich jagt, sein Schrei
Mich vorwärts trägt fünfundzwanzig
Windsbräute in der Sekunde
Den ganzen Tag, am Abend, und in die Nacht.
Ich komme zur Welt ich singe vor ihm
Jubel und Lachen: die Finger
Des himmlischen Kinds auf meiner Schulter.
Und hör ich die Stimme des Einen
Von großer Schönheit
Dreht sich der Gegenwind, ich fliege
Und immer zu ihm
Klopfendesherz wie das Haus schwankt

Der Meropsvogel

Der große
Sehr schöne Meropsvogel
Fliegt schon im Frühjahr kaum zeigt sich ein Blatt
Davon in den Süden wo Schatten
Höchst senkrecht fallen der Stein
Warm wie meine Augen-Blicke auf ihn

So hab ich gelernt: groß ist er stark schön wie
Ein Mensch und weiß man von ihm
Hört die Sehnsucht nicht auf. Er fliegt doch er sieht
Fliegend zurück, er entfernt sich, nähert sich trotzdem.
Über die Augen. Das Blut. Zum Herzen. O schöne Sage! Ein
Springen von Stein zu Stein; Hoffnung
Wo Raum und Zeit sich
Zwischen uns legen. Und kommt er wieder? Er kommt.
Herangesehnt zurückgewünscht erwartet erwartet
So blickt er fliegend zurück, mich nicht an.
Er naht er entfernt sich.

Das Waldsanatorium

Nicht mehr hoffen und klagen. Auf dem Rücken
Liegen wie ausgestopft, verstarrte Augen.
Erinnerungskino: als wir
Langsam in einem Mantel gehen und fliegen.
Die Ohren für andres ertaubt
Erinnern den einzigen Klang deiner Stimme
Das Gedächtnis erschafft dich in deiner Bewegung.
Du winkst mich
Mit einem Lidschlag dir hin. Grauköpfig
Durchsegelt die Krähe den Augen-Blick.

Im Sommer

Dünnbesiedelt das Land.
Trotz riesigen Feldern und Maschinen
Liegen die Dörfer schläfrig
In Buchsbaumgärten; die Katzen
Trifft selten ein Steinwurf.

Im August fallen Sterne.
Im September bläst man die Jagd an.
Noch fliegt die Graugans, spaziert der Storch
Durch unvergiftete Wiesen. Ach, die Wolken
Wie Berge fliegen sie über die Wälder.

Wenn man hier keine Zeitung hält
Ist die Welt in Ordnung.
In Pflaumenmuskesseln
Spiegelt sich schön das eigne Gesicht und
Feuerrot leuchten die Felder.

Niemals verzogen

Mein Bruder
Hat wirres Haar, wir wohnen
Tief im Waldgebirg
Kurz vor dem Dreißigjährigen Krieg unsere Münder
Reden die klügsten Dinge

Tucholsky-Straße

Aus meiner steinreichen Gegend
In dieses schwindsüchtige Viertel.
Kleine Fleischerläden, vorher
Chamisso, das steinige Lockenbild.
In Evas Küche Töpfe auf dem Klavier.
Offene Bilder und geschlossene Wände. Grün
Wucherts aus platzenden Blumenvasen
Allerhand Hexenkraut
Rab von der Decke.
Wär ich die Malerin, ich malte
Meinen Geliebten erstmal als Einhorn
Und abermals unter blühenden Bäumen
Leibhaft wie er herkommt
Zweige aus allen Gliedern

WOLFGANG KOHLHAASE

Foto: Barbara Morgenstern

Geboren 1931 in Berlin als Sohn eines Schlossers. 1947 begann er als Journalist bei der Jugendzeitschrift *Start.* 1950–1952 war er Dramaturg bei der DDR-Filmgesellschaft DEFA, dann freischaffender Schriftsteller in Ost-Berlin. Im Herbst 1979 war er Gastschriftsteller an der University of Iowa, USA. Kohlhaase ist Drehbuch-, Hörspiel- und Fernsehautor, auch Erzähler und Dramatiker.

Werke:

Alarm im Zirkus (F, 1954); Eine Berliner Romanze (F, 1956); Berlin – Ecke Schönhauser (F, 1957); Der Fall Gleiwitz (F, 1961); Ich war neunzehn (F, 1968; zusammen mit Konrad Wolf); Fisch zu viert (Hsp, 1969, auch Fsp); Fragen an ein Foto (Hsp, 1970); Ein Trompeter kommt (Hsp, 1972); Der nackte Mann auf dem Sportplatz (F, 1974); Die Grünstein-Variante (Hsp, 1976); Mama ich lebe (F, 1977); Silvester mit Balzac (En, 1977).

Worin sehen Sie das Ziel Ihrer literarischen Arbeit? Halten Sie es für erreichbar?

Ich schreibe, um etwas herauszufinden über Menschen und um es weiter zu erzählen. Ich möchte meinen Nachbarn zum Lachen oder zum Weinen bringen und zum Staunen. Ich möchte Menschen Mut machen. Ich halte das, wenn man den Mut nicht verliert, für erreichbar.

Worin besteht das Neue auf dem Friedhof?

Die Straßen waren glatt, es schneite die ganze Zeit. Wir vermieden es, über den Anlaß unserer Fahrt zu sprechen. Nur einmal sagte mein Vater: «So geht einer nach dem anderen.»

Vor dem Haus am Rand der Siedlung, hinter der die Haffwiesen beginnen, standen schon zwei Autos, ein Skoda und ein Trabant. Drei Nachbarkinder sahen neugierig zu, wie wir ausstiegen. Meine Mutter und Tante Hedwig waren steif vom langen Sitzen. Die Blumen ließen wir im Wagen.

Als wir den Hof betraten, sah uns meine Tante Lene durch das Küchenfenster, und wir sahen sie: ihre Augen leuchteten freudig überrascht, ihre Stimme kreischte jugendlich: «Die Berliner sind da.»

Aber gleich darauf, drinnen, als die Frauen sich umarmten, weinte sie und schniefte durch die Nase. Ich drückte ihr die Hand, ebenso meinem Cousin und meiner Cousine, die ich zehn Jahre nicht gesehen hatte, und brachte es nicht fertig, «Herzliches Beileid» zu sagen. Meine Cousine hatte einen Mann, ihren zweiten, den ich nicht kannte, und einen Sohn, den ich einmal gesehen hatte, als er im Garten spielte. Jetzt diente er in der Armee und hatte einen Tag Sonderurlaub. Auch mein Cousin war verheiratet, seiner Frau war ich nie begegnet. Wir begrüßten uns alle freundlich, in komischer familiärer Fremdheit, redeten Belangloses (der Straßenzustand bot sich an), stolperten über das ungewohnte «Du» und ließen den Grund unserer Anwesenheit unerwähnt.

«Hoffentlich reicht das Essen», rief Tante Lene in der Küche und lief geschäftig hin und her und legte noch zwei Scheiben Fleisch auf die Pfanne. Die Frauen stellten Teller und Schüsseln auf den ausgezogenen Tisch. Wir zwängten uns in dem kleinen Zimmer auf unsere Stühle und wünschten uns guten Appetit.

Der Platz meines Onkels Rudolf blieb nicht frei. Dazu war es zu eng. Wo er immer gesessen hatte, am Kopfende, gegenüber dem Fenster, saß nun, wie es wohl richtig war, Tante Lene, seine Witwe. Als wir uns mit übertrieben höflichem «Bitte» und «Danke» die Schüsseln zureichten, um unsere Verlegenheit zu überspielen, als wir zu essen begannen, dachte vielleicht jeder an ihn. Dort hatte er gesessen, mit rotgeädertem Gesicht und hellblauen Augen. Dort saß er, erzählte mit langsamem Temperament Geschichten, machte Späße auf Kosten seiner Frau, hörte nicht auf zu lachen, solange sie nicht aufhörte, zu schimpfen, goß seinen selbstgemachten Wein ein, und seine kranke rechte Hand bewegte sich täppisch auf dem Tisch.

Wir aßen, und Tante Lene liefen die Tränen über das Gesicht, weil sie berichtete, wie es ihm zuletzt gegangen ist. Er hat die Schmerzen nicht aushalten können und hat verlangt, daß sie ihm einen Ziegelstein auf den Kopf schlagen soll. Aber Weihnachten hat er noch am Fenster gesessen und hat sich über die Kinder geärgert, die mit dem Schlitten gegen seinen Zaun gefahren sind; Jahr für Jahr war es dasselbe. «Seit dreißig Jahren hat er sich darüber geärgert», sagte Tante Lene. Und dann sagte sie, beruhigt über den Tisch blickend: «Seht ihr, es hat für alle gereicht, Gemüse und Kartoffeln sind sogar noch übrig.»

Der Weg war vereist, so daß die Frauen sich einhakten. Vor dem Friedhofstor war eine Rodelbahn, aber die Kinder fuhren geschickt und rücksichtsvoll um uns herum. Ich wickelte unsere Blumen aus und steckte das Papier in die Tasche. Die Kapelle war geheizt.

Wir setzten uns auf die Stühle rechts vom Sarg und warteten. In den Fensternischen brannten Kerzen. Nach und nach kamen andere Trauergäste und setzten sich auf die linke Seite, meist ältere Leute mit den Mienen maßvoll mittrauernder Nachbarn, dann zwei Männer in Postuniformen und eine üppige Frau in Skihosen und einer Postjacke. Eine andere Frau in einem Pelzmantel erschien, ging routiniert in die Tiefe der Kapelle, stellte ihre Handtasche auf das Harmonium, setzte sich davor, holte ein Tuch aus der Handtasche und wischte sich die Nase. Ein jüngerer Mann in einem schwarzen Anzug, der ihm zu knapp geworden war, trat ein und drückte den Leidtragenden in der ersten Reihe in stummer Anteilnahme die Hand. Ich saß in der zweiten Reihe. Der Mann hatte, hinter einer Brille, erschrokkene Augen, er trug eine rote Kunstledermappe in der Hand, an seinem Revers sah ich das Abzeichen der SED. Das Harmonium fing an zu spielen. Als es endete, trat der Mann im schwarzen Anzug an seinen Platz am Kopfende des Sarges, schlug seine Mappe auf, und begann zu reden, und was er redete, las er ab.

«Wir haben uns zusammengefunden aus traurigem Anlaß. Wir haben Abschied zu nehmen von Rudolf L., dem Mann, dem Vater, unserem lieben Kollegen und Genossen . . .»

Er sprach schnell und leise und wirkte unsicher. Erst jetzt wunderte ich mich, warum eigentlich kein Pfarrer da war. Und ich erinnerte mich undeutlich, daß Onkel Rudolf vor langer Zeit aus der Kirche ausgetreten war, aus Gründen seines Weltbildes und ein wenig auch aus Gründen der Sparsamkeit. So gab es also keine Predigt, sondern eine Rede, eine leise vorgelesene Rede. Und es fehlten ihr jene Wendungen, die das Unabänderliche verklären und die das Gemüt so seltsam anrühren, auch wenn wir nicht glauben.

Nicht der Gottesknecht Rudolf L. hatte seinen Erdenwandel nun beschlossen und war eingegangen in den Herrn nach unerforschlichem Ratschluß, sondern der Postangestellte Rudolf L., wollte man dieser Rede glauben, war einfach gestorben. Der Mann im schwarzen Anzug gab sozusagen eine kurze Einschätzung des Hingangs meines Onkels Rudolf. Er kennzeichnete die Pflege, die Tante Lene ihm hatte angedeihen lassen, als aufopfernd, wenn auch am Ende vergebens, die Überführung in das städtische

18

Krankenhaus war nicht länger vermeidbar gewesen, die dortige Behandlung erfolgte nach besten Kräften, doch auch sie konnte nicht verhindern, daß der Erkrankte, der sich den Umständen nach tapfer verhielt, in einer Mittwochnacht, um zwei Uhr dreißig, verstarb. Es folgte ein Goethezitat tröstenden Charakters, dann wandte sich die Rede dem Lebensweg des Toten zu, der schon im Jahr 1911 aus hinterpommerscher Kleinstadt nach Berlin gezogen war, um dort das Schlosserhandwerk zu erlernen. Zwei Jahre später trat er dem deutschen Metallarbeiterverband bei. Dann aber mußte er, sagte die Rede, in den vom Imperialismus verbrecherisch vom Zaun gebrochenen Krieg ziehen, wo er eine schwere Verwundung erlitt, die ihm die weitere Ausübung seines Berufes verbot.

Ich weiß nicht viel von Onkel Rudolf, aber von dieser Verwundung, die er sich in Frankreich holte, hat er mir erzählt. Er hatte den Arm voller Handgranatensplitter. Auf einem Pferdewagen fuhr man ihn zurück. Als er endlich auf dem Verbandplatz ankam, in einem Schuppen, saß da der Arzt am Tisch, rasierte sich und sah ihn gar nicht an. Da verlor Onkel Rudolf, siebzehnjährig, halb verrückt vor Schmerz die Beherrschung, er schrie: «Ich halte es nicht mehr aus. Können Sie sich nicht später rasieren?» Zur Strafe ließ man ihn zwei Tage mit seinem Notverband liegen, bis die Maden aus dem blutigem Mull krochen. Der Arm wurde nicht wieder, er blieb dünn und steif, seine Jacke konnte sich Onkel Rudolf niemals mehr allein anziehen.

Auf Grund seiner Verletzung bekam er eine Stellung als Briefträger, das galt als Beamtenlaufbahn. Einarmig lenkend fuhr er mit dem Rad die Post in die Haffdörfer, seit 1925, ein Leben lang. Er heiratete, er zeugte vier Kinder, zwei starben. Erst lange nach dem zweiten Krieg kam er in den Innendienst. Hier hole ich die Rede wieder ein. Sie würdigte seine Arbeit am Paketschalter, die vorbildlich gewesen ist, er war ein allseits geschätzter Kollege, dies gelte auch für sein Auftreten als Genosse.

Onkel Rudolf, möchte ich einfügen, war nicht das, was man einen politischen Kopf nennt, kein Diskutierer, kein Analytiker, kein Motor des gesellschaftlichen Fortschritts. Er besaß keinen Fernsehapparat, doch las er seine Bezirkszeitung und hörte Radio. Daß er als alter Mann auf seinem Amt in die Arbeiterpartei eintrat, konnte seine Postlaufbahn nicht mehr ändern. Es war wohl einfach die gründlich zusammengerechnete Summe aus vielen Ziffern seines Lebens. Warum, nach allem, sollte er, als man ihn danach fragte, da nicht eintreten? Ehe sein letzter Mittwoch anbrach, Tante Lene hat es mir erzählt, kam der Schmerz, der ihn immer begleitet hatte, übermächtig aus seinem entstellten Arm gekrochen und besetzte seinen Körper. Onkel Rudolf schrie erbärmlich, ein halbes Jahrhundert, nachdem er verstümmelt worden war.

Wenn der Pfarrer spricht, ist es leicht zu weinen. Er weiß viele Gleichnisse auf das Geheimnis des Todes, vor dessen Größe die Welt nichtig erscheint, unsere Zeit in ihr flieht schnell dahin. Der Pfarrer kennt die Wirkung seiner Worte, die seit langem erprobt sind. Auch seine Stimme ist geübt.

Der Mann mit der Kunstledermappe erinnerte sich vielleicht an die Melodie des gepredigten Wortes, denn er versuchte, sie nachzuahmen, indem er seine Rede in einem sanften Gleichklang vortrug, der zu ihrem Text nicht recht paßte. Ich blickte traurig auf die gefugten Bretter, hinter denen Onkel Rudolf lag, ohne daß er sagen konnte, ob ihm die Feier gefiele. Aber alles in allem wäre sie ihm sicher recht gewesen, denn er hat sich mit dem Gegebenen einrichten müssen.

Einmal habe ich ihn an seinem Schalter besucht, es sah ungeschickt aus, wie er mit der linken Hand schrieb. Einmal haben wir in einer Blechtonne Aale geräuchert, die er manchmal von den Fischern bekam.

Einmal sind wir über die Wiesen an der Ücker gegangen, aber ich weiß nicht mehr, was wir uns erzählt haben. Ich weiß wenig von ihm, wirklich. Aber daß nun, wo feierlich und betrüblich von seinem Leben die Rede war, das Wort «Imperialismus» gesprochen wurde und kein Wort wie «unerforschlich», das hat er, glaube ich, verdient. Der junge Mann im schwarzen Anzug ließ, was das angeht, dem alten Mann in der Holzkiste Gerechtigkeit widerfahren. Der schüchterne, ungeübte junge Mann war, genau besehen, ein mutiger Mann, denn was seit undenklicher Zeit auf eine bestimmte Art gesagt worden ist, sagte er auf eine andere Art. Den Blick nicht von seiner Mappe hebend, besorgt, sich nicht zu verlesen, stand er ängstlich für unsere mutige Sache an einem Ort, der einem kaum einfällt, wenn man an die Revolution denkt.

Am Ende hob der Redner beherzt die Stimme und rief etwas, das sich reimte, aber man verstand es nicht, weil zugleich das Harmonium einsetzte. Sechs rüstige alte Männer traten ein und nahmen ihre schwarzen Zylinder ab. Sie trugen die Kränze fort, einer brachte eine Deichsel und befestigte sie an einem Wagen, den man erst jetzt bemerkte. So zogen sie den Sarg hinaus.

Wir folgten ihm einen Weg entlang, der mit Pappeln gesäumt war, bis zu einem Platz, von dem aus man über die Wiesen sah. Die Träger senkten den Sarg in die Grube, an deren Rand noch einmal der Redner trat. Er schlug wieder seine Mappe auf und blickte hinein und sagte, man könne den Angehörigen durchaus nachfühlen, daß dies eine schwere Stunde sei. Ich sann dem Wörtchen «durchaus» nach und sah, wie der Redner fror, denn er hatte keinen Mantel an. Er äußerte die bestimmte Vermutung, daß die Familie sicher noch oft diesen Ort aufsuchen werde, um des Verstorbenen zu gedenken. So gab er eine gewisse Orientierung für die Zukunft. Dann klappte er die Mappe zu und sprach den schönen alten Satz: «Ruhe in Frieden.»

Wir warfen drei Hände Erde ins Grab, nicht im Namen des Vaters, des Sohnes und des Heiligen Geistes, aber in wessen Namen dann?

20

Mysterium der Zahl drei? Oder einfach drei Atemzüge Zeit, um jemand nachzublicken, der zu unseren Füßen verschwindet?

Tante Hedwig schluchzte, meine Mutter war still und gefaßt; von elf Geschwistern waren sie nun noch vier. Nach dem Händeschütteln gingen die Leute schnell fort, wir folgten ihnen langsamer. Mein Cousin sagte, der richtige Redner habe nicht kommen können. Es gäbe einen in der Kreisleitung, der die Reden halte, wenn ein Genosse begraben würde, aber der sei heute über Land, wo sich ein vierzigjähriger Mann erhängt habe, und niemand habe am Grab eines Selbstmörders sprechen wollen. So war zu Onkel Rudolfs Trauerfeier ein Vertreter gekommen, der sich zum ersten Mal vor so einer Aufgabe sah. «Der Inhalt war gut», sagte mein Vater, «aber es war zu leise. Wer von den alten Leuten soll denn noch so gut hören?» Er sagte, daß er sich einen Zwischenruf mit Mühe verkniffen habe.

Vor der Kapelle sammelten sich Leute für die nächste Beerdigung, vor dem Friedhofstor fuhr ein leuchtend gelbes Postauto ab, der Redner aber wartete auf uns und fragte Tante Lene, wie es ihr gefallen habe. Es habe ihr gut gefallen, sagte Tante Lene. Mein Vater aber rief noch einmal: «Der Inhalt war gut. Aber es war zu leise.» Er sagte auch, daß sie in Berlin die Gruben tiefer machen würden.

Dann saßen wir wieder am Tisch und tranken wohltuend heißen Kaffee und aßen Streuselkuchen, der Tante Lene immer so gut gelingt, weil sie ihn mit Hefe und Pulver backt. Und wie immer fragte jemand erstaunt: «Beides? Hefe und Pulver?» Mein Cousin erzählte, daß sein Vater, als er ihn zum letzten Mal besucht habe, am Sonntag vor acht Tagen, noch etwas habe sagen wollen, er habe immerzu die Lippen bewegt, aber zu verstehen war nichts. Jemand meinte, es sei wenigstens gut, daß jetzt das Frühjahr käme, da sei es für Tante Lene nicht so schwer. Sie nahm den Gedanken auf. «Ach», rief sie zuversichtlich, «ich habe die Hühner und den Garten, da habe ich schon meine Beschäftigung.»

Die Straßen waren glatt wie am Morgen, es schneite wieder. Die Flocken wirbelten im Scheinwerferlicht. Ich dachte verwundert, daß ich, in der Mitte der Jahre, den Tod noch immer nicht verstand.

GÜNTER KUNERT

Foto: Wolfgang Fischer

Geboren 1929 in Berlin. Wegen teilweiser jüdischer Abstammung war er vom Wehrdienst im Dritten Reich ausgeschlossen («wehrunwürdig»). 1946–1948 studierte er fünf Semester an der Hochschule für angewandte Kunst in Berlin-Weißensee. Seit 1947 ist er freier Schriftsteller. Nach der Veröffentlichung einiger satirischer Gedichte im *Ulenspiegel* wurde er von Johannes R. Becher gefördert. 1949 trat er in die SED ein. In die Jahre 1951–1952 fällt seine Bekanntschaft mit Bertolt Brecht. Kunert hielt sich mehrere Male im Ausland auf, so 1972 als Gastprofessor an der University of Texas, USA, und 1974–1975 als Gastdozent an der University of Warwick, England. 1977 wurde Kunert aus der SED ausgeschlossen; seit 1979 lebt er in der BRD.

Werke:

Wegschilder und Mauerinschriften (G, 1950); Unter diesem Himmel (G, 1955); Bostoner Ballade (Hsp, 1955); Denkmal für einen Flieger (Hsp, 1958); Tagwerke (G, 1961); Das kreuzbrave Liederbuch (G, 1961); Fetzers Flucht (Hsp, 1962); Monolog für einen Taxifahrer (F, 1962); Erinnerung an einen Planeten (G, 1963); Tagträume (P, 1964); Der ungebetene Gast (G, 1965); Verkündigung des Wetters (G, 1966); Unschuld der Natur (G, 1966); Im Namen der Hüte (R, 1967); Die Beerdigung findet in aller Stille statt (En, 1968); Poesiealbum 8 (G, 1968); Kramen in Fächern (P, 1968); Betonformen. Ortsangaben (P, 1969); Abschied (F, nach dem Roman von Johannes R. Becher, 1969; zusammen mit Egon Günther); Warnung vor Spiegeln (G, 1970); Notizen in Kreide (G, 1970); Ortsangaben (P, 1971); Tagträume in Berlin und andernorts (P, 1972); Offener Ausgang (G, 1972); Die geheime Bibliothek (P, 1973); Gast aus England (E, 1973); Im weiteren Fortgang (G, 1974); Der Hai (En, 1974); Der andere Planet. Ansichten von Amerika (P, 1974); Der Mittelpunkt der Erde (P, 1975); Das kleine Aber (G, 1975); Berliner Wände (Bildband, 1976); Kinobesuch (En, 1976); Jeder Wunsch ein Treffer (K, 1976); Keine Affäre (En, 1976); Warum schreiben (Es, 1976); Unterwegs nach Utopia (G, 1977); Ein anderer K (Hsp, 1977); Camera obscura (P, 1978); Verlangen nach Bomarzo (G, 1978); Ein englisches Tagebuch (1978); Heinrich von Kleist – ein Modell (Es, 1978); Die Schreie der Fledermäuse (S, 1978); Ziellose Umtriebe. Nachrichten vom Reisen und Daheimsein (1979); Unruhiger Schlaf (G, 1979); Acht bunte Blätter (Malerei, 1979); Kurze Beschreibung eines Momentes der Ewigkeit (P, 1980); Abtötungsverfahren (G, 1980); Verspätete Monologe (P, 1981); Diesseits des Erinnerns (Es, 1982); Stilleben (G, 1983).

Worin sehen Sie das Ziel Ihrer literarischen Arbeit? Halten Sie es für erreichbar?

Ich meine, daß es für Literatur eigentlich kein Ziel gibt, also auch keine Zielvorstellung. Und so gibt es für mich auch kein Ziel, das ich erreichen möchte. Ich wüßte gar nicht, was für ein Ziel ich erreichen sollte. Ich mache das, was ich für notwendig halte, ich schreibe das, was ich schreiben muß. Das ist auch nicht von vornherein bestimmt und festgelegt, weil ich ein flexibles Wesen bin und auch die Zeiten etwas stark diskontinuierlich Verlaufendes sind, so daß sich auch manchmal das ändert, was notwendig ist, oder die Notwendigkeiten weichen voneinander ab. Und wenn man schon davon reden will, ob man erreicht, was man erreichen möchte, so ist das nicht etwas Äußerliches, sondern das, was man immer anstrebt: eine Vervollkommnung im Schreiben, in der Umwandlung dessen, was man empfindet, denkt oder auch ist oder nicht ist, in Literatur. Das erreicht man manchmal, leider nicht immer: daß man sich selber maximal in einen Text verwandelt, damit man sich verfremdet wiedererkennt und wiederbegegnet als ein anderer, der man selber ist.

Ballade vom Ofensetzer

Wie flink seine Hände, wie elegant sein Griff in den Lehm! Wie bewundernswert die kühne Sicherheit, mit der Albuin Kachel auf Kachel fügt, welche im Geviert um ihn, den fleißigen Ofensetzer, geschwind aufsteigen, bis er Mühe hat, das Bein über eine der brüstungshohen Wände des halbfertigen Wärmeturmes zu heben und auszusteigen. Von außen dann vollendet er seine Arbeit, die darin gipfelt, daß unter einem sanft geführten Lappen der Glanz der Lasur leuchtend aufstrahlt.

Einmal verpaßte er den Moment des Aussteigens, versunken ins eigene Werk, blind vom Schöpfertum. Der Ofen wächst und wächst. Und als Albuin die Platte zu seinen Häupten einsetzt und überraschend Dunkelheit ihn umfängt, da erst erlischt der Schaffensrausch, da erst merkt der Ofensetzer, was ihm geschehen ist.

Schon klingen draußen Stimmen auf: der Meister mit einigen Gesellen steht vor Albuins Werk, das sie neidvoll bewundern, wie der Gefangene hört: Was für ein herrlicher Ofen! Über alle Maßen maßgerecht gefügt! Beim bloßen Anschauen wird einem warm ums Herz!

Albuin geniert sich, seine Anwesenheit innerhalb der eigenen Schöpfung laut werden zu lassen, doch die anderen entdecken ihn sogleich, als einer probehalber die Feuerklappe öffnet.

Die Stimmen schweigen. Endlich ruft ihn der Meister an, traurigen Tones und kläglich fragend, was nun eigentlich werden solle? Albuin will antworten, da beginnen die Gesellen laut und eindringlich diesen außerordentlich gelungenen Hitzespender zu preisen; wahrscheinlich Albuins bestes Stück, das er kaum werde übertreffen können. Sollte man dieses etwa abreißen?

Die Huldigung verklebt Albuin die Lippen. Ehe er sie aufbekommt, wird draußen bereits gefragt, ob er denn nicht die Menschen liebe: im allgemeinen, und im besonderen jene, die morgen in diese Wohnung hier einzögen und die ein augenblicklicher Ofenabriß dem Frost auslieferte und damit Krankheit, Not und Tod.

So ist es! dröhnt die Stimme des Meisters: Genauso ist es! Willst du das, Albuin? Bist du so einer, der das will?!

Bevor Albuin eine Erwiderung einfällt, kniet der Meister vor dem Ofen und flüstert ins Feuerloch: Ob Albuin außerdem die Schande bedenke, falls bekannt würde, die Ofensetzer seien derart unfähig, daß sie wieder zerstörten, was sie eben erst errichtet? Die Gilde könne sofort die Stadt verlassen. Hier gebe es keine Arbeit mehr für sie. Willst du das, Albuin?

Während Albuin noch überlegt, was er nun wirklich wolle und ob er tatsächlich so einer sei, wie man draußen fürchtet, fühlt er, wie sich Knüllpapier um seine Knöchel häuft. Holzstücke schieben sich kratzend zwischen

Hosenbein und Haut. Das Raunen außerhalb der dämpfenden Kacheln erhebt sich zum schallenden Lob Albuins, des großen Ofensetzers, des uneigennützigen, dessen eigene Kehle dagegen nicht aufkommt. Dieses und jenes zusammen übertönen das schwache Schnappen eines Feuerzeuges, das helle Knistern und alles Weitere, das nicht ahnt, wer in diesem Zimmer hausen wird, gut gewärmt und fröhlich gestimmt durch das anheimelnde Geräusch, welches ein kräftig flackerndes Feuer hervorbringt.

An Alphabeten

Schwärme von Insekten
Schwärme von eilfertigen Hinweisen
dringen ein
durch Türen und Fenster und Ohren
Ungeziefer entbirgt sich
bedrucktem Papier

Es gibt Termiten
die sind in Wahrheit Wörter
die in Wahrheit Termiten sind

Und eines kommenden Tages
zerbröckelst du einfach und plötzlich
und bildest
einen gewissen Staub auf dem Parkett
der Weltgeschichte.

Nachrichten aus der Provinz

Die ganz tiefen Zerstörungen
reichen bis unter die Oberfläche und bleiben
vorerst unsichtbar.
Eingesunken die Orte mancher Begegnung.
Inmitten der Ebenen stufige Brüche
unausgelotet. Hügelig wächst das Gras
aber es sind darunter eben Gräber.
Fassaden stehen noch doch
hinter den Gardinen schon nichts. Und
das Furnier klebt spekulativ
auf abwesendem Holz.

Wahr ist gar nichts mehr:
sobald du die Tür öffnest
befindest du dich nirgendwo. Schlage ein Buch auf
es enthält leere Worte.
Dein Bruder ist eine Hülle geworden
und geht so leicht umher
wie bestimmtes Papier. Wenn sich
die Früchte öffnen
fallen Welten zu Boden die nie blühen werden:
die Mühen der Zerstörung
haben den Kern erreicht der aussieht
wie ein Gehirn
winzig und zwischen Daumen und Zeigefinger
leicht zu zerbröckeln.

Die Verursacher

Es kommen Leute mit großen Wunden
unaufhörlich blutend und tragen
sie in ihre Büros
in ihre Betten und in andere
mit unverständlicher Würde
schweigend oder bloß
örtlich betäubt

Es kommen Sterbende
und fallen in die Parkettsitze
Frisiersessel Bankreihen
auf die ständig verschmutzten Plätze
der S-Bahn
und verschwinden in der Abstraktion

Es kommen
unsere Brüder und Schwestern
Menschen und Unmenschen
sie schleppen ihre Seelen hinter sich her
verheerend wie Abgas
und verlieren alle Kontrolle
über sich an andere
Brüder und Schwestern Menschen und
Unmenschen

Es kommen die drei
apokalyptischen Begleiter
Hoffnung Zweifel und Gewohnheit

Es kommen täglich klägliche
Millionen

Es kommen mehr und immer mehr
sie treten auf und übereinander
hinweg
und werden zum Gebirge
das einfach einsinkt eines Tages

um das altbekannte Donnerwort zu bilden
unhörbar unleserlich und
und und.

.

Nahwest oder: Fern im Okzident

Die Schweiz
ist mir ein böhmisches Dorf:
es muß da Berge geben und
einen gewissen Dialekt
aus dem Nachlaß von Wilhelm Tell:
ein Kunstschütze, wie hier in Weimar
jemand schrieb. Seitdem
soll jedoch die Kunst dort
weniger bedrohlich verübt werden.
So finde ich
Max Frisch ganz friedlich,
zumindest saß er völlig unbewaffnet
in unserem Wohnzimmer und trank
Rotwein: das
kann natürlich Verstellung gewesen sein
und er ballte oder spannte
unterdes die Armbrust schon
in der Brusttasche.

Man weiß zuwenig
von diesem Land, seinen Bräuchen
und Bewohnern, weil sie immer
behaupten, sie wären im Grunde
ganz anders, wenn man einen trifft:
ich meine: nicht ballistisch.

Eine Metapher

Bäuche und was darinnen ist
das hilft uns weiter. Schoß auf Schoß
sich hebend und senkend
verbieten die Gesetze in Gartenrestaurants
aber jedoch.
Unsere Welt besteht nicht aus Marmor
eher aus Bruchstück und Kaltleim
und es heißt: Das geschähe uns recht.

Wenn ich dich ansehe:
Gestühl deine innigen Beine
deine Wirbel die Leiter für den
und jenen und wieder: den.

Denn wozu geschieht
daß dein Fleisch einmal friert und
einmal schwitzt und einmal zerfällt.
Ob man Blut trinken könne
fragt sich der Einsame und Machtlose
doch das ist keine Frage.

Nämlich solange
klein wie sie sind die Geister
auf unseren schwermütigen Nasen
miteinander verkehren und ins Gegenteil
dauernd ihr windiges Wort.

Lagebericht

Alles ist möglich und
gleichzeitig ist alles unmöglich.
Nur noch Natur
ist uns geblieben oder was
von ihr geblieben ist. Um uns
geruhsame Steine von seligen Vorläufern
deren Zukunft
bis zum Jenseits gereicht hat.

Unser ist der Tag
der keinem gehört. Wir sitzen
im schwarzen Licht
essen Gift trinken Säure
wir denken wir leben
und verschieben die Folgen
auf Morgen
wo wieder mehr möglich ist
und noch mehr unmöglich
wo wir alle so sind
wie alle sein werden:

fernerhin Stückwerk
trostlos unaufgehoben
endgültig unnütz
der Rest
der verschwiegen wird.

Venedig II

Nach dem Untergang Venedigs
werden sie sagen
(ihr wißt schon wer)
es hat nie eine Stadt
auf einer Lagune gegeben

Alles Erfindung

Und wer da Byzanz überfiel
das waren die Deutschen
wie von jeher
(Fränkische Ritter am Fallschirm)
Legenden beschreiben nur
einen erdachten Ort
Es ist bloß ein Begriff
für eine kanalisierte Anlage
doch nach einiger Zeit
am Horizont des Vergessens
tauchen die Kuppeln von San Marco auf
der Dogenpalast
die Piazetta mit den zwei Säulen trotzdem
und
die Gefängnisse füllen sich
mit Leuten die glauben
auf dem Canale Grande gefahren
zu sein.

Zur Archäologie unseres Verschüttetseins

Regen und wieder Regen
Krieg und wieder Krieg
Eins gnädig eins gnadenlos
einmal Natur aus erster einmal
aus zweiter Hand

Ein Zug fährt wieder
nach dreißigjährigen Kämpfen
die alte Strecke wie vordem
Ruinen verschwinden
aber mit ihnen die Welt
wie sie war

Nie nehmen wir wirklich Abschied
von unserer Vergangenheit
denn ehe wir zu ihr kommen
zerfiel sie
zu Staub und Asche irgendwo
als sie noch Gegenwart hieß

Auch würden wir gerne die Toten
einmal umarmen wären sie nicht schon
zu Worten verarbeitet worden
langen Gebinden aus Worten
die keine Gestalt mehr bezeugen

Hätten wir die Stimmen des Sterbens
festhalten können unser Ohr wäre kaum
so ertaubt vom Reden
Manchmal sind die Dinge
undurchdringlich manchmal glasklar
aber so wie Scherben
bevor man sich an ihnen verletzt
und verblutet.

Stille

Verschiedene Sorten von Stille
kostbar
wie die letzten Exemplare
ausgestorbener Arten:

Vertriebener Jahreszeiten
stadtfernes Schweigen

Münder auf Fotografien
seltsam wortlos und überflüssig
im Gegensatz zu den Augen
den Verrätern des Unmittelbaren

Stille verlassener Keller
aufgegebener Höhlen
vergessener Ruinen
Stille von leeren Kartuschen
sandbedeckten Gruben
weit verstreuten Gebeinen der Tiere
der Menschen

doch die deutlichste Stille
entbietet allen der Staub

Rarität
im Kosmos aus lauter Lärm
im Gedröhn vergeblicher Greuel.

Geschichte II

Auf Blättern aufbewahrte
ferne Vergangenheit: der Tote
der niemals fault
den nichts wiedererweckt

Aufbewahrtheit des Baumes
als Asche

Steiles Schwarz
aber noch leserlich
auf der pergamentenen Zartheit
alter Haut jener
insichverkrümmten und stark
verwickelten Mumie

von der es heißt: sie sei
unser Lehrer
in diesem Zustand
erst.

REINER KUNZE

Foto: Klaus Pester

Geboren 1933 in Oelsnitz/Erzgebirge, in der Nähe der tschechoslowakischen Grenze, als Sohn eines Bergarbeiters. Nach dem Philosophie- und Journalistikstudium in Leipzig (1951–1955) war er wissenschaftlicher Assistent mit Lehrauftrag an der Universität Leipzig (1955–1959). Er wurde aus dem Universitätsdienst entlassen und arbeitete dann als Hilfsschlosser im Schwermaschinenbau. Ab 1961 war er wissenschaftlicher Mitarbeiter des Schriftstellerverbandes und der Akademie der Künste in Ost-Berlin. Kunze lebte eine Zeitlang (1961–1962) in der ČSSR; er beherrschte die tschechische Sprache fließend, heiratete eine Tschechin, hatte viele Freunde unter den Prager Schriftstellern und schrieb zahlreiche Nachdichtungen tschechischer Dichter. Der sich anbahnende Konflikt zwischen ihm und der DDR-Obrigkeit verschärfte sich im Anschluß an die Niederschlagung des Aufstandes in der ČSSR (1968); er führte zunächst zu Publikationsverbot (bis auf einen Gedichtband), dann im Herbst 1976 zum Ausschluß aus dem Schriftstellerverband der DDR und im Anschluß an die Biermann-Affäre zur Ausweisung aus der DDR im Frühjahr 1977. Heute lebt Reiner Kunze in Obernzell-Erlau, BRD.

Werke:

Die Zukunft sitzt am Tische (G, 1955; zusammen mit Egon Günther); Vögel über dem Tau (G, 1959); Lieder für Mädchen die lieben (G, 1960); Halm und Himmel stehn in Schnee (Kt, 1960); Fragen des lyrischen Schaffens (Es, 1960); Wesen und Bedeutung der Reportage (Es, 1960); Aber die Nachtigall jubelt (G, 1962); Widmungen (G, 1963); Poesiealbum 11 (G, 1968); Sensible Wege (G, 1969); Der Löwe Leopold. Fast Märchen, fast Geschichten (1970); Zimmerlautstärke (G, 1972); Brief mit blauem Siegel (G, 1973); Die wunderbaren Jahre (P und Nachdichtungen, 1976, auch F, 1979); Das Kätzchen (K, 1979); Auf eigene Hoffnung (G, 1981); Ergriffen von den Messen Mozarts (Es, 1981); Eine stadtbekannte Geschichte (K, 1982); Rudern zwei (Literarisch-graphisches Blatt, 1982).

Worin sehen Sie das Ziel Ihrer literarischen Arbeit? Halten Sie es für erreichbar?

Das Ziel meiner literarischen Arbeit: selbst leben zu können, und dadurch vielleicht einigen wenigen anderen leben zu helfen. Wobei ich unter *leben* etwas anderes verstehe als existieren. Vielleicht mit Freude existieren. Und dieses Ziel ist immer wieder erreichbar.

Tagebuchblatt 74

(für Karl Corino)

1
Das waldsein könnte stattfinden
mit mir

(Nicht mehr bedroht sein
von allen äxten

Eine wasserader
unter den wurzeln)

2
Ich aber will nicht einstimmen
müssen

(Lieber immer neue äste treiben zu wehren
der axt

Lieber die wünschelruten der wurzeln
wieder und wieder verzweigen)

Tagebuchblatt 75

(Karlsbad, Sanatorium Thomayer)

1
Noch hinterm geschlossenen Lid
bilder verlassener baustellen: erde aufgeworfen
wie fragen deren antwort niemand weiß wie
im vertrauen aufgeworfen
auf die bewegung der erde

Einer – der einzige arbeiter scheint's – deckt
einen der sechs zwiebeltürme
der russischen kirche

Mein mittagsschlaf ist dünnes kupferblech
unter seinem hammer

2
So weckt das proletariat
die schlafenden dichter die manchmal schlafen

müssen

In der Thaya in Südmähren

Jagdbomber stoßen
hinab zur untergegangenen sonne als gelte ihr
vergeltung

Wir werfen
die angel aus nach ihr

Unbelehrbar

Tatsachen

1

Betrunkene rowdys hätten versucht
unruhe zu stiften in K., meldete am morgen
die presseagentur der hauptstadt

Einer habe sich
öffentlich verbrannt

Wer wird bestreiten daß
alkohol brennt

2

Der bevölkerung sei es gelungen die ruhe
wiederherzustellen, meldete die presseagentur
am abend

Wer wird die zugehörigkeit bestreiten
der fallschirmjäger zur bevölkerung

Gründe, das Auto zu pflegen

Schon wieder in der garage!
(die tochter beim anblick des verlassenen schreibtischs)

Wegen
der großen entfernungen, tochter

Wegen der entfernungen
von einem wort zum andern

Möglichkeit, einen Sinn zu finden

(für M.)

Durch die risse des glaubens schimmert
das nichts

Doch schon der kiesel
nimmt die wärme an
der hand

Element

Auf sein Bücherbrett im Lehrlingswohnheim stellte Michael die Bibel. Nicht, weil er gläubig ist, sondern weil er sie endlich lesen wollte. Der Erzieher machte ihn jedoch darauf aufmerksam, daß auf dem Bücherbrett eines sozialistischen Wohnheims die Bibel nichts zu suchen habe. Michael weigerte sich, die Bibel vom Regal zu nehmen. Welches Lehrlingswohnheim nicht sozialistisch sei, fragte er, und da in einem sozialistischen Staat jedes Lehrlingswohnheim sozialistisch ist und es nicht zu den Obliegenheiten der Kirche gehört, Chemiefacharbeiter mit Abitur auszubilden, folgerte er, daß, wenn der Erzieher Recht behalte, in einem sozialistischen Staat niemand Chemiefacharbeiter mit Abitur werden könne, der darauf besteht, im Wohnheim auf sein Bücherbrett die Bibel stellen zu dürfen. Diese Logik, vorgetragen hinter dem Schild der Lessing-Medaille, die Michael am Ende der zehnten Klasse verliehen bekommen hatte (Durchschnittsnote Einskommanull), führte ihn steil unter die Augen des Direktors: Die Bibel verschwand, und Michael dachte weiterhin logisch. Die Lehrerin für Staatsbürgerkunde aber begann, ihn als eines jener Elemente zu klassifizieren, die in Mendelejews Periodischem System nicht vorgesehen sind und durch das Adjektiv «unsicher» näher bestimmt werden.

2

Eines Abends wurde Michael zur Betriebswache gerufen. Ein Herr in Zivil legte ihm einen Text vor, in dem sich ein Ich verpflichtete, während der Weltfestspiele der Jugend und Studenten die Hauptstadt nicht zu betreten, und forderte ihn auf, zu unterschreiben. – Warum? fragte Michael. Der Herr blickte ihn an, als habe er die Frage nicht gehört – Er werde während der Weltfestspiele im Urlaub sein, sagte Michael, und unter seinem Bett stünden nagelneue Bergsteigerschuhe, die er sich bestimmt nicht zu dem Zweck angeschafft habe, den Fernsehturm am Alex zu besteigen. Er werde während der Weltfestspiele nicht einmal im Lande sein. – Dann könne er also unterschreiben, sagte der Herr, langte über den Tisch und legte den Kugelschreiber, der neben dem Blatt lag, mitten aufs Papier. – Aber warum? fragte Michael. Der Text klingt wie das Eingeständnis einer Schuld. Er sei sich keiner Schuld bewußt. Höchstens, daß er einmal beinahe in einem VW-Käfer mit Westberliner Kennzeichen getrampt wäre. Damals hätten sich die Sicherheitsorgane an der Schule über ihn erkundigt. Das sei für ihn aber kein Grund zu unterschreiben, daß er während der Weltfestspiele nicht nach Berlin fahren werde. – Was für ihn ein Grund sei oder nicht, das stehe hier nicht zur Debatte, sagte der Herr. Zur Debatte stehe seine Unterschrift. – Aber das müsse man ihm doch begründen, sagte Michael. – Wer hier was müsse, sagte der Herr, ergäbe sich einzig aus der Tatsache, daß in diesem

Staat die Arbeiter und Bauern die Macht ausübten. Es empfehle sich also, keine Sperenzien zu machen. – Michael begann zu befürchten, man könnte ihn nicht in die Hohe Tatra trampen lassen, verbiß sich die Bemerkung, daß er die letzten Worte als Drohung empfinde, und unterschrieb.

Zwei Tage vor Beginn seines Urlaubs wurde ihm der Personalausweis entzogen und eine provisorische Legitimation ausgehändigt, die nicht zum Verlassen der DDR berechtigte, und auf der unsichtbar geschrieben stand: Unsicheres Element.

3

Mit der topografischen Vorstellung von der Hohen Tatra im Kopf und Bergsteigerschuhen an den Füßen, brach Michael auf zur Ostsee. Da es für ihn nicht günstig gewesen wäre, von Z. aus zu trampen, nahm er bis K. den Zug. Auf dem Bahnsteig von K., den er mit geschulterter Gitarre betrat, forderte eine Streife ihn auf, sich auszuweisen. «Aha», sagte der Transportpolizist, als er des Ausweispapiers ansichtig wurde, und hieß ihn mitkommen. Er wurde zwei Schutzpolizisten übergeben, die ihn zum Volkspolizeikreisamt brachten. «Alles auspacken!» Er packte aus. «Einpacken!» Er packte ein. «Unterschreiben!» Zum zweitenmal unterschrieb er den Text, in dem sich ein Ich verpflichte, während der Weltfestspiele die Hauptstadt nicht zu betreten. Gegen vierundzwanzig Uhr entließ man ihn. Am nächsten Morgen – Michael hatte sich eben am Straßenrand aufgestellt, um ein Auto zu stoppen – hielt unaufgefordert ein Streifenwagen bei ihm an. «Ihren Ausweis, bitte!» Kurze Zeit später befand sich Michael wieder auf dem Volkspolizeikreisamt. «Alles auspacken!» Er packte aus. «Einpacken!» Diesmal wurde er in eine Gemeinschaftszelle überführt. Kleiner Treff von Gitarren, die Festival-Verbot hatten: Sie waren mit einem Biermann-Song oder mit der Aufschrift ertappt worden: WARTE NICHT AUF BESSERE ZEITEN. Sein Name wurde aufgerufen. «Wohin?» – «Eine schweizer Kapelle braucht einen Gitarristen», sagte der Wachtmeister ironisch. Er brachte ihn nach Z. zurück. Das Konzert fand auf dem Volkspolizeikreisamt statt. «Sie wollten also nach Berlin.» – «Ich wollte zur Ostsee.» – Der Polizist entblößte ihm die Ohren. «Wenn Sie noch einmal lügen, vermittle ich Ihnen einen handfesten Eindruck davon, was die Arbeiter-und-Bauern-Macht ist!» Michael wurde fotografiert (mit Stirnband, ohne Stirnband) und entlassen. Um nicht weiterhin verdächtigt zu werden, er wolle nach Berlin, entschloß er sich, zuerst nach Osten und dann oderabwärts zur Küste zu trampen. In F. erbot sich ein Kraftfahrer, ihn am folgenden Tag unmißverständlich weit über den Breitengrad von Berlin hinaus mitzunehmen. «Halb acht vor dem Bahnhof.» Halb acht war der Bahnhofsvorplatz blau von Hemden und Fahnen: Man sammelte sich, um zu den Weltfestspielen nach Berlin zu fahren. Ein Ordner mit Armbinde fragte Michael, ob er zu einer Fünfzigergruppe gehöre. – «Sehe ich so aus?» – Der Ordner kam mit zwei Bahnpolizisten zurück. «Ihren Ausweis!» Michael weigerte sich mitzugehen. Er erklärte. Er bat. Sie packten ihn an den Armen. Bahnhofszelle: Verhör. Die Polizisten rieten ihm, eine Schnellzugfahrkarte zu lösen und zurückzufahren. Er protestierte. Er habe das Recht, seinen Urlaub überall dort zu verbringen, wo er sich mit seinem Ausweis aufhalten dürfe. – Er müsse nicht bis Z. zurückfahren, sagten die Polizisten, sondern nur bis D. Falls er jedoch Schwierigkeiten machen sollte, zwinge er sie, das Volkspolizeikreisamt zu verständigen, und dann käme er nicht zu glimpflich davon. Ein Doppelposten mit Hund begleitete ihn an den Fahrkartenschalter und zum Zug. «Wenn Sie eher aussteigen als in D., gehen Sie in U-Haft!» Auf allen Zwischenstationen standen Posten mit Hund. In D. erwarteten ihn zwei Polizisten und forderten ihn auf, unverzüglich eine Fahrkarte nach Z. zu lösen und sich zum Anschlußzug zu begeben. Er gab auf. Auf dem Bahnsteig in Z. wartete er, bis die Polizisten auf ihn zukamen. Nachdem sie Paßbild und Gesicht miteinander verglichen hatten, gaben sie ihm den Ausweis zurück. «Sie können gehen.» – «Wohin?» fragte Michael.

KITO LORENC

Foto: Christian Borchert

Geboren 1938 in Schleife/Lausitz als Sohn eines Holzkaufmannes. Von 1952 bis 1956 besuchte er die sorbische Internatsoberschule in Cottbus; dann studierte er Slawistik in Leipzig. Von 1961 bis 1972 war er Mitarbeiter am Institut für sorbische Volksforschung in Bautzen. Anschließend arbeitete er als Dramaturg am Staatlichen Ensemble für sorbische Volkskultur. Kito Lorenc lebt heute in Wuischke am Czorneboh bei Bautzen. Er schreibt in sorbischer und deutscher Sprache.

Werke:

Neue Zeiten – Neue Hochzeiten (G, 1961; sorbisch); Struga – Bilder einer Landschaft (G, 1967; sorbisch und deutsch); Schlüssel und Wege (G, 1971; sorbisch); Flurbereinigung (G, 1973; deutsch); Sorbische Poesie 7 (G, 1979; sorbisch); Poesiealbum 143 (G, 1979; deutsch); Die Himmelsziege (K, 1982); Leben bleiben (G, 1983).

Worin sehen Sie das Ziel Ihrer literarischen Arbeit? Halten Sie es für erreichbar?

Ich versuche, glaube ich, immer wieder an bestimmten, mir oft erst im Nachhinein bewußten Erlebnisstellen in den Zeitstrom einzutauchen, der mich durchfließt, um, gegen das Vergessen anschwimmend, etwas möglichst klar ins Licht der Sprache zu holen, das ich für wichtig erahne und nur so erreichen und behalten kann.

Die Struga

Gekrümmt in den Dämmerbogen des Viadukts
stand ich. Der Zug – wollüstig Schauer
Furcht, dröhnend den Rücken entlang:
Wenn es zusammenbräche.
Unter mir Schattenzug der Fische,
Molchspur im Grundschlamm.
Kindheit, Molch, bunter Stein überflossen –
heb ihn ans Licht, wie er bleicht.
Struga – ich bin durchflossen, ruhlos
dein heller Strom Blut in der offenen
Ader der Landschaft, es jagt ihn
mein Herzschlag. Zuckt nicht Erinnerung
noch: Forellensprung, hoch
geschnellt über die Wiesen, ein Ziehen
noch streicht um die Hüften: Schwärme der Weißfische
von Weißwasser her, und ein Leuchten abgründig
ist unterm Lid mir beschlossen
wie von Sternbildern der Dörfer –
Milchstraße durch die Heunächte: Struga.
Aus läutendem Birkentor, eh die Sonne
dreimal hochsprang am Ostermorgen,
stumm und steif zu dir
kamen die Mädchen, in blaue Krüge
schöpfend Jugend und Schönheit:
Nur schweigt, dreht euch nicht um.
Ach, schweigen können wir nicht,
grell im Licht, wir rasen über die Brücke,
zurück gegen den johlenden Zugwind
blicken wir furchtlos: Was
brach zusammen – die Struga, da
fließt sie, ein Abwasser, trüb.
Blind brennt die Augen uns Spülicht
der Kohlenwäsche. Das neue Bett – klaffend
Hieb von rostiger Klinge
durchs grindige Brachland, Bißspur
der Bagger rings in der welken Haut
noch des Abraums. Struga, wässernde Strieme
im räudigen Fell der Landschaft,
und Kindheit, wo bist du uns, schimmelnder Stein
im Modder – einfallen die Enten, da

sind sie geölt ... O Heimat, dreckiges
Schlaraffenland – ich könnt
davonlaufen wie die Lutken, die Zwerge, einst
vor den Glocken, entfliehn wie die Fische
der übelriechenden Struga, ich könnt
zünden darüber die Weihrauch-Triebwerke
des Kirchturms zu Schleife, dieser urtümlichen
Himmelsrakete mit den vielen verschobenen Starts
(es krachen die Fugen aus Eiweiß und Quark,
die Glocken dröhnen wie wild ...)
Da – die Station. Aus dem Zug
Forellensprung sorbischer Tänzerin,
Jugend und Schönheit – war
brach zusammen, so sprich, dreh
dich um, einfach: Die Struga
in uns eine Saite, wie tönt sie. Ich geh
sie zu stimmen, heut
geh ich zur Quelle.

Mein Jüngster Tag

> Steh auf, schöne Seele,
> geh zu deinem Leibe.
> *Aus der sorbischen Legende*
> *«Sintflut, Himmel und Hölle»*

Als unsere Arche nun gelandet war auf dem Planeten
  Dual,
ließ der alte Noack erst die beiden Raben raus die
  bösen kehrten nicht zurück.

Und es ließ der alte Noack die zwei Tauben raus die
  guten kamen wieder
mit den beiden Zweigen, sprachen: Blase jetzt das Duo
  auf der Baß-Posaune.

Blies der alte Noack auf der Baß-Posaune: Geht, seid
  fruchtbar und vermehrt euch,
meinen Segen habt ihr. Also gingen wir die Gangway
  runter Paar um Paar.

Ganz vorn gingen beide Reime schön im Zweiklang-
   Gleichschritt,
sagt der eine häßlich: Reim dich oder – doch da hatte
   er ihn schon gefressen.

Vor uns trapsten die zwei Elefanten mit verschränkten
   Rüsseln,
nach uns tippelten die beiden Mäuse mit verfitzten
   Schwänzen.

Wir zwei beide gingen in der Mitte mit, ein Leib und
   eine Seele.
Hodan rief man mich, sie Heba, eine Seele hieß man
   sie von Weib.

Rechts war Krieg, jedoch wir waren links und gingen
   hin in Frieden
vorwärts in den weißen Tag, uns im Rücken blieb die
   schwarze Nacht.

Über uns im Paradiese übten fromm die Seelen, hörten
   wir die Englein singen,
unter uns die Höllenpfühle bebten und verruchte
   Geister brüllten.

Zwinkerte dem armen Teufel zu, hing meine Kleider in
   die Sonnenstäubchen,
sie ging übers Wasser, winkte Gott, der saß da unterm
   Apfelbaum mit seiner goldnen Rute.

Beide zeigten uns im Bunde Träume, ihre Himmels- und
   auch Höllenkünste.
Über unsre Augen floß das Wasser, Gras wuchs drüber,
   ging ein Pfau drauf, schlug den Regenbogen.

Sahn Wahrheit Nackedei stummstolz die Weggefährtin
   leugnen,
und Lüge Kurzbein sprach: Wer einen Mund hat, hat
   auch Hände.

Sahn die große Form des Flickens losgetrennt vom
   größren Loch des Inhalts
sich vergeblich mühen es zu decken, auch erschienen
   andre wundersame Wesen.

Mit der Ursache ging da die Wirkung schwanger, gab
den Anlaß an an Vaters Statt,
und ein Widerspruch, der sich teils liebte, teils auch
haßte, einte sich auf dem Papier, da fing es Feuer.

Und die Dinge fingen wieder an vom Urschleim. Wir
erwachten. Alles war verändert, später,
grauer Vogel flog um meinen Bart, ihr klapperten
die Apfelkerne, schon war der Tod uns auf den Fersen.

Kehrten alle Steine auf die rauhe Seite, rannten los,
einzelne Schnecken, Krebse
überholten uns, wir fanden Hufeisen in Menge, wenig
Freunde: Kohle, Blase, Strohhalm.

Und drei Kerle riefen: Daß wir ihrer doch bloß viere
wären, denn dann könnten wir uns prügeln.
Und die Katze schlich dort mit dem Kater, der ihr
Bündel trug zum Lande der Schlaraffen.

Endlich hatten wir ihn vor uns noch, den Tod, hörten
schon sein lautes Schnarchen, doch da wars der alte
Noack,
lag in seiner Arche stockbesoffen von dem Weine, den
er sich gezogen an zwei Ahornpfählen.

Sahen seine Blöße, dieses Dingsda, hatte es ja an
sich, sahn den Simulator in der Arche und
begriffen: Eine Sintflut hat es nie gegeben und auch
nach uns nicht die Sintflut.

Meine Kleider fielen aus den Sonnenstäubchen, sie sank
ein ins Wasser, mußte schwimmen:
Wir erschauten die zwei Ewigkeiten unsres Ungeboren-
seins und Totseins, im Unendlichen erst trafen sie sich
nie.

Und wir kriegen Kinder, Arbeit ist uns Spiel und Spiel
wie Arbeit, wir gewöhnen uns an den Planeten Dual.
Lachen – Weinen sind in einem Sack. Nur die Worte
gehen fremd. Liebste, sag ein Wörtlein, oder zwei.

Bautzen – Neue Ansicht vom Proitschenberg

Wie du mich haben willst, Budissin,
seh ich dich nicht, hörst du mich nicht,
du drüben, ich hüben
mitten der Abgrund.

Du spreeüber auf deinem Fels,
die ernsten Väter und Mütter, Türme Basteien
halten dich umfangen mit granitnen Mauern,
sie reden mit Glockenmündern
über die Zeiten, in den Wind
und wenden sich ab von mir.

Ich dir gegenüber auf meinem Fels
eine Stimme, ich hab sie
mit Schreien gemartert, gefesselt in Schweigen
hohngeätzt, zorngestählt
daß sie dich trifft.

Doch nun, wie find ich dich: Die vergeßlichen Bäume
blühn in den Narben des Steins, trunkne Kaskaden
die hängenden Gärten hinab, ohne Arg
aus den Toren, unter den schweren Armen
der Eltern hervor, ins österliche Licht
treten die Menschenkinder, die Frauen
wachsen in deinem Wind schön
wie sonst, die Männer aufrecht
wie immer, mir entgegen
und erkennen mich nicht.

Und steh wieder im Wetterleuchten
des Anfangs, mich schwindelt, stürz fast
ab in die Skala – so stürmten auch
die dein hohes Bild narrte
die Ebene her und zerschmetterten,
als sie es griffen, am Grund
der vor dir aufriß.
Und andere, die dich glorreich
besetzten, siechten in dir hin
wie Gefangene, die hartnäckigen Belagerer
wurden selber belagert, die Listigen
überlistet.

Aber was ist die Gier deiner Eroberer
vor der Sehnsucht meiner Heimkunft –
denn ich war schon hier
und kehrte zurück, immer

Exkurs I

schrie meine Stimme, heulte
das milzenische Kyrcujolsa
entgegen dem Kyrie des heiligen Heinrich
(Stirb, Flins – das Hungergebrüll
des opferrünstigen Götzen
gurgelt im Talschlund) – wir versammelten
uns da auf ebenem Feld,
verstünden kein einzig Wörtlein deutsch
und der Kühne Bolesław schenkte uns
zum ersten Sieg ein Schwert, zum zweiten
ein Pferd, ja allen
ein blitzendes Schwert und feuriges Pferd
und ein kostbares Scharlachgewand zum dritten,
und dein Gewand von Scharlach dazu
ach verloren!
šwarce dij fogel zo zingen

Exkurs II

senkte die Stimme, wiederholte
den Burger Eydt Wendisch, zählte auch
die hundert Taler drauf, den zünftigen
Einstand, das schmutzigste Gewerbe
(Töpfer Gerber Tuchmacher) – wärs zufrieden,
nur hinauf aus der Vorstadt, hieße mich
Preußelwitz oder Pribusch Radisch Hauke
(ja nicht Pruzlica Přibuš Radźiš Hawk) – wir
jagten da mit Flicker Fritz die Rathaustreppe
hoch den Kopf unterm Joch der Ortenburg, den Rat
der Kaufherrn davon, die Nepper rattenschlau
verschwänden sie in den Felsgängen
und drei Jahre rollten die Wagen
der Via regia auch zu uns
mit dem Gold deiner Zinnen, dem Blau

deines freieren Himmels und dann
unsre Köpfe, die dreizehn Häupter
Augen aufs Schafott, und uns anderen
schenkte Böhmens König Wenzel das Leben,
ja das Malefizleben im fremden Land
ach verloren!
šwarce dij fogel zo zingen

Exkurs III

erhöb meine Stimme, riefe
all die verdammten, irrsinnig singenden
schwarzen Vögel über dich: Raubritter Wegelagrer
Pest Cholera Gelbes Elend Hussitenflamme
Schwedentrunk Donnerstrahl daß dir dieser und jener
Friedrich mit starkem Tobak käme, die Flötentöne
beibrächte, daß dich der Sachse Korse Kosak
für tausend Jahre treue Wacht im Ostkampf
drehte ich den Spieß um, bräche deine Lanze
für das Schwert und Kreuz und Hakenkreuz, das
wir hatten mit dir, Schlag auf Schlag für deinen
zähen tapferen Menschenschlag, die unheimliche
Tüchtigkeit deiner biederen Meier, ihr
schlichtes Gemüt hartes Herz, für die
trotzigen Siedler und Aussiedler, deine
wehrhaften Landvögte Amtshauptmänner
Oberlehrer Heimatforscher Blubos, die Henker
der kleinen desertierten Hitlerjungen dieselben
Schänder der sorbischen Mutterlade, Brandschätzer
der Bienenkörbe Bücher und Federn – wir da
aus deinen Kasematten, Schutzhäftlinge gepreßt
in die Söldnerheere, Überläufer der Pripjatsümpfe,
Partisanen der Karstgebirge, wir da
mit der Zweiten Ukrainischen vor dir eine Front
brüllten aus ehernen Hälsen heilige Salven
Heimwehs hinüber, tötlich in das Dräuen und Drohen
deiner Bollwerke SS-Schanzen Mörderhorste
und unterschieden nicht Führer Verführte,
nicht Anstifter Stifter, nicht den Bruderjubel
der Befreiten im Haßgeheul der Ungeheuer
und schonten nicht deiner Alten Wasserkunst,
achteten nicht des Lamentos deiner Toten,

gerechten und ungerechten, in St. Nikolais
Acker, an den Wurzeln deines herben Weins
ach gewonnen verloren!
Aber es schweigen die schwarzen Vögel,
die schwarzen Vögel, sie schweigen überm Abgrund,
schweigen so, endlich schweigen sie.

Ich muß noch warten, muß viele Male nun
weggehn und wiederkommen, warten
du drüben, ich hüben
(denn die Furt ist mir versunken
in den Katarakten, die neue Brücke
trägt mich noch nicht) –
warten, bis sich der Höhenrauch
klärt über deinen südöstlichen Hügeln, bis
ich ihn wiederseh, der sie befliegt: den Engel
des Dichters

und meine Stimme federleicht wird, weggehn
in die ferneren, fremderen Wälder,
zwölf Nächte träumen, zwölf Tage aber
Eier suchen, ja vielleicht Eier, viele viele
verschiedenfarbige Eier, und anders wie nie
zurückkehren an den Steilhang, und die Osterwiese
finden und ganz von vorn wieder anfangen
Eier-zu-schieben vom Proitschenberg,
als wär nichts gewesen.

Und drüben auf dem Osterweg, die Menschenkinder
erkennen mich, als wär das alles schon mal dagewesen
grüßen sie herüber, und plötzlich
wimmelt der Abgrund bis obenan von Vögeln
weißer bunter Vögel randvoll –

da komm ich hinüber, auch über die Brücke
Aber- und Aberstimmen (und heilt doch ein Lied
schon tausend Schmerz) – die nisten
in all deinen Schießscharten Mauernischen, wippen
auf deinen Satteldächern Schwibbögen Turmspitzen,
    tummeln
sich auf deinem Katzenkopfpflaster Exbau.

Im Jahreshaus aber
mit den zwölf Schornsteinen
feiern wir Vogelhochzeit – da kommen
alle Züge, die deine LOWA gebaut hat, gefahren
mit Gästen (du kennst sie doch, deine Kinder, grüßt
sie heim aus der Ferne, die Söhne und Töchter
Václavs, Bolesławs) – sitzen da in allen
zweiundfünfzig Zimmern, haben ihre Teller gestellt
vor alle dreihundertfünfundsechzig Fenster, warten
auf deine schöne Bescherung

und wenn
deine ernsten Väter und Mütter, Türme Basteien
uns lächelnd umfangen
und ihre Glockenmünder verkünden uns allen
Friede Freude Eier-Kuchen

dann seh ich dich, hörst du mich
wie ich dich haben will, Budyšin-Bautzen.

Flurnamen

Landschaft, zerschnitten
von den Isoglossen der Dialektologen,
anzupeilen über Kimme und Gerstenkorn: Kein Wasser-
    hindernis.
Es ist ŁUŽICA–LAUSITZ, der Grassumpf, nasser
    Wiesengrund
im schönsten: Ich halte mein Sieb drauf, gleich
springen die Quellen hervor.

Oder soll ich mich
unter den Mairegen stellen, ihm
Löcher in den Sand bohren
und er redet und redet
und ich tanze und tanze
bis der Flachs mir ans Kinn reicht,
der Hanf mir die Ohren zuwächst
und mein Blut schwarz wird?

Sitzen zwei
unterm Wacholderstrauch, sind sonst
wie ein Hund und eine Katze.
Sagt der eine: Es hieß da was wie, aber
ich erinnere mich nicht.
Sagt der andre: Besonders im Sommer spüre ichs, weil
ich es da viel brauche.
Und sie sprechen irgend anders, obwohl
man alles versteht.

Oder man scheint es nur zu verstehen, denn
ist es vorbei, war alles ein Traum.
Es sind Läuseknicker.

Ich erinnere mich: Da ist ein Weg
Sommer wie Winter, heißt LANGE LIEBE,
es ist der kürzeste.
Ihn ging die Alte, holte
mit dem Leiterwagen den toten Mann heim.
An der Dorfgrenze warf sie die Leitern ab.
Die Leitern sind verfault. Nichts
mehr zu machen, aber
der Weg?

Du erinnerst mich: Da waren zwei Felder
Sommer wie Winter, eins hieß AMERIKA, das andre
    AUSTRALIEN.
Dazwischen ein Rain. Links Sachsen, rechts Preußen.
So weit war das. Derlei
können wir kennen, so
oder ähnlich. Es ist vorbei, aber
das Feld?

Ich werfe Steine in die Pfütze.
Du zählst:
Ein Stein – drei Eichen
eine Eiche – drei Völker.
Es geht auch mit Linden. Und dann
gibt es da noch das Meer, aber
das wußten sie noch nicht.

Komm du nur in mein Dorf und
pflanz einen Baum, der dir nicht Früchte bringt, so
zeig ich dir was:
Am Reimrain den Sagenstein
im Tierfabelbusch
um den Bildquell
das Spruchkraut, die Silbenwurzel
und darüber
den Hügel der Ode
vom glücklichen Wetter, vom guten Beginn
und ich nenne dir
all die Flurnamen des Gedichts
und im Liedwind, im Märchenlicht, unter dem
    Rätselstern
siehst du: liegt
Wortland.

Und nun können wir überall hingehn,
nicht wahr?

Struga – eine Konfession

Die Struga, oder besser: ein Begriff von ihr, erscheint hier als die Nabe der
Welt, oder besser: eines dichterischen Ortes. Zunächst aber ist sie ein Fließ,
wie es sich für meine kleine Heimat gehört, und kein Strom, wie es ihr in-
doeuropäischer Wurzel entstammender sorbisch-slawischer Name vermu-
ten ließe, der gewaltigerer Landschaft würdig wäre. Und diese Struga fließt
also, von dem Städtchen Weißwasser (Běla Woda) herkommend, durch eine Handvoll ursprünglich sorbischer Dörfer – meine Kindheitsgegend, ehe
die Spree (Sprjewja) sie aufnimmt, dieser schmale Fluß, der die ganze sorbische Sprachinsel, richtiger: dieses Archipel von Sprachinseln – hundert
Kilometer die Länge, vierzig Kilometer die Breite – längswärts von Süd
nach Nord, von den Bautzener Bergen her bis zum Spreewald hin durch-
mißt. Und im mittleren Heidewaldgürtel dieser Lausitz, unter der Handvoll
Strugadörfer, liegt mein Geburtsort Schleife (Slepo), welcher dem kleinen
Kirchspiel seinen Namen gibt, der nach Volkstracht, Volksmusik, Brauch-
tum, Dialekt und herbem Landschaftsreiz wohl noch urständigsten, origi-
nellsten sorbischen Region.
   Über die Struga führte unser Schulweg, in ihr fingen wir Weißfisch und
Molch, ihrem Lauf entlang lauschten wir auf unseren Pilz- und Brombeer-
wanderungen dem rauschenden Atem des Heidewaldes und zu Haus dann,
am Gatter des kleinen väterlichen Sägewerks, seinem Sterbegesang. Da

standen wir Kinder und hörten – in deutscher Sprache erzogen – staunend den grimmigen oder scherzenden sorbischen Zuruf der Arbeiter und Fuhrleute auf dem Holzverladeplatz, gleich einer Fremdsprache den singenden Diskant der Bäuerinnen vor der Eisenbahnschranke oder den melodiösen Baß der Bauern beim gemütlichen Abendschwatz am Heidebienenstand; da liefen wir aus der Schule dörferweit den Fastnachtsumzügen der wildverkleideten «Zamperer» nach, dem Spiel des Dudelsacks und dem wunderlich gellenden Gesang «Daj mi jedne jajko . . .» Aus diesem Schleife zogen wir im Jahre 1945 fort nach Westen, auf der Flucht vor den sowjetischen und polnischen Armeen, während die meisten der sorbischen Bauern getrost daheim blieben – am Hoftor oftmals das Schild «W etom domje žiwut slawjanje – lužickije Serby» – und sich etwa mit den ukrainischen Soldaten durchaus verständigen konnten.

Doch wir kehrten wieder heim, sahen die Eberesche am Strugaweg noch winken, sahen: Das Haus stand noch. Vielleicht, weil die Mutter der «Ostarbeiterin» Anna aus Brjansk ihre Kleider geschenkt hatte, vielleicht, weil der sorbische Schriftsteller und Jäger Zalěski, der unser Großvater war, einen untüchtigen Sägewerksbesitzer abgegeben hatte seinerzeit (außerstande, den sorbischen Heidebauern ihr zwiefach gegerbtes Fell über die Ohren zu ziehen), bis er, selbst von den faschistischen Treibern gehetzt, noch vor dem Krieg verstarb. Nach uns kehrte der Vater heim, das Sägewerk sang wieder, die Bauern hatten Wald, und Bauholz wurde gebraucht – wir richteten uns ein in diesem Zuhause, endgültig.

Aber erst, als ich im Jahre 1952 zusammen mit einigen sòrbischen Jungen aus unseren Dörfern die gerade eingerichtete sorbische Internatsoberschule in Cottbus bezog, da lernte ich allmählich ohne Scheu in die Häuser der Bauern zu gehen, da lernte ich die Lieder der alten Kudželina verstehen und singen, da lernte ich auch die kleine, kalligraphische, fremde Schrift in Großvaters nachgelassenen Manuskripten lesen (die mich schon als Kind veranlaßt hatte, zahllose Seiten ebenso eng und emsig mit selbsterdachten Märchen zu bekritzeln) – ja, da war ich eigentlich im elterlichen Hause erst richtig zu Haus. 1956 packten wir wieder die Koffer, wir Jungen aus den Strugadörfern, und zogen in das neue sorbische Studentenheim der Leipziger Universität, zum Studium der Slawistik, der Physik, der Medizin. Und dieser fünf Jahre am Sorbischen Institut bedurfte es wohl noch, ehe ich begriff, daß dies unveräußerlich und legitim meine Heimat geworden war, dieses «Trjebin-Slepo-Miłoraz», dies «glückliche Dreieck meiner Kindheit».

Ein jeder, und will er gar Dichter sein, braucht wohl etwas wie eine Heimat, vor der er zu bestehen sucht. Ich brauchte, ja ich konnte nun nicht mehr in deutschen Versen von ihr reden, sondern durfte sie ansprechen, mich mit ihr unterhalten in ihrer Sprache, von der alles in ihr noch tönte, in der sie ihr eigentümliches Leben lebte. Ich durfte ihn jetzt benennen, den

Heidewald, für den es kein bezugsvolles deutsches Wort wie jenes sorbische «góla» gibt; ich konnte ihn präzise und zärtlich verstehend aussprechen, den Namen Struga, und niemals mehr grob und taub «Schtruga».

Um diese Zeit erschien in sorbischer Sprache mein erster Gedichtband. Zugleich aber wußte ich auch, daß sie kein eingehegtes, noch so «glückliches Dreieck» sein kann, die Heimat. Jeder Versemacher benötigt auch einen angemessenen, zu bewältigenden Raum. Gleich einem Zirkel schlägt er sich in diesen «prägnanten Punkt», nennen wir ihn also Heimat, und schwingt seine Kreise, die ihm anstehen, mißt seinen Raum ab nach Wissen und Gewissen. Daß dies kein geographischer sein kann, spürt er bald. Was sind das schon für Kreise: Cottbus, Bautzen (da täuschen ihn auch keine Reisen nach Prag, Warschau, Minsk, Lwow, Belgrad und beliebig). Es hilft nichts, er bleibt gefeit vor etwas, was man ein quantitatives, ein Pathos aus der Quantität nennen könnte. Aber er hat doppeltes Glück, wenn er nun nicht gleich zum Regionalpoeten unter anderen zu werden braucht; wenn ihm ein historischer Raum offensteht, der echter Größe, ja Einmaligkeit nicht entbehrt. Wer seit 1961 in einem «Institut für sorbische Volksforschung» gearbeitet hat, darf immer neue Blicke tun in die Gründe einer wundervollen Folklore, immer höher schätzenlernen die Kraftentfaltung eines zahlenmäßig kleinen Volkes in tausendjährigem Lebenskampf, darf seine Landschaft verstehen lernen als ein selten dichtes Land der Dichter. Diese geschichtliche Kraft zeitigt ihre Ergebnisse auch in der Gegenwart und birgt Impulse edler Verpflichtung weit für die Zukunft. Hat schon deshalb die bewußte Orientierung an solchem historischen Raum nichts von einer Selbstisolierung in müßigem Historisieren, so ist ja der Standort des Gedichtschreibers kein statischer, retrospektiver, sondern selbst ein in der Gegenwart, in jedem Augenblick aus Vergangenem in Künftiges sich bewegender, konstituierender. Auch das Bild des Zirkels versagt. Fortwährend sind wir Gewordene, Seiende und Werdende in einem, nur erlebt dies der Schreibende wohl bewußter oder intensiver, stellvertretend für viele. Ein selbstverständlicher Weg der heutigen sorbischen Jugend verläuft von der sorbischen Oberschule zum sorbischen Universitätsinstitut; in diesem Falle mündete er in einer sorbischen Forschungsstätte. Und Physiker in Halbleiterwerken, in Forschungslabors für Chemiefasern, Ingenieure in Kohlekombinaten, Ärzte in Krankenhäusern der Lausitz, die Freunde aus den Strugadörfern, die Mitbewohner der sorbischen Internate.

Was wir als Sorben geworden sind, sind und sein werden – wurden, sind und werden wir mit der DDR, in ihr, durch sie. Aber was dem sorbischen Dichter Jurij Brězan vor Jahren endliches Ergebnis am Ziel langen Suchens war, jenes «Ich hab es gefunden . . . mein Vaterland», das konnte unserem Weg nur Beginn sein. Gott sei Dank hatten die Sorben weder Lust noch Gelegenheit, es sich als idyllische Minderheit vor reizvollem Landschaftshintergrund gemütlich zu machen in diesem ihrem ersten Vaterland, sozusagen als Touristenattraktion, und so blieb es auch ihren Schreibern erspart, die folklorisierenden Klampfengesänge zu solch zweifelhaftem, erniedrigendem, anachronistischem Unterfangen zu liefern.

Nein, sofort wurden die Sorben von der demokratischen und sozialistischen Umgestaltung dieses Landes erfaßt, gaben ihr einen guten Teil unverwechselbarer Eigenheit, machen sie gerade in der gegenwärtigen atemberaubenden, Menschen und Sprachen und Sitten durcheinanderwirbelnden Industrialisierung der Laustiz differenzierter, konfliktreicher, farbiger. Wir aus den Strugadörfern bekennen uns zu dieser schwierig-schönen Praxis, wir machen sie ja. Wir geben ihr unsere Heidewälder und Dörfer unter die Bagger; wir geben ihr unsere alte Struga, die wir in ein künstliches Bett leiten und mit unseren Abwässern verseuchen. Und wir geben ihr unsere Sprache in unseren Gedichten und sehen doch schon, daß es auch kein Sprachraum sein kann, der ihnen Genüge täte.

Es muß der ganze Raum sein, in dem wir leben. Das Gedicht wird getragen von einem Raum des Menschlichen, der abgemessen und erfüllt ist von der Wesenhaftigkeit und Dichte der Konflikte, die sich in ihm entfalten. Diese Erfahrungen sammelt der Lyriker im läuternden, klärenden Filter des Gedichts, durch das er sich mit beharrlicher, kathartischer Selbstbesinnung seinem Ausgangspunkt stellt. Und sei es jetzt auch ein blindes, übles Abwasser wie die Struga, an die er sich nun einmal gemacht hat: Es beruhigt ihn, daß sie fließt.

KARL MICKEL

Foto: Roger Melis

1935 in Dresden geboren. Er stammt aus einer Arbeiterfamilie. Von 1953 bis 1958 studierte er Volkswirtschaftsplanung und Wirtschaftsgeschichte in Berlin. 1958 war er wissenschaftlicher Mitarbeiter beim Berliner Verlag «Die Wirtschaft». Von 1959 bis 1963 arbeitete er als Redakteur der Zeitschrift *Junge Kunst*, 1963–1965 als freischaffender Autor, 1965–1971 als wissenschaftlicher Assistent und Dozent für Wirtschaftsgeschichte an der Hochschule für Ökonomie in Karlshorst, und von 1971 bis 1978 war er Mitarbeiter am Berliner Ensemble. Er verfaßte politische Kabarett-Texte und arbeitete mehrmals mit dem Komponisten Paul Dessau zusammen. Sein Gedicht «Der See» stand 1966 im Mittelpunkt der Lyrik-Debatte, die im *Forum* ausgetragen wurde. Zusammen mit Adolf Endler ist er der Herausgeber der Lyrik-Anthologie *In diesem besseren Land* (1966). Karl Mikkel lebt heute in Ost-Berlin, wo er seit 1978 als freier Schriftsteller und Dozent an der Staatlichen Schauspielschule tätig ist.

Werke:

Lobverse und Beschimpfungen (G, 1963); Requiem für Patrice Lumumba (Kt, 1964); Das zweite Urteil (D, 1965); Vita nova mea (G, 1966); Die Entsagung. Vier Studien zu Goethe (1968); Der Sohn der Scheuerfrau (E, 1968); Nausikaa (D, 1968); Einstein (O, 1974); Celestina oder Die Tragikomödie von Calisto und Melibea (D, 1974); Eisenzeit (G, 1975); Gelehrtenrepublik (Es, 1976); Odysseus in Ithaka (G, 1976); Poesiealbum 161 (G, 1981); Peregrinus Proteus oder Die Nachtseite der pädagogischen Revolution (Es, 1983).

Worin sehen Sie das Ziel Ihrer literarischen Arbeit? Halten Sie es für erreichbar?

Für erreichbar halte ich es wahrscheinlich nicht. Darüber darf ich nicht nachdenken. Wenn ich Bach höre, einige Oden von Klopstock lese oder die Römischen Elegien, oder die Grabschrift, die Paul Fleming auf sich selbst verfaßt hat – dann möchte ich gern einige Zeilen geschrieben haben, die so sind, daß diese Meister mir an ihrem Tisch ein Bier geben würden.

Geselliges Lied

Hab ich mit den Leuten Sorgen?
Mit den Leuten hab ich keine
Gestern, heute nicht und morgen:
Der Gemeine schätzt Gemeine.

Hofgeschrei

Wo ist der Ball?
Suche sofort den Ball!
Du sollst den Ball suchen!
Such den Ball!
Ohne Ball brauchst du nicht oben zu kommen
Du sollst den Ball suchen! hab ich dir gesagt dort
   links in der Ecke.
Wo ist der Ball?
Der weiß nicht, wo links und wo rechts ist.
Komm ja nicht oben ohne den Ball! du
Sollst sofort den Ball suchen!
Hab ich dir gesagt. Wenn du den Ball nicht suchst
Brauchst du nicht oben zu kommen.
Du sollst oben kommen sofort mit dem Ball
Hab ich dir gesagt! wo ist der Ball
Suche sofort den Ball du kriegst Dresche
Wenn du oben kommst ohne den Ball
Komm sofort oben du sollst
Den Ball suchen hab ich dir gesagt

Guter Ort

Wo die Fliegen saufen
Daß sie weder davonfliegen noch davonlaufen
Man muß sie mit zwei Fingern aufpicken
Und ein Stück wegrücken
Daß man sie nicht einklemmt
Wenn man die Ellbogen auf den Tisch stemmt

Ewalds Party

Ewald kam zehn Tage nicht nach Hause
Irene im schwarzen Kostüm
Packte am elften die Postmietbehälter
Schenkte Besen und Ofenrohr
Hausbewohnern: ich fahre
Zu meiner Mutti! erklärte sie.

Wenige Stunden danach
Kam Ewald mit dieser Blondine an:
Im hohen Wagen das Kind
War weder älter noch jünger
Als jener Knabe, den Irene im hohen Wagen unter
    Koffern verborgen soeben zum Bahnhof geschoben
    hatte.

Und abends standen
Wie dunkle Stiere
Die ihre Häupter in eine Krippe zusammenstecken
Vier Motorräder am faulenden Zaun
Unter der steinalten Birne.
Ewalds Fenster war hell. Ein ausgezeichneter
    Lautsprecher
Sendete Beat. Aller anderthalb Stunden
Kehrte das selbe Lied wieder.
Aller zwei Stunden
Ging Bier ins Haus, drei Mann zwei Kasten.

Zwölf Frauen im Bikini
Begleiteten am zwölften Tag
Zwölf Uhr zwölf bärtige Männer
Über die Straße ins Wasser:

Meingott!
Sagte die achtzigjährige Hauswirtin
In dieser Wohnung das! die müssen ja
Übereinander gelegen haben.

Und Fräulein Nowottne
Das Trampel im Klimakterium
Welches im Vorjahr zum Anwalt gelaufen war
Um mir auf dem Lokus das Furzen
Verbieten zu lassen, verhielt sich
Ganz stille.

Frauentag

Auf Arbeit bin ich früh halb Sechs
Halb vier weckt mich das Kind oder ich wecks
Frühstück im Tran, die S-Bahn voll
Im Betrieb Ärger wie toll
Abends die Huddelei mit dem Einkaufen:
Es ist zum Haare ausraufen.
Und immer der Familienkrach
Ich möchte wissen, warum ich das mach
Mein Mann tut mehr, als ich verlangen kann
Bringt Geld, studiert, und ich tu ihm Das an!
Er müßte mich eigentlich rausschmeißen:
Ich könnte mich in Hintern beißen.

Neubauviertel

Mein Hut der hat vier Ecken, vier-
Eckig ist die Gegend hier
Jedes Haus acht Kanten und vier Ecken
Keiner kann sich verstecken
Ich sah eine Frau mit eckigem Hintern
Die kam aus der eckigen Krippe mit eckigen Kindern
Weil die Umwelt den Menschen formt
Ist alles genormt
In den üblichen Größen
Viereckige Mösen
Die Männer ziehn auch ihre Konsequenzen
Mustergatten mit eckigen Schwänzen
Parallele Bewegungen
Der rechte Winkel das Eichmaß der Regungen

Herr Schwarz

Dies also, so zu essen, hab ich stets
Gehofft, der Ober, ein junger Mann
Der besser aussieht als ich, Herr Schwarz
Und besser weiß als ich weiß was ich brauche
Empfiehlt mir, heute am 11. März
Kurz nach 19^{00} z.B. Kalbshaxe
Und setzt an meinen Tisch, mir gegenüber
Das jedoch zumeist nach kurzer Absprache
Menschen, die ich, Käuzesammler Kauz
Gern sehe, mittags der alte Herr
Sagte, ohne Zahnprothese, laut
Knarrend, ihm fehle die Zahnprothese
Und aß zu Bier und Wodka, beides doppelt
Kochfisch, dazu der Bräunliche
Später (Mutter Indien? Vater England?)
Der, als der Alte Guten Appetit
Ihm wünschte, in französischem Berlinisch
Erwiderte: Wollen Sie kosten? ich
Hielts erst für Hohn, doch nun, im Ohr die Stimme
Glaub ich, es war ehrlich. Das ist gut.

Das Eisen. Nach Polybios

Polybios beschreibt im 2. Buch
Den Krieg zwischen Bronze und Eisen.
Ein Tribun erklärte den Kohorten:
Ihr fangt die ersten Schläge mit den Lanzen
Die Schwerter der Insubrer sind sofort
Krumm in die Breite, in die Länge krumm.
Eure Feinde müssen vor dem zweiten
Hieb die Waffen in die Erde rammen
Und geradetreten. Treten
Sie, dann sticht sie euer Kurzschwert
In Gesicht und Brust, von unten auf
Das Eisen die Gebeugten.
(Am Klusios-Fluß im Cenomanen-Land
Vor unsrer Zeit, 223)

Dickicht Brechts

Ein junger Mensch, sein Leben fristend und
Seiner Familie Leben durch Buchhandel
In Chicago, will sein: unkäuflich.
Alles dort ist käuflich: Grund und Boden
Die Männer Arme und die Frauen Beine
Und sind so der Menschen Gliedmaßen
Nicht zu unterscheiden von Maschinen
Der Arm vom Kranarm, Hand vom Greifer nicht
Nicht Fuß und Rad. In solchem Dickicht
Trifft Einer, der ein Glas zerschlägt, ein Auge
Und hält den Schrei für Splittern Glases, schlägt
Meint er, seinen Nächsten wütend, aber
Trifft ein Geländer oder was weiß ich.
Unser Mann, George Garga der Ernährer
Bringt, wenn man fünfzig Dollar in ihn steckt
Nicht aus den Zähnen das gewünschte Wort
Kein Automat, und ist zum Feind geeignet:
Dies findet Shlink, Holzhändler und Malaie
Chef einer Gang, des Stadtteils Ortstiger.
Wo ist, fragt er, ohne Gegner Macht?
Frißt nicht Macht, frißt sie den Feind, sich selber?
Feindlos, wer bin ich? So weit Shlink. Und geht
Auf Garga los, abschüttelnd seine Waffen
Eigentum und Einfluß, Mann auf Mann.
Das Weiß im Aug des Feindes ist ein Auge:
Ein fester Punkt und aller Dinge, sie
Entzerrend, Spiegel

Der Krieg

Ich kam zurück von Hamburg nach Berlin
Und querte die Gewitterfront. Das Flugzeug
War eine Boeing der Panamerican Airways.
Gepäck fiel aus den Netzen, Stewardessen
Erbrachen auf den Teppich, eine Dame
Spannte ihren Regenschirm als Fallschirm.
Mir war ganz wohl. Der Kapitän, in dieser
Firma, kennt Korea und Vietnam:
Und was sind denn Böen gegen Flakhagel!

Was Blitze gegen Abfangjäger! So
Dachte ich. Wer wirft den ersten Stein?
Gedeihen deine Kinder von der Freunde
Fleisch, Koch? nannte der Indianer
Nicht Freund den Büffel? ihm Gebete spendend
Und Opfergaben. Opfre! Wähnst du nicht:
Kein Krieg kein Tod? und Frieden wäre Ende
Dieses deines Trostes. – Der Gewichtheber
Benedek aus Ungarn, sein Gerät
Beschimpft er, eh er, öffentlich, die Hantel
Reißt: und überm Haupte schwebt das Eisen.

Das Krankenhaus

Die lila Hand aus dem Lokusfenster
Dicht neben dem Eingang kippt die Zigarre
Im Haus der offnen Beine, eins
Offner als das andre als Sekretärs Rede
Wand an Wand mit Schlund und Schlotte, die
Zelle, die ist meine. Gott, die Amsel
Halb Zwei nachts jäh endend wie begonnen:
Das war Der. Am Pisston unterscheide
Ich Alle. Wettstreit zwischen Storch
Und Kanari, der Storch gewinnt ihn
Der Storch hat ja die Nachtigall gefressen
Und Siegpreis ist der Kanarienvogel.
Was für ein Vogel bin ich? Lazarus
Wandelt dich an in Todts Lazarett Gange
Mundfäule stellt dir das Essen hin
Krätze richtet das Bad. Acht Stück
A H 3, Pastillen, auf Einen Ruck
Täglich: ich steh neben mir, die Schwester
Bin, die neben mir steht wenn ich schlucke
Ich, denk ich, sagt Herr Hein, Beruf Korrektor
Und fordert mich. Ich muß schon antreten
Schach gegen meine Zukunft. Drei Uhr fünfzig
Unentschieden. Mädchenzimmer, Waren-
Lager, in und mit der Glaskaserne verschachtelt
Truppen rings, mein Leib ist meine Waffe
Kein Ausblick aufs Gelände, Luken zu-
Gehängt, die Wäsche. Du mußt ihm den Arm brechen

Sagt mein Freund, ich sehe sein Gesicht nicht
Jedoch des Mannes, der die Urne, nur
Nichts verschütten! trägt, braunrissigen Nacken.
Und das Du unter den Elenden: als
Kennte unsre Sprache nicht andere Anrede
Gleich gültig Jeder. Die Fledermaus
Flattert in der Neumondnacht nach Null Uhr
Von Wand zu Wand zum Bildschirm, bis der Latsch
Sie trifft und Einer die Betäubte
Durchs Fenster hebt, am Folgemorgen lahmet
Schwester Vampira aus der linken Hüfte.

Bier. Für Leising

Maulfaul, schreibfaul bist du, Richard, gern
Stemm ich aufn Tisch zwei Ellenbogen
Und denke, es sind viere. Was steht zwischen
Uns? Bier. Helga! noch zwei große

Weiße Blumen auf dem gelben Stiel.
Was tue ich? sagtst du, ich deute
An, sag ich. Die Wirklichweisen
Wenn die was sagen, sagen die: Naja

Ich kenne eine Frau, vom Hörensagen
Aber verbürgt: dreißig, neun Jahre am Fließband
Der zucken, wo sie geht und liegt, die Arme
Die läuft zum Psychiater, denn sie wünscht

Zu kündigen. Der Wunsch, klagt sie, sei krankhaft.
Wer Ohren hat zu sehen der wird schmecken.

Aus der Oper *Einstein*

Intermezzo:
Hans Wursts Hinrichtung, 1

Anmutige Landschaft, inmitten ein stiller Weiher. Links die Autobahn, rechts eine sogenannte Felsenkanzel. Auftaucht das Krokodil

KROKODIL Mein Name ist E. Treu, von Beruf Krokodil
Ich wohne hier im Teich
Ich habe auch ein sogenanntes Hobby, zu deutsch einen persönlichen Stil:
Wenn ich fresse, muß ich zugleich
Heulen, ich weiß selber nicht, warum mir die Augen überfließen
Andrerseits: bin ich beim Tränenvergießen
Muß ich umgehend fressen wie nach 48stündiger Hungersnot.
Dieser ewige Kreislauf bringt mir noch den Tod.
Martinshorn
Auch bei Musik muß ich immer weinen.
Ich glaube, da bringen sie wieder einen.
Taucht unter. Auf der Autobahn ein Auto, aussteigen Hans Wurst, gefesselt, sowie der Büttel. Beide auf die Felsenkanzel
BÜTTEL Strafgefangner Hans Wurst, hiermit sind Sie zum Tod verurteilt.
HANS WURST   Warum?
BÜTTEL Ihre Verbrechen sind dergestalt ungeheuerlich
Widerwärtig pervers schamlos abstoßend sowie abenteuerlich
Daß ich ihre Bezeichnungen ohne Erröten nicht aussprechen kann
Das können Sie von mir nicht verlangen, Mann.
Der letzte Wunsch?
HANS WURST   Ich will Sie «Du Arschloch!» nennen.
BÜTTEL Beeilung! daß wir das abschließen können.
HANS WURST Du Heularsch!
BÜTTEL   Genauen Text!
holt ein Buch aus der Tasche
HANS WURST Du Arsch . . . sch . . .sch . . . Meine Zunge ist wie verhext
BÜTTEL Du Arschloch! müssen Sie sagen, Sie!
HANS WURST Du Arschficker. Leider, ich treffe es nie.
Büttel beißt ins Buch
BÜTTEL Ich warne Sie! Sie können nicht hingerichtet werden
Wenn Sie sich weiterhin ungebärdig gebärden!
HANS WURST Sie Arschloch.
BÜTTEL   Sagen Sie «Du» zu mir.

Hans Wurst tritt ihn in den Hintern und haut ihn aufs Maul
HANS WURST Zwei Ärscher hast du, eins da, eins hier.
Büttel kniet vor Hans Wurst
BÜTTEL Nennen Sie mich wörtlich «Du Arschloch», ich flehe inständig
darum
  Oder sagen Sie, Sie sind von Geburt stumm.
HANS WURST Du bist ein Dings, du weißt schon.
BÜTTEL   Er sagt nicht
«Du Arschloch!» zu mir, ach! mein Herz bricht.
Stirbt
HANS WURST Du Arschloch.
will gehen, Büttel springt auf
BÜTTEL   Das weckt Tote auf!
  Gerechtigkeit, jetzt nimmst du deinen Lauf!
schreibt nach Blicken auf die Uhr ins Büchel:
BÜTTEL Der letzte Wunsch des Delinquenten war, mich Du Arschloch!
zu nennen
  Was er 8 Uhr 37 getan hat, so daß wir 8 Uhr 38 mit der
  Hinrichtung desselben haben beginnen können.
*Steckt das Büchel weg, schmeißt Hans Wurst in Teich; ins Auto;
ab*
KROKODIL Ich habe gar keinen besonderen Hunger
  Weshalb ich immer noch untätig hier herumlunger.
  Ist die Familie groß, die du ohne Ernährer obdachlos hinterläßt?
HANS WURST Etwa drei Freundinnen hab ich versetzt.
KROKODIL Die werden jetzt aber Zähneklappern und wehklagen?
HANS WURST Das will nichts besagen.
KROKODIL Zweifelsohne bist du unschuldig verknackt?
HANS WURST Ich zweifle ein wenig, denn mir wurde keinerlei
  Urteilsbegründung zugestellt oder gesagt.
Krokodil lächelt
KROKODIL Ich höre so gern todtraurige Geschichten:
  Kannst du mir eine zur Hälfte oder zu einem Sechzehntel berichten?
HANS WURST *erzählt einen todtraurigen Witz*
Krokodil hält sich den Bauch vor Lachen; Hans Wurst flieht
KROKODIL Dieser urwüchsige! herzliche! unbekümmerte! Humor!
  So ein Urvieh kam mir mein Lebtag noch niemals nicht vor.
  Trinke mit mir einen Schnaps, Bruderherz!
entdeckt, daß Hans Wurst weg ist
  Freund, wo bist du?
HANS WURST *von oben:* Landwärts.
Krokodil taucht auf und sieht Hans Wurst auf der Felsenkanzel

KROKODIL Das ist ja! das ist doch! du bist ein Reptil!
Ich hatte gleich anfangs ein äußerst unangenehmes Gefühl.
Die Tränen, sie kullern, so packt mich die Wut
Der schnödeste Undank! jetzt will ich dein Blut.
Hans Wurst beginnt seine Handfessel durchzuwetzen. Krokodil peitscht
mit dem Schwanz das Wasser, entdeckt seinen Schwanz
KROKODIL Ah ja! als erstes die Schlange da
Welche ich hierzulande noch nie sah!
Beißt sich in Schwanz und kämpft mit sich selber. Wellengang. Unausge-
setzt fressend und flennend, mit schiefem Blick auf Hans Wurst:
KROKODIL Ich fresse nur, daß ich heule, damit
Dieser anmutige Weiher über seine stillgrünenden Ufer tritt.
Steht das Wasser erst bis da oben hoch:
Dich fresse ich auch noch.
Verschlingt sich
HANS WURST Und kommt es schlimm als schlimmer
Witze helfen immer. *Ab*

Intermezzo:
Hans Wursts Hinrichtung, 2

Landschaft wie oben. Auf der Autobahn das Auto. Hans Wurst,
wie oben, gefesselt, sowie der Büttel auf der Felsenkanzel
BÜTTEL Wegen unbefugter Auferstehung aus dem Hinrichtungsteich
Werden Sie hingerichtet sogleich.
Der letzte Wunsch ist gestrichen.
HANS WURST   Du Arschloch
BÜTTEL Du wirst dir deins nicht mehr wischen.
nimmt das Büchel aus der Tasche und schreibt ein:
Beginn der Hinrichtung: 8 Uhr 36 *Steckt das Büchel weg*
Meingott, bin ich heute vormittag wieder fleißig.
Schmeißt Hans Wurst ins Wasser, geht zum Auto; ab. Martinshorn. Hans
Wurst sinkt unter; Krokodil
KROKODIL Ich habe wieder keinen besonderen Hunger
Weshalb ich wiederum immer noch untätig hier herumlunger
Heute wirst du mich nicht bescheißen
Ich werde lustlos reinbeißen
Es heißt ja, der Appetit kommt beim Essen, ich werde gleich anfangen
Und heute keineswegs eine traurige Geschichte verlangen
Kommt lustlos näher
HANS WURST Ich weiß etliche lustige Geschichten.

KROKODIL Du würdest mich dir lebenslänglich verpflichten
Wenn du das Maul halten würdest, Mann!
HANS WURST Hören Sie die an:
KROKODIL   Kurzfassen!
Ich werde ihn aber im Auge behalten und mit den Zähnen nicht loslassen.
Packt ihn lose am Hosenboden
HANS WURST *erzählt einen blöden Witz*
Krokodil lacht unmäßig und verschlingt Hans Wurst mit vor Lachen aufgerissenem Maul; rülpst; das Wasser wird rot
KROKODIL Es ist vollbracht.
Ich habe richtiggehend Tränen gelacht.

Epilog:
Hans Wursts Auferstehung

Landschaft wie oben. Das Krokodil schwimmt im Teich herum, der Büttel reitet auf ihm und tätschelt den Hals des Viehs. Hans Wurst auf der Felsenkanzel

HANS WURST Ich, Herr Hans Wurst, habe aus meinem Tod
Einige Lehren gezogen mit knapper Mühe und Not.
Zum 1) nie tote Büttel anschreien
Weil die dann aufleben, das gibt außerordentliche Scherereien.
Zum andern) Witze muß man machen
Aber nicht bis zum Tränenlachen.
Also nach Maß.
Ein Spaziergang auf dem Rasiermesser macht auch Spaß.
Ein riesiges Rasiermesser klappt sich über den Weiher. Hans Wurst tanzt auf der Schneide
Sie sehen, meine sehr verehrten Damen und Herrn:
Ich lebe gern.

Ende der Oper

IRMTRAUD MORGNER

Foto: Roger Melis

Geboren 1933 in Chemnitz (heute Karl-Marx-Stadt) als Tochter eines Lokomotivführers. Nach dem Abitur im Jahre 1952 studierte sie Germanistik in Leipzig (1952–1956). Dann arbeitete sie als Nachrichtenredakteurin bei ADN und als Redaktionsassistentin bei der Zeitschrift *Neue Deutsche Literatur.* Seit 1958 lebt sie als freie Schriftstellerin in Ost-Berlin.

Werke:

Das Signal steht auf Fahrt (E, 1959); Ein Haus am Rand der Stadt (R, 1962); Notturno (E, 1964); Rumba auf einen Herbst (R, 1965); Hochzeit in Konstantinopel (R, 1968); Gauklerlegende. Eine Spielfraungeschichte (E, 1971); Die wundersamen Reisen Gustavs des Weltfahrers (R, 1972); Das Seil (E, 1973); Spielzeit (E, 1973); Leben und Abenteuer der Trobadora Beatriz nach Zeugnissen ihrer Spielfrau Laura (R, 1974); Amanda (R, 1983).

Worin sehen Sie das Ziel Ihrer literarischen Arbeit? Halten Sie es für erreichbar?

Das Ziel jeder literarischen Arbeit ist, sich so nahe wie möglich zu kommen und das, was man erfährt, so genau wie möglich zu beschreiben und zu erkennen und dadurch sich selber zu erkennen. Denn nur so kann ich vielleicht einem anderen Menschen einen Impuls geben, dasselbe für sich zu tun und sich selber zu finden, sich in einem historischen Zusammenhang zu fühlen als Stück Welt und Universum. Es gibt sicher in der Annäherung an sich selber nur Näherungen. Sich selber absolut nahezukommen, das wäre das unerreichbare Ziel, der unendliche Weg.

Aus dem Roman

Leben und Abenteuer der Trobadora Beatriz nach Zeugnissen ihrer Spielfrau Laura

Zweites Buch

7. Kapitel

Beatriz lernt Deutsch und Marx

Der richtige Alain bewohnte ein möbliertes Zimmer in der Rue Claude Bernard. Mit seiner Frau. Als Beatriz erfuhr, daß er regelrecht verheiratet war, besoff sie sich mit Pernod. Der ihr die idealsten Räusche lieferte, denn nun stand ihrer hohen Liebe nichts mehr im Wege. Die niedere in der Rue de l'Arbalète leistete sie ab aus Gesundheitsgründen. Gruppensex erschien ihr als Gipfel erotischer Langeweile. Zerwürfnis mit Jacqueline, denn Beatriz behauptete, kein Geld mehr für Einkäufe beim Ehemann erwirken zu können. Gerson war froh, daß sich seine Frau seßhaften Genüssen zuwandte. Zwar sagte er prophylaktisch wenigstens täglich einmal «Wehe, wenn ich dich erwische», nahm aber kulant die Päckchen entgegen, die Alain für Beatriz im Laden abgab. Die Päckchen enthielten marxistische Bücher zum Selbststudium. Sie waren mit Linealstrichen in den Farben Rot, Blau und Grün versehen, so daß Beatriz leicht die verschiedenen Wichtigkeitsgrade erkennen konnte. Aus Lenins Werk «Der 'linke Radikalismus', die Kinderkrankheit im Kommunismus» exzerpierte Beatriz außer den rot unterstrichenen die meisten blau unterstrichenen Worte und alle Randnotizen. Da der richtige Alain Deutsch lernte, um Marx und Engels im Original lesen zu können, belegte Beatriz auch einen Deutsch-Kursus der Freundschaftsgesellschaft Frankreich-DDR. Der Kursus fand abends statt. Gerson fuhr Beatriz im Lieferwagen hin und holte sie wieder ab. Obleich keine terroristischen Anschläge mehr gemeldet wurden. Die Fahndungen der Polizei waren allerdings noch immer ohne Ergebnis geblieben. Der Sprachlehrer bezeichnete Beatriz als Sprachgenie. Bereits nach drei Kursusstunden las sie ohne Wörterbuch in der deutschen Ausgabe der ökonomisch-philosophischen Schriften von Marx eine schöne Stelle, die sie sogleich mit Filzstift auf die Küchenwand überm Herd exzerpierte. Nämlich: «Das Verhältnis des Mannes zum Weib ist das natürlichste Verhältnis des Menschen zum Menschen. In ihm zeigt sich also, inwieweit das natürliche Verhalten des Menschen menschlich oder inwieweit das menschliche Wesen ihm zum natürlichen Wesen, inwieweit seine menschliche Natur ihm zur Natur geworden . . .» In den Briefen an Kugelmann schrieb Marx Beatriz folgenden Satz aus dem Herzen: «Der gesellschaftliche Forschritt läßt sich exakt messen an der gesellschaftlichen Stellung des schönen Geschlechts.»

Viertes Buch

1. Kapitel

Ankunft der Trobadora im gelobten Land

Auf dem Bahnhof Hamburg-Altona machte Beatriz die Bekanntschaft eines Matrosen, der in Greifswald beheimatet war. Er borgte der Trobadora das Fahrgeld nach Berlin und suchte ihr den richtigen Zug aus. Beatriz teilte das Abteil mit Leuten, die im Rentenalter waren. Ihre Reden empfand sie als reaktionär, weshalb Beatriz sich in ihre Erwartungsträume zurückzog. Am Bahnhof Friedrichstraße überschritt Beatriz die Grenze. Sie reihte sich ein in die Schlange derer, die auf Abfertigung warteten. Um ihnen die Zeit zu vertreiben, sang sie das schöne provenzalische Lied «Ad un fin aman fon datz». Ins Deutsche übersetzt, würde die erste Strophe etwa lauten:

Einem Liebsten, wohlgetan,
wies der Dame Huldgeheiß
Ort und Zeit der Freude an.
Abends winkte ihm der Preis.
Taglang schritt er sorgenschwer,
und er sprach und seufzte bang:
Tag, wie dehnst du dich so lang!
O Not!
Nacht, dein Zögern ist mein Tod!

Die Wartenden musterten Beatriz betreten. Die Grenzpolizisten, die das Lied offenbar als Anspielung auf ihr Arbeitstempo empfanden, baten um Ruhe und Geduld. Später folgte Beatriz dem Beispiel langmähniger junger Männer und raffte ebenfalls den rechten Haarvorhang hinters rechte Ohr. Dann langte sie durch den Spalt des Paßschalters, ergriff jenseits der Glasscheibe die Hand des Polizisten, die nach ihren Papieren hatte greifen wollen, schüttelte die Hand und gratulierte zur Befreiung. Der erschreckte Polizist dankte mit dem Hinweis, daß der Tag der Befreiung am 8. Mai begangen würde. Er fand aber nichts zu beanstanden, woraufhin er Beatriz freundlich nach dem Reisegrund befragte. «Ansiedlung im Paradies», sagte Beatriz. Die Antwort weckte sein Mißtrauen erneut. Er mahnte Beatriz, dem Ernst des Vorgangs entsprechende präzise Antworten zu erteilen, die Deutsche Demokratische Republik wäre kein Paradies, sondern ein sozialistischer Staat. «Gott sei Dank», sagte Beatriz und erhob die rechte Faust zum Gruß, «hier werd ich endlich Arbeit kriegen.» Der Polizist grüßte zurück, indem er bei gestreckter Hand den rechten Zeigefinger zum Mützenschild führte. Er versicherte lächelnd, daß in seinem Staat allen Bürgern das Recht auf Arbeit gesetzlich zugesichert wäre und großer Arbeitskräftemangel herrschte. Jeder Werktätige, der bei der Lösung der großen Aufgaben mithelfen wollte, wäre willkommen. Beatriz dankte dem Polizisten und lobte den Glanz seiner weißen, ebenmäßig gewachsenen Zähne, die den bräunlichen Teint schön zur Geltung brächten. Das Lächeln schwand. Räuspern. Verlegenes Hüsteln. Rückgabe des Passes durch den Spalt mit einem Wunsch für gute Besserung. Die Gepäckkontrolle erbrachte keine Beanstandungen.

2. Kapitel

Weitere erhabene und verwirrende Augenblicke nach der Ankunft

Kurz nachdem die Schranke für Beatriz geöffnet worden war, sah die Trobadora eine kleine dicke Frau, die ihr sympathischer und vertrauenswürdiger erschien als alle bisher gesehenen Frauen. Die Frau trug eine blaue Uniform. Beatriz trug einen Koffer. Als sie ihn der Frau vor die Füße gestellt hatte, um sie nach der nächsten Arbeitsstelle für Trobadors zu fragen, stand die Frau einen Augenblick stumm mit staunenden Augen. Dann wandte sie sich jäh. Rannte weg. Und übergab sich vor der Halle für Westreisende. Beatriz brauchte eine Weile, um sich von der seltsamen Begegnung zu erholen. Dann trat sie ebenfalls vor die Halle und sah den Möwen zu, die die Kotze fraßen. Die Verkehrsgeräusche empfand Beatriz als Stille. Die Luft als Landluft. Feierlich gestimmt überquerte sie den Schiffbauerdamm. Erreichte das Flußgeländer. Spuckte in die Spree. Schon schnatterte ein Entenschwarm übers Wasser, Schwäne kamen geschwommen. Möwen flogen sie an. Auch ein Rudel Kinder bewegte sich langsam auf Beatriz zu. Die Kinder hielten sich an den Händen. Fünf Reihen Girlanden. Dahinter eine junge Frau und ein junger Mann. Beatriz sagte zum jungen Mann: «Verzeihung, Herr Kindergärtner, können Sie mir sagen, wo die Trobadors hier . . .» – «Kindergärtner, Sie sind wohl nicht von hier», sagte der junge Mann und tupfte seine Stirn mit dem Zeigefinger. «Nein», sagte Beatriz. Der junge Mann küßte die junge Frau mit beleidigtem Gesicht und ging weg. Zwei Straßenbahnzüge nahmen langsam den Buckel, den die Weidendammbrücke der Straße beibrachte. Schürf- und Quietschgeräusche. Die Ruhe erklärte sich Beatriz mit kosmetischen Bemühungen der hiesigen Männer, schloß also kurz, daß die nicht mit schnittigen Wagen, sondern mit schnittigen Körpern konkurrierten. Da erschien Beatriz unwichtig, daß sie Parnitzkes Adresse und die seiner ersten geschiedenen Frau verloren hatte. Außerdem war auch der Himmel hier noch höher als in der Provence. So hoch, daß seine Farbe nicht erkennbar war. Wunderbare Heimkehr! Unendlich lang ersehnte! Beatriz war überzeugt, daß die Möglichkeit, endlich in die Geschichte eintreten zu können, den Verlust der Muttersprache mehr als aufwöge. Bewegt ließ sie sich auf dem Koffer nieder und genoß ihre Aufwertung. In den Gesichtern Vorübergehender oder Vorüberfahrender suchte Beatriz nach weiteren Anzeichen. Verfolgte auch mit Interesse die Leuchtschrift an der Bahnhofsbrücke. Beatriz interessierte natürlich weniger die Halle für Westreisende als der übrige Bahnhof. Sie brach also auf und mischte sich unter die Leute, die dort herumstanden. Mit Gepäck. Ohne. Sie sah sich die Leute neugierig an. Jugendliche. Frauen. Männer. Zwei von Beatriz gemusterte Männer sagten ihr fragend eine Zahl, die sich die Trobadora als Zugnummer erklärte. Sie entgegnete, daß sie nicht abreisen wollte, sondern soeben überglücklich angekommen wäre. Die Männer schienen nicht aufgelegt, das Glück der Trobadora gesprächsweise zu teilen. Funktionierende Rolltreppen vom und zum Stadtbahnhof führten Beatriz viele Kilometer lange Rollbilder mit Heimatbewohnern vor. Die beiden Rollbilder bewegten sich gegeneinander. Beatriz ließ sich eine Stunde von den mobilen Ansichten ihre vorgefaßten bestätigen. Dann erinnerte sie ein zufälliger Griff in die Jackentasche an die Realität. Das Geld, das ihr der Greifswalder Matrose zur Finanzierung der Fahrt geliehen hatte, ging nämlich zur Neige. Entschlossen, sich nun und hinfort auf redliche Weise durchs Leben zu bringen, erkundigte sich Beatriz verschiedentlich nach der Adresse der Stelle, die für die Arbeitsvermittlung weiblicher Trobadors zuständig wäre. Verständnislose Blicke, Achselzucken, Augenzwinkern, Frage nach einem Mustopf, empörtes Schmatzen, Schimpfworte, Schlag auf den Hintern, Gelächter, Belehrung über die politische, sittliche und medizinische Bedeutung des Verbots der Prostitution. Beatriz erklärte sich die befremdlichen Antworten mit der sprachlich offenbar mißverständlichen Form ihrer Fragen. Lag die deutsche Sprache trotz fanatischen Lerneifers so verquer in ihrem Mund? Hinderte der französische Akzent, sich zu Hause verständlich zu machen? War die Hoffnung der Trobadora, umgehend in deutscher Zunge singen zu können, etwa gar eine Illusion? Ein langhaariger Jüngling, der ein Kofferradio in der Armbeuge wiegte, half Beatriz mit rüden Worten vorläufig aus der Verwirrung. Er empfahl, bei der Konzert- und Gastspieldirektion vorzusprechen.

3. Kapitel

Womit die Beschreibung der Irrfahrten im gelobten Land anhebt

Da Beatriz den Wegbeschreibungen des Jünglings nichts entnehmen konnte, lud er sie hinter sich auf sein Motorrad. Und fuhr über viele Straßen und Plätze. Die Straßen waren überwiegend nackt. Auch die Plätze waren keine Garagen. Beatriz, die schon gewöhnt war, sich von Blech umgeben zu bewegen, kam sich plötzlich über alle Maßen groß vor, wie gewachsen. Obgleich ihre Größe, verglichen mit den Durchschnittslängen des Straßenpublikums, unauffällig erschien. Die unverstellten Aussichten weckten in ihr souveräne Empfindungen. Der Jüngling fuhr Beatriz bis zur Konzert- und Gastspieldirektion. Und trug den Koffer, der unterwegs ihre Brust von seinem Rücken getrennt hatte, bis zur Kaderabteilung. Dort bedankte sich Beatriz mit einem Handkuß, wandte sich und suchte bei der entrüsteten Sekretärin um Anstellung als Trobadora nach. Als der Jüngling entschwunden war und die Sekretärin genügend verächtliche Blicke geworfen hatte, verwies sie an die Abteilung Tanzmusik. Deren Leiter bat um Vorlage des Berufsausweises. Beatriz entgegnete, daß im zwölften Jahrhundert keine Berufsausweise ausgestellt worden wären, und erzählte in großen Zügen ihre Lebensgeschichte. Der Leiter verließ während der Schilderung seinen Platz hinterm Schreibtisch. Er näherte sich Beatriz vorsichtig. Als sie geendet hatte und die Kanzone von verratner Liebe anstimmen wollte, um eine Probe ihres Könnens zu geben, breitete er seine Arme aus. Beatriz glaubte, er wollte sie umfangen, damit sie seine Willkommensfreude spüren könnte. Fand sich jedoch plötzlich vor die Tür komplimentiert. Einen Augenblick stand Beatriz wie betäubt. Als sie jedoch von fern eine kichernde Frauenstimme vernahm, die behauptete, Verrückte hätten sie genug, schöpfte die Trobadora Verdacht und leistete Widerstand. Der kleine Mann, dessen Körperkräfte denen der Trobadora nicht gewachsen waren, redete in der Bedrängnis von Verlagen, die viele weibliche Mitarbeiter hätten. Wenn Beatriz Schreibmaschine schreiben könnte, wären die Anstellungsaussichten günstig. Sie hätte dann täglich Umgang mit Kunst, für die sie offenbar große Sympathien hegte, und ihr Auskommen obendrein. «Saboteur», sagte Beatriz und drückte den Mann mit ihrem Körpergewicht stärker gegen die Aufzugstür. «Hilfe», flüsterte der kleine Mann. Da aber auf dem weitläufigen Flur keine Hilfe in Sicht kam, gab der um seine Autorität besorgte Leiter die Adresse des größten belletristischen Verlags der DDR preis. Beatriz, die überzeugt war, einem Saboteur auf die Spur gekommen zu sein, sah sich aus Geldmangel genötigt, vorläufig von ihm abzulassen. Notierte sich aber seinen Namen. Das mißfiel dem Mann nun derart, daß sein Scherereien fürchtender Kopf fieberhaft zu arbeiten begann. Das skandalöse Benehmen der Trobadora gab ihm zu schlimmsten Befürchtungen Anlaß. Er dachte plötzlich daran, daß er wegen groben Unfugs belangt werden könnte, Empfehlungen waren schließlich Vertrauenssache, was würde geschehen, wenn der Leiter des Aufbau-Verlags keinen Spaß verstand? Angestrengt suchte der kleine Mann nach einem Unternehmen, das in größerer Entfernung zur Ideologie gelegen war. Die Zwangslage brachte ihn auf die Idee, den VEB Zentralzirkus als Verbesserungsvorschlag inständig anzupreisen. Dessen Direktor hätte seit langem eine kräftige Frau mit Phantasie bei ihm bestellt. Bis jetzt hätte die Bestellung jedoch nicht erledigt werden können, die Planstelle wäre also noch vakant, Beatriz hätte die schönsten Chancen. Überraschenderweise gefiel der Trobadora diese Notlüge relativ. Um Beatriz keine Zeit zu lassen, vom Gefallen abzukommen, stellte der erleichterte Mann seinen Dienstwagen zur Verfügung.

4. Kapitel

Das in Wort und Auffassung der Trobadora wiedergibt, was ihr der Chauffeur des Dienstwagens als Geschichte seines Freundes unterwegs erzählt

Weltbild: Eines Feierabends entdeckte der Versicherungsangestellte Ferdinand Frank in der Zeitung seines U-Bahn-Nachbarn ein Inserat, das ihn erschütterte. Tief, zumal seine gelegentlichen Beschwerden kürzlich von einem konsultierten Rheumaarzt als Alterserscheinungen bezeichnet worden waren. Da war ihm jäh bewußt geworden, daß er Berlin nur als Landser verlassen hatte. Seither spürte er Zeitnot und einen unwiderstehlichen ängstlichen Drang, sich ein Bild von der Welt zu machen, bevor es zu spät sein würde. Er dachte an Motorrad, Auto, Motorboot, träumte gar von einem Hubschrauber, der ihn aus den Straßenschächten tragen könnte, himmelhoch. Der Traum wurde von den Möglichkeiten, die das Inserat anbot, insofern übertroffen, als sie außerhalb der Frankschen Denkungsart gelegen waren. Frank erschienen sie gewagt. Nur von gewagten Unternehmungen versprach er sich Abhilfe. Nur rigorose Lebensänderungen hielt er seinem Alter angemessen. Außerdem war die Summe, die der Inserent forderte, niedriger als der niedrigste Preis fahrbarer Autos. Da Frank aus undeutlichen Gründen fürchtete, die Ausgabe könnte vergriffen sein, verhandelte er mit dem Sitznachbarn, der ihm die Berliner Abendzeitung auch verkaufte, nachdem er sie ausgelesen hatte. Als die U-Bahn aus der Erde tauchte und sich hinaufschwang aufs Gestell, das wie ein Tausendfüßler die Schönhauser Allee trat, war Frank entschlossen. Auf dem Bahnhof Dimitroffstraße stieg er aus, zwängte sich durch Sperre und Menschenmassen, die sich abwärts über die Stufen schoben, und mietete ein Taxi. Es fuhr ihn zu den Überresten einer an der Greifswalder Straße gelegenen Schrebergartenkolonie, die der Inserent als Besichtigungsplatz angegeben hatte. Schaustellerfrauen liefen in Hausschuhen über hinterbliebene Erdbeerstauden, halfen Kabel verlegen zwischen Karussells und Luftschaukeln, gaben Auskunft und die Versicherung, daß Frank noch nicht zu spät käme. Die Wohnwagen ähnelten einander. Hellbräunliches Holz, die Schienenarmierung rot gestrichen, am Heck hängende Kettenbündel ebenfalls rot, alles wie neu. Der Verkäufer saß auf einem Bulldozer, der ans Verkaufsobjekt gekoppelt war. Er führte Frank sogleich die Manövrierfähigkeit, später auch Material und Inneneinrichtung des Wohnwagens vor. Obgleich der Besitzer offensichtlich Schausteller war, zögerte Frank nicht. Langjährige einschlägige Berufserfahrung befähigte ihn, in kurzer Zeit einen ordnungsgemäßen Kaufvertrag zu entwerfen. Als der unterschrieben war, bat Frank den Verkäufer, der sein Geschäft altershalber zu verkleinern vorgab, den Wagen sogleich zur Schönhauser Allee zu fahren, wo Franks Wohnung war. Unterwegs hielten sie vor der Sparkasse, und Frank hob die vertraglich festgelegte Summe ab und händigte sie aus. Die Hausbesitzerin sprach seltsam von Zigeunern. Die Nachbarn erklärten den Erwerb als Folge von plötzlicher Verwitwung, an der Frank geistig zu Schaden gekommen sein müßte, und redeten nachsichtig bedauernd. Dessenungeachtet kündigte Frank sein Arbeitsverhältnis bei der Versicherung und räumte Möbel aus seiner im ersten Hinterhaus gelegenen Wohnung in den Wohnwagen, der im Hof abgestellt war. Kinder halfen ihm. Er beauftragte ein Fuhrgeschäft mit der ersten Fahrt. Sie entführte ihn aus den Gemäuern des Stadtbezirks Prenzlauer Berg, wo er geboren und gealtert war, über Pankow, Karow, Buch nach Bernau. Der Bulldozerfahrer klagte über hohen Benzinverbrauch. Frank zahlte widerstrebend, obgleich ihn eine unverhoffte Erbschaft relativ unabhängig gemacht hatte. Zwischen Birken und Kiefern suchte er nach neuen Bildern. Da er sie erstaunlicherweise nicht fand, ließ er sich weiterziehen. Diesmal in südlicher Richtung. Der angeworbene LPG-Traktorist bezeichnete das Fahrgestell des Wagens als unbrauchbar, hatte auch unterwegs zwei Pannen. Frank fühlte sich vom Schausteller übervorteilt. Also bestätigt in seinen Ansichten über diese Berufsgruppe. Glücklich. Wenn er in Fahrtrichtung sah. Nach Aufenthalten in Fürstenwalde und Beeskow, da er den Wagen jeweils am Ortsrand abstellen ließ und abermals vergeblich auf das ersehnte Gefühl der Fremde wartete, mietete er zwei Trecker, die ihn nach Doberlug-Kirchhain schleppen sollten. So schnell wie möglich, mittels Geschwindigkeit hoffte er seinem Anhang zu entkommen. Mehrmals ruckte und rüttelte der Wagen auf der Fahrt, als ob etwas abrisse, so daß Frank froh erschrak und zum Hinterfenster eilte. Vergeblich, die Stadt hing ihm an. Eine riesige Schleppe. Er schleifte sie hinter sich her über Autobahnen und Landstraßen, meist Ziegeldächer, uniform verputzte Altbauten, kriegsnarbige mit eisernen Balkongittern oder abgetragenen Balkonen, wo Querschnitte von weggesägten Eisenträgern rosteten, hochmontierte Neubauten, Lenin von Tomski, Klettergerüste von Spielplätzen, Doppelstockbusse, das sonnenfinsternisähnliche Licht am Gaswerk Dimitroffstraße, Schrebergärten, Grenzbefestigungen, Mont Klamott, das Versicherungsgebäude, Zillen, Ehrenmal Treptow, Elektroapparatewerk, Warschauer Brücke, Ostkreuz, das Hochbahn-Gestell über der Schönhauser Allee, der von zwei Ebereschen und Mülltonnen bestandene Hinterhof, in den alle Fenster der Wohnung zeigten. Frank schrie Befehle an die Treckerfahrer, trieb an, über Doberlug-Kirchhain hinaus. Umsonst, wohin er auch reiste, er kam nie an. Immer war er angeschlossen an seine Stadt, die durchschnitten war von einer Grenze. Überall war er zu Hause und verglich sein Weltbild mit dem fremdländischen und fand es schön und versuchte die andern zu ändern nach seinem Bild.

5. Kapitel

Darin unter anderem beschrieben wird, wobei ein
VEB-Direktor der schönen Melusine an den Busen faßt

Der Direktor des VEB Zentralzirkus empfing Beatriz freundlich. Konnte sich jedoch beim besten Willen nicht an eine Bestellung bei der Konzert- und Gastspieldirektion erinnern. Er hatte keine Planstelle für eine kräftige Frau mit Phantasie. Hörte sich aber gern alle Strophen der Kanzone von verratner Liebe an, die Beatriz im Jahre 1158 auf den unwirklichen Raimbaut d'Aurenga gedichtet hatte. Die erste Strophe lautet in der deutschen Übersetzung von Herrn Franz Wellner:

Zu singen kommts mich an, wie ichs auch wehre.
So quäl ich mich um ihn, des ich begehre,
nach dem ich mich wie sonst nach nichts verzehre.
Nicht, wie in artger Huld ich ihm gewogen,
nicht Rang noch Geist noch Schönheit achtet er.
Er läßt mich stehn, verraten und betrogen,
wie ichs verdient, wenn ich ein Scheusal wär . . .

Den Zirkusdirektor amüsierte der Vortrag. Er klatschte, holte zwei Gläser und eine Schnapsflasche aus seinem Schreibtisch und schenkte sich und Beatriz ein. Der Vorgang suggerierte der Trobadora Gewißheit. Nach dem Zuprosten erwartete sie das Engagement. Als der Direktor den Schnaps grimassierend geschluckt hatte, bedauerte er jedoch, Beatriz in ihrem Fach nicht beschäftigen zu können. Alle derzeitigen Programme der einzelnen ihm unterstehenden Zirkusunternehmen wären mit Musikalclownnummern versehen. Auch sonst vollständig. Lediglich eine hochqualifizierte Dresseurin würde ihm fehlen. Unfallhalber. Bei «Eos» hätten zwei Löwen eine Mitarbeiterin während des Trainings krankenhausreif gebissen. Der Direktor sprach über das Berufsrisiko der Artisten und andere Nachteile, die das Wanderleben mit sich brächte. Beatriz sprach über die Vorteile des Wanderlebens. Da sprang die Klappe zum Luftschacht auf. Der Direktor erschrak. Seltsame Klagelaute waren zu hören. Dann der Satz: «Die Menschen glauben große Wahrheiten eher in unwahrscheinlichen Gewändern.» Beatriz traute ihren Ohren nicht. Spürte aber bereits jene seltsame Erregung, die bei ihr dichterischen Einfällen, jähen Entschlüssen und verwandten produktiven Zuständen voranzugehen pflegte. Schließlich faßte

sie sich und rief: «Bist du es, bist dus endlich – frei, ich werd verrückt.» –
«Mit wem reden Sie», fragte der Direktor nicht nur verblüfft. «Mit meiner
Schwägerin Marie von Lusignan, sie hat fast zwei Jahre in Frankreich gesessen. In Untersuchungshaft? Sie hören es, fast zwei Jahre in Untersuchungshaft, stellen Sie sich mal diese Zustände vor. Die Menschengestalt
war für sie immer riskant. Und ich warte und warte, bis ich schwarz werde.
Buchstäblich. Können Sie sich eine Trobadora als Griebsergattin vorstellen? Die Bullen haben vielleicht trotz der unauffälligen Verkleidung irgendwie rausgekriegt, daß meine Schwägerin zaubern kann, und gefürchtet,
sie könnte das Wahlergebnis fälschen. Die Polizei kennt Persephones Ohnmacht nicht. Wenn meine Schwägerin auch politisch zaubern dürfte, wäre
Frankreich längst ein sozialistisches Land. Noch nie was von der schönen
Melusine gehört?» – Der Direktor war erfahren im Umgang mit Hochstap-
lern. Deshalb wechselte er zur geschäftlichen Tonart über und verlangte
kurz und grob einen Befähigungsnachweis. Da die Trobadora über keinen
schriftlichen verfügte, bat sie, einen praktischen vorzeigen zu dürfen, und
rief: «Bist du bereit?» – «Immer bereit», erwiderte die Stimme aus dem
Luftschacht. «Ich brauche keine Bauchredner», sagte der Direktor, den
nun doch die Geduld verließ, «ich brauche eine Dresseurin, Madame, eine
Dresseurin, wenn Sie verstehen, was ich meine, Raubtiere stehen mir jedoch im Büro leider nicht zur Verfügung.» – «Aber mir», sagte Beatriz,
steckte Daumen und Zeigefinger in die Mundwinkel und pfiff. Da hob ein
Wehen an, ein Heulen und Fauchen. Die Luftklappe schepperte, flog sperr-
angelweit auf, Staub wölkte: durch den Luftschacht des Verwaltungsgebäu-
des von VEB Zentralzirkus fuhr fürwahr die schöne Melusine. In Sphinx-
gestalt: halb Drache, halb Weib. Beatriz feierte das Wiedersehen mit der
Schwägerin, indem sie die obere, weibliche Hälfte stürmisch umarmte und
küßte. Der Direktor war bemüht, seine Fassung schnell wiederzugewinnen,
da die weibliche Hälfte wie die andere nackt war. Er verließ also seinen
Schreibtisch, machte einen Schritt über den gepanzerten Rücken auf Beatriz zu, gestand, einundzwanzig Jahre als Zauberer gearbeitet zu haben, gratulierte mit kollegialer Bewunderung zum Trick und legte seine linke Hand
unter die linke Brust der schönen Melusine. Um das Material zu prüfen.
Aufs neue angenehm überrascht, gab er sich als Zauberer geschlagen und
nahm die Trobadora sogleich unter Saisonvertrag.

6. Kapitel

*Darin Irmtraud Morgner einige männliche Leser mit einer
eidesstattlichen Erklärung zum Weiterlesen bewegen will*

Geehrte Herren!

Hiermit bestätige ich eidesstattlich aus eigener Anschauung, daß Beatriz de
Dia körperlich eine dem heutigen Schönheitsideal vollkommen entsprechende, garantiert jugendlich erscheinende Frau war. Ihr Wuchs konnte
noch auf dem Totenbett als untadelig bezeichnet werden. Der Dichter
Guntram Pomerenke nannte 92, 61 und 90 Zentimeter als charakteristi-
sche Körpermaße. Hätte Beatriz zu der Zeit, da sie Zeugnis ablegte, äußerlich den bisher gültigen Maßstäben Schönheit und Alter betreffend nicht
entsprochen, würden Sie, geehrte Herren, Beatrizens allgemeine Wahrheiten selbstverständlich in Zweifel ziehen, ihre besonderen, frauenrechtli-
chen rundweg als Mangelerscheinung bewerten und das vorliegende Buch
in den Ofen stecken. Denn im Gegensatz zum Mann, den Sie als differen-
ziertes Wesen begreifen, das dementsprechend differenzierte Bedürfnisse
hat, empfinden Sie Frauen als monolith. Weshalb Sie deren Kümmernisse,
Schwierigkeiten oder Schmerzen alle auf einen einzigen Mangel zurückfüh-
ren. Und dieser einzige optimale Mangel sind selbstverständlich Sie, geehrte Herren, brutal gesagt: Ihr Mittelstück. – In der Hoffnung, daß meine
pragmatische Erklärung Sie, geehrte Herren, geneigt macht, nicht nur den
Werken des buckligen Herrn Kant (Immanuel) und ähnlicher Koryphäen
eine Existenzberechtigung zuzusprechen, verbleibe ich

mit sozialistischem Gruß
gez. Irmtraud Morgner

HEINER MÜLLER

Foto: Roger Melis

1929 in Eppendorf/Sachsen geboren. 1945 war er noch beim Reichsarbeits-
dienst. Nach Kriegsende arbeitete er zunächst als Angestellter im Landrats-
amt Waren/Mecklenburg, dann als Journalist. Von 1954 bis 1955 war er
wissenschaftlicher Mitarbeiter des Deutschen Schriftstellerverbandes, danach Assistent am Maxim-Gorki-Theater in Ost-Berlin und Dramaturg am
Berliner Ensemble. Seit 1959 lebt Heiner Müller als freischaffender Schriftsteller in Ost-Berlin; zusätzlich ist er als Dramaturg an der Volksbühne tätig. Im Herbst 1975 war er Gastprofessor an der University of Texas, USA.

Werke:

Liebesgeschichte (E, 1953); Der Lohndrücker (D, 1956; zusammen mit Inge Müller); Die Kor-
rektur (Hsp, 1957, D, 1958; zusammen mit Inge Müller); Traktor (D, 1955–1961); Die Umsiedlerin oder Das Leben auf dem Lande (D, 1956–1961); Die Bauern (D, Neufassung der Ko-
mödie *Die Umsiedlerin oder Das Leben auf dem Lande,* 1964); Der Bau (D, nach Erik
Neutschs Roman *Spur der Steine,* 1963–1964); Philoktet (D, 1958–1964); Herakles 5 (D,
1964); Ödipus Tyrann (D, 1966); Prometheus (D, nach Aischylos, 1967–1968); Drachenoper
(1968); Der Horatier (D, 1978); Weiberkomödie (D, nach dem Hörspiel *Die Weiberbrigade*
von Inge Müller, 1969); Mauser (D, 1970); Zement (D, nach dem Roman von Fedor Gladkow,
1972); Macbeth (D, nach Shakespeare, 1972); Die Schlacht (D, 1951 und 1974); Medeaspiel
(1974); Geschichten aus der Produktion (S, 1974); Stücke (Dn, 1975); Germania Tod in Berlin
(S, 1977); Die Hamletmaschine (D, 1977); Die Schlacht. Traktor. Leben Gundlings Friedrich
von Preußen Lessings Schlaf Traum Schrei (Dn, 1977); Der Auftrag. Erinnerung an eine Revolution (D, 1979); Quartett (D, 1981); Rotwelsch (P, Interviews, 1982); Verkommenes Ufer.
Medeamaterial. Landschaft mit Argonauten (D, 1983).

Worin sehen Sie das Ziel Ihrer literarischen Arbeit?
Halten Sie es für erreichbar?

Ich habe keine Zielvorstellung in dem Sinne, jedenfalls keine moralischen
oder gar politischen Impulse beim Schreiben; sie sind mir jedenfalls nicht
bewußt. Die Tatsache, daß ich schreibe, hängt sicher mit meiner Biogra-
phie zusammen. Das ist eine Form, mich mit der Wirklichkeit aktiv oder auf
eine andere Weise, mit der ich nicht so klar komme, als wenn ich schreibe,
auseinanderzusetzen. Ich bemerke es einfach negativ, wenn ich eine Weile
nicht geschrieben habe; dann fühle ich mich nicht wohl, dann muß ich wieder mal etwas schreiben. Das ist wahrscheinlich die einzige Möglichkeit,
mit der Wirklichkeit umzugehen und meine Ansprüche an die Wirklichkeit
anzumelden.

Todesanzeige

Sie war tot, als ich nach Hause kam. Sie lag in der Küche auf dem Steinboden, halb auf dem Bauch, halb auf der Seite, ein Bein angewinkelt wie im Schlaf, der Kopf in der Nähe der Tür. Ich bückte mich, hob ihr Gesicht aus dem Profil und sagte das Wort, mit dem ich sie anredete, wenn wir allein waren. Ich hatte das Gefühl, daß ich Theater spielte. Ich sah mich, an den Türrahmen gelehnt, halb gelangweilt halb belustigt einem Mann zusehen, der gegen drei Uhr früh in seiner Küche auf dem Steinboden hockte, über seine vielleicht bewußtlose vielleicht tote Frau gebeugt, ihren Kopf mit den Händen hochhielt und mit ihr sprach wie mit einer Puppe für kein andres Publikum als mich. Ihr Gesicht war eine Grimasse, die obere Zahnreihe schief in dem aufgeklappten Mund, als ob der Kiefer ausgerenkt wäre. Als ich sie aufhob, hörte ich etwas wie ein Stöhnen, das mehr aus ihren Eingeweiden als aus ihrem Mund zu kommen schien, jedenfalls von weit. Ich hatte sie schon oft wie tot daliegen sehen, wenn ich nach Hause kam, und aufgehoben mit Angst (Hoffnung), daß sie tot war und der schreckliche Laut klang beruhigend, eine Antwort. Später klärte mich der Arzt auf: Eine Art Aufstoßen, durch die Lageveränderung bedingt, ein Rest von Atemluft, vom Gas aus den Lungen gepreßt. Oder ähnlich. Ich trug sie ins Schlafzimmer, sie war schwerer als gewöhnlich, nackt unter dem Morgenrock. Als ich die Last auf der Bettcouch ablegte, fiel ihr eine Zahnprothese aus dem Mund. Sie mußte sich, in der Agonie, gelockert haben. Ich wußte jetzt, was ihr Gesicht entstellt hatte. Ich hatte nicht gewußt, daß sie eine Zahnprothese trug. Ich ging zurück in die Küche und stellte den Gasherd ab, dann, nach einem Blick auf ihr leeres Gesicht, zum Telefon, dachte, den Hörer in der Hand, an mein Leben mit der Toten bzw. an die verschiedenen Tode, die sie dreizehn Jahre lang gesucht und verfehlt hatte, bis zu der heutigen erfolgreichen Nacht. Sie hatte es mit einer Rasierklinge probiert: als sie mit einer Pulsader fertig war, rief sie mich, zeigte mir das Blut. Mit einem Strick, nachdem sie die Tür abgeschlossen, aber, mit Hoffnung oder aus Zerstreutheit, ein Fenster offen gelassen hatte, das vom Dach aus zu erreichen war. Mit Quecksilber aus einem Fieberthermometer, das sie, für diesen Zweck, zerbrochen hatte. Mit Tabletten. Mit Gas. Aus dem Fenster oder vom Balkon springen wollte sie nur, wenn ich in der Wohnung war. Ich rief einen Freund an, ich wollte immer noch nicht wissen, daß sie tot war und eine Sache der Behörden, dann das Rettungsamt. SIND SIE WAHNSINNIG MACHEN SIE SOFORT DIE ZIGARETTE AUS TOT SIND SIE SICHER JA SEIT MINDESTENS ZWEI STUNDEN ALKOHOL DAS HERZ HABEN SIE NICHT GEMERKT DASS IHRE FRAU WO IST DER BRIEF WAS FÜR EIN BRIEF HAT SIE KEINEN BRIEF HINTERLASSEN WO WAREN SIE VON WANN BIS WANN MOR-

GEN NEUN UHR ZIMMER DREIUNDZWANZIG VORLADUNG
DIE LEICHE WIRD ABGEHOLT AUTOPSIE KEINE SORGE MAN
SIEHT NICHTS. Warten auf den Leichenwagen, im Nebenzimmer eine
tote Frau. Die Unumkehrbarkeit der Zeit. Zeit des Mörders: ausgelöschte
Gegenwart in der Klammer von Vergangenheit und Zukunft. Ins Nebenzimmer gehen (dreimal), die Tote NOCH EINMAL ansehen (dreimal), sie
ist nackt unter der Decke. Wachsende Gleichgültigkeit gegen Dasda, mit
dem meine Gefühle (Schmerz Trauer Gier) nichts mehr zu tun haben. Die
Decke wieder über den Körper ziehen (dreimal), der morgen aufgeschnitten
wird, über das leere Gesicht. Beim drittenmal die ersten Spuren der Ver-
giftung: blau. Zurück ins Wartezimmer (dreimal). Mein erster Gedanke an
den eigenen Tod (es gibt keinen andern), in dem kleinen Haus in Sachsen,
in der winzigen Schlafkammer, drei niedrige Stockwerke hoch, fünf oder
sechs Jahre alt ich, allein gegen Mitternacht auf dem unvermeidlichen
Nachttopf, Mond im Fenster. DER DIE KATZE HIELT UNTER DEN
MESSERN DER SPIELKAMERADEN WAR ICH/ICH WARF DEN
SIEBENTEN STEIN NACH DEM SCHWALBENNEST UND DER SIE-
BENTE WAR DER DER TRAF/ICH HÖRTE DIE HUNDE BELLEN
IM DORF WENN DER MOND STAND/WEISS GEGEN DAS FEN-
STER KAMMER IM SCHLAF/WAR ICH EIN JÄGER VON WÖLFEN
GEJAGT MIT WÖLFEN ALLEIN/VOR DEM EINSCHLAFEN
MANCHMAL HÖRTE ICH IN DEN STÄLLEN DIE PFERDE
SCHREIN. Gefühl des Universums beim Nachtmarsch auf dem Bahn-
damm in Mecklenburg, in zu engen Stiefeln und zu weiter Uniform: die
dröhnende Leere. HÜHNERGESICHT. Irgendwo auf dem Weg durch den
Nachkrieg hatte er sich an mich gehängt, eine dürre Gestalt im schlottern-
den Militärmantel, der am Boden nachschleifte, eine zu große Feldmütze
auf dem zu kleinen Vogelkopf, der Brotbeutel in Kniehöhe, ein Kind in
Feldgrau. Trottete neben mir her, stumm, ich kann mich nicht erinnern,
daß er ein Wort gesagt hätte, nur wenn ich schneller ging, sogar lief, um ihn
abzuschütteln, stieß er zwischen keuchenden Atemzügen kleine klägliche
Laute aus. Ein paarmal glaubte ich schon, ihn endgültig abgehängt zu haben, er war nur noch ein Punkt in der Ebene hinter mir, dann auch das
nicht mehr; aber im Dunkeln holte er auf und spätestens wenn ich aufwachte, in einer Scheune oder im Freien, lag er wieder neben mir, in seinen
löchrigen Mantel gerollt, der Vogelkopf in Höhe meiner Knie, und wenn
es mir gelungen war, aufzustehen und wegzukommen, bevor er wach wurde, hörte ich bald hinter mir sein klägliches Keuchen. Ich beschimpfte ihn.
Er stand vor mir, sah mich aus schwimmenden Hundeaugen dankbar an.
Ich weiß nicht mehr, ob ich ihn angespuckt habe. Ich konnte ihn nicht
schlagen: Hühner schlägt man nicht. Nie war mein Drang, einen Menschen
zu töten, so heftig. Ich erstach ihn mit dem Seitengewehr, das er aus den
Tiefen seines Militärmantels geklaubt hatte, um sein letztes Büchsenfleisch

mit mir zu teilen, ich aß zuerst, damit ich seinen Speichel nicht mitessen mußte, stieß das Bajonett zwischen seine spitzen Schulterblätter, bevor er an der Reihe war, sah ohne Bedauern sein Blut auf dem Gras glänzen. Das war an einem Bahndamm, nachdem ich ihn getreten hatte, damit er einen andern Weg ging. Ich erschlug ihn mit seinem Feldspaten, als er gerade gegen den Wind, der über die Ebene ging, auf der wir übernachten mußten, einen Wall aufgeschüttet hatte. Er wehrte sich nicht, als ich ihm den Spaten aus der Hand riß, nicht einmal als er das Spatenblatt kommen sah, brachte er einen Schrei zustande. Er mußte es erwartet haben. Er hob nur die Hände über den Kopf. Mit Erleichterung sah ich in der schnell einbrechenden Dunkelheit, wie eine Maske aus schwarzem Blut das Hühnergesicht auslöschte. An einem sonnigen Maitag stieß ich ihn von einer Brücke, die gesprengt worden war. Ich hatte ihn vorgehen lassen, er sah sich nicht um, ein Stoß in den Rücken genügte; das Sprengloch war zwanzig Meter breit, die Brücke hoch genug für einen Todesfall, unten Asphalt. Ich beobachtete seine Flugbahn, der Mantel gebläht wie ein Segel, das Seitenruder des leeren Brotbeutels, die tödliche Landung. Dann überschritt ich das Sprengloch: ich brauchte nur die Arme auszubreiten, von der Luft getragen wie ein Engel. Er hat in meinen Träumen keinen Platz mehr, seit ich ihn getötet habe (dreimal). TRAUM Ich gehe in einem alten von Bäumen durchwachsenen Haus, die Wände von Bäumen gesprengt und gehalten, eine Treppe hinauf, über der nackt eine riesige Frau mit mächtigen Brüsten, Arme und Beine weit gespreizt, an Stricken aufgehängt ist. (Vielleicht hält sie sich auch ohne Befestigung in dieser Lage: schwebend.) Über mir die ungeheuren Schenkel, aufgeklappt wie eine Schere, in die ich mit jeder Stufe weiter hineingehe, das schwarze wildbuschige Schamhaar, die Roheit der Schamlippen.

Die Hamletmaschine

1

FAMILIENALBUM

Ich war Hamlet. Ich stand an der Küste und redete mit der Brandung BLABLA, im Rücken die Ruinen von Europa. Die Glocken läuteten das Staatsbegräbnis ein, Mörder und Witwe ein Paar, im Stechschritt hinter dem Sarg des Hohen Kadavers die Räte, heulend in schlecht bezahlter Trauer WER IST DIE LEICH IM LEICHENWAGEN/UM WEN HÖRT MAN VIEL SCHREIN UND KLAGEN/DIE LEICH IST EINES GROSSEN/GEBERS VON ALMOSEN das Spalier der Bevölkerung, Werk seiner Staatskunst ER WAR EIN MANN NAHM ALLES NUR VON ALLEN. Ich stoppte den Leichenzug, stemmte den Sarg mit dem Schwert auf, dabei brach die Klinge, mit dem stumpfen Rest gelang es, und verteilte den toten Erzeuger FLEISCH UND FLEISCH GESELLT SICH GERN an die umstehenden Elendsgestalten. Die Trauer ging in Jubel über, der Jubel in Schmatzen, auf dem leeren Sarg besprang der Mörder die Witwe SOLL ICH DIR HINAUFHELFEN ONKEL MACH DIE BEINE AUF MAMA. Ich legte mich auf den Boden und hörte die Welt ihre Runden drehn im Gleichschritt der Verwesung.

I'M GOOD HAMLET GI'ME A CAUSE FOR GRIEF
AH THE WHOLE GLOBE FOR A REAL SORROW
RICHARD THE THIRD I THE PRINCEKILLING KING
OH MY PEOPLE WHAT HAVE I DONE UNTO THEE
WIE EINEN BUCKEL SCHLEPP ICH MEIN SCHWERES GEHIRN
ZWEITER CLOWN IM KOMMUNISTISCHEN FRÜHLING
SOMETHING IS ROTTEN IN THIS AGE OF HOPE
LETS DELVE IN EARTH AND BLOW HER AT THE MOON
Hier kommt das Gespenst das mich gemacht hat, das Beil noch im Schädel. Du kannst deinen Hut aufbehalten, ich weiß, daß du ein Loch zu viel hast. Ich wollte, meine Mutter hätte eines zu wenig gehabt, als du im Fleisch warst: ich wäre mir erspart geblieben. Man sollte die Weiber zunähn, eine Welt ohne Mütter. Wir könnten einander in Ruhe abschlachten, und mit einiger Zuversicht, wenn uns das Leben zu lang wird oder der Hals zu eng für unsre Schreie. Was willst du von mir. Hast du an einem Staatsbegräbnis nicht genug. Alter Schnorrer. Hast du kein Blut an den Schuhn. Was geht mich deine Leiche an. Sei froh, daß der Henkel heraussteht, vielleicht kommst du in den Himmel. Worauf wartest du. Die Hähne sind geschlachtet. Der Morgen findet nicht mehr statt.
SOLL ICH
WEILS BRAUCH IST EIN STÜCK EISEN STECKEN IN
DAS NÄCHSTE FLEISCH ODER INS ÜBERNÄCHSTE
MICH DRAN ZU HALTEN WEIL DIE WELT SICH DREHT
HERR BRICH MIR DAS GENICK IM STURZ VON EINER
BIERBANK
Auftritt Horatio. Mitwisser meiner Gedanken, die voll Blut sind, seit der Morgen verhängt ist mit dem leeren Himmel. DU KOMMST ZU SPÄT MEIN FREUND FÜR DEINE GAGE/KEIN PLATZ FÜR DICH IN MEINEM TRAUERSPIEL. Horatio, kennst du mich. Bist du mein Freund, Horatio. Wenn du mich kennst, wie kannst du mein Freund sein. Willst du den Polonius spielen, der bei seiner Tochter schlafen will, die reizende Ophelia, sie kommt auf ihr Stichwort, sieh wie sie den Hintern schwenkt, eine tragische Rolle. Horatio Polonius. Ich wußte, daß du ein Schauspieler bist. Ich bin es auch, ich spiele Hamlet. Dänemark ist ein Gefängnis, zwischen uns wächst eine Wand. Sieh was aus der Wand wächst. Exit Polonius. Meine Mutter die Braut. Ihre Brüste ein Rosenbeet, der Schoß die Schlangengrube. Hast du deinen Text verlernt, Mama. Ich souf-

fliere WASCH DIR DEN MORD AUS DEM GESICHT MEIN PRINZ/UND MACH DEM NEUEN DÄNEMARK SCHÖNE AUGEN. Ich werde dich wieder zur Jungfrau machen, Mutter, damit dein König eine blutige Hochzeit hat. DER MUTTERSCHOSS IST KEINE EINBAHN-STRASSE. Jetzt binde ich dir die Hände auf den Rücken, weil mich ekelt vor deiner Umarmung, mit deinem Brautschleier. Jetzt zerreiße ich das Brautkleid. Jetzt mußt du schreien. Jetzt beschmiere ich die Fetzen deines Brautkleids mit der Erde, die mein Vater geworden ist, mit den Fetzen dein Gesicht deinen Bauch deine Brüste. Jetzt nehme ich dich, meine Mutter, in seiner, meines Vaters, unsichtbaren Spur. Deinen Schrei ersticke ich mit meinen Lippen. Erkennst du die Frucht deines Leibes. Jetzt geh in deine Hochzeit, Hure, breit in der dänischen Sonne, die auf Lebendige und Tote scheint. Ich will die Leiche in den Abtritt stopfen, daß der Palast erstickt in königlicher Scheiße. Dann laß mich dein Herz essen, Ophelia, das meine Tränen weint.

2
DAS EUROPA DER FRAU
Enormous room. Ophelia. Ihr Herz ist eine Uhr.
Ophelia [Chor/Hamlet]
Ich bin Ophelia. Die der Fluß nicht behalten hat. Die Frau am Strick Die Frau mit den aufgeschnittenen Pulsadern Die Frau mit der Überdosis AUF DEN LIPPEN SCHNEE Die Frau mit dem Kopf im Gasherd. Gestern habe ich aufgehört mich zu töten. Ich bin allein mit meinen Brüsten meinen Schenkeln meinem Schoß. Ich zertrümmre die Werkzeuge meiner Gefangenschaft den Stuhl den Tisch das Bett. Ich zerstöre das Schlachtfeld das mein Heim war. Ich reiße die Türen auf, damit der Wind herein kann und der Schrei der Welt. Ich zerschlage das Fenster. Mit meinen blutenden Händen zerreiße ich die Fotografien der Männer die ich geliebt habe und die mich gebraucht haben auf dem Bett auf dem Tisch auf dem Stuhl auf dem Boden. Ich lege Feuer an mein Gefängnis. Ich werfe meine Kleider in das Feuer. Ich grabe die Uhr aus meiner Brust die mein Herz war. Ich gehe auf die Straße, gekleidet in mein Blut.

3
SCHERZO
Universität der Toten. Gewisper und Gemurmel. Von ihren Grabsteinen (Kathedern) aus werfen die toten Philosophen ihre Bücher auf Hamlet. Galerie (Ballet) der toten Frauen. Die Frau am Strick Die Frau mit den aufgeschnittenen Pulsadern usw. Hamlet betrachtet sie mit der Haltung eines Museums (Theater)-Besuchers. Die toten Frauen reißen ihm die Kleider

vom Leib. Aus einem aufrechtstehenden Sarg mit der Aufschrift HAMLET 1 treten Claudius und, als Hure gekleidet und geschminkt, Ophelia. Striptease von Ophelia.

OPHELIA
Willst du mein Herz essen, Hamlet. *Lacht.*

HAMLET *Hände vorm Gesicht:*
Ich will eine Frau sein.

Hamlet zieht Ophelias Kleider an, Ophelia schminkt ihm eine Hurenmaske, Claudius, jetzt Hamlets Vater, lacht ohne Laut, Ophelia wirft Hamlet eine Kußhand zu und tritt mit Claudius/Hamlet Vater zurück in den Sarg. Hamlet in Hurenpose. Ein Engel, das Gesicht im Nacken: Horatio. Tanzt mit Hamlet.

STIMME(N) *aus dem Sarg:*
Was du getötet hast sollst du auch lieben.

Der Tanz wird schneller und wilder. Gelächter aus dem Sarg. Auf einer Schaukel die Madonna mit dem Brustkrebs. Horatio spannt einen Regenschirm auf, umarmt Hamlet. Erstarren in der Umarmung unter dem Regenschirm. Der Brustkrebs strahlt wie eine Sonne.

4
PEST IN BUDA SCHLACHT UM GRÖNLAND
Raum 2, von Ophelia zerstört. Leere Rüstung, Beil im Helm.

HAMLET
Der Ofen blakt im friedlosen Oktober
A BAD COLD HE HAD OF IT JUST THE WORST
TIME
JUST THE WORST TIME OF THE YEAR FOR
A REVOLUTION
Durch die Vorstände Zement in Blüte geht
Doktor Schiwago weint
Um seine Wölfe
IM WINTER MANCHMAL KAMEN SIE INS DORF
ZERFLEISCHTEN EINEN BAUERN
legt Maske und Kostüm ab.

HAMLETDARSTELLER
Ich bin nicht Hamlet. Ich spiele keine Rolle mehr. Meine Worte haben mir nichts mehr zu sagen. Meine Gedanken saugen den Bildern das Blut aus. Mein Drama findet nicht mehr statt. Hinter mir wird die Dekoration aufgebaut. Von Leuten, die mein Drama nicht interessiert, für Leute, die es nichts angeht. Mich interessiert es auch nicht mehr. Ich spiele nicht mehr mit. *Bühnenarbeiter stellen, vom Hamletdarsteller unbemerkt, einen Kühlschrank und drei Fernsehgeräte auf. Geräusch der Kühlanlage. Drei Programme ohne Ton.* Die Dekoration ist ein Denkmal. Es stellt in hundert-

facher Vergrößerung einen Mann dar, der Geschichte gemacht hat. Die Versteinerung einer Hoffnung. Sein Name ist auswechselbar. Die Hoffnung hat sich nicht erfüllt. Das Denkmal liegt am Boden, geschleift drei Jahre nach dem Staatsbegräbnis des Gehaßten und Verehrten von seinen Nachfolgern in der Macht. Der Stein ist bewohnt. In den geräumigen Nasen- und Ohrlöchern, Haut- und Uniformfalten des zertrümmerten Standbilds haust die ärmere Bevölkerung der Metropole. Auf den Sturz des Denkmals folgt nach einer angemessenen Zeit der Aufstand. Mein Drama, wenn es noch stattfinden würde, fände in der Zeit des Aufstands statt. Der Aufstand beginnt als Spaziergang. Gegen die Verkehrsordnung während der Arbeitszeit. Die Straße gehört den Fußgängern. Hier und da wird ein Auto umgeworfen. Angsttraum eines Messerwerfers: Langsame Fahrt durch eine Einbahnstraße auf einen unwiderruflichen Parkplatz zu, der von bewaffneten Fußgängern umstellt ist. Polizisten, wenn sie im Weg stehn, werden an den Straßenrand gespült. Wenn der Zug sich dem Regierungsviertel nähert, kommt er an einem Polizeikordon zum Stehen. Gruppen bilden sich, aus denen Redner aufsteigen. Auf dem Balkon eines Regierungsgebäudes erscheint ein Mann mit schlecht sitzendem Frack und beginnt ebenfalls zu reden. Wenn ihn der erste Stein trifft, zieht auch er sich hinter die Flügeltür aus Panzerglas zurück. Aus dem Ruf nach mehr Freiheit wird der Schrei nach dem Sturz der Regierung. Man beginnt die Polizisten zu entwaffnen, stürmt zwei drei Gebäude, ein Gefängnis eine Polizeistation ein Büro der Geheimpolizei, hängt ein Dutzend Handlanger der Macht an den Füßen auf, die Regierung setzt Truppen ein, Panzer. Mein Platz, wenn mein Drama noch stattfinden würde, wäre auf beiden Seiten der Front, zwischen den Fronten, darüber. Ich stehe im Schweißgeruch der Menge und werfe Steine auf Polizisten Soldaten Panzer Panzerglas. Ich blicke durch die Flügeltür aus Panzerglas auf die andrängende Menge und rieche meinen Angstschweiß. Ich schüttle, von Brechreiz gewürgt, meine Faust gegen mich, der hinter dem Panzerglas steht. Ich sehe, geschüttelt von Furcht und Verachtung, in der andrängenden Menge mich, Schaum vor meinem Mund, meine Faust gegen mich schütteln. Ich hänge mein uniformiertes Fleisch an den Füßen auf. Ich bin der Soldat im Panzerturm, mein Kopf ist leer unter dem Helm, der erstickte Schrei unter den Ketten. Ich bin die Schreibmaschine. Ich knüpfe die Schlinge, wenn die Rädelsführer aufgehängt werden, ziehe den Schemel weg, breche mein Genick. Ich bin mein Gefangener. Ich füttere mit meinen Daten die Computer. Meine Rollen sind Speichel und Spucknapf Messer und Wunde Zahn und Gurgel Hals und Strick. Ich bin die Datenbank. Blutend in der Menge. Aufatmend hinter der Flügeltür. Wortschleim absondernd in meiner schalldichten Sprechblase über der Schlacht. Mein Drama hat nicht stattgefunden. Das Textbuch ist verlorengegangen. Die Schauspieler haben ihre Gesichter an den Nagel in der Garderobe gehängt. In seinem Kasten verfault der Souffleur. Die ausgestopften

Pestleichen im Zuschauerraum bewegen keine Hand. Ich gehe nach Hause und schlage die Zeit tot, einig/Mit meinem ungeteilten Selbst.

Fernsehn Der tägliche Ekel Ekel
Am präparierten Geschwätz Am verordneten Frohsinn
Wie schreibt man GEMÜTLICHKEIT
Unsern Täglichen Mord gib uns heute
Denn Dein ist das Nichts Ekel
An den Lügen die geglaubt werden
Von den Lügnern und niemandem sonst Ekel
An den Lügen die geglaubt werden Ekel
An den Visagen der Macher gekerbt
Vom Kampf um die Posten Stimmen Bankkonten
Ekel Ein Sichelwagen der von Pointen blitzt
Geh ich durch Straßen Kaufhallen Gesichter
Mit den Narben der Konsumschlacht Armut
Ohne Würde Armut ohne die Würde
Des Messers des Schlagrings der Faust
Die erniedrigten Leiber der Frauen
Hoffnung der Generationen
In Blut Feigheit Dummheit erstickt
Gelächter aus toten Bäuchen
Heil COCA COLA
Ein Königreich
Für einen Mörder
ICH WAR MACBETH DER KÖNIG HATTE MIR SEIN DRITTES
KEBSWEIB ANGEBOTEN ICH KANNTE JEDES MUTTERMAL
AUF IHRER HÜFTE RASKOLNIKOW AM HERZEN UNTER DER
EINZIGEN JACKE DAS BEIL FÜR DEN/EINZIGEN/SCHÄDEL DER
PFANDLEIHERIN
In der Einsamkeit der Flughäfen
Atme ich auf Ich bin
Ein Privilegierter Mein Ekel
Ist ein Privileg
Beschirmt mit Mauer
Stacheldraht Gefängnis
Fotografie des Autors.
Ich will nicht mehr essen trinken atmen eine Frau lieben einen Mann ein Kind ein Tier. Ich will nicht mehr sterben. Ich will nicht mehr töten.
Zerreißung der Fotografie des Autors.
Ich breche mein versiegeltes Fleisch auf. Ich will in meinen Adern wohnen, im Mark meiner Knochen, im Labyrinth meines Schädels. Ich ziehe mich zurück in meine Eingeweide. Ich nehme Platz in meiner Scheiße, meinem Blut. Irgendwo werden Leiber zerbrochen, damit ich wohnen kann in mei-

ner Scheiße. Irgendwo werden Leiber geöffnet, damit ich allein sein kann mit meinem Blut. Meine Gedanken sind Wunden in meinem Gehirn. Mein Gehirn ist eine Narbe. Ich will eine Maschine sein. Arme zu greifen Beine zu gehn kein Schmerz kein Gedanke.

Bildschirme schwarz. Blut aus dem Kühlschrank. Drei nackte Frauen: Marx Lenin Mao. Sprechen gleichzeitig jeder in seiner Sprache den Text ES GILT ALLE VERHÄLTNISSE UMZUWERFEN, IN DENEN DER MENSCH . . . Hamletdarsteller legt Kostüm und Maske an.

HAMLET DER DÄNE PRINZ UND WURMFRASS STOLPERND
VON LOCH ZU LOCH AUFS LETZTE LOCH ZU LUSTLOS
IM RÜCKEN DAS GESPENST DAS IHN GEMACHT HAT
GRÜN WIE OPHELIAS FLEISCH IM WOCHENBETT
UND KNAPP VORM DRITTEN HAHNENSCHREI ZERREISST
EIN NARR DAS SCHELLENKLEID DES PHILOSOPHEN
KRIECHT EIN BELEIBTER BLUTHUND IN DEN PANZER
Tritt in die Rüstung, spaltet mit dem Beil die Köpfe von Marx Lenin Mao. Schnee. Eiszeit.

5

WILDHARREND/IN DER FURCHTBAREN RÜSTUNG/JAHR-TAUSENDE

Tiefsee. Ophelia im Rollstuhl. Fische Trümmer Leichen und Leichenteile treiben vorbei.

OPHELIA

während zwei Männer in Arztkitteln sie und den Rollstuhl von unten nach oben in Mullbinden schnüren.

Hier spricht Elektra. Im Herzen der Finsternis. Unter der Sonne der Folter. An die Metropolen der Welt. Im Namen der Opfer. Ich stoße allen Samen aus, den ich empfangen habe. Ich verwandle die Milch meiner Brüste in tödliches Gift. Ich nehme die Welt zurück, die ich geboren habe. Ich erstikke die Welt, die ich geboren habe, zwischen meinen Schenkeln. Ich begrabe sie in meiner Scham. Nieder mit dem Glück der Unterwerfung. Es lebe der Haß, die Verachtung, der Aufstand, der Tod. Wenn sie mit Fleischermessern durch eure Schlafzimmer geht, werdet ihr die Wahrheit wissen.

Männer ab. Ophelia bleibt auf der Bühne, reglos in der weißen Verpackung.

ERIK NEUTSCH

Foto: Roger Melis

1931 in Schönebeck an der Elbe als Sohn eines Formers geboren. 1950–1953 studierte er Journalistik in Leipzig. Ab 1953 war er Kulturredakteur, dann Wirtschaftsredakteur der Bezirkszeitung *Freiheit* in Halle. Es folgten freiwillige Produktionseinsätze im elektrochemischen Kombinat Bitterfeld. Seit 1960 lebt Erik Neutsch als freier Schriftsteller in Halle. Daneben übt er verschiedene Tätigkeiten aus, wie Mitglied einer Prognosengruppe zur Umgestaltung des Geiseltals und Politoffizier der Nationalen Volksarmee.

Werke:

Die Regengeschichte (E, 1960); Die zweite Begegnung (E, 1961); Bitterfelder Geschichten (1961); Spur der Steine (R, 1964); Drei Tage unseres Lebens (E, 1969); Akte Nora S. (E, 1969); Kriegsende (E, 1969); Die anderen und ich (En, 1970); Haut oder Hemd (D, 1971); Karin Lenz (O, 1971); Olaf und der gelbe Vogel (K, 1972); Tage unseres Lebens (En, 1973); Auf der Suche nach Gatt (R, 1973); Der Friede im Osten. Buch 1: Am Fluß (R, 1974); Heldenberichte (En, 1976); Der Friede im Osten. Buch 2: Frühling mit Gewalt (R, 1978); Der Hirt (E, 1978); Zwei leere Stühle (E, 1979); Fast die Wahrheit. Ansichten zu Kunst und Literatur (1979); Forster in Paris (E, 1981); Es wiederholt sich nichts (E, 1982); Novelle vom Reh (1982).

Worin sehen Sie das Ziel Ihrer literarischen Arbeit? Halten Sie es für erreichbar?

Es gibt für mich Nahziele und Fernziele. Man wäre kein Schriftsteller, wollte man nicht mit seinen Büchern ständig die Welt neu bewegen. Ein bißchen von diesem Größenwahn muß sicherlich jeder von uns haben. Inwieweit einem dann das gelingt, kann man selbst nicht entscheiden; ich weiß auch nicht, ob das unbedingt die Nachwelt entscheiden wird. In unserem Lande ist inzwischen eine große und kluge Lesergemeinschaft herangewachsen, über die erreicht man die Leute, und ich möchte sie unbedingt erreichen. Ich möchte meine Literatur zu einem Mittel der Selbstverständigung machen über unsere Gesellschaft, über unsere Stellung in der Welt. Von meinem Standpunkt aus will ich die Dinge in der Welt und nicht nur in der DDR betrachten, auch marxistisch-leninistische Weltanschauung verbreiten. Das höchste Glück besteht darin, wenn man merkt, man hat mit dem, was man selber an sich ergrübelt und erdacht hat, die Leute erreicht, denen es ähnlich geht und die Gefallen daran finden, als sei es die Wirklichkeit – denn Kunst ist nicht die Wirklichkeit. Das geht mir selber auch so; ich bin nicht einer, der nur liest, was er sich selber schreibt, sondern ich lese die Bücher meiner Kollegen und von anderen. In dem Moment, in dem ich plötzlich durch eine Geschichte auf Gedanken komme, die ich bisher nicht hatte, wird für mich ein Buch interessant, weil ich Gefallen und Spaß daran habe. Aber ich messe der Literatur auch einen großen erzieherischen Wert bei, in Form von Diskussionen, um sich mit den Menschen zu verständigen und immer durch Literatur zu wirken, auch als Bessermacher dieser Welt.

Ein Heldenbericht

In den frühen Morgenstunden des 9. Juli 1967 starb ein Mann auf sehr tragische Weise. Er fiel vom Dachgarten eines Berliner Hochhauses auf die Straße und war sofort tot. Da er in den letzten Jahren seines Lebens ein Krüppel gewesen war und man auch wußte, daß er es immer noch geliebt hatte, aus höchster Höhe Sonnenaufgang und Sonnenuntergang zu beobachten, nahm man an, er habe sich bei einem dieser Versuche zu weit über die Brüstung gelehnt, habe, was einem Gesunden wohl kaum widerfahren wäre, das Gleichgewicht verloren und sei daraufhin in die Tiefe gestürzt.

Viel später erst, als sich kaum noch jemand des Unfalls erinnerte, fand man bei Aufräumungsarbeiten im Keller eines anderen Hauses, und zwar in Magdeburg, wo der Mann gewohnt hatte, eine Kassette mit Tonband. Sie lag unter allerlei Gerümpel in der Nähe eines Heizungskessels. Das Band wurde abgespielt, Leute, die den Mann gekannt hatten, entsannen sich, daß es seine Stimme war, die nun erklang, und erst jetzt erhielt man über ihn genaueren Aufschluß.

Das hier folgende ist, bis auf die unwesentlichen Sprechproben anfangs, die wörtliche Wiedergabe jenes merkwürdigen auf Tonband festgehaltenen Textes:

Ich sitze am Tisch, darüber der Spiegel. Ich hatte Regina gebeten, mir an die Wand über dem Tisch den Spiegel zu hängen. Damals, als sie sich noch um mich kümmerte, als ich hier einzog, den Spiegel, damit ich mich sehen kann, betrachten kann. Das Gesicht, mein Gesicht, das, wie mein gesamter Körper, Torso von einem Körper, doch nicht der des Apollos von Milo, rechtsseitig verstümmelt ist. Kein Haar, kein Ohr, kein Bartwuchs. Überall, wo das alles einmal gewesen ist, eine einzige dunkelrote Narbe, deren dünne durchscheinende Haut sichtlich puckert, wenn das Blut darunter anschwillt.

Ich muß nun sagen: Ich hasse mein Gesicht! Es ist häßlich geworden. Über dem rechten Auge muß ich eine Binde tragen, ein schwarzes Feigenblatt, die Blöße zu bedecken. Denn auch das Auge darunter ist gar kein Auge mehr, ist tot, und es würde die Leute erschrecken, wenn ich in ihrer Gegenwart jemals die Klappe abnehmen würde und sie das Auge sähen. Das Loch anstelle des Auges, die ausgebrannte Höhle.

Ich bin so häßlich wie der Glöckner von Notre Dame, den ich gestern im Fernsehen sah. Wie die Maske des Schauspielers Laughton in dem Film «Der Glöckner von Notre Dame», und ich verstehe nicht, wie man sich freiwillig derart verhäßlichen kann, auch wenn man ein Schauspieler ist. Doch was sieht man nicht alles im Fernsehen: Napalm gegen Frauen und Kinder als seien sie Ungeziefer; Piloten, die Kaugummi kauen bei jedem

Bombenabwurf; Waschmittel, die noch weißer waschen als weiß. Ich kenne nur noch das Fernsehen. Es strengt mich weniger an als das Lesen, das Lesen mit einem Auge. Und so ist das Fernsehen: Druck auf den Knopf, Welt sich ins Haus holen, Reklamefiguren für Blend-a-med und Amerikas Präsidenten, Abklatsch von Welt, nun schon seit Jahren meine letzte Verbindung mit der Außenwelt.

Doch seit welchem Jahr? Vor mir auf dem Tisch liegt wieder die Zeitung, die darüber Auskunft geben kann: Bomben auf Kairo und eine revolutionäre Regierung in Ungarn, das Datum unter dem Kopf: Neues Deutschland, der dritte November neunzehnhundertundsechsundfünfzig. Da steht der Artikel, der von mir handelt, den ich soeben noch einmal überflogen habe, zum hundertsten Mal, zum tausendsten Mal. Wort für Wort kenn ich ihn auswendig. Der einzige Zeitungsbericht, den ich noch lese und der mir inzwischen vorkommt, als sei von einem wildfremden Menschen darin die Rede. Von einem, der mich nichts angeht, der jeder andere Mensch sein könnte, Hans-guck-in-die-Luft oder der Schah von Persien. Nur nicht ich, Philipp Morgner. Meine Freunde nannten mich Fil, geboren im März einunddreißig in einem Dorf namens Güdenow, mitten in den Wäldern des Fläming.

Dort spielten wir Räuber und Polizei, Trapper und Indianer, waren in einem fort Verfolgte und Verfolger. Die Jagd nahm kein Ende, und auch die schwarzen Kiefern standen endlos, die gelben Hügel, Ginster und Heidekraut. Und eines Tages schwang ich mich sogar in die Luft, wollte fliegen wie Ikaros. Aber ich stürzte nicht ab. Die Sonne war fern, das heißt: ich fiel in den Sand der Heide, der mildtätig war und den Aufprall dämpfte, und so kam ich noch einmal glimpflich davon.

Was aber wäre gewesen, wenn damals bereits . . . Vielleicht hätte ich späterhin nichts vermißt. Vielleicht . . . Wenn ich schon von Kindheit an so hätte leben müssen wie jetzt. Vielleicht hätte ich mich an das Nichtleben gewöhnt.

Keine Frau, keine Liebe, nicht einmal wissen, wie das ist mit zwei Füßen, zwei Armen, zwei Augen. Das Leben sich selbst einzurichten, nicht angewiesen zu sein auf Gnade – Gnade, Barmherzigkeit. Ausbrechen zu können jeden Tag aus den vier geblümten Wänden, die ankotzen, aus der Gefangenschaft des eigenen Körpers. Nicht wissen, wie das ist, auf den Berg zu steigen und so zu tun, als könnte man die Hand – nein, beide Hände – über die Welt da unten breiten. Was wäre, wenn meine Mutter mich schon als Krüppel geboren hätte? Dank sei der alten Frau, denn Fil wäre niemals Fil geworden, und auch Regina hätte sich niemals abgewendet, Ekel im Blick und ein Würgen im Hals. Ja, ich habe es deutlich gespürt. Damals jedoch umarmte mich der Sand.

Ich kannte als Zehnjähriger schon alle Flugzeugtypen: die Jus, Focke-Wulf und Messerschmitt, später dann auch die Dakotas und Spitfires. Und es lag wohl daran, daß ich, sooft ich den eingepferchten Himmel über Güdenow sah, Sehnsucht bekam nach Weite, herauswollte aus den Wäldern. Und mir schien, es könnte am ehesten sein, wenn ich ganz einfach davonflöge, mir Flügel wachsen ließe wie ein Vogel. Die Bussarde kreisten so hoch, wenn sie nach Feldmäusen jagten. Die Bussarde stiegen auf die Sonne zur Balzzeit. Doch die Jungen im Dorf lachten mich aus, bezweifelten, daß der Mensch sich so mir nichts dir nichts von der Erde aufschwingen kann. Ich wettete dagegen, für ein Käsebrot, glaube ich; ja, für ein Brot mit weißem Schafskäse.

Ich stellte sie an, und wir stahlen alle Regenschirme, die es im Dorf gab, elf an der Zahl. Und mehr waren nicht aufzutreiben, wenn man von denen im Gut absieht, an die kein Herankommen war. Dann stieg ich auf die höchste Kiefer. Wir hatten lange suchen müssen, um eine Kiefer zu finden, die erstens alle anderen Bäume überragte, die zweitens in der Nähe einer Lichtung stand, und die drittens vom Winde schon so bearbeitet war, daß sie nach einer Seite, und zwar zur Lichtung hin, überhing. Auf diese Kiefer kletterte ich mit elf Regenschirmen, aufgespannt an einer Leine. Oben, im schwankenden Wipfel, band ich ihre Krücken fest zusammen, hängte mich in die Schlaufen und sprang.

Es müssen wohl zwanzig Meter gewesen sein, die ich hinuntersegelte, oder fiel, oder stürzte. Zwanzig Meter, wenn die Erinnerung nicht trügt. Denn sie ist die Schwester der Lüge; sie macht die Kindheitserlebnisse größer – aus zehn Metern zwanzig, aus einer Mücke einen Elefanten, aus einem Stichling vom Schweinitzer Fließ einen Hai. Lügnerin, Gauklerin, Dichterin. Sie kann es nicht lassen zu übertreiben, Wahrheit der Phantasie zu opfern, Phantasie gar für Wahrheit zu nehmen. So, als gäbe es schon in Überfülle davon. Was aber ist die Wahrheit? Ist es eine Heldentat, sich selber ein Bein auszureißen, einen Arm und ein Auge? Und vielleicht besteht die Erinnerung nur deshalb zu recht, weil sie vom Zufall nichts hält und die Zeit wie ein Sieb benutzt, darauf das Wesentliche wie ein Stein liegen bleibt und verklärt wird.

Ich könnte heute mit Gewißheit schon nicht mehr sagen, wie die Stadt unter mir aussah – Stendal, den Funksprüchen nach. War sie blau oder rot? Hatte sie Kirchen? Stand sie im Sonnenlicht oder im Regen, als das Feuer von hinten her kam, der Rumpf brannte? Und manchmal schon bin ich bereit zu glauben, daß ich mich täuschte, überhaupt keine Stadt unter mir lag, keine Schule, keine Wohnhäuser, keine Straße mit Kindern. Und dann – nein, nicht nur dann, aber auch dann, kommt die Verzweiflung. Der Zweifel, ob das alles, wie es geschah, hätte geschehen müssen. Blieb denn kein anderer Ausweg? Und wenn nicht – wozu? frage ich mich, wozu? Gezeichnet für den Rest des Lebens, und kein Mensch, keine Frau, die dem Krüppel mal hilft, die mal vergißt und auch ihn vergessen läßt, daß sein Leib nur noch zur Hälfte besteht. Der Spiegel vor mir sagt unerbittlich die Wahrheit.

Da ist kein Verschönern. Aber die Erinnerung macht alles größer. Die Zeit, das Sieb, hat sich gründlich geschüttelt, und es liegen nun da die alltäglichsten Dinge wie Steine so groß – die Dinge, die man im Leben nicht einmal bemerkt, die aber jetzt keine Hoffnung mehr lassen auf Wiederkehr. Plötzlich werden sie schwer wie die Felsen, hängen am Hals, ziehen uns in die Tiefe, quälen und schmerzen.

Ich möchte in eine Gaststätte gehen, «Stadt Magdeburg» oder «Astoria» oder sonstwohin, nur das Besteck muß von Silber sein. Die Tische sind weiß gedeckt. Ich sitze auf einem Stuhl, kann richtig sitzen, im Rücken Velourpolster, die Knie gebeugt. Doch wenn sie dann lahm sind – Bedürfnis aller Gesunden, die Beine ausstrecken, beide Beine, daß die Gelenke knakken. Essen und trinken mit der einen Hand, meiner Rechten, ein Radeberger von der Luxus-Klasse balancieren. Mit der Linken nichts tun, eine Hand frei haben zum Nichtstun, zum Ausruhen, nur den Zeigefinger mal in den Bierschaum tunken, wie im Kasino der Offiziere, wußten wir wirklich einmal – weiß Gott –, daß wir den nächsten Moment nicht schon wieder zu starten brauchten. In den Bierschaum zum Scherz – dieses Gesöff gehört mir! Ich kann, wenn ich will, sogar in die Blume spucken. Trinken und essen, die Speisekarte genießen, lesen die kleinste Schrift, mit Messer und Gabel hantieren – und hantieren müßte man schreiben mit d. Hören, wie man es möglich macht, durch das Fleisch zu schneiden bis auf den Grund eines Goldrandtellers, am Porzellan zu klimpern mit Messer und Gabel in beiden Händen, fortwährend nur zu klimpern, bis die schwarzbefrackten Kellner zusammenlaufen. Trommelstock die Gabel, Trommelstock das Messer, Rhythmus schlagen mit beiden Händen – *handieren!* Laß sie doch glotzen, die Leute! Einen Wirbel führ ich euch vor mit Messer und Gabel, mit beiden Händen, und wenn's auch gegen Knigge verstößt. Ich trommle, als wär ich der Drummer bei Armstrong. Ich trommle, auch wenn's euren Ohren nicht paßt; euren Augen – ihr habt ja von jeder Sorte noch zwei! Ich trommle. Mir macht es Spaß, mit Messer und Gabel auf Meißner Porzellan zu klimpern, zu sägen, zu geigen. Doch Steingut genügt schon. Nur Messer und Gabel müßten es sein. Ich würde euch zeigen, was für Instrumente das sind. Eine Musik würde ich hinzaubern, daß euch Hören und Sehen vergeht – ein Gabelsolo, ein Messertremolo! Man wird mich als Musiker anstellen wollen in diesem Lokal, Extraschau in der Bar vor den hübschesten Mädchen, einbeziehen demnächst in den Preis meine Messerkonzerte: flautato, meine Musica gabela nova. Ich bin koryphäisch, ich bin eine Glanznummer.

Aber jetzt: Die Musik von Messern und Gabeln tut meinen Ohren weh – meinem Ohr. Ich habe keine hundert Hände mehr, denn zwei Hände sind schon wie hundert. Habe nur noch die eine – die letzte.

Auch eine verlorene Hand wirkt größer. Auch die Kiefern der Kindheit macht die Erinnerung größer. Wenn ich zurückdenke an Zuhause, an die beiden Zimmer in unserer Kate: ein Raum zum Schlafen – Vater und Mutter und noch drei Geschwister: Ella, Johann, Gabriel –, der andere Raum für das andere, gescheuerter Holztisch darin und sechs Stühle. Wenn Besuch kam, hockten wir Kinder auf einem Brett über zwei Waschböcken, ließen die Beine baumeln. Mutter trug eine Kohlrübensuppe mit Pökelfleisch auf. Mutter stand immer am Herd, von nachts bis nachts, wusch in dem Zimmer, kochte, stampfte die Futterkartoffeln fürs Schwein, mengte Kleie hinein, rührte den Brei. Ich naschte davon, um zu wissen, was Schweine fressen. Waren für uns ja auch fast wie Menschen, gehörten zur Familie. Eng muß es gewesen sein dort im Pferch, und dennoch kommt es mir vor heute, als hätt man drin leben können, ohne sich aneinander zu stoßen. Mutter, ach, lebtest du noch!

Später dann, als ich erwachsen zurückkam mit den zwei Sternen des Leutnants, zum letzten Mal während des Urlaubs im Herbst sechsundfünfzig – die Kläräpfel wurden geerntet und das Grummet von den Genossenschaftswiesen eingeholt, und ein paar Wochen, was ich jedoch nicht ahnte, hatte ich noch zu laufen – da erschien mir alles zu klein, zusammengeschrumpft und eingetrocknet wie nach einer langen biblischen Dürre: das Haus, die Ställe, Fenster und Türen. Ich stieß mit dem Kopf an den Querbalken der Tür. Mutter sagte: «Wie groß du geworden bist und wie stattlich! Du schlägst nach dem Onkel.» Ich weiß nicht mehr, nach welchem Onkel. «Und willst du nicht heiraten?», sagte die Mutter, und ich lachte und rief: «Hat Zeit! Die Mädchen laufen mir nach.» Und auch das Bett erschien mir viel kleiner; das Sterbebett, in dem Vater gelegen hatte: riesengroß damals sein krummer Körper; seine Füße, die unter dem Laken hervorlugten, über und über mit gelber Hornhaut bedeckt, weil er meist barfuß gegangen war. Schweinehirt beim Grafen, barfuß im Sommer, auf Holzpantinen im Winter, um das eine Paar Schuhe zu schonen.

Nur die Kiefer sah ich nie wieder. Wie groß und wie hoch ist sie heute? Hat der Sturm sie vielleicht schon entwurzelt? Sie neigte sich damals bereits bedenklich, ein schiefer Baum von Pisa, ächzte und schrie im Geäst, als ich mich abstieß, fliegen wollte, beide Arme in den Schlaufen, wie ich's mir auf Bildern abgeguckt hatte von Lilienthal. Ich wollte immer noch einmal die Kiefer besteigen, verschob es jedoch von einem Besuch auf den anderen. Die Kiefer, dachte ich, läuft nicht davon. Wollte vom Wipfel aus – nein, nicht in den Heidesand springen, wollte wieder die Welt betrachten, den Blick auf die Welt feiern wie damals, den Horizont hinter den Wäldern des Flämings anbeten. Denn ich entsinne mich, daß ich von dort oben zum ersten Mal die Linie entdeckte, die Grenze, wo Himmel und Erde sich treffen. Und ich bin noch öfter hinaufgeklettert, heimlich, weil mein Vater mich sonst verprügelt hätte. War in die Sonne verliebt, ihren Aufgang, ihren Untergang; eintauchen sah ich sie, rot hinter Nebelwänden verschwinden –

nicht anders als später dann aus dem Cockpit der Jak, als mir war, ich säße noch immer auf meiner Kiefer.

Ich fühlte mich stets entwurzelt, wenn ich flog, der Erde entrissen, dem trägen Gefährt, befreit aus der Enge der Wälder. Unendlichkeit des Raumes, sobald die Sonne – die Sonnen, hunderttausende Lichtjahre weit – in die Erde versanken. Doch ich ging nicht unter. *Ich nicht!* Unendlichkeit menschlichen Lebens.

Die Erinnerung macht alles größer. Nur eins machte sie kleiner, ließ es zurückwachsen, als werde ein Film von hinten nach vorn gespult; versenkte einen Baum, der schon Früchte getragen hatte, zurück in den Boden, läßt ihn verkümmern, läßt ihn als Samenkorn dort verwelken. Die Zeitung jedoch, die vor mir auf dem Tisch liegt, die Zeitung beschreibt eine Heldentat, eine Heldentat also, die kleiner und kleiner wird. Bald wird sie vergessen sein. Der Held ist müde geworden. Er möchte sich nachträglich selber warnen. «Steig aus!», ruft er sich zu, «Steig rechtzeitig aus!» Denn die Zeitung verschweigt, was dich erwartet, was für ein Leben noch auf dich zukommt. Löse den Schleudersitz aus! Links liegt der Hebel. Bis an dein Lebensende könntest du speisen mit Messer und Gabel. Bis an dein Lebensende hättest du soviele Glieder, daß sogar eine Hand, rechts die, sich langweilt und üben könnte im Nichtstun.

Du kannst jeden Sonntag den Park durchwandern. Sanssouci. Sorgenfrei. Der steht in Blüte. Kannst Rosen pflücken darin, obwohl es verboten ist; über einen Rasen laufen und Haken schlagen wie ein Hase, wenn die Parkwächter hinter dir her sind.

Du wirst in ein Kino gehen, dich stundenlang an der Kasse anstellen, obwohl der Film nichts taugt, stehen, die Beine in den Bauch stehen, nur um zwei Plätze, für sie und für dich, ein Versteck, zu ergattern, wo es sich ungestört küssen läßt, wo du ihr Haar, ihre Mähne, ums Handgelenk schlingst, ihren Kopf niederdrückst, dich über sie beugst, ihren Mund, ihre Lippen. Vielleicht heißt sie Regina, und vielleicht siehst auch du ihre Augen im Dunkeln leuchten wie Bernstein. Einen Blick, der sich vor dir nicht zu fürchten braucht. Regina, die Königin, und Philipp, der Pferdefreund, Jagdflieger heute, rasender Reiter am Himmel. Sonne und Horizont, Licht, das du niemals vergißt. Spring ab! Du hast es beizeiten gelernt, damals schon, von einer Kiefer im Fläming.

Ella lud mich ein. Nein – ich könnte niemals behaupten, daß ich allein gelassen wurde. Im Gegenteil: In Magdeburg mühte sich lange Regina um mich, ein Engel und eine Engelsgeduld. Hin und wieder besuchten mich die Genossen: mein Major – General inzwischen –, Kurt Gersbach, das ganze Geschwader, die ganze Truppe. Sie brachten Geschenke mit: ein Tonband, das Tonband mitsamt dem Reporter, und sagten: «Fil», sagten sie, «na, wie geht's, alter Junge? Damals die ersten Überschallbomber, kein Vergleich mehr zu heute. Doch wenn die Araber Piloten gehabt hätten wie dich – nie wären die Israelis bis Damaskus und Kairo gekommen.» Wir tranken, und manchmal trinken wir heute noch, wärmen die alten Geschichten auf, fliegen wieder. *Fliegen* – nachts auf dem Sprunge, tagsüber einsatzbereit für die Fahne zu jeder Stunde, daß mancher sich scheiden ließ, knapp daß er verheiratet war. Ich hör ihnen zu, shake hands. «Bis zum nächsten Mal, haltet die Ohren steif! Doch vergeßt nicht: Sonntags bin ich fast nie zu Hause, sonntags holen mich meine Geschwister.» Gabriel, Genossenschaftsbauer in Güdenow – er hat auch die Mutter gepflegt, als sie sich sterben legte –, Johann – Chemiespezialist, mehr auf Reisen allerdings als im Lande – und Ella, die Lehrerin, die in Berlin mit einem Juristen verheiratet ist. Am liebsten besuche ich sie. Und was ist aus uns Kätnerkindern geworden? Doch im Fläming, da ist mir der Himmel noch immer zu eng. Die Wälder dort sind mir zu dicht; ich möchte heraus und nicht eingesperrt sein.

In Berlin aber – Hochhaus, Wohnung im fünften Stock –, da liege ich auf dem Balkon, seh übers Häusermeer, spioniere den Leuten auch mal in die Schlafzimmer, steige auch mal auf den Dachgarten. Hab es versucht, zuerst in Begleitung, die Arme von Ella und Kalle wie Schlaufen; ging dann allein. Höhe – ich mußte an Höhe gewinnen, kroch, hängte mich an die Krücken, schlich mich im Morgengrauen davon, leise – sie schlafen noch, will niemanden wecken. Brauch eine Viertelstunde bis an den Fahrstuhl, brauch eine Viertelstunde die halbe Treppe hinauf, über die Fliesen bis an die Brüstung. Atme tief und pump mir die Lungen voll Luft. Sonnenaufgang – gieß mir die rote Sonne ins Auge, fühle mich wieder erinnert an alle Flüge zugleich. Bin traurig, bin glücklich, sage dem Tag «guten Tag», kehre um und falle erschöpft ins Bett. Das ist ein Wagnis. Übung macht noch immer den Meister. Zapfenstreich war, aber ich habe die Wachtposten überlistet. Sie ahnen bis heute nicht, daß ich mich nachts aus der Wohnung schleiche, fragen mich morgens beim Frühstück, wie ich geschlafen und was ich geträumt habe. Ella, wenn sie den Kaffee eingießt; Elise, meine Nichte, die für mich die Eier aufschlägt; und Kalle, der die neusten Geschichten erzählt. Hier ein paar Gauner und dort ein Verbrecher, und wenn man nur ihn hören würde, könnte man glauben, der sozialistische Mensch sei so fern noch wie am nächsten Sonntag in Güdenow die Fünftausend-Liter-Milch-Kuh meines Bruders Gabriel.

So vergehen die Tage, so vergehen die Jahre; Elise und Ella sind um mich her wie um ein Kleinkind. Eines Abends jedoch, und das war, als mein Schwager und meine Schwester in ein Theater gingen, Elise allein in der Wohnung, das heißt: ihren Freund mitbrachte, einen Studenten. Ich saß nebenan, bunte Sendung im Fernsehen, viele Sänger rissen den Mund auf und machten play-back. Da hörte ich sie, nur eine Tür weiter, im Zimmer Elises. Sie sagte, er sagte. «Wenn uns dein Onkel nun überrascht», sagte er. Sie aber schnurrte. «Der ist doch ein Krüppel», sagte Elise, «bringt ohne Hilfe keine zwei Schritte zustande. Nimm keine Rücksicht auf den!» Mir ist jetzt danach; allerhand Liebesgeflüster, ein Schlager von einem Fräulein aus Memphis und ein Krüppel: Arm weg, Bein weg, und kein Mensch weiß – nicht einmal meine Eltern –, ob er sich noch erinnern kann, wie es ist mit einer Frau. Meine ich, immer die Stimme Elises, das achtzehnjährige Luder: «Und ob nicht auch damals – Bomber stürzt ab, am halben Leibe verbrennt er, ein Held natürlich. Hättest du dich geopfert?» «Ach Schatz!» – «Ob nicht auch damals mit dem Arm, mit dem Bein» – ein kleines verrücktes Lachen –, «Ob nicht auch das da verloren ging?» «Nimm keine Rücksicht! Er ist noch nie in mein Zimmer gekommen». So deutlich hörte ich sie trotz des Gewimmers im Fernsehen. Ich starrte auf den Bildschirm und hörte sie. Ich fühlte mich, als würde ich noch einmal verbrennen, tief im Innern, so tief trafen mich ihre Worte, erschreckte mich ihr Gekicher. Ich bin kein Idiot, empfinde noch wie ein Mensch, *ein Mann*. Und ich schloß das Auge und stöhnte, stieß mir die Zähne in die Zunge, schmeckte nach Blut, wollte die Tür aufschmettern, sie liegen sehen in ihrem Fleisch und lachen, mit einem Höllengelächter zurückzahlen jede Beleidigung. Aber ich schwieg, rührte mich nicht, dachte nur: «Wenn ich jetzt bei gesunden Gliedern wäre, bin es, wenn ich jetzt ein Mädchen hätte, Regina oder Elise oder das Fräulein aus Memphis, blond, Mähne ums Handgelenk wickeln, sie bändigen, ihr zeigen, was ein Mann wie ich noch für Kräfte hat.» Als Ella und Kalle dann kamen, saßen die beiden wieder artig im Sessel und blinzelten nur manchmal verstohlen zu mir herüber. Doch ich verriet nichts, fuhr zurück nach Magdeburg – wurde gefahren –, in mir die kalten Gedanken der Rache: Du sollst es mir büßen!

Regina lernte ich kennen wie jede andere: Tanzboden, Park oder Badestrand. Sie war nicht die erste. Sie wäre auch nicht die letzte geblieben, da bin ich sicher. Ans Heiraten dachte ich nicht, keine Spur. Hatte noch Auswahl, wollte noch suchen. Die Erde ist voll von hübschen Gesichtern. Hatte noch Zeit, unendlich viel Zeit, bis heute, bis in tausend Jahren vielleicht. Wenn nicht der Unfall – nennen wir's Unfall – dazwischengekommen wäre. Da plötzlich war Schluß. Mit einem Schlag. Regina die letzte.

Ich begegnete ihr in Sanssouci, Sonntagsspaziergang, große Uniform, raus aus der Kaserne. Wir gucken uns mal die Lustschlösser an! Wie lebten die alten Preußen, wenn gerade mal kriegsfreie Woche war? Wir haben ein Recht dazu, die roten Flieger der Volksarmee gehn durch den Spiegelsaal, rechts ein paar Flötenkonzerte, links hat Voltaire den König geärgert; dort schlief die Prinzessin Luise. Das Ganze ist eine Geschichtsillustrierte im Buntdruck, und: «Nehmen Sie sich in acht, meine Herren! Keinen Kratzer und keine Schramme und immer schön brav mit den Stiefeln im Filz geblieben! Die Amerikaner und die Russen machen es auch so.»

In der Bibliothek steht eine Gruppe von Mädchen vor uns; Chemielaborantinnen, frisch wie die ersten Äpfel im Jahr, schauen sich um und tuscheln. Und eine darunter, die bald Regina heißen wird. Sie läuft auf Stökkelschuhen, Pfennigabsätze und schlanke Waden, man hat einen Blick dafür. Und plötzlich erscheint der Museumswächter, schießt auf sie zu, schimpft wie Donnerhall: «Das ist kein Fußballplatz hier, Ultimatum!» Entweder sie steckt ihre Füßchen in ein Paar der elefantischen Ungeheuer, oder es folgt eine Paradiesesvertreibung. Die Kleine wird rot, wir lachen. Ich aber zieh die Pantoffeln aus, biet sie dem Mädchen an, habe jedoch sofort den Zerberus, wutschnaubend, bartkauend, gegen mich. «Sie wollen ein Offizier sein? Sie sollten sich schämen! Sie sollten den Vorfahren mehr Respekt erweisen!» Ein Waterloo droht, guter Rat teuer. Sie oder ich, der Alte kennt kein Erbarmen. Russen und Amerikaner sind doch die besseren Soldaten. Also schlüpfe ich wieder in die Latschen, nehme aber Regina in die Arme, hebe sie hoch, trage sie übers Parkett, keine Schramme, kein Kratzer, rutsche auf dem Filz wie beim Schilaufen aus dem Saal, dem Schloß, in den Garten. Draußen erst stell ich das Kind auf die Füße, Ehrenbezeugung: «Mein Name ist Morgner, und meine Feunde nennen mich Fil, und ich weiß einen Ort, wo heute abend getanzt wird.»

Seitdem blieben wir beide zusammen. Sie besuchte mich jedes Wochenende fuhr zehn Städte weit mit dem Zug, bis dann alles geschah, wie es schließlich geschah.

Ich will nicht bestreiten, daß ich Regina auch liebte oder jedenfalls, was man so Liebe nennt. Sie war mir nicht gleichgültig.

Als sie dann aber ins Krankenhaus kam, ebenfalls Sonntag für Sonntag, wollt ich sie wegschicken. Denn sie mußte doch ahnen, mußte es sehen, unter der Decke, trotz der dicken Verbände, daß da was fehlte, daß ich nur noch zur Hälfte bestand. Und Mitleid vertrug ich nicht, vertrage es immer noch nicht. Hatte bei vollem Bewußtsein gehandelt; eine Minute lang mindestens hatte ich Zeit gehabt, die Folgen zu überdenken. Also, ich brauch keine Samariterin. Doch sie ließ sich nicht abwimmeln, kam immer wieder. «Einen Hund jagt man vor die Tür», sagte sie, «Ich aber bin kein Hund!»

Danach zog ich nach Magdeburg. War mir gleich, wohin, und Regina, die an der Fachschule ihre Lehre beendet hatte, folgte mir, fand im Thälmann-Werk Arbeit, prüfte dort Eisen und Stahl.

Sie richtete meine Wohnung mit ein, ging meiner Schwester zur Hand, hängte den Spiegel dorthin über den Tisch, als ich sie darum bat. Hängte ihn hin, mit einem Kopfschütteln zwar, so daß ich zur Antwort gab: «Wenn ich schon keine Hans-Harlekin-Sprünge mehr machen kann – ich bin nicht der Wahre Mensch –, so will ich doch wenigstens Fratzen schneiden, Harlekinfratzen. Und der Weg bis ins Badezimmer – hinge der Spiegel dort – ist mir zu umständlich jedesmal, wenn's mich gelüstet, belustigt, Grimassen zu ziehen mit einer Gesichtshälfte, und ich werde mich hüten, dir das zu zeigen.»

Sie erschrak. Mit Tränen in den Augen – bernsteingelb, diese Augen – sah sie mich an, und ich spürte an diesem Tage, daß sie sich mehr von mir erhofft hatte als eine Grobheit, mehr als nur Mühle und Dame mit mir zu spielen.

Zweimal kam sie in der Woche, wusch mir die Wäsche, wischte den Staub von den Möbeln, las mir aus Büchern vor. Ich aber lauschte nur dem Klang ihrer Stimme, sah sie an, ihren Mund, ihre Stirn. Was sie dahinter versteckte, wollte ich wissen. Sah, wie sie sich in den Hüften wiegte. Sah durch ihr Kleid hindurch, sah nur und sah, wußte, daß sie es keinen Freitag und Dienstag versäumen würde, sich vor mir in den Hüften zu wiegen. Wußte es auch, als ich zurückfuhr, die Flüsterstimme Elises im Ohr: «Nimm keine Rücksicht auf den!» Und der Kuckuck schrie, und der Frühling hing in den Bäumen am Straßenrand, und in mir war eine große Wunde und schmerzte und brannte und schmerzte. Seit meinem Unfall hatte ich keine Frau mehr gehabt.

«Setz dich an meine Seite!», bat ich Regina, Königin du aus dem Spiegelsaal, Königin über Eisen und Stahl, Königin mit zwei Händen, zwei hellbraunen Augen. Sie zögerte, legte aber das Staubtuch beiseite, trat näher. «Warum» fragte ich sie, «warum hast du es nicht noch einmal versucht mit mir? Versuch's doch, vier Jahre sind eine Ewigkeit, oder was stört dich? Stört dich der Krüppel, oder was glaubst du, glaubst du . . . ?» Sie schüttelte zahm den Kopf, blieb jedoch stehen, setzte sich nicht, schluckte und zitterte. Ja, auch das sah ich deutlich. «Ich besorg dir die Wäsche», sagte sie dann, «ich fühl mich dazu verpflichtet.» Und jedes Wort schmerzte mich wie ein Stich, und noch ehe sie ausweichen konnte, packte ich sie – Variationen auf Sanssouci – einhändig, umklammerte sie mit der Linken, riß sie zu mir ins Bett, auf die Couch. Sie wehrte sich, doch meine Finger krallten sich in sie. Ich fühlte sie schon, die Seide, die Haut, und ich küßte sie, wo ich sie traf. Da rang sie nach Luft, keuchte und bettelte, bat mich vernünftig zu sein. «Wenn du vernünftig bist, Fil . . . Versteh doch, es ist komplizierter geworden seit damals. Ich will dich nicht kränken, ich lege mich hin, wenn du vernünftig bist.» Was ist schon Vernunft? Ich ließ sie nicht los. Und plötzlich stieß sie den Schrei aus, starrte mich an, ängstlich geweitete Augen. Mir war die Binde heruntergerutscht, und Regina mußte das Auge gesehen haben. Das schwarze verkohlte Etwas anstelle des Auges. Ich griff nach der Binde. Vergaß, daß ich nur die eine Hand noch hatte. Sie befreite sich, würgte mir beide Fäuste in die Kehle, warf einen Stuhl um. Ich sah ihr Gesicht – Furcht und Ekel. Sie lief davon, ich stürzte ihr nach, schlug ins Zimmer – so muß es gewesen sein – schlug, lag, hörte, wie draußen die Tür ins Schloß fiel. Lag und dachte, zum ersten Mal dachte ich *daran* und weinte. Aber im ausgebrannten Auge war keine Träne. Danach sah ich Regina nie wieder.

Es sind seitdem sieben Jahre vergangen. Nur einmal, von meiner Schwester, erfuhr ich, daß sie geheiratet hatte. Sie war damals bereits verlobt gewesen, hatte jedoch den Ring stets in die Tasche gesteckt, bevor sie zu mir in die Wohnung kam. Wäsche waschen und Staub wischen, nur die Pflicht – oder was sonst für ein Name –, die Pflicht, die Verpflichtung, die christliche Nächstenliebe, weil sie die letzte war, hatte sie noch veranlaßt, mich zu besuchen. Verzeih mir, Regina, ich bitte dich um Verzeihung!

Da hocke ich vor dem Spiegel, das Tonband läuft, hat höchstens ein Viertel Länge noch, und ich spreche, rede mich frei, entleere mich – tabula rasa eines alten Mannes. Ich wage es selbst nicht, vor dem Spiegel die Klappe zu lüften.

Es muß etwas Furchtbares damals geschehen sein. Erinnere dich, Fil! Kurt Gersbach lobt deinen Mut, die Genossen sagen: «Wenn wir den Kosmos besteigen, du kommst als erster in Frage. Dich schießen wir zuerst hinauf, Fil. Wir brauchen dich, Fil! Mach Polit vor den Soldaten auf Zeit, erzähl ihnen deine Geschichte, deine Entscheidung!» «Genossen, Kurt, General, ich danke euch. Doch ich kann's nicht, ich schaff's nicht, und vielleicht bereue ich meine Entscheidung. Schießt mich hinauf! Auf dem Sichelmond sitzen wie auf dem Ast einer Kiefer, endlich einmal die Erde ganz überblicken können: Europas Profil vom Golf von Biskaya bis an den Kaukasus. Und überlaßt das niemals den Amerikanern, den Mörder-Piloten, den Napalm-Werfern auf Frauen und Kinder in Vietnam! Nehmt mich dann mit! Und ich verzichte auf meine letzte, auf *diese* Entscheidung.»

Also – du Mann im Mond, verhinderter Astronaut, Träger des Verdienstordens in Gold und Held der Arbeit, denn du bist bei der Arbeit verbrannt. Was war an dem Tage, in der einen Sekunde, als du die Kanzel verlassen hast, über das Feld gehetzt bist? Es wälzte sich über mich eine Feuersbrunst, mir schwanden die Sinne. Ich spürte noch, wie die Hitze so heiß war, Blut überkochte, Fleisch zerschmolz. Ich brach zusammen, lag im Tiegel der Hölle.

Wochenlang muß ich gelegen haben. Als ich erwachte, blickte ich in Lichter auf Tannenzweigspitzen, mildes Licht, Kuchen war da, Apfelsinen und Pfeffernüsse. Ein Duft, den ich kannte. Und sie hatten mich über den Berg, sagten die Ärzte. Über welchen Berg? Leben oder Tod? Ich aber kann mich bis heut nicht erinnern. Alle Anstrengung sieht nur ein Loch, Flammenmeer, Dunkelheit.

Was geschah, nachdem die Maschine aufgeprallt war, ich übers Feld lief, blutend und brennend, irgendwo Pferdegespanne und Bauern, Rüben wurden geerntet. Aber es war nicht der Fläming, keine Kiefer, kein Sand, braune, schwarzbraune Erde, die auf mich zuraste. Da war ich gesprungen, da war alles aus – Denken und Fühlen, nein! Ich fühlte den Schmerz in den Beinen noch, Hitze schoß hoch, eine Flamme im Rücken – Ikaros. Ja, so dicht war plötzlich der glühende Sonnenball. Und ich weiß nur, weiß, was davor war, während der einen Minute, als ich bemerkt hatte: Feuer kommt von den Tragflächen, es frißt schon am Rumpf! Unter mir lag eine Stadt! Ich funkte. Die Bodenkontrolle kam. Ich erhielt auch noch Antwort: «Ein

Bordbrand, Genossen! Die Triebwerke rechts, die Belüftung scheint nicht in Ordnung, der Luftkanal oder die Hochdruckverdichter!» Ich blickte über die Deltas, vernahm die Stimme von Major Gersbach, Kurt, dem Kumpel. «Genauer Lagebericht!» Ich gab ihn, hörte: «Springen Sie ab, Leutnant Morgner! Springen Sie ab! Fil, Junge, hörst du mich noch? Spring doch ab!»

Sie hörten mich nicht mehr, die Sendeanlage fiel aus. Nein, ich konnte nicht springen! Unter mir war die Stadt! Stendal, den letzten Funksprüchen nach. Ich reckte den Kopf, sah durch die Scheiben, schrie in die Sprechkapsel, sah, wie das Feuer von den Flügeln auf den Rumpf übergriff. Doch unter mir Türme und Häuser, Mittagszeit, Uhrenvergleich. Die Menschen beim Essen, die Menschen sind satt, ahnungslos satt und zufrieden. Stimme von Gersbach: «Spring doch ab, Fil! Das ist ein Befehl! Du sollst springen!» Und unter mir ein rotes Backsteingebäude, erkenne es deutlich. Kinder laufen über die Straße, Schulschluß. Und meine Gedanken arbeiten. Ich war allein, und ich hatte die feste Gewißheit, daß ich allein arbeiten mußte für die Menschen dort in der Tiefe. In den Ohrmuscheln nur noch ein Krächzen, ich verstand die Kommandos nicht mehr. Und würde ich springen ... die Maschine stürzt in die Häuser, Frauen und Kinder, hundert vielleicht, zweihundert, ahnungslos, tot, verstümmelt. Fil Morgner lebt – eine Stadt wird ausbrennen, eine Straße gewiß. Kann doch nicht springen! Muß freies Feld finden! Weg von den Häusern, den Kindern, den Menschen – weg von hier, weg ... Die Rauchfahne flattert schon über das Cockpit. Spring! Ein *Befehl.* Verweigere nicht den *Befehl!* Aber immer noch rote Dächer, Fenster mit weißen Gardinen. Ich wußte, in diesem Augenblick wußte ich, daß ich mein Leben hergeben müßte – wie auch immer. Der Bomber brannte, Landung war aussichtslos, der Eisenberg würde sich überschlagen – aus. Da sah ich das Feld, die Pferde, die Bauern. Abspringen! Ja, vielleicht öffnet sich noch der Fallschirm! Die Erde rast auf mich zu ... Letzte Chance ... Du wirst dir den Hals brechen! Himmelhoch eine Fontäne, und alles ist aus. Ich wußte, daß alles vorbei sein würde. Doch einer für hundert, auch das wußte ich noch – ich starb meinen Tod im vollen Bewußtsein. Und später – Weihnachten, Kerzen leuchteten, als ich erwachte. Später lebte ich noch, später lebte noch eine Hälfte von mir.

Ich kann nicht mehr, Freunde! Ach Ella, ach Gabriel, Johann, Genossen, ich kann nicht mehr!

Ich habe mein Leben schon einmal in den Händen gehalten. Es kam kein Befehl mehr. Ich mußte allein über mich entscheiden. Den letzten Befehl – rette dein Leben, Fil! – den hab ich verweigert. Ich bin nicht gesprungen. Also verzeiht mir, wenn ich nun – nachträglich sozusagen – die Kommandos der Bodenkontrolle ausführen will, elf Jahre danach. Ich will in die Sonne sehen dabei. Ich will fliegen. Wann ist das Leben zu Ende, und wann beginnt unser Tod?

Als ich zum ersten Mal in ein Flugzeug stieg, allein war über den Wolken – hochrot verglühte der Tag, die Erde kroch schon ins Dunkel, ich aber sah die Sonne noch über dem Horizont –, als ich zum ersten Mal Herr in der Höhe war, damals, im Wipfel der Kiefer vielleicht, als ich ahnte, was Fliegen sein könnte – frei sein von Enge, Weite sich schaffen –, da begriff ich, fühlte ich: Grenzenlos bin ich, grenzenlos ist das Leben! Ich lebe! So war es bei jedem Flug. Ich stieg und stieg, ich konnte mich selbst hinwegtragen. Ein einziger Handgriff, Druck auf die Armatur, Überschall, und mit zweitausend Stundenkilometern die Fesseln der Erde zerschneiden. Es war wie ein Selbstsichschöpfen.

Einmal – entsinnt euch, Genossen! im Kasino habt ihr es stets zum besten gegeben, wenn neue Piloten eintrafen –, einmal verweigerte ich den Befehl zur Rückkehr, landete erst, als kaum noch Treibstoff in den Brennkammern war. Ich erfand eine Ausrede, aber Kurt Gersbach glaubte mir nicht, schrie mich an: «Ich muß Sie bestrafen! Man fliegt nicht wie Sie, wie ein Besessener! Wir stehen hier nicht zum Zeitvertreib, und der Luftraum ist kein Spielplatz!» Und ihr habt mich später gefragt: «Fil, sag doch endlich die Wahrheit! Erzähl!» Ja, für mich war die Luft immer ein Spielplatz. Ich flog, weil ich fliegen mußte. Der Himmel, der Himmel, der so eng war in Güdenow – ich habe die Vögel beneidet, den Bussard, wenn er über den Wäldern kreiste und plötzlich zu rütteln begann. Ein Fisch hält sich nur im Wasser; an Land geht er ein. Die Schwalben sterben im Käfig.

Morgen wieder wird Ella mich holen – das Hochhaus, die Brüstung, zehn Stockwerke hoch. Doch wen interessiert's? Ich habe mich leergesprochen, und das genügt. Denn morgen schon, nachts, und sie schlafen, da steige ich auf den Dachgarten. Und wenn Elise mich fragt, später beim Frühstück: «Was hast du geträumt?» Und wenn Kalle Geschichten erzählt, von Dieben und Gaunern, beim Kaffeeeingießen, beim Eieraufschlagen, vielleicht bemerkt dann der eine den leeren Stuhl, und vielleicht hat der andere noch eine Antwort auf dem Gewissen: Er war ein Mensch.

Beim letzten Mal sah ich hinunter. Die Sonne klomm über die Dächer. Es war, als gösse sie über mich all ihre Leuchtkraft. Es war, als läge da unten wieder die Stadt – Stendal, den Funksprüchen nach.

Aber die Straßen sind leer. Es rührt sich kein Mensch. Nur ein Sprengwagen fährt. Auch die Schulkinder haben jetzt Ferien, sind schon erwachsen, und wenn sie sich noch erinnern an den Flieger von damals – die Schwalbe mit Deltaflügeln, die eine Rauchfahne hinter sich herzog – und wenn sie sich noch erinnern an das Gesicht im Cockpit – ich flog so tief, daß sie es sehen konnten – an das Gesicht von Fil Morgner ... erkennen würde es niemand.

Das ist kein Gesicht mehr, das ist nur ein Auge in einer blutroten Lache. Das starrt mich an, aus dem Spiegel starrt es mich an, den Regina aufhängte. Und unter dem Auge die Zeitung aus dem Jahr sechsundfünfzig – eine

Ewigkeit her –, «Neues Deutschland», Ungarn und Suezkrise, und darunter steht zu lesen im Fettdruck:

Ein Held unserer Zeit

Wie uns soeben gemeldet wurde, fing gestern, in den Mittagsstunden des zweiten November, beim Einfliegen über der Altmark, Raum Stendal, ein Jagdbomber Feuer. Nach bisherigen Feststellungen wurde der Brand durch technisches Versagen der Triebwerke ausgelöst. Unter selbstlosem Einsatz seines Lebens steuerte der Pilot, der Leutnant der Nationalen Volksarmee, Genosse Philipp Morgner, die brennende Maschine aus der Gefahrenzone und verhinderte dadurch eine Katastrophe von unübersehbarem Ausmaß. Das Flugzeug explodierte auf freiem Feld, und durch die Hilfe von Bauern aus der Umgebung konnte der Pilot sofort in ein Krankenhaus überführt werden. Alle ärztliche Kunst wird aufgewandt, um das Leben des mutigen Offiziers zu retten.

Ich blieb am Leben. Ich lebe noch. Doch wann beginnt man zu sterben? Würde ich mich noch einmal opfern – mein Fleisch, mein Gesicht und die Luft zum Atmen?

Unter mir sehe ich eine Stadt – Berlin, Berlin oder Stendal. Die Sonne bricht aus dem Nebel, und mit beiden Händen bedecke ich mein Gesicht – vielleicht vergißt man mich nicht . . . Vielleicht leben die Bussarde noch im Fläming und *fliegen* . . .

Anmerkung der Herausgeber: Der vorliegende Text ist vollständig, jedoch aus technischen Gründen und mit der Genehmigung des Autors in Prosaform gebracht worden. Der Originaltext, mit Ausnahme der Einleitung, ist in unregelmäßiger Zeilenform und ohne Interpunktion abgefaßt.

EBERHARD PANITZ

Foto: Barbara Morgenstern

1932 in Dresden als Sohn eines Straßenbahnschaffners geboren. Nach dem Abitur war er zunächst in einer Jugendbrigade am Bau einer Talsperre beteiligt, dann studierte er Pädagogik in Leipzig. 1953 wurde er Verlagslektor, 1955 war er bei der Kasernierten Volkspolizei. Seit 1959 ist er Lektor und freier Schriftsteller in Ost-Berlin. Im Herbst 1978 war Panitz Gastschriftsteller an der University of Iowa, USA.

Werke:

Käte (E, 1955); In drei Teufels Namen (R, 1958); Die Verhaftung (E, 1960); Die Feuer sinken (R, 1960); Cristobal und die Insel (En, 1963); Der Sprung vom Heiligen Fisch (En, 1965); Die kleine Reise (Rep, 1965); Der Stein der Weisen (Hsp, 1965); Der siebente Sommer (Rep, 1967); Unter den Bäumen regnet es zweimal (E, 1969); Die sieben Affären der Doña Juanita (R, 1972); Der Weg zum Rio Grande (Biographischer Bericht, 1973); Die unheilige Sophia (R, 1974); Absage an Viktoria (E, 1975); Unerlaubte Entfernung (E, 1976); Die Moral der Nixe (E, 1978); Die verlorene Tochter. Erzählungen und Auskünfte (1979); Meines Vaters Straßenbahn (En, 1979); Gesichter Vietnams (Rep, 1979); Mein lieber Onkel Hans. Fünf Kapitel eines königlichen Lebens (R, 1982); Eiszeit (E, 1983).

Worin sehen Sie das Ziel Ihrer literarischen Arbeit? Halten Sie es für erreichbar?

Ich möchte einige gute Bücher schreiben. Ich liebe es, Geschichten zu erzählen, wo etwas gesagt wird über die Welt, in der ich lebe. Ich hoffe, daß es in erster Linie die Leser angeht, die hier in diesem Land leben, die mit denselben Schwierigkeiten zu kämpfen haben, dieselben Freuden teilen. Ich habe die gute Erfahrung gemacht, daß ich hin und wieder begriffen habe, was die Schwierigkeiten und was die Freuden sind. Ich betrachte das als die glücklichsten Momente meines Lebens, wenn ich das Gefühl hatte, daß mein Glücksempfinden und auch meine Fragen zusammenfielen mit denen vieler Menschen. Dann spürt man, daß man den gesellschaftlichen Fragen, die uns hier umgeben und uns hier bewegen, nahe ist; daß man vielleicht auch etwas dazu beitragen kann, daß manche Gedanken im Kopf mancher Menschen klarer werden. Wir haben nicht die Illusion, daß man mit einem Buch die Welt verändern oder in unserem Land Riesenschritte tun kann. Aber ich glaube, wenn so etwas wie eine Gewißheit da ist, daß bei vielen Menschen ein Echo gekommen ist, daß daran weitergedacht wird, daß man selbst mit einbezogen wird in das Weiterdenken, daß man selbst wieder mit den Lesern und im Gefolge des Geschriebenen zu neuen Vorschlägen kommen kann, dann ist das schon allerhand. Es ist eine gute Situation für den Schriftsteller in diesem Land, daß er eben doch dieses Gefühl bekommt, wenn er sich den Fragen und den Wirklichkeiten und Tatsachen stellt, die es hier in diesem Land gibt.

Absage an Albert Lachmuth

Monolog einer Frau aus Dobbertin, DDR

Stell das Radio aus, Fred! Ruhe, Martin! Stellt es wenigstens leise, ich schreibe einen Brief.

Ich schreibe den Brief für die Jungs. Nur für sie. Was geht mich Albert Lachmuth an? Eine Menge andere Leute, vor allem die Jungs, gehen mich viel mehr an. Na, den Namen Lachmuth habe ich von ihm. Lachmuth! Ha! Den Mut zum Lachen hab' ich trotzdem. Ich lebe trotzdem. Die Jungen leben trotzdem – und wie! Mit der Hand schreib' ich ihm nicht. Hab' ich ihm je einen Liebesbrief geschrieben? Aber verliebt war ich mal, verrückt war ich. Nun will er kommen. Ich kann nicht so tun, als wären fünfzehn, sechzehn Jahre nichts.

Das Datum stimmt. Die Anrede, die ich schreibe, ist schon eine Lüge: Lieber Albert! Ich liebe ihn nicht. Da ist kein Rest mehr. Ist er ein lieber Mensch, so wie man's sagt? Lieber Onkel Georg, das schreib ich so hin. Lieber Kollege Müller, bitte. Aber Albert ist kein Onkel, kein Kollege. Er ist die Vergangenheit, er kann mir gestohlen bleiben.

Herr Lachmuth, nein. So kann ich nicht beginnen. Werter Herr Lachmuth! Kindisch! Ich schreibe ja nicht: Mein lieber, sondern wie's üblich ist: Lieber Albert! Basta. Dein Brief war eine Überraschung – nein, ich muß es anders sagen. Die Kinder haben bald aufgehört nach ihm zu fragen. Martin hat am längsten gefragt, er war sein Liebling. Papa ist verreist – was sollte ich sonst sagen?

Ich habe heute deinen Brief erhalten. So, das ist wahr. Du bist immer gern verreist, hast mir viele Briefe geschrieben; dann hast du lange nicht geschrieben, sehr lange – nichts mehr. Mich interessiert auch gar nicht, was dir inzwischen über den Weg gelaufen ist. Ein bißchen kann ich's mir vorstellen: Solche wie du kommen schon auf einen grünen Zweig, auf mehr aber nicht. Jetzt flattert plötzlich so ein Briefchen herein. Man müßte schreiben: Dein Sohn Fred hat gesagt: Ach, unser Vater lebt noch?! Das hättest du verdient. Nur die Wahrheit hat Sinn. Je länger ich vor diesem Papier sitze, desto mehr Zweifel kommen mir, ob es überhaupt Sinn hat, deinen Brief zu beantworten. Ich schreibe: Es hat uns gewundert, daß uns der Brief erreicht hat, es war eine uralte Adresse. Er denkt wohl, wir leben noch in der alten Grotte bei der Mutter Rehse. O Gott! Vielleicht schreib ich die neue Adresse aufs Kuvert, vielleicht nicht. Die zweite, nein, dritte Wohnung, seit er weg ist. Neubau, mein Lieber. Das geht wohl nicht in deinen Kopf rein? Du denkst, ich feuere noch das wacklige eiserne Öfchen, das du hingesetzt hast? Das Ofenrohr quer durch die Stube – handwerklich warst du nicht geschickt, außer bei Autos. Die alte Rehse wollte uns rausschmeißen, sie schimpfte noch zwei Jahre, du hättest ihr die gute Stube verhunzt. Eine Bruchbude war's, es regnete rein, Toilette überm Hof. Und welchen Kampf es gekostet hat, da überhaupt reinzukommen? Wenn der Fred nicht unterwegs gewesen wäre ...

Die Post hat deinen Brief nachgeschickt. Man müßte seine Spur besser verwischen, damit einem die Vergangenheit nicht nachkriecht. Damals wollte ich schnell aus Rathen weg, aber meine Mutter hat mich gebraucht. Alle haben uns gekannt, alle haben gefragt, jeden Tag, im Milchgeschäft, beim Bäcker: Schickt er wenigstens den Kindern was? Hach! Einen Brief hättest du schreiben sollen, einen Satz: Ich komme zurück. So naiv war ich, zweiundzwanzig Jahre, daß ich darauf gewartet habe. Und alles in Rathen hat mich an dich erinnert, an die erste Zeit, diesen August. Eine dumme Göre war ich, als ich dich kennengelernt habe, da beim Schwimmen.

Wir wohnen jetzt in Pirna, auch nahe der Elbe. Was soll ich sonst schreiben? Das mit der Elbe hätte ich weglassen können. Heute käme ich gar nicht auf die Idee, in der Elbe zu baden, auch keiner von den Jungs. Damals hat es die vielen Fabriken an der Elbe nicht gegeben, das Wasser war klar. Du bist von der Dampferanlegestelle ins Wasser gesprungen, losgeschwommen wie toll und genau gegenüber gelandet, trotz der Strömung. Das hat mir imponiert. Und dann deine freche Badehose, ha! Schon als Martin zur Welt kam, hattest du einen Bauch, bist nicht mehr geschwommen, kaum mal mit uns durchs Kirnitztal spaziert. Ein Autofahrer braucht seine Beine zum Kuppeln und Gasgeben, er muß sie schonen, hast du gesagt. Aber was soll's?

Ich hatte keinen Beruf. Es war die schwere Zeit nach dem Krieg. Hochzeit, Wohungseinrichten, dieses elende Loch, wo von früh bis spät was zu machen war. Dann gleich die Kinder – du hast vier, fünf gewollt. Ich war dein Hausmütterchen, dein Hase, deine Bettkatze. Du hast den starken Mann gespielt, Geld auf den Tisch gelegt, deine Lastautos brummen lassen, wenn du früh auf Tour gegangen bist. Und ich hab noch ehrfürchtig den Staubwolken draußen auf der Landstraße nachgestarrt. Ich hab' mich auf dich verlassen, dann saß ich da. Verlassen.

Ich will dir keine Vorwürfe machen, nur sagen, wie's war, damit du mich verstehst. Du schreibst: Lassen wir die alten Geschichten beiseite, verziehen und vergessen. Nein. So kommst du nicht davon, wenn du dich nach so langer Zeit an deine Söhne erinnerst.

Du schreibst doch nur ihretwegen, ich antworte ihretwegen. Damals habe ich ihretwegen Blusen genäht, die Bluse sechs Mark. Heute weiß ich nicht mehr, wie lange ich an einer Bluse gesessen habe. Nähen konnte ich, das hatte ich noch bei meiner Mutter gelernt. Und wegen meiner Mutter bin ich dageblieben, als du mir zum letzten Mal mit deinem Lastauto was vorgebrummt hast. Du wolltest größere Lastautos, noch mehr Krawall. Drüben haben sie bessere Autos, Straßen, Tankstellen, Benzinsorten – wer weiß, was du andauernd geredet hast. Ich wünschte dir das ja alles, hätte dir gern die besten Asphaltstraßen, Autoreifen, Ersatzteile zu Füßen gelegt. Ich vergötterte dich und deine Wünsche und dachte gar nicht daran, dir im Wege zu stehen. Deine letzten Worte hab' ich nicht verstanden, so laut hat das verfluchte Auto gebrummt, wirklich, ein elender Kasten aus der Kriegszeit, den du immer wieder zusammengeflickt und dann an der Grenze stehengelassen hast. Vielleicht war's was Wichtiges, was du zuletzt gesagt hast – sonst erinnere ich mich nicht an viel Wichtiges, wenn ich heute deine Worte zusammensuche. Halt, auch das ist vorbei.

Es war nur eine kurze Zeit, daß ich dich in Gedanken hab' reden hören. Aber als du im Auto gesessen und mich noch einmal abgedrückt hast und ich nichts von deinen Reden verstanden habe, da . . . Ich rannte ins Haus zurück, ich hatte schon zwei Koffer gepackt, Milchflaschen für die Kleinen. Aber meine Mutter war krank. Du wußtest, ich konnte nicht mit. So weit hat damals wenigstens mein Verstand gereicht, daß ich meine Mutter nicht im Stich gelassen habe. Sie hat noch zwei Jahre gelebt, zwei Jahre hab' ich gehofft, daß sie gesund wird und ich dir nachreisen kann. Und du hast Pakete geschickt, das heißt, ein Kolonialwarenhändler hats für dich gemacht. Kolonialwaren! Mutter hat gesagt: Na, die Kinder brauchen's. Sie hätten was ganz anderes gebraucht. Jedenfalls zwei Jahre hab' ich's deutlich gespürt, daß sie dich brauchen.

Jetzt brauchen sie dich nicht. Jetzt brauchst du sie. Von mir will ich nicht reden, ich bin der Briefschreiber.

Was uns trennt, wiegt schwerer als das, was uns einmal verbunden hat. Von den Kindern kommt man schwerer los, als von einer Liebe, die vielleicht eine Einbildung war. Aber die Jungs sind ohne dich groß geworden, du bedeutest ihnen nichts. Heute gehen sie schon ihre eigenen Wege, aber sie wissen, daß ich immer für sie da war und da bin. Sie lachen, wenn ich von der alten Mutter Rehse, von dem eisernen Ofen, von dem Blusennähen erzähle, sie erinnern sich. Damals habe ich zum Ersten manchmal nicht gewußt, wovon ich die Miete zahle, fünfunddreißig Mark für dieses Dreckloch. Ein Kaninchenbraten war höchster Luxus. Das Geld für die Näherei hat eben vorn und hinten nicht gereicht. Eine Nachbarin hat mich ins Ferienheim «Freundschaft» reingebracht, da konnte ich in der Saison was zuverdienen. Die Volkssolidarität hat mir Winterkleidung für die Kinder geschickt. Dein Fuhrbetrieb hat mir die Kohlen spendiert. Als die Briketts in den Keller gepoltert sind, hab' ich einen Schreck gekriegt. Ich war doch keine Rentnerin, kein krankes, altes Weiblein, keine, die ewig auf die Hilfe anderer angewiesen ist. Arbeit gab's genug, Leute wurden überall gesucht. Ich hatte bloß keinen Beruf. Als meine Mutter starb, ging ich auf den Bau. Am Tage nach der Beerdigung fuhr ich nach Pirna. Die alte Rehse behielt die Kinder. Es wurde eine neue Straße an der Elbbrücke gebaut, da gab's schönes Geld. Aber weil ich nichts konnte, nicht mal mit den Händen richtig zupacken, außer zu Hause mit Schaufel und Besen und am Kochherd, und weil sie auch Mitleid hatten – ich glaub', mir kamen die Tränen –, deshalb haben sie mich als Reinemachefrau genommen. Ich fegte und putzte die Baubuden, die Schlafbaracken und die Büros, brachte wenigstens soviel Verdienst heim, daß mir deine Kumpels im nächsten Winter keine Kohlen zu bringen brauchten. Die Flachserei der Bauarbeiter, manchmal Sachen, bei denen ich rot wurde, hat mich kaum gestört. Ich hab' schnell gelernt, für Ordnung zu sorgen und Kontra zu geben. Einer wollte mir in der Baubude zu nahe kommen, dem hab' ich eine geknallt. Wenn ich dir doch auch einmal eine geknallt hätte – bei deinem dummen Gerede von den großen Autos und dem besonderen Benzin und dem herrlichen Asphalt, weiter hast du nichts im Kopf gehabt. Aber da war ich noch zu dumm, zu dir hab' ich wie zu einem Halbgott hochgeguckt, ach, wie zum lieben Gott. Und die Männer auf dem Bau hab' ich noch lange mit dir verglichen, du hast alle ausgestochen. Ich hätte die Suppenschüssel fallen lassen, wärest du plötzlich zur Küchenbaracke reingekommen. In die Arme hättest du mich nehmen und mit mir machen können, was du wolltest. Ich wäre mit dir nach dem Westen gegangen, überallhin, meine Mutter war ja nun tot.

Du bist nicht zurückgekommen, hast nichts mehr von dir hören lassen. Ich hab' eine Weile die Essenausgabe gemacht und mich dann zu einer Tiefbaubrigade gemeldet. Die alte Mutter Rehse kam mit den beiden Wildfängen nur mit Ach und Krach zurecht, sie war jeden Abend fix und fertig. Ich brauchte einen Krippenplatz für Fred und einen Kindergartenplatz für Martin und wußte, die in der Produktion kriegen eher was. Also ging ich in die Produktion, schaufelte Kies, schleppte Ziegelsteine, zuerst zwei, wollte fortlaufen, biß die Zähne zusammen, machte auch mal schlapp. Dann drei, vier und fünf Ziegel, man gewöhnte sich daran. Und man lernte die Maschinen schätzen, die Technik, die Fachleute, wollte selber etwas können, damit's flotter geht, nicht ganz so mühselig alles. Das Jahr in der Baugrube, wo heute die große Papierfabrik an der Elbe steht, hatte es in sich. Mühselig, ja, mir ist's sauer geworden. Und zuletzt, November war's wohl, haben wir ein Fest gefeiert, und da habe ich zum ersten Mal wieder mit einem Mann getanzt, fröhlich, ohne daß du ihn ausgestochen hättest. Du warst plötzlich nicht mehr in meinem Kopf, ich dachte nicht an dich, wenn die Tür aufging, ich fragte nicht die Mutter Rehse abends: «Ist ein Brief da?» Mir gefiel dieser Mann, ein Brigadier von uns, Fritz Uhlich, genauso alt wie ich, einen halben Kopf größer als du, einer, der lieber selber was austüftelte, als groß davon zu reden, was andere haben, ein Aktivist. Ich hab' ihn gern gehabt, es ging eine Weile gut mit uns, doch ich schämte mich, ihn mit nach Rathen zu nehmen, in die elende Wohnung, ins Schlafzimmer, die Kinderbetten nebenan. Es war zu spät, als ich in Pirna eine Wohnung bekam, auch die Kinder in Heimen unterbringen konnte, aufatmete, wieder heiraten wollte, ja, das wollte und will ich. Der Fritz Uhlich ging nach Dresden, studierte, arbeitete später in Magdeburg. Er hat wohl eine andere kennengelernt – es wurde davon erzählt. Ich hab' ihn dann noch einmal auf einem Foto in der Zeitung gesehen, er saß mit einer Frau in einem neueröffneten Magdeburger Restaurant. Vielleicht war's seine Frau, sie war jünger als ich. Ein halbes Jahr nach unserem Umzug, zu Martins Schuleinführung in Pirna, hab' ich dich eingeladen. Du hättest kommen können, nur so zu Besuch, dem Jungen zuliebe. Ich hab' nichts mehr von dir gewollt. Doch der Brief kam zurück, nicht zustellbar, neue Adresse unbekannt. Du hast es fertiggebracht, deine Spur völlig zu verwischen. Der Kolonialwarenhändler hat nichts mehr geschickt – gut, sonst wär's retour gegangen. Das bißchen Nudel-, Suppenwürfel-, Zuckerzeug konnte ich längst selber kaufen. Ich hab' mich bloß gefragt, wie das möglich ist, die Familie – vier, fünf Kinder wolltest du! – so ganz und gar aufzugeben? Sie hat keinen Beruf, sitzt so richtig im Dreck, hast du wohl gedacht, sie muß mir nachrennen. Denn einen eigenen Willen zu haben, auf eigenen Füßen zu stehen – das warst du nicht von mir gewöhnt. Du hast mir's nicht beigebracht, im Gegenteil. Ich hab' die Schule nur bis zur achten Klasse besucht, eine Lehrstelle gab's nicht nach dem Krieg, ich hab' Kaninchen und Hühner gefüttert, gestrickt und genäht, aus.

Martin hat zwölf Klassen, das Abitur, er will Mathematik studieren. Fred ist jetzt in der zehnten Klasse, mit ihm war's ziemlich schwer. Seine Lehrer haben mich oft in die Schule bestellt, er schrieb immer wieder Luchs und Fuchs mit k und statt Hülle und Fülle Hühle und Fühle. Ich hab' mir die Haare gerauft, wenn ich spätabends die Hefte durchgesehen habe, die Lehrer gebettelt, daß sie ihn nicht sitzenbleiben lassen. Sie haben Nachhilfeunterricht organisiert, ich ließ ihn seitenweise Bücher abschreiben – er hat trotzdem ein Schuljahr doppelt machen müssen. Das wäre nicht passiert, wenn ich mich noch mehr um ihn hätte kümmern können. Die Jungs sind bei Nachbarn großgeworden, im Schulhort, im Bastelklub, bei den Pionieren, in der FDJ. Sie brauchen aber auch eine Mutter oder einen Vater, am besten beide, die ihnen hin und wieder über die Schulter gucken. Ich kann die Tage an den Fingern abzählen, die ich in Ruhe zu Hause verbracht habe, seit du weg bist. Und ganz selten hab' ich mir vornehmen können, was immer ich wollte: So, diesen Tag widmest du einmal den Kindern.

Ich ging doch vom Tiefbau zu einem Kurs für Kranfahrer, das heißt, ich hab' gelernt, ein Auto mit noch was dran zu fahren. Motor, Getriebe, Kupplung, womit du dich immer so wichtig getan hast, das war schnell erledigt. Theorie und Praxis. Einen Kran mit ein paar Tonnen dran in einer Häuserlücke oder auf einer Brücke oder in einer schlammigen Baugrube zu beherrschen, das ist noch was anderes. Ich habe Bücher von der Bibliothek mit nach Hause geschleppt, bis in die Nächte gebüffelt, Berechnungen angestellt, Handgriffe probiert, bis sie in Fleisch und Blut übergingen. Im Schlaf, im Traum habe ich mit meinem Kran die halbe Welt aus den Angeln gehoben, die ganze. Wenn ich so zurückdenke, kommt's mir wirklich so vor. Wir haben allerhand gelernt und geschafft.

Weil ich den Facharbeiterbrief haben wollte, mußte ich nebenbei die neunte und zehnte Klasse nachholen, mich wie die Jungs auf die Schulbank setzen. Bloß gut, sie waren damals noch ein paar Klassen zurück. Krankurs, Volkshochschule, später noch ein Lehrgang für Bau-Maschinisten in Dresden – da überschnitt sich oft der Stundenplan, ich mußte mir ein Moped kaufen und damit hin- und herrasen. Es war fast wie in der Geschichte vom Hasen und Igel: Sie haben da am Anfang der Stunde meinen Kopf gesehen, dort am Ende. Und wie ich alles kapierte, war meine Sache. Ohne das Moped hätte ich's nicht geschafft. Ein Hoch auf das Moped! Dieses Moped geht mir über alle Tatras, Cadillacs und Opels der Welt – verstehst du das? Ich habe den Lehrgang an der Dresdner Akademie als Beste beendet und eine Urkunde erhalten: Spezialistin für Montagebau. Ich war nun in der Lage, Häuser und Fabriken aus dem Baukasten zu bauen. Die Bauklötzer waren ein paar Meter breit und hoch, sie wogen mehrere Zentner oder Tonnen. Und es begannen meine Wanderjahre, weil ich auf Kraftwerke spezialisiert war und Kraftwerke weit im Lande verstreut gebaut werden: Hirschfelde, Berzdorf, Vetschau, Lübbenau, Boxberg, Thierbach, Lippendorf und Dobbertin. Hoch oben auf dem Turmdrehkran saß ich, ließ die Betonwände über die letzten mickrigen Kiefern schweben, sah die Bagger ringsum in der Erde wühlen, Hunderte und Tausende Menschen, mächtige Maschinen, kein Brummen wie von deinem Laster in der Luft, sondern ein Getöse, daß man ins Funkgerät schreien mußte, wenn irgendein Kumpel da unten keine Millimeterarbeit machte. Mehr Krawall haben sie dir drüben nicht bieten können, mehr überhaupt nicht. Du schreibst kein Wort darüber, was du all die Jahre getan hast, aber ich weiß, es war nichts gegen *das.* Ich wurde in die BGL gewählt, das ist die Betriebsgewerkschaftsleitung, die Regierung für alle großen Kleinigkeiten, falls du das vergessen hast. Deine BGL hat mir damals die Kohlen geschickt. Solche Sorgen hatten wir nicht mehr; ich hatte dafür zu sorgen, daß es eine Kosmetikerin auf dem Bau gibt, Konsum, Ambulatorium, Kindergarten, Friseur sowieso, nun noch 'ne Schönheitspackung aufs Gesicht, Lavendelduft, Maniküre und Pediküre – du hättest uns sehen sollen, wenn wir aus Schlamm und Heidesand aufs Moped oder in den Autobus gehüpft sind! Ins Konzert, Theater zum Staatsbankett nach Berlin sind wir gefahren, Kleider für zweihundert Mark, Samt und Seide, später Dederon, bitte. Die Jungs brauchten sich auch nicht zu beklagen, was das anging: weiße Hemden, Schlips, Schuhe, wieder ein Paar neue Schuhe. Für ein neues Moped oder Motorrad blieb trotz der Prämien nie genug übrig; ich mußte das alte immer wieder zusammenbasteln – kein Problem. Der Kran und das Moped – wie soll ich das erklären? –, was ich dadurch geworden bin, das hat den Jungs alles in allem mehr genützt, als wenn ich ihnen immer über die Schulter geguckt hätte. Daran lass' ich nicht rütteln.

Wußtest du, daß ich ehrgeizig bin? Du kannst es nicht wissen, du kennst mich nicht, sondern eine andere Frau. Oder ich will es so sagen: Früher bin ich durchs Leben gestolpert, habe die Kinder zur Welt gebracht. Ich habe gestaunt, daß ich *das* fertigbrachte. Ich habe damals nichts von mir erwartet, gar nichts. Und jetzt kann es nicht genug sein. Auf dem Kran fing's an, da konnte ich meinen Arm verlängern und ausprobieren, was sich damit packen läßt. Ich merkte, wer ich war und was ich wollte. Wenn ich ein Betonstück an seinen Platz gebracht hatte, dann war ein Haus oder ein Kraftwerk höher gewachsen. Es war etwas Nützliches, Wichtiges, Großes. In eines der neuen Häuser zogen wir ein, und wenn ich den Lichtschalter einschaltete, da war's Licht von meinem Kraftwerk, von dem mir auch juristisch ein Stück gehört, auch den Jungs und allen hier. Es macht Spaß, abends überall Fenster leuchten zu sehen und zu denken: So weit reicht der Arm. Es macht einen ehrgeizig, man will höher und höher hinaus, manchmal gleich zu hoch. Ich hörte von einer Aufnahmeprüfung an der Ingenieurschule Dresden, fuhr siegessicher hin und fiel mit Pauken und Trompeten durch. Nach der Prüfung nahm mich ein Dozent beiseite und sagte: «Wissen Sie, das hat keinen Zweck. Sie sind dazu schon zu alt.» Da war ich dreiunddreißig Jahre, mein Leben hatte gerade richtig angefangen. Ich sagte trotzig: «Nein, was mein Alter betrifft, da irren Sie sich.» Und im nächsten Jahr war ich wieder dort, auch derselbe Dozent. «Na», meinte er freundlich, ein bißchen von oben herab, «vom Alter einer Frau soll man schweigen, das habe *ich* gelernt. Und was haben *Sie* inzwischen gelernt?» Er merkte, daß ich in Ökonomie Bescheid wußte, es liegt einer Frau, die einen Haushalt durch dick und dünn geführt und in einer BGL gewesen ist. Ich kam in eine Frauensonderklasse, zwei Tage wöchentlich Studium, drei Tage im Betrieb, volles Gehalt – nach drei Jahren war ich Ingenieur-Ökonom. Das war im vorigen Herbst, ein schöner Herbst. Vorher war der heißeste Sommer, Sonne wie am Schwarzen Meer oder in Italien. Ich habe mich mit Büchern eingemauert, damit ich nichts davon merkte, ich bin im Urlaub kaum aus dem Haus gekommen. Dieses Jahr, das ist mein neuer Ehrgeiz, mein Traum, will ich im Urlaub mit den beiden Jungs verreisen, ans Schwarze Meer, nach Sotschi. Ich hab' schon gebucht, wir fliegen Anfang Juli.

Wenn du zu Besuch kommst, wie du im Brief ankündigst, sind wir auf Reisen. Es hätte genügt, wenn ich *das* geschrieben hätte, fertig. Doch viel mehr steht nicht auf dem Papier, seh' ich. Das meiste, was mir durch den Kopf gegangen ist, wäre dir doch unverständlich gewesen – unbehaglich, fremd. Wir haben uns auseinandergelebt. Es gibt zwar keine fremden Menschen, sondern nur andere, hab' ich mal gelesen; aber anders sind wir geworden, ganz anders. Auch wenn die Urlaubsreise nicht wäre, ich hätte dir geschrieben: Nein, du bist uns nicht willkommen. Du hast dich von uns getrennt, bist deine eigenen Wege gegangen, wir unsere. Es müßte sehr viel geschehen sein – in deinem Kopf, meine ich – wenn es Sinn und Verstand hätte, daß du überhaupt jemals wieder hierherkämst. Aber in deinem Brief schreibst du: «Ich möchte meine Söhne wiedersehen. Ich habe ein Recht darauf.» Wieso? Weil du eilig die alte Adresse hervorgekramt und vielleicht nach langer, langer Zeit sogar begriffen hast, daß es außer vollgepackten Tüten, die du bei jedem Kolonialwarenhändler kaufen kannst, noch etwas anderes gibt? Es gab einmal Menschen, die dich geliebt haben und die du geliebt hast, das ist wahr. Wir waren einmal eine Familie, doch sie besteht längst nicht mehr – du hast sie aufgelöst, kaputtgemacht, ihrem Schicksal überlassen. Jetzt bin ich diesem Schicksal sehr dankbar und pfeife auf alles Familien-, Tanten- und Onkelgeschwätz, wir kommen selbst zurecht. Du hast weder mir noch den Kindern gesagt, gezeigt, vorgelebt, was ein Mensch vollbringen kann. Anderes war dir wichtiger, uns ist *das* das Wichtigste, daran messen wir alles. Ich bin stolz darauf, was aus mir und den Jungs geworden ist. Jeder versucht hier soviel wie möglich zu leisten, damit sich alle soviel wie möglich leisten können – das ist Sozialismus. Und das ist anstrengend und gut, und du hast aufs Gaspedal getreten und bist fort. Ich nehme an – dein Brief klingt so –, die großen Autos haben dir die ganze Zeit viel Kraft vorgemacht. Du dachtest, du bist's. Aber ich bin nicht das Moped oder der Kran, du nicht der Sechszylindermotor. Eines Tages muß man dahinterkommen, was man selber ist. Die schrecklichste Entdeckung wäre: ein Vakuum zu sein, Kleider drumherum, Krawall im Ohr, den man fürs Leben behalten hat, an dem man in Wirklichkeit vorbeigerutscht ist. Diese Entdeckung hatte ich, als du uns den Rücken zugekehrt hast. Du auch – irgendwann, jetzt? Jedenfalls hast du deine Kinder mir überlassen, also in ein Vakuum geworfen, ade. Den Satz aus der Schule über die Energie, er kommt auch im Kurs über Motore vor, wirst du wohl kennen: Aus nichts wird nichts. Aber aus uns ist etwas geworden. Die Politik hat der Physik etwas nachgeholfen, unsere Politik. Daran hast du keinen Anteil, deshalb hast du kein Recht auf uns, auf keinen Tag, keine Stunde, nicht einmal auf einen Blick.

Es hat keinen Zweck, wenn du wieder schreibst. Die jetzige Adresse brauchst du nicht zu wissen, ich schreibe die alte als Absender drauf – da ist für dich wohl die Zeit stehengeblieben. Wir werden sowieso bald umziehen, in eine größere Wohnung hier in Dobbertin. Ich habe beim Studium einen Genossen kennengelernt, er fährt mit uns nach Sotschi. Wenn wir weniger hinter guten Zensuren hergewesen wären, hätten wir schon während des Studiums Zeit gefunden, mich von dem Namen Lachmuth zu befreien.

Ich will nicht verschweigen, daß dir der Kleine sehr ähnlich ist, dasselbe Gesicht, und er hat viel in seiner Art von dir. Alles Zureden nützt nichts, er will ins Autofach, später zur Ingenieurschule, meinetwegen soll er Autoingenieur werden. Manchmal überleg' ich, wie wärst du wohl geraten, Albert Lachmuth, hier und in dieser Zeit? Vielleicht hätten wir mit dir gemeinsam noch mehr aus uns herausgeholt, vielleicht. Hast du wieder geheiratet, sind Kinder da? Nein, wenn du Kinder hättest, wäre die uralte Adresse nie wieder in deine Hände geraten. Es wird so sein: Du hast keine Kinder, keine oder die falsche Frau, ein Auto, ein Haus oder eine schöne Wohnung, die ersten grauen Haare – du bist schon über vierzig –, tadellose Kleider und ein Vakuum, das ist's, was weh tut. Dagegen war es ein Spaß, als ich damals merkte, wie leer ich war. Ich war jung. Ich lebte hier, ich hatte die Kinder und das ganze Leben vor mir, Selbsterkenntnis, sogar die schmerzlichste, ist ein Glück, wenn sie früh kommt. Später ist's viel schlimmer. Doch zu spät braucht's ja bei dir nicht zu sein, hoff' ich, wünsch' ich, bitt' ich dich sogar, besonders wegen der Kinder, die deinen Namen durch das ganze Leben tragen. Es ist nun einmal Tatsache, daß du deinen Söhnen nichts bedeutest, doch es wäre furchtbar, wenn sie sich ihres Namens gar schämen müßten.

Diese deutlichen Worte kann ich dir nicht ersparen. Wir sind weder deine armen Verwandten noch deine Lehrmeister; aber unsere Meinung müssen wir schon sagen. Du hast den Rutsch in die Vergangenheit gemacht. Es liegt zuviel dazwischen, die Entfernungen sind zu groß, um sich lächelnd die Hände reichen zu können. Es hat zu viel Mühe und Freude gemacht, sechzehn Jahre, die uns trennen, die wischen wir nicht mit dem Wörtchen «vergessen und verziehen» vom Tisch. Allein: die Kohlen von deinen Kumpels, die Pleite bei meiner Prüfung, die Vieren in Deutsch und Geschichte bei Fred – und in allen Tischdecken Tintenflecke. Und dieses Radiogedudel! Ein bißchen leiser, Jungs! Wenigstens so, daß ihr hört, wenn ich sage: leiser! Kommt mal, lest. Ich habe die Absage an Albert Lachmuth mit der Maschine geschrieben, drei, vier Sätze, mehr fällt mir nicht ein.

SIEGFRIED PITSCHMANN

Foto: Roger Melis

1930 in Grünberg (heute Zielona Góra, Polen) als Sohn eines Tischlers geboren. Er besuchte einige Jahre die Oberschule, jedoch ohne Abschluß. Nach 1945 kam er nach Mühlhausen in Thüringen; er war zunächst Hilfsarbeiter, dann machte er eine Lehre, und ab 1950 arbeitete er als Uhrmachergehilfe. Pitschmann begann 1949 zu schreiben; 1952 veröffentlichte die Zeitschrift *Aufbau* seine erste Erzählung «Sieben ist eine gute Zahl». 1957–1959 war er Betonarbeiter und Maschinist im Braunkohlenkombinat «Schwarze Pumpe». Danach lebte er als freier Schriftsteller in Hoyerswerda/Lausitz. Seit 1965 wohnt er in Rostock.

Werke:

Ein Mann steht vor der Tür (Hsp, 1960; zusammen mit Brigitte Reimann); Sieben Scheffel Salz (Hsp, 1960; zusammen mit Brigitte Reimann); Wunderliche Verlobung eines Karrenmannes (En, 1961); Kontrapunkte (En, 1968); Männer mit Frauen (En, 1974); Der glückliche Zimpel, die Frau und die Flugzeuge (Hsp, 1973); Leben mit Uwe (F, nach Ulrich Plenzdorfs Erzählung «Fünf Versuche über Uwe», 1974; zusammen mit L. Warnecke); Er und sie. Drei Studien für Schauspieler und Publikum (1975); Auszug des verlorenen Sohns (En, 1982).

Anstatt eines Interviews

Sehr geehrter Herr Dr. Zipser,   den 10. August 1978

nach langen und gründlichen Überlegungen, die auch mein – nicht aus Unhöflichkeit oder Nachlässigkeit geschehenes – ungewöhnliches Schweigen und offenkundiges Zögern erklären, möchte ich Sie so freundlich wie dringlich darum bitten, meinen Beitrag für Ihre geplante Arbeit nicht zu verwenden, das heißt ihn aus dem Buch zu streichen.

Zwar ist es richtig, daß ich vor nunmehr wohl drei Jahren ganz in Übereinstimmung, ja auf Anraten der Leitung des Schriftstellerverbandes der DDR gerne bereit war, Ihre Unternehmung über unsere zeitgenössische Literatur zu unterstützen und Fragen – so gut es ging – zu beantworten – wie ich ja auch noch im Mai diesen Jahres grundsätzlich der selben Meinung schien, und doch sehe ich in der Tatsache, daß ich jetzt meine Auskünfte zurückziehe, keinen Bruch irgendeines Abkommens. Ich bitte Sie, die folgende kurze Begründung zu bedenken und zu akzeptieren:

1. Zwischen dem Erscheinen meiner letzten Arbeit und dem künftigen mutmaßlichen Termin, an dem etwas Neues in die Öffentlichkeit kommt, besteht ein allzu großer Zeitabstand; es ist mir einfach peinlich, in der ganzen Zwischenzeit immer nur Theoretisches über Schreiberei abzuliefern.

2. Damit in Zusammenhang steht nach wiederholter Prüfung die Feststellung, daß meine Antworten auf Ihre 14 angenehm konkreten Fragen

überaus «wolkig», geschwätzig, also unkonkret wirken. Nicht, daß ich den inneren Kern mancher Aussagen – die ja lange zurückliegen – zurücknehmen möchte, abgesehen davon, daß ich sie heute vermutlich differenzierter, überlegter oder modifizierter formulieren würde – aber ich halte sie nun einmal für völlig ungenügend und unnütz und damit auch irreparabel, zumal bei einer echten «Bearbeitung» am Schreibtisch die ursprünglich von Ihnen geplante Spontaneität zerstört würde. Und selbst das vorgegeben, käme doch wieder nur Gerede heraus, statt eines Literatur-Textes wieder einmal nur Reflexion über Literatur – und dagegen ist meine Abneigung inzwischen geradezu unüberwindlich.

Kurz: Ihnen sowie mir wäre mit einer – autorisierten oder nicht autorisierten – Publizierung kein guter Dienst erwiesen, und deshalb bitte ich Sie nochmals darum, davon abzusehen.

Ihrem übrigen Vorhaben wünsche ich trotzdem gutes oder nützliches Gelingen, indem ich mit freundlichen Grüßen verbleibe

Ihr Siegfried Pitschmann

Die dunklen Höhenzüge der Kamele

oder Entfernung von einer Liebe

Nein – nicht Kaisersaschern. Das war erst später zu entdecken, wenn überhaupt, das hätte vielleicht hineingepaßt in die Mauern, mehr Bild, mehr Gleichnis als wirkliche Stadt mit wirklichen Leuten. Sagen wir: Naumburg; da kann man sich jede Beschreibung ersparen. Höchstens, daß dort die Unstrut in die Saale mündet, zwischen abgeflachten Weinbergen, jenseits des Bahnhofs, während ich hundertsechzig Kilometer unstrutaufwärts wohnte, unterhalb der Gegend, wo sie als indifferente Quelle einst einen Schweinekoben durchbohrt und ruiniert haben soll, oberhalb der Stätte mit dem Namen eines berühmten Gemetzels. Und höchstens, daß dort in Naumburg die Nachtigallen oder Sprosser schlugen mitten in den Straßen, regelwidrig am hellen Tag, als ich aus der rumpelnden Trambahn aufs Pflaster fiel, längelang, als ich beim Aussteigen die falsche Hand am falschen Griff hielt.

Ich war siebzehn und im Dom dreimal an der Uta vorbeimarschiert, ehe ich sie endlich erkannte, ziemlich enttäuscht; nun ja – schöner Stein. Dabei ein empfindsamer Jüngling, leicht angesengt vom Krieg, der gerade zwei Jahre vorbei war, noch ohne Freundschaftswams, aber gierig nach Welt und Schönheit und dergleichen – zum Beispiel beim Gebraus der Orgel mit ihrem doppelten Pfeifenwerk, das sich oben zwischen den Pfeilern gegenüberstand, oder wenn ich selber pfuscherhaft die Tasten eines geborgten Klaviers bediente.

Da kamen Gedichte ganz von allein, sogar gereimt, wenn sich's machen ließ, ohne daß ich erst an hingehaltenen Fingerspitzen schnuppern mußte wie Madame Chapeau, die Hutmacherin, die danach in den Stuhl zurücksank und seufzend, mit geschlossenen Augen in Knüttelverse ausbrach, jedermanns Zukunft betreffend, vor allem wartender Soldatenfrauen. Sie ging auch mit Klopfgeistern um, dazu einem dreibeinigen Tisch, der ihr wie ein Hündchen durch die Wohnung folgte, ungenagelt, verleimt, das rechte Stück für den freien Verkehr, den Gespenstertransit – aber das ist eine Geschichte aus meiner eigenen Stadt, aus der ich eben angereist war. Allerdings wichtig, daß ich gleichfalls experimentiert hatte, mit einem sanftäugigen Mädchen als Medium, angeblich wegen magischem Kurzschluß, wo ich doch bloß ihre Hände in Ruhe anfassen wollte, da ich sie sonst nicht zu berühren wagte, außer mit der Seele. Dieser hatte sich übrigens ein Dichter bemächtigt. Ich zog jedoch stundenlang auf Posten unter ihrem Fenster, nach Feierabend, im Regen, im Wind, im Schnee, erfand tausend Synonyme für sie, schickte lautlos Botschaften hinauf, chiffrierte Liebeserklärungen, die ich schließlich in ein Oktavheft übertrug, Kunstschrift, in Zeilen geschnittene Prosa – die ich natürlich nie abgab.

Der Name muß jetzt fallen, des Dichters. War schleichend wie eine alte Kinderkrankheit gekommen, die man längst für ausgestorben hielt, mit Mattigkeit, zerstreutem Schmerz, der Illumination von abendlichen Fieberschüben. Also Rilke, R. M., wer sonst, der tüchtige Beschwörer, der Sagende des Unsagbaren, der auf labile Typen nur gewartet hatte, die Frühhippies im Geiste, vorerst unkundig des Denkens, der ordnenden Vernunft. Dabei kann ich mich nicht erinnern, mit welchem Wiegerhytmus, welcher Metapher, welchem ungenau-genauen Vergleich das anfing, vielleicht bei Hausmusiken, zu denen wir uns im Erkerzimmer eines gutmütigen Zahnarztes versammelten – eine Molkereitechnikerin, eine Handschuhfabrikantin mit Beziehungen zu Alhohol und der Kommandantur der Roten Armee, was wichtiger war, ein Abiturient, eine Sprechstundenhilfe, ein lüsterner Ingenieur und Laienastronom, Jahrgang 15, der triumphierend die Appassionata hämmerte, außerdem ein finsterer, meistens melancholischer Uhrmacherlehrling, evakuiert aus dem sogenannten Osten, dem schwindlig wurde beim Anblick der Nachkriegsdekolletés, eine Heilgymnastin mit Palucca-Ambitionen, dann und wann eine mausgrau hereinhuschende Bibliothekarin und einmal ein Schäfermeister vom Eichsfeld, der uns einen weitgereisten Dudelsack vorführte. Braver Mittelstand oder so ähnlich, nichts Feindseliges – da fehlte eben bloß das Proletarische, auch wenn oft von neuen Zeiten, ja Revolution die Rede war, während wir bröcklige Plätzchen aus Haferflocken mümmelten oder Pellkartoffeln, Pingponggröße, in Rapsöl gebacken.

Da gab es immer jemand, der eines Tages den «Kornett» zelebrierte, bei Kerzen oder Schwachstromlicht mittels erbeuteter Wehrmachtsbatterien, weil die Hauptmaschine des E-Werks demontiert war, oder irgendwas aus dem «Buch der Bilder» oder den «Neuen Gedichten», falls es dazu reichte – von jenem Pflaumenbaum, von dem ein Kuckuck hastig abgeflogen; und um Weihnachten hörten wir mit Klang und Kling die Legende von den Heiligen Drei Königen, denen der Ochs, wie Westwind warm, das Ohr umschnaubte. Da war's der erste Dichter, der mir sofort einging, der mich packte, der mich lange überschatten sollte; da war alles direkt für mich gefühlt, gesungen, aufgeschrieben worden, was immer ich behext von ihm einsammelte, ergatterte. Schwierig genug zur besagten Zeit. Mochten die anderen ruhig bei ihrem «Kornett» bleiben – ich, mit einem Hochmut ohnegleichen, wollte schon weiter steigen, ihm nach, zum Beispiel in die unwirtlichen, schroffen Wortgebirge der «Duineser Elegien», die ich bis heute nicht richtig begriffen habe, wollte schon mit seinem Christus in die Hölle fahren, mit seinen Nonnen klagen, einen Turm aus meinem Herzen machen, einsam, einsam und so weiter.

Habe ich gesagt, daß ich Lehrling war, als ich nach Naumburg fuhr, ausgestattet mit der Hälfte des letzten Monatsentgelts, dreißig Mark ganz für mich allein, dem Geschenk meines Vaters für gute Zwischenprüfung? Wird man sich vorstellen können, wie ich damals durch die Stadt wandelte, ekstatisch, eingelullt von den Sprachorgasmen meines Dichters, desgleichen vom Geschrei der Nachtigallen- oder Sprossergeschwader, das sich mir unversehens in den Lockruf des Bülbüls verwandelte, in der Vokale wachem Violett? Und wird man es verstehen, daß ich mich wunderbar allein mit mir fand, mich für eine Art *Malte Laurids Brigge* hielt, den ich immer wieder gelesen hatte, dem ich nachfolgte gegen jede Warnung in die nahe, längst vergangene Kindheit, viel zu früh? Dichtete auch an einem Requiem für meinen vermißten Bruder oder dachte an das Mädchen, selten genug, das sanftäugige Medium, das ich mit ungewissen Vorgefühlen verlassen hatte, ein Abschiedsfanatiker, neugierig auf Verwandlungen, die da geschehen sollten so oder so. Es machte mir schon Mühe, ihr Gesicht aus dem Gedächtnis zu rekonstruieren, ihr Haar, das bastgelb oder braun oder sonstwie auf die Schultern wallte, und ich war nicht mal verwundert, während ich über den alten Marktplatz, durch die Gassen schwärmte, an der ehemaligen Ordensburg vorbei, Kadette genannt, aus deren Höfen mir Lieder vom Amur an die ungeschulten Ohren drangen, während ich wiederholt die Uta samt ihren Genossen beäugte; da war ich mächtig entrückt, mir selber ein Fremdling nach der Weisung des Dichters. Natürlich hatte ich auch andere Sachen gelesen, wahllos herumgestochert in dicken, dünnen Büchern, aber die richtigen Schätze waren noch nicht gehoben. Da maß ich jeden Text mit seiner Elle, kannte auch keine Parodie oder die Stelle bei Kisch, die Rilkes Hände beschreibt, wie sie aufgeregt, wie Tauben über den Tisch flatterten. Da hatte mir noch keiner gesagt, daß dieser Sänger grauer Edelsitze mit Armut, Elend, Krankheit, Tod umging wie mit hochkarätigen Steinen, denen man nur die rechte Fassung zu geben brauchte, damit sie kostbar leuchteten – wo ich es besser hätte wissen müssen, wo ich bereits zuviel Leute gewaltsam hatte sterben sehen, wo die Mutter vor unseren Augen fast verblutet wäre ohne Arzt in der schäbigen Umsiedlerkammer, über der Blechschüssel mit der Fehlgeburt: da war der Tod weiß Gott keine lachende Wasserkunst.

Damals in Naumburg entdeckte ich endlich das «Stundenbuch». Kannte es bloß vom Hörensagen und war schon lange gierig danach, und nun lag es plötzlich im Fenster eines Buchhändlers und Antiquars, Nähe Markt. Ich strich um den Laden, zählte mein Geld, starrte durch die Scheibe und bekam mehr und mehr Herzklopfen. Der Händler war ein geschmeidiger Mann, kratzfüßelnd, der höflichste Sortimenter der Gegend, dazu viel Verständnis für meine Jüngerschaft, und die Broschüre kostete achtzehn Mark, als er sie aus der Auslage angelte. Sie war hortensienblau, glaube ich, von der Schaufenstersonne zart gebleicht, kaum abgewetzt, mit den Jugendstilbuchstaben R M R; da griff ich zu, da fing ich gleich draußen zu lesen an, auf dem Kopfsteinpflaster, stolperte den Warteschlangen in den Weg, die sich vor der Gemüsebude, den Kohlrabis und Rhabarberstangen drängelten, zog mich schließlich zum Dom zurück, unter den Schatten der Türme. Da war es wieder, das Murmeln und Rauschen, das Gewiege in den hellen, dunklen Versen, die ich wie Speise, wie Hostienbrot zu mir nahm, bis nichts mehr übrig war, bis ich flog. Süchtige machen's heute mit Haschisch oder Lysergsäure, wie man weiß – mir reichten die Strophen *vom mönchischen Leben, von der Pilgerschaft, von der Armut und vom Tode,* während oben die Glocken zu dröhnen begannen, oder läuteten sie aus dem Zeilengewirr?

Denn das stand da wirklich: Moskau mit Glocken wie Erinnerungen – das sollte er erben wie Venedig und Kasan und Rom, jener Nachbar Gott, der raunende Verrußte, der breit auf allen Öfen schlief. Das schmeckte, das zerging mir auf der Zunge, besonders, da ich gerade dabei war, das Dienstverhältnis zur Himmelsbehörde zu kündigen, in dem man mich erzogen hatte; da war's ausgerechnet Rilke, R.M., der mir jetzt helfen würde in seiner Mönchsverkleidung. Und dann die dunklen Höhenzüge der Kamele, die irgendwas mit der Gebirge Pracht umgaben: darauf mußte man erst mal kommen, das mußte einem erst mal einfallen so naturgetreu, meinte ich, obwohl ich noch nie eine Wüste oder derartiges mit Kamelen erlebt hatte – durch ihn sah ich sie, spürte die heiße, trockene Luft, den Geruch von Saxaul oder Bittergras oder was ich dort wachsen ließ, hörte die Rufe der Treiber und beschloß, einen langen Brief an das Mädchen zu schreiben, den ich aber nicht schrieb.

Tags darauf überfiel mich etwas wie Katzenjammer, ja Schrecken, als ich mein Geld nachzählte, als ich an die Heimfahrt dachte; ich hatte mich einfach übernommen, blindlings, Schweizer Uhr trug ich nicht, auch nicht Ruhla, billiges Modell mit Stiftanker, nichts Gangbares, das ich hätte verhökern können, vielleicht in der Tauschzentrale der Stadt. Also kehrte ich um nach schmerzlicher Überlegung, Richtung Buchladen, die Gedichte zurückbieten; lebte der Mann nicht von solchen Geschäften? Er lächelte geschmeidig wie vordem, er schnüffelte an der Broschur, blätterte, als wäre sie ihm völlig unbekannt, und zuckte mit dem Augenlid: Ziemlich alt, ziemlich verbraucht, die Schwarte, nicht wahr – höchstens acht Mark. Ich zuckte gleichfalls, nahm meinen Besitz wieder an mich, meinen Dichter, schuldbewußt, verlangte Bedenkzeit, und dann ging ich hin und verkaufte ihn zum genannten Preis.

Mal vom Käseberg aus gesehen

Für manche dann plötzlich der CHEESE–HILL, falls sie auf der anderen Seite aus dem Zug sprangen und dem länglichen, kauenden Menschen aus Bethlehem, Pennsylvania, USA, direkt in die Arme liefen, der nur an seinen polierten Stahlhelm tippte und die komischen Krauts gleich weiterbugsierte, Richtung Bunker, Hundekuchen und Demokratie.

Für uns immer noch KÄSEBERG. Die Bewohner unten im Nest hingen an alten Namen; auch war von oben schöne Aussicht, wo wir jetzt stehen wollen trotz Stolperdraht und Warnschüssen, ziemlich fest auf Muschelkalk und Mutterboden mit etwas Grasnarbe, Wacholder und wilden Kirschen, mit Blick über das Gleis, auf dem wir eben gekommen sind, am verzwickten Flußlauf im saftigen Tal, der seit Potsdam die Grenze markiert. Kein Grund, abzuspringen; ich glaube, wir fuhren Pamela besuchen, glatt um den Berg herum, durch die Enklave von Bethlehem, ans Ende der Strecke, die ja erst viel später abgerissen werden wird.

Natürlich Pamela, die gar nicht da war, Liebling der Stiftsdamen in ihrem knochigen Fachwerkhaus, die wir für verkleidete Steinadler hielten, wenn sie durch den Garten flatterten, um Erdbeeren zu naschen, Stickrahmen aufzustellen, das Tamburin zu schlagen. Warteten auf Tod, Pamela also, die eines Morgens einfach zurückkommen mußte, mondäugig und blaßblond, schluchzend vor Heimweh, aber völlig unbeschädigt nach drei Tagen Knast und Kartoffelschälen unter den wachsamen Augen eines Küchensergeanten, der eigentlich in Archangelsk wohnte und wie Isaak Babel auf dem Foto aussah, das auch erst in einer anderen Zeit entdeckt werden wird.

Sollte uns lieber diese lyrischen Sachen vorspielen, statt aus Zügen zu springen, Grieg vermutlich, auf dem schmächtigen Klavichord in der Veranda des Stifts, im Oleanderschatten, wohin wir ihr nachstiegen und wo es trocken nach Goldhamster und Schildkröte roch, die dort in einer ausrangierten Schublade hausten. Wir starrten auf Pamelas Hände, die weiß, mit spitzer Zärtlichkeit die Tasten bearbeiteten, dachten an langes Haar, Küsse auf Augenlider oder gesträubten Nackenflaum, wovon man etwas wie Ohrensausen bekam, und das Stück hieß wahrhaftig «Erotik». Auch möglich, daß einer der Steinadler erschien, den sie die Generalin nannten, um das vergilbte Manual zu bewachen, mit schnüffelnder Nase und einem Alpakastöckchen, mit dem sie unter Pamelas Händen herumstocherte oder ihr schnalzend auf die rosigen Nägel schlug, wegen Fingersatz und falscher Haltung der Gelenke. Falls sie nicht bloß mit Schwarzmarktstimme nach Kautabak und Zigarren bettelte, die wir wieder mal nicht hatten, weder Sumatra noch Uckermark.

Oder war es die Badeanstalt mit dem ausgetretenen Bretterrand und dem morschen Dreimeterturm, von dem vorläufig niemand mehr springen wird, gleich hinter dem Garten der Steinadler, wo wir hungrig in der Sonne lagen, auf dem Bauch, Augen schielend, vielleicht über Pamelas Trikot, das zu eng war, den Leberfleck in ihrer linken Achselhöhle, vielleicht über das Wasser, während wir vorsichtig den Finger in die Entengrütze tauchten, die sich dort angesammelt hatte, oder in unsere Seele, mit der wir Pamela schon streicheln wollten.

Meistens jedoch unbeweglich, zum Beispiel am Bordstein der Straße des Nests, als die Wirker, die Stricker, die Tabakleute vorbeizogen mit Rufen und grob bemalten Spruchbändern, mit Tafeln und Bildern, dem einen Bild, schaukelnd, an Stangen getragen wie eine zweite Demonstration über den Köpfen, und wir sahen und hörten nichts, waren stumm mit Schrecken und Widerspruch aus Untergangstagen beschäftigt, die man uns mal lassen sollte. Mochten sie ihre Revolution, vom Archangelsker Himmel gefallen oder wie wir uns das zurechtdachten, ruhig allein machen; wir drückten uns in den Schatten und warteten, daß gegenüber die Tür beim Doktor aufging, bei dem Pamela in der Sprechstunde half und der eines Tages nur ein entlarvter Sanitäter sein wird, und dabei befühlten wir die Zettel mit den Gedichten in der verschwitzten Hosentasche, mit Herzblut geschrieben für die Mondäugige, Blaßblonde, wenn nicht einfach mit Tinte.

Vielleicht überhaupt ein Gespinst. Vielleicht, daß wir nirgendwann die Gegend besuchten und niemals hochtrabend als Erben von Architekten, erlauchten Orgelbaumeistern vorgeführt wurden, da Sargmacher- oder Klavierstimmersöhne eben zu simpel waren für Steinadler und das adlige Fachwerkhaus, in dem Pamela also nicht das Dachzimmer bewohnte, zwischen edlen Hölzern und Bildnissen, leider wurmstichig. Vielleicht, daß wir niemals ihren Leberfleck gesehen hatten. Und woher die unglaubliche Idee, daß sie heimlich schon einem Hutladen gehörte, dem einzigen am Platz, einträglich, während wir ihr bloß diese unpraktischen Seufzer nachschleppten, während sie längst mit gerafftem Rock hinter der Jalousie und dem Schild «Wegen Warenmangel geschlossen» quer über dem Ladentisch lag, unbequem unter Filz und alten Stumpen und dem Gestotter, ob es auch schön sei für sie und so weiter.

Vielleicht nichts wirklich. Höchstens Romanfiguren, denen man dann die zerbrochene Idylle in die Schuhe schieben wird, später, wenn man staunend, halbwegs erwachsen und selbstbewußt auf dem Berg stehen wird, wo wir ja stehen, immer noch Muschelkalk und wilde Kirschen, mit Blick auf den endgültig trennenden Fluß und das nicht mehr vorhandene Gleis, auf die Geduld der Helden von gestern, von heute, die Gewalt, die nötig waren, damit wir gefälligst zu leben anfingen.

Entwurf für einen Vater

Mein Vater war Klavierstimmer, Sohn eines Kremplers aus dem Tuchmachergewerk, das unserer kleinen Stadt im Lande Lubus, Land der Jagiellonen und Piasten, neben dem Anbau von krätzigem Wein eher den Ruf als das Brot gab. Ich sehe ihn als geheimnisvollen Mann durch meine zeitige Kindheit gehen, Herr über die verstimmten, zerbrochenen Seelen kostbarer Instrumente, die er mühelos zu neuem Leben erwecken konnte, ein Ohr stets horchend vorgeneigt unter dem gewaltigen Schlapphut, dem Hut eines Künstlers, den er tief in die Stirn drückte; sehe ihn in seinem Kabinett verschwinden, das mir verschlossen war, lange Worte murmelnd in einer Sprache, die ich nicht kannte und die sicher mit der wichtigen Erfindung zusammenhing, von der er hinter der dicken, gekrümmten Braue träumte; höre eine liebliche Musik durch die Tür dringen, der ich begierig lauschte – großer Mann, der einst am Tisch des Herrn Bürgermeisters sitzen würde, und alle berühmten Leute des Landes würden kommen, sogar aus der Hauptstadt, und würden ihm die Hand geben.

Später, als ich schon bei den Trommeln war, sah ich das Kabinett wirklich – ein Verschlag neben dem Waschhaus im Hof, vollgestopft mit altem Werkzeug und ausgeweideten Musikgeräten. Es gab auch ein wurmstichiges Tafelklavier, vergilbte Bücher auf einem Bord, den zerfressenen Blasebalg einer Hausorgel zwischen Drehschemel und Hobelbank, altertümliche Zeichnungen, an die Wand geheftet, die eine seltsame Maschine darstellten, und in der Ecke thronte ein gotisch geschnitztes Stehpult, das von einem Totenschädel gekrönt war. Und die kostbaren Instrumente waren in Wahrheit klapprige Dorfkneipenklaviere, die, von jedem Betrunkenen geschunden, ihr schadhaftes Tastengebiß aus falschem Elfenbein zeigten und müde die Pedale hängenließen, und ihnen sollte mein Vater, wenn er über Land zog, einen Rest von Klang wiedergeben. Ich glaube, er haßte sie; seine Finger hämmerten zornig, während die Rechte mit dem Schlüssel den ächzenden Wirbel nachzog, und dazu brummte und heulte er die Quinte, bis sein unerbittliches Gehör Ruhe gab. Und die liebliche Musik, die ich einst gehört hatte, war nichts weiter als der kollernde, scheppernde Lärm, den er aus dem Tafelklavier schlug, unbeholfen und mit der Begeisterung des Dilettanten, *Wien bleibt Wien* und *Preußens Gloria,* denn er besaß bei so scharfen Ohren doch keinen Sinn für Taktmaß und Wohllaut.

Ach, er war nur ein Kesselflicker unter den reichen Zunftmeistern, und solange ich zurückdenken kann, narrte ihn die ehrgeizige, ja besessene Vorstellung, wie er den Silbermann, einen erlauchten Kielflügel im Landhaus des Tuchfabrikanten, stimmen dürfte, bald auch einen bequemen Instrumentenhandel eröffnen würde, um endlich mit Triumph die Erfindung zu vollenden, an der er seit Jahren arbeitete.

Ich wußte schon, was kam, wenn er mich verschwörerisch in sein Kabinett winkte. «Ich habe ihn», rief er, «ich habe ihn gefunden, den Lapislazuli, den Stein der Weisen.» Sein Umgang mit Fremdwörtern war von gewalttätiger Art, und gerne verfiel er, tragische Vorliebe für den Gegenstand, den er am wenigsten beherrschte, in ein hochtrabendes Durcheinander von Altväterdeutsch und Jahrmarktslatein. Er reckte den Arm, er sagte: «Das Arkanum, das Leonardo gesucht, nun ist es enthüllt; darum merke auf die Stunde, Juniorum», und er trat an die Hobelbank.

Da stand es, das Perpetuum mobile, das Ding, das niemals gehen wollte, ein Apparat aus Stangen, Hebeln, Schöpfrädern, Kugeln, und mein Vater hantierte aufgeregt daran herum, etwas schnappte und rumpelte, dann war es still.

«Eben noch hat es sich bewegt», murmelte er, «in meinem Kopf hat es sich bewegt. Trügt die Berechnung, habe ich mich nicht aller Rädergen versehen?» Er ließ die Arme hängen und sah mich an, und vom Stehpult blickte der Totenschädel auf uns herab. Ich rückte an meinem Fahrtenmesser, das gegen die Hüfte drückte; ich wollte zum Dienst. Ich war imstande zu denken: Er ist wohl nicht nordisch genug für einen Erfinder, und dachte: Paracelsus, Diesel, Peter Henlein, sah sie, germanische Männer, wie ich es gelernt hatte, blond, blauäugig, herb entschlossen, ich dachte: Nein, Erfinder sind anders, schon diese Haare . . .

Ich fragte höflich: «Und das Claviling? Was macht dein Claviling?» Es war die gelangweilte Höflichkeit eines Kindes, das den Firlefanz der Erwachsenen zu durchschauen beginnt, und heute glaube ich, daß auch mein Vater mich für einen Moment durchschaute; indessen wollten wir beide nichts merken, wir spielten wie nach verabredeten Texten. Er schickte einen bekümmerten Blick unter dem Hut hervor, aus seinem gesunden Auge, da das andere durch eine unglücklich springende Klaviersaite erblindet war, er sagte: «Willst du es hören?»

Auch dies kannte ich, es stand auf einem wackligen Dreibein am Fenster – Claviling, die Umwälzung in der Geschichte der Tasteninstrumente, das Klavier in der Reisetasche, unenbehrlich für Virtuosen und Liebhaber, ein Helfer aller Studenten in Untermiete, rücksichtsvoll, platzsparend, billig, Patent angemeldet. Aber niemand hatte es bisher gekauft. Mein Vater griff in das schmale Manual, die Töne kamen schwächlich und zirpend, gezupfte Harmoniumzungen, Stimmchen der Ohnmacht – und ich starrte auf seine kurzen, dicklichen, weißen Finger und wartete, daß er aufhören sollte; ich wollte das Ganze nun hinter mir haben. Er mußte gleich mit verzweifelter Geste abbrechen, und es kam, er schleuderte sich auf dem Drehschemel herum, krümmte die Braue und dröhnte: «Quo vadis, das ist die Frage, mein Gott –»

Im Herbst vor Kriegsende wurde er eingezogen, fünfzigjährig, einäugig, nach dem schnarrenden Kommentar des Stabsarztes: «Soll doch froh sein, der Mann, braucht kein Auge zuzukneifen, wenn er zielt», und dann marschierte er stumm und ungeschickt beim dumpfen Klang meiner Trommel zum Bahnhof, und marschierte aus meinem Leben hinaus. Er gilt heute noch als vermißt, das soll heißen: Niemand hat sein Sterben gesehen, niemand hat es bezeugt, und es gibt keinen Stein, kein Kreuz, keine Stelle mehr, die auf das Ende einer so groß geplanten, immer vergeblich geplanten Existenz verweist.

ULRICH PLENZDORF

Foto: Christian Borchert

Geboren 1934 in Berlin als Sohn eines antifaschistischen Arbeiters. Nach dem Abitur 1954 studierte er Philosophie am Franz-Mehring-Institut in Leipzig. Von 1955 bis 1958 war er Bühnenarbeiter bei der DEFA, der staatlichen Filmorganisation der DDR. 1958–1959 diente er in der Nationalen Volksarmee. Es folgten vier Jahre Studium an der Hochschule für Filmkunst in Potsdam-Babelsberg, dann arbeitete Plenzdorf als Szenarist und Filmdramaturg im DEFA-Studio. Im Frühjahr 1975 war er «Writer-in-Residence» am Oberlin College in Ohio, USA. Er lebt heute als freischaffender Schriftsteller in Ost-Berlin.

Werke:

Mir nach Kanaillen (F, 1964); Weite Straßen – stille Liebe (F, 1969); Kennen Sie Urban? (F, 1971); Die neuen Leiden des jungen W. (F, 1972, E, 1973); Die Legende von Paul und Paula (F, 1973, Fe, 1974); Kein runter kein fern (E, 1978); Karla. Der alte Mann, das Pferd, die Straße (Filmszenarien, entstanden 1964 und 1974, 1978); Legende vom Glück ohne Ende (R, 1979); Glück im Hinterhaus (F, 1980); Gutenachtgeschichte (E, 1983).

Worin sehen Sie das Ziel Ihrer literarischen Arbeit? Halten Sie es für erreichbar?

Inwieweit das Ziel literarischer Arbeit erreichbar ist, ist kaum zu beantworten. Erfolg lasse ich als Maßstab gelten, nicht aber als Ziel. Das Zusammenleben der Leute in der Gesellschaft ändert sich ständig, ist einmal an der Oberfläche, einmal unter der Oberfläche dynamisch. Wenn man dem auf der Spur bleiben kann, hat man Glück, und dann wäre schon viel gewonnen. Ich glaube, wenn man nachforscht, stößt man gelegentlich oder vielleicht sogar ziemlich oft auf Probleme, die nicht gelöst sind. Sie deshalb nicht zu benennen, halte ich für falsch. Die Theorie, daß Literatur nur das beschreiben sollte, was ideal ist, ist eben eine ziemlich pädagogische Theorie und schränkt ganz einfach die Wirkung der Literatur ein. Man kann nicht Leuten, die einigermaßen helle sind und sich tagtäglich mit Dingen herumschlagen, für die sie keine Lösung finden, man kann ihnen nicht Storys vorlegen, die Rezepte anbieten. Das führt zu nichts und ist letzten Endes auch unehrlich. Es sei denn, man hat so ein harmonisches Verhältnis zum Leben, daß man selber gar keine Probleme sieht. Und wer so ein Verhältnis hat, der kann, weiß Gott, nicht anders schreiben.

Kein runter kein fern

sie sagn, daß es nicht stimmt, das MICK kommt (und die Schdons) rocho
aber ICH weiß daß es stimmt rochorepocho ICH hab MICK geschriebn
und er kommt rochorepochopipoar ICH könnte alln sagn, daß MICK
kommt, weil ICH ihm geschriebn hab aber ICH machs nicht ICH sags keim
ICH geh hin ICH kenn die stelle man kommt ganz dicht ran an die mauer
und DRÜBEN ist das SPRINGERHAUS wenn man nah rangeht, springt
es über die mauer SPRINGERHAUS RINGERHAUS FINGERHAUS
SINGERHAUS MICK hat sich die stelle gut ausgesucht wenn er da aufm
dach steht, kann ihn ganz berlin sehn und die andern Jonn und Bill und die
und hörn mit ihre ANLAGE die wern sich ärgern aber es ist ihre schuld,
wenn sie MICK nicht rüberlasn ICH hab ihm geschriebn aber sie habn ihn
nicht rübergelasn aber MICK kommt trotzdem so nah ran wies geht auf
MICK ist verlaß sie sagn, die DRÜBEN sind unser feind wer so singt, kann
nicht unser feind sein wie Mick und Jonn und Bill und die aber MICK ist
doch der stärkste EIKENNGETTNOSETTISFEKSCHIN! ICH geh hin
dadarauf kann sich MICK verlassn ich geh hin Mfred muß inner kaserne
bleibn und DER hat dienst ICH seh mir die parade an KEIN FERN und
dann zapfenstreich KEIN RUNTER und dann das feuerwerk und dann
MICK parade ist immer schau die ganzen panzer und das ICH seh mir die
parade an KEIN FERN dann zapfenstreich KEIN RUNTER dann feuerwerk KEIN RUNTER dann MICK KEIN RUNTER arschkackpiss ICH
fahr bis schlewskistraße vorne raus zapfenstreich stratzenweich samariter
grün frankfurter rot strausberger grau schlewski grün vorne raus strapen-
zeich stratzenweich mit klingendem spiel und festem tritt an der spitze der
junge major mit seim stab der junge hauptampourmajor fritz scholz, der
unter der haupttribüne den takt angegeben hat mit sein offnes symp warte
mal symp gesicht und seim durchschnitt von einskommadrei einer der
bestn er wird an leunas komputern und für den friedlichn sozialistischen
deutschen staat arbeitn denn er hat ein festes ziel vor den augn dann feur-
werk dann MICK ICH weiß wo die stelle ist ubahn bis spittlmarkt ICH lauf
bis alex dann linje a kloster grau märk mus weiß spittlmarkt vorne raus
SPRINGERHAUS MICK und Jonn und Bill und die aufm dach EIKENN-
GETTNOSETTISFEKSCHIN rochorepochopipoar!

*Schweigen. Sonne. Rote Fahnen. Die Glockenschläge der neunten Stun-
de klingen über der breiten Straße auf. Und da beginnt mit hellem
Marschrhythmus unter strahlend blauem Himmel der Marsch auf unserer
Straße durch die zwanzig guten und kräftigen Jahre Jahre unserer Republik, unseres Arbeiter-und Bauernstaates, die großartige Gratulationscour
unserer Hauptstadt zum zwanzigsten Geburtstag der DDR auf dem tradi-
tionellen Marx-Engels-Platz in Berlin. Auf der Ehrentribüne die, die uns*

diese Straße immer gut und klug vorangegangen sind, die Repräsentanten der Partei und Regierung unseres Staates, an ihrer Spitze Walter Ul jetzt komm sie aber bloß fußtruppn panzer noch nicht *NVA mit ausgezeichneter Kampftechnik, die unsere gute Straße hart an der Grenze des imperialistischen Lagers sicher flankiert, bildet den Auftakt der Kampfdemonstration. Die Fußtruppen der Land- und Luftstreitkräfte sowie der Volksmarine, in je drei Marschblöcken, ausgerichtet wie straffe Perlenschnüre, paradieren mit hellem Marschtritt unter winkenden Blumengrüßen der Ehrengäste an der Haupttribüne vorbei* Mfred wird sich in arsch beißn, daß er da nicht bei ist er ist bloß BULLE BULLN marschiern nicht – Aber Junge, dein Bruder ist kein Bulle, er ist Polizist wie viele andere – MAMA – Wenn er nochmal Bulle zu seinem, dann weiß ich nicht was ich! Den Bullen kriegst du noch wieder! – Mfred der B! B marschiern nicht B Mfred rocho ist rochorepocho B rochorepochopipoar! wenn ICH dran bin mit armee und dem, geh ICH als panzermann, wenn sie mich nehm das ist die einzige scheiße, wenn man GESTÖRT ist sie nehm ein nicht zur armee aber wenn man sich freiwillig meldet, müssn sie ein nehm *Dann werden die Motorgeräusche stärker, voller: Silberglänzende Panzerabwehrraketen auf Schützenpanzerwagen, Geschoßwerfer, Panzerabwehrkanonen, die schlanken Rohre schützend zum Himmel gerichtet, sind die nächsten, die unter dem Winken und Rufen der Tausende begeisterter Betrachter unsere Straße heraufrollen. Die Bedienungen dieser Technik erreichten bei allen Gefechtsschießen Höchstnoten. Dann zittert die Luft. Schwere modernste Kettenfahrzeuge rasseln heran und dröhnen: Panzerverbände, darunter erstmalig gezeigte gewaltige Brückenlegepanzer und Raketentruppen, deren Spezialfahrzeuge teilweise mit drei Raketen bestückt sind, donnern in exakter Formation über den Asphalt* ICH kenn ein den habn sie auch genomm wenn man die prüfung besteht, ob man normal ist wenn man weiß, was die hauptstädte sind von polen tschechen ungaren sowjetunion und die warschau prag budapest und moskau als panzermann würdich Mfred laut sagn, du bist ein B und er könnte nichts machn panzermann ist mehr als B B bleibt B aber panzermann ist panzermann ich möchte panzer sein silberner panzer dann würdich alle B niederwalzn und DEN auch vielleicht nicht alle B aber Mfred ganz sicher aber vielleicht Mfred auch nicht ICH würde meine schlankn rohre auf ihn richtn und sagn, sag daß du ein B bist, auch wenn er dann schon studiert aber B bleibt B und wenn ers sagt, muß er noch gegn mich boxn zwei rundn er muß immer gegn mein panzer boxn und ICH würde bloß dastehn und stillhaltn bis ihm seine knochn blutn und IHN würdich vielleicht auch nicht umwalzn ICH würde meine schlankn rohre auf IHN richtn und sagn, hol sofort MAMA zurück und sag, daß sie nicht haltlos ist und daß sie die schönste Frau ist und daßich ein taschenmesser habn darf zwei drei tausendmilljonen, wennich will und daßich mit links schreibn darf und daßich kein kronischer BETTNÄSSER bin und nicht GESTÖRT und keine haltung und faul und daßich tischler werdn kann und dann fragich IHN, ob ER sich ändern will und wenn ER jasagt, sagich, das muß ER erst beweisn ER muß zum ballspiel damit aufhörn, seine stinkendn zigarettn zu rauchen, daß eim zum kotzen wird, wenn man in sein zimmer kommt dadamit muß ER anfangn und dann muß ER aufhörn, sich beim essn die sockn auszuziehn und zwischn den zen zu puln zen schreibt man mit ha und dann seine stulle anfassn und ER muß mir WEST-KAUGUMMIS kaufn und ER muß aufhörn damit, daß in der wohnung nichts aus WESTN sein darf und daß der WESTN uns aufrolln will MICK will kein aufrollen und Bill und die und Jonn und ER muß jedn tag dreimal laut sagn, in WESTN kann man hinfahrn, wo man will, in WESTN kann man kaufn, was man will, in WESTN sind sie frei MAMA IST IN WEST – Eure Mutter hat die Republik verraten, wir sind jetzt ganz auf uns, wir drei. Jetzt zusammen halten. Haushalt gemeinsam. Manfred wird sich weiter um seinen Bruder wie schon, und *er* wird weiterhin gut lernen und noch besser wie in der letzten. Jetzt gerade und mir keinen Ärger in der Schule, klar?! Er geht zur Hilfsschule. Wer sagt? Frag *ihn* doch. – Mfred der B und VERRÄTER – *Er geht zur HILFSSCHULE? Wer hat das veranlaßt? Mama. – VERRÄTER – Seit wann?! Seit wann ist er auf dieser* Schule?! Seit der dritten. Seit er sitzengeblieben ist. Warum weiß ich das nicht? Wa-rum – ich – das – nicht – weiß?! Mama hat es verboten. – VERRÄTER – Ich will das Wort Mama oder Mutter für *diese* Frau nicht mehr! – MAMA – *Diese* Frau hat *ihn* also hinter meinem Rücken in *diese* Schule! Deswegen also seine guten Leist in der letzten! *Da* kommt er mit! Das werden wir ja! Das hat *er* sich so! Sich vor normalen Leistungen drück! Hinter meinem Rück! *Diese* Frau und dann sich ab! Das mach ich rück! Wo ist *diese* Schule? Wie heißt der Direk? Brade? – vater Brade schafft keiner, nicht mal die 4c und die schaffn jedn lehrer – Als hilfsschulbedürftig im Sinne des Paragrafen neunzehn des Gesetzes über das einheitliche warte mal über das ein das sozialistische Bildungssystem und der fünften Durchführungsbestimmung zu diesem Gesetz sind alle schulbildungsfähigen schwachsinnigen Kinder. Mein Sohn ist nicht schwachsinn – der lauscher an der wand hört seine eigne schand – im Irrtum. Bei Ihrem Sohn sind alle Merkmale einer ausgeprägten intellektuellen Schädigung. Mein Sohn ist nicht geschädigt! Einfach faul, von früh auf, keine Haltung. Ihr Sohn ist nicht faul, und er hat sogar eine relativ gute Merkfähigkeit für ein Schwachsinn. Schwachsinn ist doch nur eine Folge kapita warte mal also kapita wo soll im Sozialismus der Nährboden für Schwachsinn! Wo ist im Sozialismus der Nährboden für Krebs? Krebs ist Krank. Schwachsinn ist auch eine Krank. Lediglich die Ursachen für Krebs sind. Die Ursachen für Schwachsinn sind auch noch nicht, mein lieber Mann. Kein korrekter Vorgang hinter meinem Rück als Vat. Das ist nicht selten aus Furcht und wir sind nicht ver die Unterschriften beider Eltern. Bei mir braucht keiner Angst, das ist eine Intrige *dieser*

Frau, politisch, aus Haß gegn, sie wußte um meine Tätig, ich bin beim, und dann hat *diese* Frau die Republik im Wissen, daß mir die weitere Tätigkeit beim nicht, verlange ich die sofortige Rückschulung. In der päda Praxis konnten solche Rückschulungen bisher nur in äußerst seltenen so etwa bei groben Fehlern in der Aufnahmedia warte mal dia, liegt bei ihrem Sohn keinesfalls vor, mein lieber Mann. Wie ich bereits sagte, arbeiten die Hilfsschulen mit speziellen Lehrplänen. Ein zu uns über Kind kann daher die ohnehin vorhandenen Rückstände nicht nur nicht-hilfser bleibt hilfser – sondern die Leistungsunterschiede zur Oberschule vergrößern sich rasch und schließen eine spätere Rückhilfser bleibt hilfser rochorepochopiapoar – Das ist alles der Einfluß *dieser* – MAMA hat auch nie kapiert, warum bei 35 minus e ist gleich siebzehn, 2 gleich 18 ist, oder sie hat es kapiert, weil siebzehn und e 18 ist aber sie weiß auch nicht, wie man darauf kommt, warum man e auf die andre seite bringn muß auf welche andre seite überhaupt und warum e auch d sein kann e kan doch nicht d sein und was dabei variabl kain und abl sind variabl abl und kain sind sind sind arschkackpiss alle wußtn das, bloß ICH nicht sitzenbleiber schweinetreiber sitzenbleiber fünfenschreiber – ausgerechnet *er* nicht, das kann doch bloß daran, daß er zu faul. Einfach zu! Nie hat es das! Sieh dir meinen Vater an. Unter dem Kapitalismus nicht mal als Arbeiterjunge. Die Familie ernährn und wie hat er sich hoch. In den Nächten mit eisernem und morgens um vier. Von mir will ich ganz. Aber nimm seinen Bruder. Leistungen sehr wenn auch noch. Keine Klagen, weil vom ersten Tag an. – Mfred der B ich bin hilfser aber Mfred ist B es muß ja auch hilfser gebn aber B muß es nicht gebn ICH hatte schon immern jagdchein – Jagdchein schreibt man mit sch. Er soll nicht immer die Endungen verschlucken, deswegen schreibt er auch falsch. Geht das nicht in seinen Kopf? Sprich mir nach: *reden, singen, laufen.* Das schreibt er jetzt zehnmal – arschkackpiss repochopipoar MICKMAMA – Der junge kann doch nichts dafür, wenn er nicht alles begreift – MAMA – Du hast für alles eine Entschuldigung, was den Jungen. Ich hab auch nicht alles begriffen und bin trotzdem ein halbwegs anständiger Mensch geworden. Du immer mit deinem halbwegs, heute sind die Anforderungen, dir würde es auch nichts schaden, wenn du, manches muß man eben einfach, sich hinsetzen und pauken, das Einmaleins kann man nicht begreifen, das muß man bis es einem in Fleisch und Blut. *Er* ist Arbeiterjunge und *er* kann. Daß ich hier richtig verstanden werde. Ich will hier keinen Gegensatz zwischen Arbeitern und Söhnen von Frisören – frösen von sisören frönen von sisören frisen von sösören sösen von frisönen – Schließlich sind wir alle eine große Gemeinschaft und wenn *er* so weiter, landet *er* noch in der HILFSSCHULE. Ein Fleischmann und in der HILFS. Wir heißen Fleischmann und nicht Fleichmann. *Seinen* eigenen Namen wird *er* doch noch! Wie es in deiner Familie, weiß ich natürlich. Bitte laß meine Familie aus dem Spiel – MAMA – Ich werde dafür daß *er,* sagen wir in zwei Jahren, auf

144

Durchschnitt zwokommafünf und Manfred wir ihm dabei helfen, noch besser als. Schließlich seid ihr Brüder. In Ordnung Manfred?! Ich wünsche eine deutliche Ant! Da wird eben gesessen und gearbei und nicht mehr runter und kein fern und jeden um sechzehn Uhr wird bei mir und angetanzt die Schularbeiten der ganzen und die Leistungen durchgesprochen, solange bis es, und dann werden wir ja *Schon dröhnen am Firmament über der Straße unserer Arbeiter-und Bauerngeschichte Böllerschüsse. Seidene Banner der Arbeiterklasse und unserer Republik schweben durch die Sonnenstrahlen herab. Und ringsum hinter dem Platz, auf dem die Marschmusik des abmarschierenden Spielmannszuges und des Musikcorps der NVA verklungen war, hört man ein Summen, Singen, Rufen – die breite und bunte Front der Berliner Bevölkerung zieht zur Gratulationscour auf der Straße heran. Die Straße ist voller* Manfred wird das beaufsichtigen, Einwände? – ZWO-KOMMAFÜNF KEIN RUNTER KEIN FERNkalernkalorumkapitalismuskonzentrationsmängl sind ein tüpisches zeichn – und in zwei Jahren wird mich kein Lehrer mehr in die Schule und ich wie dumm dastehen, und mein Sohn ist versetzungsgefährdet, und die Schule bereits schon lange signalisiert und Information gegeben, und ich weiß nichts. Jeder Brief wird mir in Zukunft und jede Arbeit *vorgelegt* – vorgelege das sind, wenn man vorgelege dien sie erhöhn sie sind eine zusatzeinrichtung zur erhöhung der drehzahl der welle zum ballspiel bei drechselbänkn bei der verarbeitung sehr spröder holzartn zum ballspiel kiefer die würde ja splittern es empfiehlt sich, bei kiefer kernholz zu nehm, wenn überhaupt zum dreckseln eher von den einheimichen hölzern buche esche also kurzfasrige hölzer dabei geht es auch mit kiefer wenn man aufpaßt kiefer ist gut – daß die Schule meine DIENSTSTELLE informiert, daß der Sohn des Nossen Fleich schlechte Leist, erziehungsschwierig außer Werken, ich weiß. Wegen seinem Holzfimme – filzhommel folzhimmel – keine Illusi warte mal Illu. Ich habe nicht und mein Vater hat nicht in den schweren Jahren, damit unsere Kinder Tischler! Damit ich hier richtig verstanden, das richtet sich nicht gegen Tischler. Es muß und es soll auch Tischler. Aber sollen die mal Tischler, die solange immer Doktor. Wobei ich nichts gegen Doktoren. Doktoren muß es. Sie sind sogar die Verbündeten, aber wir orientieren sowieso daß im Zuge der technischen – sisiwo – wenig intelligenzintensive Tätig zum Beispiel Tischler durch weitgehnde Mechani beziehungsweise Substi neuer Werkstoffe wie zum Beispiel Plaste – schlaste klaschte klaste pflaste klaschte von plaste kriegt man krebs plastekrebs – und da soll *er* Tischler werden? *Sein* TASCHENMESSER gibt *er* sofort ab und das ganze Holz kommt aus dem Kell. Plaste hat Zukunft, und das hört auch auf, daß er nicht von Plaste essen. Wir alle essen von Plaste, und es bekommt. Nimm Manfred! Ißt er etwa nicht? Und außerdem ist es hyg. Er wird sich daran gewöhnen, an Rechtsschreiben hat er sich auch sehr gut. Und noch ein Punkt: das BETTNÄSSEN. Das hört nun auch auf. Zehn Jahre und nicht wissen, wann man auf Vlo. Meine Meinung hierzu, daß wir ihm das Links-schreiben abgewöhnt und *er* jetzt aus Protest ins Bett. *Er soll sich zusam-mennehmen, oder ihr geht zum Arzt. Es gibt gegen alle ein ihre Freiheit fin-genden Völkern. Die DDR ist richtig programmiert. Sie hat in aller Welt Freunde und ein Hohes Ansehen. Unsere Straße war nie eine glatte Chaus-see. Schwer war der Anfang, voller Mühen und Entbehrungen. Aber sie ist gepflastert mit dem entschlossenen Willen von Millionen. Zeugnis der Be-freiungstat der Sowjetunion ein T vierunddreißig mit der russischen Auf-schrift: Tod dem Faschismus. Dann ganz groß fotoko* würdich auch bei mir vorne drauf schreibn, wenn ich panzer wer und dann würdich meine schlankn rohrn auf IHN richtn und befehln, rufn sie sofort aus, tod dem fa-schismus das würde ER bestimmt machn und dann würdich sagn, sagn sie, daß sie ein faschist sind das würde ER nicht machn und dann würdich mit meine schlankn rohre auf IHN losfahrn und dann würde ER wegrenn aber ICH würde IHM nachfahrn und wenn er in ein haus rennt oder in seine DIENSTSTELLE, würdich davor in Stellung gehn und sagn, gebt IHN raus oder ICH schieße das ganze haus in klump und sie würdn IHN rausgebn, weil sie sich ihr schönes haus nicht für ein faschistn kaputtmachn lassn würdn und dann würdich IHN vor mir hertreibn bis vor Mfreds kaserne und würde sagn, gebt Mfred den B raus und sie würdn vielleicht auf mich schießn aber ihre kugln komm durch mein silbernen panzer nicht durch und sie müßtn Mfred rausgebn rocho und dann zwingich IHN, mit Mfred zwei rundn zu boxn, bis ER auf die bretter geht rochorepocho und immer, wenn Mfred nicht richtig zuhaut, weil er IHM nichts tun will, lang ich ihm eine mit meine zwei schlankn rohre, daß er umfällt rochorepochopipoar Er hat nur kraft aber Mfred ist im verein er weiß wo er hinhaun muß, daß es gemein ist bloß im verein darf er nicht aufn magn und die ohrn immer auf die ohrn – Jedenfalls, da hat deine Mutter recht, Manfred, daß du *ihn* haust, das muß! Das ist nicht! Dazu hat hier nur einer das, klar? Wenn *er* anfängt. Stimmt das? Wie ein Idiot geht er plötzlich auf mich los. Stimmt das? – wenn Mfred mich nicht rausläßt wennich aufs clo muß – Das mit Mfred macht *er* auch bloß um mich zu ärgern. Warum spricht *er* seinen Bruder nicht mit seinem Namen? Der Idiot und dann wundert er sich. – hier sagt ja niemand mein nam – Aber das ist doch nicht wahr. Junge. – MAMA du aber die nie – Was heißt denn hier die? Ich soll nie? Also? Das macht er immer so, der Idiot, sagt keinen Ton! Laß den Idiot! – MAMA – Und das mit dem Clo sagt *er* auch nur, um sein Bettnässen auf mich zu schiebn, zehn Jahre und nicht wissen, wann *er* aufs Clo muß, das ist doch nicht nor-mal. Jetzt sag mal wirklich, läßt Manfred dich nicht aufs Clo, wenn du mußt? – MAMA MAMA MAMA wenn er da ist, darf ich nur aufs clo, wenn er bestimmt er stellt sich einfach vor die tür – Der spinnt! Aber wenn wir da sind, kann sich Manfred doch nicht. Ich sag ja, der spinnt. Nachher bin ich noch Schuld, daß er eine Fünf nach der andern schreibt. – wenn ihr da seid und ICH geh aufs clo, ohne ihn zu fragn, haut er mich später – *Der* spinnt. Der fängt an. Er geht wie ein Idiot auf mich los. Du sollst den Idiot lassen, ich hab das schon mal gesagt! – MAMA – Da du gegen mich bist, weiß ich. Deine Mutter ist nicht gegen dich, Manfred. Aber was *er* hier vorbringt, ist natürlich. Und von Manfred als dem Älteren und Reiferen hätte ich erwartet, daß er nicht. Jedenfalls wollte ich so nicht verstanden werden, daß Manfred *ihn* so beauf. Und in Zukunft will ich da keine Klagen mehr. Und was das Hauen anlangt, folgender Vorschlag. Ich stifte *ihm* auch ein paar Boxhandschuhe und damit kann *er* in Zukunft auf Manfred losgehen und dabei lernt *er* gleich etwas von der Technik. Das kann nicht schaden. Sag Manfred! – Mfred – Gut, eine Runde. Sag Manfred! – Mfred – Gut, zwei Runden. Sag Manfred! – Mfred – Gut, drei Runden. – immer auf die ohrn Eikenngettnosettisfekschin MICKMAMA springerhaus vorne raus MICK und Jonn und Bill und die mit ihre ANLAGE auf dem ICH *muß glotzen Straße gehört der Jugend. Ein über tausendköpfiger Fanfarenzug von Jung- und Thälmannpionieren, die Besten ihrer Freundschaften, führt die nächsten Marschblöcke an. Mädchen und Jungen mit blütenweißen Blusen schwenken mit* ich glotz mir das hier zuende an ob da auch hilfser bei sind von uns keine samariter grau strausberger grün schlewski grün ich fahr durch scheiß zapfenstreich schilling gelb alex um auf a märk mus weiß kloster grau spittelmarkt vorne raus springerhaus MICK MICK ist größer als die andern man sieht ihn sofort auch ist MICK blond seine haare gehn ihm bis auf die hüftn sie sind auch wellig wenn wind ist, stehn sie ab wie bei MAMA er hat auch so kleine hände sie riechen süß nach WESTKREM und sie sind warm mit den klein gerilltn hucklln, wenn sie mich anfaßt und die nägl glänzn und sind lang und vorn rund sie soll aufpassn, daß sie nicht kaputtgehn beim gitarrespieln er soll lieber ein plättchen nehm, sonst kann er mich nicht mehr aufm rückn krauln wenn die anfälle komm das ist schön holz ist schön messer sind schön schlafn ist schön trinkn – *Er* darf einfach nicht mehr soviel trinken, dann wird *er* auch nicht mehr ins Bett nässen – ist schön träum ist schön blütenweiße blusn sind schön weiße blusn sind schön blusn sind schön die denkn ICH kann nicht mehr träum, weil sie MAMAS BLUSE habn, Mfred und DER – Ist dieses Kleidungsstück bekannt? Aha. Um was für ein handelt es sich? Sehr richtig, eine Bluse. Eine Mädchenbluse. Welchem Mädchen gehört beziehungsweise hat sie? *Er* weiß es nicht. Manfred, wo hast du diese Bluse? In *seinem* Bett unter der Matratze. Was hat es also mit dieser Bluse? Nichts, sie liegt in *seinem,* aber er hat nichts. Sieh mich an! Was hat es mit dieser Bluse?! *Er* legt sie immer unters Kopfkissen. Und dann? *Er* schweigt. Nun gut, fünf Tage kein und kein und dann werden wir ja! Ich glaube, die Bluse gehört Mama dieser Frau. – Mfred der B und VERRÄTER – Ach sie gehört! Das ist ja abnorm. Das ist ja perv! Wie kommst du zu dieser Bluse von dieser Frau? Geklaut wird *er* sie haben, damals noch. – VERRÄTER – Stimmt das? Gut, weitere fünf Tage kein und kein und außerdem kein. Was ist noch von dieser Frau? Rede! Wir durchsuchen dich sowieso – sisiwo wisiso sosowie sisowie MAMAS TASCHENTUCH das findn die nie das schluck ICH runter rocho ICH brauches bloß anzufassn dann kommt MAMA rochorepocho sie kommt und holt mich nach WESTN rochorepochopipoar sie kommt vom Springerhaus über die MAUER und ihre haare gehn ihr bis auf die hüftn die gitarre hat er bei sich keiner kann ihr was er ist stark ein schlag auf der gitarre und alle falln um und sie nimmt mich bei der hand mit den klein gerilltn huckln und sie sagt entschuldige bitte, daß ich erst jetzt komme ich mußte mir erst ein haus und ein auto kaufn es hat zwei zimmer für dich eins zu schlafn und eins da steht eine hoblbank und soviel holz wie du willst aber zuerst fahrn wir nach italien oder wohin und dann hopsich mit ihr über die MAUER keiner macht was sie habn angst, weil MICK so groß ist oder sie sehn uns nicht es ist nacht sie will mich rübertragn aber ICH sag ihr, gib mir bloß ein finger ich spring alleine wie früher springerhaus fingerhaus und er macht es und ich spring und Jonn und Bill und die fangn an zu spielen EIKENNGETTNOSETTISFEKSCHIN rochorepochopipoar und ICH mach für jedn eine gitarre für MICK die beste ICH bin hilfser und blöd und alles und hilfser brauchn sie in WESTN auch nicht aber gitarrn machn kann ich aus dem bestn holz aus linde ICH hab jetzt ein zimmer und holz und eine hoblbank und ICH bin der GRÖSSTE GITARRNMACHER in WESTN aber nicht für stars für alle die sich keine kaufn könn aber spieln wolln ICH nehm auch kein geld nur von stars außer von MICK und Jonn und Bill und die schdons das ist es, was die armen so erbittert und die reichn auf die barrikade treibt *unsern besten freund aus. Sprechchöre rufen mit kräftiger Stimme: Mit der Jugend jung geblieben* wennich in WESTN bin, darf Mfre̊d nicht mehr B bleiben mit bruder in WESTN wie damals bei IHM, als MAMA da durfte ER auch nicht mehr da mußte ER die DIENSTSTELLE wechseln deswegn haßt er MAMA es ist bloß wegn vater Brade dem schreibich, daß es nicht wegn ihm ist wenn alle so wern, werich noch da und frau Roth und herr Kuhn und unsre ganze schule und alle hilfser außer eberhardchen es ist wegn MAMA *leuchtet das Blau der FDJ die Straße herauf. Tausendzweihundert Musiker ziehen an der Spitze der drei Marschblöcke mit zwanzigtausend FDJotlern heran. Die eng geschlossenen Reihen der Marschformationen vermitteln ein anschauliches Bild von der Kraft der Jugend, von unserem Tatendrang. Rhythmisches Klatschen von den Tribünen begleitet sie. Da verhält der Zug vor der Ehrentribüne. Die Hymne der Republik steigt von den vielen Tausend gesungen, in den Himmel. Die mächtigen neuen Bauten ringsherum werfen das Echo zurück. Dann zieht auch die letzte, die machtvolle Marschformation der FDJ auf der sonnenhellen Straße hinaus – hinaus ins dritte Jahrzehnt unserer* die gehn in Richtung Springerhaus nachher fängt MICK schon an ICH muß los die wern mich sehn zu hell arschkackpiss auchegal hauptsache

ICH bin bis neun wider da wenn Der vom dienst kommt, schlägt er mich tot soll Er doch auchegal ICH geh zu MICK wenn nicht, das ist verrat ICH kenn die stelle ICH nehm die u oder tram? ICH nehm die u smariter grün oder die tram heißt japanich baum tram tram bäume und wald? tramteramteramteramtramtram MAMA ICH kann japanich französich mong cher mongmon mong frer gastrong schpukt mir warte mal schpukt mir schpukt mir also schpukt immer in die bulljong englich scheißampel mit ihr ewiges rot ICH nehm die u die u die diudiudidudibu *Fahrgäste ohne gültigen Fahrausweis zahlen außer dem Fahrpreis laut Tarif* 5 MDN nachlösegebühr. Modehaus Dorett. Bei Augenqual nur Zapletal. Schöner unsere Hauptstadt – Mach mit. DDR 20 DDR 20 DDR 20 DDR 20 DDR 20. Weiße Schiffe Frohe Stunden. DDR 20 DDR 20 DDR 20. Ich bin zwanzig. Unsere Besten. Besteigen und Verlassen fahrender Züge lebensgefährlich. Bitte benutzen Sie auch die hinteren zuch kommt der zuch kommt schön neu der zuch fährt nach alex über strausberger weiß ich doch bin nicht vons dorf *Nicht öffnen während der Fahrt! Lebensgefahr!* Du ißt mich nicht, du trinkst mich nicht du tust mich nicht in kaffe rein du bist mich doch nicht krank MAMA vorm schlafngehn zwei tablettn mit etwas flüssichkeit wenn vom arzt nicht anders – Mein Gott, Junge, warum hast du das bloß getan? – MAMA nicht wegn dir es ist aber besser so – Lebensgefahr! Schwester halten sie. Wieviel tablettn waren. Wie kommt das Kind überhaupt? Haben sie das Testament, er hat ein testament, er wollte – liebe MAMA es ist besser so meine sachn sind alle für dich du kannst nun auch weg – Aber, Junge, ich will doch nicht weg von dir, ich laß dich doch nicht allein. Stimmt es, daß *er* eine Klassenarbeit bei Frau Schunzilord? – Mfred der B und VERTRETER – Deine Arbeit ist wieder, Fleischmann. Alle andern. Ich weiß nicht mehr was ich. Fünfenschreiber. Der Idiot spinnt doch mal wieder. Der hat garantiert den Film gestern mit dem Selbstmord gesehn. Du bist jetzt mal ruhig! Dir haben wir es doch. Du solltest doch. Hab ich nicht gesagt, kein fern?! Was hat *er* gestern? Keine Ahnung, soll ich vielleicht. Ruhe! Raus! Schon immer gesagt, daß der Einfluß des WESTFERN *Notbremse! Handgriff bei Gefahr ziehen* Leistungen des einzelnen nun mal das Maß für alles in unserer Gesellschaft. Wenn ich auch zugebe, daß manchmal mit allzugroßer Härte erzwungen, statt mich rein zeitlich mehr um *ihn.* Aber meine Aufgaben als. Trotzdem der Meinung, daß hier ein Fall von extremer Drückebergerei. Indizien wie KLASSENARBEIT sprechen. Nicht zulassen. Will aber jedenfalls bis auf Wider dahingehend modi, daß runter möglich, wenn Manfred. Kein fern bleibt bestehen, sein Taschemesser kann *er* wieder, wenn *er* sagt von wem *Bitte benutzen Sie auch die hinteren Wagen, sie sind* von Eberhardchen Ich hab jetzt vielleicht tausend mark schuldn bei ihm oder warte mal dritte Klecker dann vier jahre hilfs am tag eine mark für das messer das sind das sind wenn der mich sieht zwanzig stück hat er verpumpt das sind am tag zwanzig mark – Gut Fleischmann!

– das jahr hat dreihundert warte mal also zwölf monate der monat hat war
das schon schlewski? samariter grün strausberger blau schlewski grau also
das sind dabei war sein vater heilich die bibl oder die heiliche schrift – Mein
vater hat nur heilige Schriften. Sag bloß, du hast noch nichts von der bibl,
ehj? – und adam erkannte sein weib eva und sie gebor IHM zwei söhne kain
und abl sind variabl abl und kain wieso kannte er sein weib nicht? warte
mal kain und abl und sie wurdn bauern und da gings sie zu IHM und
brachtn IHM von den früchtn des feldes also korn und rübn und junge schafe abl war schäfer und kain bauer und das sagte ER, was abl hat, gefällt mir
die jungn schafe aber was kain hat nicht warum nicht? ICH wußte gleich,
da ER was gegn abl hat abl war auch der kleinere bruder von beidn und da
war kain ergrimmt und ER sagte, warum bist du ergrimmt kain sagte, weil
es ungerecht ist und ER sagte, was ungerecht ist, bestimme ich klar? und
da war kain noch mehr ergrimmt und das wußte ER und da schlug kain abl
tot, der gar keine schuld hatte und da fragte ER, wo ist abl und kain sagte,
keine ahnung soll ich vielleich vielleicht warte mal soll ich vielleicht meines Bruders hüter sein? aber ER wußte es schon daß abl tot war von kain
und verfluchte kain und schickte ihn in die wüste und kein geld und nichts
und da sagte kain, die schlagn mich tot und da sagte ER, das stimmt und
ER machte ein zeichn an kain wahrcheinlich tinte und da durfte keiner
kain totmachn, weil ER nämlich garnichts gegen kain hatte die steckten unter einer decke sondern gegen abl und kain konnte wegziehn und heiratn
und alles und abl war tot was daran heilich sein *Alexanderplatz* raus um-
steign oder ICH lauf den rest esbahn rathaus geradeaus springerhaus auf
dem dach MICK EIKENNGETTNOSETTISFEKSCHIN rochorepocho-
pipoar oder ich fahr? *Benutzen Sie bitte auch die hinteren Wagen, sie sind
schwächer besetzt. DDR* 20 oder ich lauf *DDR* 20 wennich mit links an der
treppe, laufich links ist wo der daum rechts ist MAMA *DDR* 20 ICH lauf
ist auch besser, wenn die bahn steckn oder ich fahr? ICH lauf ICH hab gesagt ICH lauf also lauf ich lauf jäger lauf jäger lauf jäger lauf mein lieber jäger *DDR* 0 ist ranzich dreißich ist warte mal ist vierzich ist würzich fünfzich
ist fünfzich warte mal *DDR* 20 DDR 20 DDR 20 DDR 20 DDR 20 masse
licht masse leute masse fahn – Eins, zwei, drei, wenn die Partei uns ruft sind
wir – hier kommich nicht durch doch fahrn – haben früh erfahren der Arbeit Frohngewalt in düstern Kinderjahren und wurden früh schon alt –
masse ausländer hau du ju du im gummischuh slihp ju werri well in jur bett-
gestell? o werri matsch war ju sei ist kwatsch MAMA ICH kann englisch
*Wir sind auf dem richtigen Weg! Folgt dem Beispiel unserer Besten! Stärkt
die Republik mit Höchstleistungen in Wissen* rathaus bitte melden ICH
kann sie nicht sehn hallo – Druschba – Freundschaft Druschba – Freundschaft – Drusch – masse leute wenn die alle zu MEIK masse licht rathaus
ICH kann sie nicht sehn ICH bin geblen esbahn! esbahn ist gut esbahn mus-
sich durch esbahn fressbahn – auch der Rhein wieder frei. Brechen den

Feinden die Klauen, thälmann ist immer dabei – ernst thälmann ist der war der die faschistn habn ernst thälmann sie habn in buchnwald ernst thälmann spricht zu den bauern der sich warte mal der sich auf stock stützt thälmann grüßt freundlich thälmann holt ihn ein und grüßt freundlich thälmann unterhält sich gern mit einfachn menschn was ich über ernst thälmann *DDR* 20 DDR 20 DDR 20 DDR 20 DIE DDR IST RICHTIG PROGRAMMIERT. PLAN der berliner . . . Geschlossene Veranstaltung. Der Musterschüler. Nathan der . . . Trabrennbahn Karlshorst DDR – Sozialismus DDR – Sozialismus. Eins, zwei, drei, vier Klasse – die könn brülln *Sieger der Geschichte* B sind auch hier Mfred B sperrn ab laß sie was ich über den neuen fernsehturm der neue fernsehturm in der hauptstadt der ddr berlin sagan mein kind sorau der wind wien berlin wieviel städte das sind vier MAMA masse leute masse licht das sehn sie auch in WESTN in WESTN haben sie kein so hohn fernsehnturm wie der fernsehnturm in der hauptstatt der ddr ist mit seinen mit seinen warte mal zweitausenddreihundertvierunddreißig metern der größte in rathaus bitte komm ich seh sie jetzt danke rathaus *Erfolg haben ist Pflicht! Die sozialistische Menschengemeinschaft ist unser größter Erfolg! Schöner unsere Hauptstadt – Mach mit DDR* 20 masse fahn masse lärm *grüßen wir den Vorsitzenden des . . . haben Platz genommen die Mitglieder des . . . hurra hurra hurra und die Kandidaten des . . . und den Sekretär des . . . wir begrüßen den Stellvertreter des Vorsitzenden des . . . hurra hurra hurra und den Stellvertreter des Vorsitzenden . . . weiterhin den Vizepräsidenten des . . . drei, vier, Klasse! Wenn die Partei uns ruft . . . und andere hervorragende Persönlichkeiten . . . den außerordentlichen Botschafter . . . und die Delegationen ausländischer Jugendorganisationen unter ihnen mit besonderer Herzlichkeit . . . Liebe Freunde und Genossen! Liebe Berliner! PGH Hans Sachs* schöne schuhe *Bowling* bowling ist, wenn also bowling ist warte mal das ist ein verfahren zur arschkack schon dunkl ist ja schon dunkl scheiß masse licht schon dunkl wars der mont schien helle als ein auto blitzeschnelle langsam um die ecke drinnen saßn B was machn die hier fahrn auto laß sie ICH muß renn schon dunkl MICK ICH komm! drinnen saßn drinnen saßn warte mal stehend leute schweigend ins gespräch MAMA als ein totgeschossner hase überm über also er lief geradeaus springerhaus B masse B – Hau ab hier, Kumpel! – wieso ICH – Hau ab, ist besser. Die lochn uns ein! – wieso MICK – MICK ist nicht, keiner da. – MICK kommt – Siehst dun? War alles Spinne. Die drübn habn uns beschissn! MICK kommt du spinnst der haut ab schön lange haare hat er bis auf die hüfte wenn wind ist, stehn sie ab da sind welche masse leute B auch B sperrn ab lösn auf drängeln ab Mfred was machn die mit den leutn was machn die leute Nosse Unterleutnant! der leutnant von leuten befahl sein leutn nicht eher zu MAMA die wolln uns nicht zu MICK – Die habn uns beschissn, Kleiner! MICK hat mir ich will zu – Wie alt bistn du? Hau ab hier! Das ist ernst! – was machn die B drängeln ab ICH WILL NICHT WOHIN SOLLN WIR – Spree oder was? Die machen ernst Aufhörn! Power to the people. Ist doch Scheiße. Gehn Sie weit. Wohin denn? Laßt uns raus! I like MICK! Halt doch die Klap, Kump. Die haben was gegen uns. Ich auch gegn die. Ruhe. Fressen halten! Sie können uns hier nicht! Gehn Sie weit! Mir ist. Geh zu Mama, Bauch waschen. – die habn die habn ja knüppl die habn ja knüppl draußn was wolln die – Dreimal darfste raten! Die wolln uns! Ruhe bewahren! Nicht provozieren! Gehn Sie weiter! Wohin denn? Lassen Sie uns! Hat kein Zweck, die. Wir solln in die Ruine! Die wolln uns in die Ruine. Nicht in die Kirche schiebn lassen! Damit Sie uns! Aufhörn! Amen! Friede sei mit euch! – kirschners kleener karle konnte keene kirschen kaun MAMA die wolln uns und in die machn ernst die drängln uns in die kirche ICH kenn die die hat kein dach mehr die haun uns die haun uns in die kirche die haun auf die köpfe aufhörn die dürfn nicht MAMAMICK – Hautse, hautse immer auf die Schnauze! Ruhe! Haltet die Fressen. Was haben wir denn? Nicht wehren! Säue! Genossen, wir! Halten Sie den Mund! MAMA wir sind drin! ICH war noch nie inner kirche darf keiner kein was tun wir sind heilich lieber gott die haun auch mädchen die haun alle die haun die dürfn doch nicht – Nicht wehren! Hinlegen! Legt euch hin! Hände übern Kopf! Wehren! Wehrt euch! Singen! Wacht auf verdammte dieser... Deutschland Deutschland über... Power to the people... – die singn oh du lieber augustin alles ist MAMA DIE HAUN MICK – Wir müssen brülln! Alle brülln, dann hörn sie uns draußen! Brüllt! – arschkackpissrepochopipoaaaaar Mfred! da ist Mfred der B! er haut inner kirche darf keiner kein Mfred! manfred! MANFRED! HIER! ICH! ICH BIN HIER DEIN BRUDER! Nicht haun mehr ICH BIN HIER! MANFRED! HERKOMM! Hier nicht haun MAN du sau

BENNO PLUDRA

Foto: Edith Rimkus-Beseler

Geboren 1925 in Mückenberg (heute Lauchhammer) in der Niederlausitz. Sein Vater war Metallformer. Nach der Mittleren Reife ging er zur Seemannschule in Hamburg mit dem Ziel, Schiffskapitän zu werden. Der Krieg setzte dem Plan ein Ende. Pludra kehrte als gelernter Matrose in seine Heimat zurück und nahm 1946 an einem Neulehrerkurs in Riesa teil. 1947 besuchte er das Vorsemester (die spätere ABF) in Halle und studierte ab 1948 einige Semester Germanistik, Geschichte und Kunstgeschichte in Halle und Berlin. Nebenbei war er Reporter und 1950 auch Journalist und Redakteur der Rundfunkzeitung. Seit 1952 ist er freischaffender Schriftsteller; er lebt in Potsdam-Nedlitz und in Ost-Berlin. Pludra ist einer der bedeutendsten Kinder- und Jugendbuchautoren der DDR, aber auch als Funk- und Filmautor bekannt.

Werke:

Ein Mädchen, fünf Jungen und sechs Traktoren (E, 1951); Die Jungen von Zelt 13 (E, 1952); Gustel, Tapp und die anderen (E, 1953); In Wiepershagen krähn die Hähne (E, 1953); Vor großer Fahrt (E, 1955); Wenn die Heringe ziehn . . . (E, 1955); Sheriff Teddy (R, 1956, F, 1957); Haik und Paul (E, 1956); Jakob sucht Liebe (E, 1958); Popp muß sich entscheiden (E, 1959); Bootsmann auf der Scholle (E, 1959); Ein Sommertag macht keine Liebe (F, 1961); Heiner und seine Hähnchen (K, 1962); Karin (Fsp, 1962); Unser Schiff kommt von Kukkeia (K, 1962); Lütt Matten und die weiße Muschel (E, 1963, auch F und Hsp); Die Reise nach Sundevit (Hsp, 1964, E, 1965, F, 1966); Vom Bären, der nicht mehr schlafen konnte (K, 1967); Tambari (R, 1969); Wie ich nach Swanetien reisen wollte (K, 1972); Die Jungen von Zelt 13 und andere Erzählungen (1975); Sundus und der hafergelbe Hund (K, 1976); Trauermantel und Birke (K, 1978); Es waren einmal ein Paar Schuh (K, 1979); Drinnen schläft die Zaubermaus (K, 1980); Es war ein Ei (K, 1980); Insel der Schwäne (K, 1980); Manchmal sind wir schon ganz groß (K, 1980); Ein Mädchen fand einen Stein (K, 1981); Wie die Windmühle zu den Wolken flog (K, 1981).

Worin sehen Sie das Ziel Ihrer literarischen Arbeit? Halten Sie es für erreichbar?

In allem, was wir besprochen haben, ist die Antwort vielleicht schon gegeben, oder jedesmal zu einem Stück. Ich möchte den Leser zunächst gut unterhalten, denn wenn es damit nichts wird, macht er das Buch wieder zu, und Kinder, für die ich ja schreibe, tun das ganz bestimmt. Sie brauchen Freude an einem Buch. Das bedeutet nicht, ein Buch müßte unbedingt heiter sein oder alles so erzählen, wie es der Leser sich wünscht. Ein Buch muß so sein, daß es den Leser anrührt. Nur dann nämlich ist er bereit, die Geschichte, die ihm erzählt wird, in sich aufzunehmen.

Fragt man mich nach dem Ziel meiner Arbeit, dann heißt das zu fragen, wieweit ich nützlich werden kann. Manchmal kommt ein Brief, da steht dann drin: Ich möchte gern wissen, wie's weitergeht – oder Kinder sagen mir, warum ihnen eine Handlungsweise nicht gefällt – oder jüngere Eltern geben ihren Kindern Bücher, und es stellt sich heraus, daß die Eltern in ihrer Kindheit Bücher von mir gelesen haben. Manchmal sogar die gleichen, die sie jetzt den Kindern geben.

Das Schreiben, weiß jeder, ist eine zwar individuelle Tätigkeit, doch dem Schreiben voran gehen Erkundungen mannigfacher Art, und so, wie jeder von uns die Erfahrungen vieler Generationen in sich trägt, so ist kein Schriftsteller denkbar ohne die Menschen, mit denen er lebt, und ohne die Schriftsteller neben sich. Die eigene Nützlichkeit, wie ich das verstehe, wird darum immer abhängig sein von der Nützlichkeit der ganzen Literatur.

Schreiben für Kinder

Ein amerikanischer Romancier, dem Freundlichkeit wenig gegeben war, hat einmal geäußert, er könne sich nichts Dümmeres denken, als eine Versammlung erwachsener Menschen, die über Bücher für Kinder reden. Nun bin ich keine Versammlung, doch ich schreibe Bücher für Kinder, und da bleibt nicht aus, daß ich mir Gedanken mache, wie diese Arbeit am besten zu verrichten sei, und daß ich mit Freunden und anderen Leuten darüber rede. So könnte am Ende eine Versammlung entstehen. Wie dumm wir zusammen dabei aussehen (oder auch nicht), hängt in den meisten Fällen von den Versammelten selber ab.

Bücher für Kinder werden von Erwachsenen geschrieben, entweder gleich für Kinder gedacht – oder wie jedes andere Buch geschrieben und nachher von Kindern als ihre Lektüre adaptiert, wie es zum Beispiel mit ROBINSON CRUSOE geschah. Weil es ähnlich mit mehreren Werken der Weltliteratur geschah, könnte man meinen, Kinder brauchten vielleicht gar keine eigene Literatur – und gleich noch dazu: Am besten wäre für Kinder zu schreiben, indem man dabei nicht an Kinder denkt. Das sind aber nun so Sprüche, die sich beiläufig recht gut hersagen lassen, im ganzen jedoch nicht anwendbar sind. Kinder brauchen durchaus ihre eigene Literatur, und die ist nicht zu schreiben, ohne dabei an Kinder zu denken. Denn ihre Probleme sehen nun mal anders aus, ihre Träume anders als unsere Träume. Die Erfahrungen, die sie haben, sind geringer, die Enttäuschungen darum häufig größer, die Hoffnung auf den nächsten Tag bleibt dennoch unverletzlich stark. Ihre Neugier geht auf alles, ihr Verlangen nach Wahrheit ist unbegrenzt. Sie sind offen für Gutes wie Schlechtes, dankbar für jeden Satz, der außerordentlich ist. Kein Leser sonst nimmt Literatur so vorbehaltlos in sich auf.

Als ich anfing zu schreiben, wußte ich hiervon noch nichts, und ich hatte auch nicht die Absicht, nun unbedingt für Kinder zu schreiben. Nur schreiben, das war gewiß, aber was und wie und für wen, das hätte ich damals nicht sagen können. Da las ich von einem Wettbewerb für neue Kinderbücher, Sommer 1950, und schrieb eine Erzählung und erhielt einen Preis. So fügte sich gleichsam durch Zufall, daß ich ein Kinderbuchschreiber wurde.

Unsere Anfänge waren bescheiden, zum Teil beschwerlich, aber auch von Heiterkeit begleitet. Nirgendwo gab es so viele Tabus wie in der Kinderliteratur: Durfte ein Junge Äpfel stehlen? Durfte ein Vater trinken? Oder ein Lehrer irren? Fragen, Fragen – ernst und aufgeblasen schwebten sie im Raum. Wir betraten alle ein neues Gebiet, Autoren und Lektoren, dazu die Pädagogen. Jeder wollte das Beste, doch keiner war klüger, als es seine und aller Erfahrung erlaubte. Wir vollzogen noch einmal die gleichen Fehler, die seit hundert Jahren im Schwange waren: Um den Leser zu läutern, läuterten wir den Helden. Weithin sichtbar reckte sich der große Zeigefinger, und mit der Didaktik kam die Langeweile. Über jeder Tagung aber stand das Wort von Maxim Gorki: für Kinder zu schreiben wie für Erwachsene, nur besser.

Heute, nach 25 Jahren, möchte man lächeln über manche der vergangenen Diskussionen, auch über den künstlerischen Wert der Mehrzahl unsrer ersten Bücher, doch nirgendwann haben wir Grund, uns dieser ersten Bücher zu schämen. Ihr Anliegen war von vornherein auf eine neue Qualität gerichtet, neu durch das Bemühen, die Kinder ernstzunehmen im Entwicklungsprozeß der ganzen Gesellschaft. Je mehr es uns gelang, von hier aus Bücher zu schreiben, die überzeugend waren durch ihre künstlerische Qualität, desto mehr gewann die Kinderliteratur an Boden insgesamt. Sie hatte sich durchzusetzen gegen alte und neue Vorurteile, doch inzwischen weiß beinah jeder, daß Bücher für Kinder zur Nationalliteratur gehören, und jeder wahrscheinlich auch kennt mindestens einen solcher Sprüche (wie den bereits zitierten), aus denen man herleiten kann, wie wichtig es ist, Bücher für Kinder zu schreiben, und wie man das am besten macht.

Nun bin ich aber sicher, daß neben der öffentlichen Meinung zur Kinderliteratur verschiedene andere Meinungen existieren, mehr persönliche, sozusagen, eine davon könnte sein: gar keine Meinung zu haben. Keine Berührungspunkte zu finden, der Literatur für Kinder und den Problemen der Kinder fremd und ein bißchen ratlos gegenüberzustehen. Wo das der Fall ist, läßt sich wenig sagen, weil hier eine ganz bestimmte Fähigkeit des Miterlebens fehlt.

Interessant hingegen und der allgemeinen Aufmerksamkeit wert sind Meinungen zur Kinderliteratur, die sich in eigener Weise äußern, wie es die beiden folgenden tun. Beide kommen von Männern in gesetzterem Alter, die mit der Literatur eng verbunden sind. Der eine, indem er Bücher schreibt (manchmal auch für Kinder), der andere, indem er sich mehr theoretisch damit befaßt. Der eine hat gesagt: Für Kinder schreibt er, wenn ihm nichts anderes einfällt – und der andere hat gesagt: Kinderliteratur ist gut, weil's Kinderliteratur ist. Sie hat ein paar Bücher hervorgebracht, die bedeutend zu nennen sind, allerdings den Nachteil haben, daß sie die Autoren dieser Bücher hinderten, das gleiche Thema wesentlich bedeutender zu schreiben. Für Erwachsene nämlich.

Der eine, der für Kinder schreibt, wenn ihm nichts anderes einfällt, könnte auch Rosen aufbinden oder seinen Hund ausführen, denn er braucht eine sanfte Tätigkeit, die erholsam ist nach der schweren Arbeit des Schreibens für Erwachsene. Er braucht Entspannung, um sich selber wiederzufinden, und da muß ich nun an einen anderen meiner Freunde denken, einen Bootsbauer, der ein ziemlich chaotisches Leben führte, in stillen Stunden aber, wenn er nicht gerade trank, gerne Kinderbücher las. Er sagte mir dazu: Ich mag diese Bücher, weil sie was Sauberes haben und anständig sind.

Das ist ein Urteil, gut und schön, doch dem Kinderbuch wird hier ein Stellenwert zuteil, wie er besser dem Kleinen Katechismus zukommt oder der Spalte TROST UND RAT in manchen Illustrierten. Ein Kinderbuch zur Erbauung, das kann im Einzelfall hingehen, verallgemeinern möchte ich es nicht, noch weniger aber wäre zu wünschen, Bücher für Kinder als Zwischenmahlzeit geschrieben zu sehen. Gemeint ist hier die innere Haltung des Schreibenden, nicht jener andere, sehr begrüßenswerte Umstand, daß ein Autor, der hauptsächlich für Erwachsene schreibt, hin und wieder auch für Kinder schreibt.

Bei unserem zweiten Mann, dessen Ausspruch die Qualität von Kinderbüchern meint, empfiehlt es sich, die erste Zeile genauer zu bedenken, weil dieser Zeile eine gewisse sophistische Schlüssigkeit innewohnt: Kinderliteratur ist gut, weil's Kinderliteratur ist. Sie ist also gut, doch nur deshalb gut, weil ihre Leser Kinder sind. Hier wird etwas eingegrenzt und eingeschränkt. Warum? Jede Sache soll gut sein dort, wofür sie gedacht ist, wo sie gebraucht wird, wo sie nützlich werden kann. Bücher für Kinder werden für Kinder geschrieben, das vergessen zuviele, die Urteile fällen, als Leser aber nicht Kinder sehen, sondern sich selber, den Erwachsenen, und von daher ihre Ansprüche formulieren. Die Ansprüche eines ziemlich älteren Menschen, dreißig und vierzig Jahre von den Kindern entfernt, mit wesentlich mehr Wissen und Erfahrung und einem ganz anderen Verhältnis zur Umwelt. Nur so auch, denke ich mir, kann die Meinung entstehen, daß ein Autor, der für Kinder gute Bücher schreibt, noch bessere Bücher für Erwachsene schreiben könnte. Nicht nur bessere, sondern vor allem wichtigere, weil er ja nun Gelegenheit hat, die Probleme von Erwachsenen darzustellen, und das verspräche dann schon vom Ansatz her ein tieferes Erlebnis als die Darstellung der Probleme von Kindern.

Wer weiß das eigentlich so genau? Wer überhaupt kann sagen, was für ein Buch den tiefsten Eindruck hinterläßt? In welchem Alter ein Mensch für Literatur am empfänglichsten ist? Hierüber zu streiten, hieße Zeit vertun, weil die Wirksamkeit von Literatur nicht meßbar ist. Was aber die Intensität des Lesens betrifft, da gibt es keinen Zweifel, daß Kinder weit mehr und genauer und hingebungsvoller als Erwachsene lesen. Das immerhin wäre schon ein Grund, Bücher besonders für Kinder zu schreiben.

Wichtiger nenne ich aber diesen: Für die Entwicklung eines Menschen sind seine ersten Jahre die wichtigsten. Was er in diesen Jahren nicht tut, das muß er später dreifach tun, um es halbwegs wieder aufzuholen, und manches wird ihm für immer verschlossen bleiben. Literatur kann hier eine Menge betreiben, indem sie einwirkt auf Herz und Verstand. Je früher wir den Kindern die richtigen Bücher geben, und je ehrlicher wir in diesen Büchern sind, desto wahrscheinlicher werden es uns die Kinder danken. Nicht durch bequemes Betragen allerdings, Leistung und Disziplin um jeden Preis (oder was wir an Wunschvorstellungen so in uns tragen). Die Entwicklung der Kinder folgt häufig unerforschlichen Wegen, für uns mitunter schmerzhaft – und im Grunde nur zu bewältigen, wenn wir die Kinder teilhaben lassen an unserem Leben.

Ich sehe dies Leben als Einheit zwischen Kindern und Erwachsenen, nicht so simpel jedoch, wie sich das manchmal liest, sondern widerspruchsvoll, wie es sich ergibt aus dem Zusammenleben unterschiedlicher Menschen. Man soll Kinder nicht gängeln, auch nicht drängeln. Sie brauchen Vertrauen und Selbständigkeit, die gute Erfahrung so sehr wie die schlechte. Sie brauchen alles, was das Leben ihnen zu bieten hat, und die Literatur, die ja vom Leben erzählt, darf hiervon nichts aussparen.

Das steht manchmal, so merkwürdig es auch scheint, im Widerspruch zu den Wünschen der Kinder. Sie lieben das glückliche Ende, Harmonie und Wohlsein bei den Helden, sie wünschen sich eine heile Welt. Wenn der Held aber nun den Berg nicht schafft, wenn es traurig ausgeht mit ihm, dann darf sich der Autor nicht darüber hinwegmogeln wollen, sozusagen ohne Helden. Er muß erzählen, was notwendig ist und was die Geschichte verlangt.

Bücher für Kinder sind der Wahrheit verpflichtet wie alle anderen Bücher auch, und ich glaube sogar, sie sind es um einiges mehr. Wo der erwachsene Leser fähig ist, beim Lesen hinzu- oder auch hinwegzudenken, was der Autor ausspart oder bemäntelt, da folgt das Kind dem geschriebenen Satz vorurteilsfrei und arglos. Die Wahrheit, die wir ihm bieten, muß auf beiden Beinen stehen. Artifizielle, metaphorische oder was sonst noch für Tricks, Weisheiten hinter der Hand, Sprüche mit doppeltem Boden – in den Büchern für Große oft nur kunstvoll gebauter Notbehelf – werden von Kindern überlesen wie Spreu. Die Wahrheit, die sie suchen, muß erkennbar sein.

Dem Autor sind viele Freiheiten möglich: Er kann die Lebensumstände eines Menschen verfremden, er kann sie vereinfachen oder verklausulieren, einen Himmel grün erzählen und einen Hasen mutig, er kann die unmöglichsten Sachen erfinden – doch er sollte sich hüten, das Gefüge einer Gesellschaft nach seinem Belieben zu verändern, einen Helden zu biegen, wie er ihn braucht, Entwicklungsgesetze zu mißachten oder zu verdrehen. Es schließt sich auch aus, über Dinge zu schreiben, die man selber noch nicht genügend durchdacht hat. Verwaschenheit ist sowenig am Platze wie billiger Optimismus. Schreiben hat immer mit Verantwortung zu tun, Schreiben für Kinder besonders.

Wir brauchen einen Realismus, der den Kindern Mut macht. Sie haben Sorgen wie große Leute, mitunter viel nachhaltiger und beklemmender, weil sie nicht relativieren können. Die Literatur muß ihnen helfen, das rechte Maß für die Einschätzung ihrer Umwelt zu finden, ohne ihre Träume und guten Vorstellungen zu töten. Neue Erkenntnisse, auch wenn sie schmerzlich sind, dürfen nicht bewirken, das Leben im ganzen schlechter zu sehen, sondern nur eben realer, dem Tatsächlichen näher. Für Kinder gilt voll der Satz: Es ist möglich, über alles zu schreiben, man muß bloß wissen: wie.

Diese Regel, die sich einfach gibt, erfordert die ganze Person desjenigen, der da schreibt, Talent genauso wie weltanschauliche Klarheit. Die Argumente, die ein Schriftsteller hat, sind hauptsächlich seine Bücher. Was er außerdem redet und tut, kann partiell bedeutungsvoll sein, gemessen wird er letztlich an dem, was er schreibt. Hier hat er seinen größten Einflußbereich und seine größte Verantwortlichkeit – hier allerdings offenbart sich auch, wie ehrlich er ist gegenüber andern und sich selber. Ob er Bedürfnissen folgt, die nur am Rande auch seine Bedürfnisse sind – oder ob er sich bemüht, jede Zeile so zu schreiben, daß sie im gleichen Auskunft gibt über den Autor und seine Person. Ich wünsche den Kindern ausschließlich solche Bücher.

Hans Joachim Schädlich

Foto: Roger Melis

Geboren 1935 in Reichenbach/Vogtland. Er studierte Germanistik in Berlin und Leipzig. Nach der Promotion (Dissertation über «Phonologie des Ostvogtländischen») war er bis 1976 als Mitarbeiter an der Akademie der Wissenschaften in Ost-Berlin tätig. Sein Erstlingsbuch *Versuchte Nähe* (1977) konnte nicht in der DDR erscheinen. Seit Dezember 1977 lebt er in der BRD; er arbeitet heute als Übersetzer.

Werke:

Phonologische Studien zur Sprachschichtung (1973); Versuchte Nähe (P, 1977); Der Sprachabschneider (K, 1980).

Teile der Landschaft

1

Ihre ausgedehnten Kiefernwälder in den abgelegeneren Teilen der Landschaft noch fast unberührt. Ihre Wiesen sehr tröstlich, zumal im Frühling.

In der Nähe einer Kreisstadt, nördlich des Fläming, die für Herstellung von Tuchen, Hüten, Möbeln, Papierwaren, Nahrungsmitteln erwähnt wird, werden die Luche und Waldungen oft besucht von Ausflüglern, viel an Sonn- und Feiertagen, aber nicht Meter für Meter. Weiter abseits finden sich auch dann Plätze von großer Abgeschiedenheit.

Unter dem Baum der nördlichen Halbkugel Kiefer, unweit spätherbstlicher Wiese, das Gesicht aufwärts, die rotgelbe Rinde des oberen Stammteils noch verfolgend bis in den Wipfel, der sich von anderen Wipfeln trennt durch Höhe, ist der farblose Himmel erwünscht gleichgültig, wie die Stämme der Bäume links, rechts, die Geräusche der Vögel, Zeichen selbstversprochener Besänftigung alles.

In der Augenhöhle die Empfindlichkeit des Halms ist abgewehrt hinter geschlossenen Augen. Die große Schwere, die die Hände, Handflächen zur Erde, befällt und den Kopf einer Frau.

Spaziergänger, deren Kinder vorauslaufen wie oft und nach ersten Ausrufen der Entdeckung zurückbeordert werden mit lauter Namensnennung und deutlicher Geste. Dies zuerst in dem Wunsch, die Störung der Liegenden, obgleich liegend auf kaltem und nassem Boden, zu vermeiden und einen Weg einzuschlagen, der das natürliche Interesse der Kinder anders wecke.

Da aber die Kinder darauf beharren, daß die Frau einen, nach den Worten der Eltern, fremden Ausdruck zeige, entscheidet sich der Mann, näherzugehen und kann die Frau nicht länger für störbar halten. Er läuft zurück und verabredet, in geringer Entfernung zu warten, bis die anderen ein Kommando der städtischen Polizei bewegt hätten, Auto und Träger an diese Stelle zu schicken.

Später das Gutachten erklärt, der Tod der jungen Frau, die als fünfundzwanzigjährig, ohne festen Wohnplatz, der Aufsicht entgangen, elternlos identifiziert wird, sei eingetreten durch Kälte.

2

Sie betritt den Bahnhof ihrer Stadt sieben Stunden vor dem Ende des Tages und hat noch dreißig Minuten bis zur Abfahrt irgendeines Zuges. Im Restaurant kauft sie zwei schnell eßbare Gerichte. Sie ißt eines, der Mann neben ihr hätte sich ihrer nach flüchtiger Beschreibung erinnert. Die letzte Station des Zuges ist eine weiter entfernte, größere Stadt.

Mit Mühe um diese Zeit findet sie die Wohnung eines Mädchens, das einen Raum mit ihr und anderen bewohnt hatte für Monate vor einiger Zeit.

Das Mädchen fragt und ist mit der Antwort, die keine zweite Frage zulassen will, zufrieden. Die junge Frau bleibt zwei Tage, ißt weniges, trinkt, und liegt aber häufig wach, betrachtet viele Veränderungen des Lichts an der Decke des Zimmers. Sie verläßt die Wohnung des Mädchens abends, und ihr Abschied ist dem Mädchen wie eine Umkehr des Abschieds vor einiger Zeit. Der Zug, in den sie einsteigt, nur, daß er noch abfährt an diesem Abend, soll ihr sicher sein, bringt sie ihrer Stadt wieder näher.

In einer kleineren Stadt, deren Namen sie nicht liest, steigt sie aus, weil das Geräusch der Bewegung, noch verstärkt von der Dunkelheit, Angst in ihr hervorruft. Die Wege durch die Stadt, in der spät wenige Menschen zu treffen sind, die Straßen halb dunkel, an Kreuzungen das blauklare Licht von hohen Lampen, beruhigen sie ohne Ermüdung. Die Häuser, die sie gesehen hat, vergißt sie, und sieht sie zum erstenmal auf dem zweiten Weg durch die gleiche Straße. So erscheint ihr die kleinere Stadt sehr groß, die Straßen ohne ein Ende. Sie findet einen Bahnhof, auf dem sie angekommen ist, und kann auf einer Bank in der Halle ausruhen. Sie sitzt bis zum Morgen, beobachtet erst die Angestellten des Gebäudes, später die ersten Benutzer, denen sie folgt.

Im Zug will sie fragen, ob sie sich in die Richtung bewege, aus der sie gestern gekommen ist oder vor drei Tagen. Aber niemand kann ihr antworten, und das Gefühl, daß es Mühe kostet, ihre Frage zu verstehen, ermüdet die Befragten noch mehr.

Sie steigt aus in der nächsten Stadt und hat ihre Frage vergessen. Nur kurze Zeit läuft sie durch den Ort. In einer breiteren Straße winkt sie einem Auto, der Fahrer hält, ihre Antwort versteht er nicht wie sie. Sie schweigt, bald ist ihr die Straße bekannt, sie will aussteigen, aber der Fahrer hält nicht, sie öffnet die Wagentür. Als sie über das Feld fortläuft, schreit der Fahrer, der jetzt neben dem Wagen steht, hinter ihr her. Sie läuft bis zum Waldrand, setzt sich auf die Erde. Es ist warm genug für eine Stunde Ruhe. Sie lehnt sich zurück, raucht. Die stärkeren weißen und schwächeren schwarzen Zweige der Birke vor der Farbe des Mittags sind alles, was ihr nötig erscheint. Nur die zu große Nähe der eigenen Stadt stört.

An diesem Abend und einem anderen kommt ihr der geringe Besitzsinn eines Hauseigentümers in der Vorstadt zustatten. Anspruchslos ist aber auch die Einrichtung des Holzhauses. Der Besitzer, nach dem Zustand des einzigen Raumes, muß nicht mehr erwartet werden zu dieser Jahreszeit. Am dritten Tag in diesem Viertel, nachdem sie, wie an anderen Tagen, Weißbrot, Zigaretten, Getränk gekauft und im nahen Wald die hellen Stunden verbracht hat, schlafend oder hinaufschauend in den Wipfel über rotgelbem Stamm, geht sie nicht mehr in das Holzhaus zurück.

3

Sie geht gern von einer Freundin in ihrer Stadt fort, die sie aufgenommen hatte nicht ohne das Gefühl, freundlich zu sein und belastet. Sie kam abends, sie kannte gut genug niemanden sonst, immerhin bewohnt die Freundin ein einziges Zimmer neben kleiner Küche.

Die Gewohnheit der jungen Frau, in die Nacht hinein wachzuliegen bei Licht und unablässig zu rauchen, erträgt die Freundin schwer schon am ersten Abend. Auch ist am Abend des nächsten Tages zu sehen, daß sie keine Mühe verwenden will auf sich. Gegen die morgendliche Zusage, den vorgeschriebenen Weg zur schriftlich benannten Amtsstelle zu gehen, ist sie den Tag im Zimmer geblieben, hat wenig Vorrätiges gegessen, alles benutzte Gefäß und Besteck liegt, wo es liegengeblieben, Bücher, die sie aufgeschlagen hat, an mehreren Plätzen, sie sitzt und raucht, der Plattenspieler gibt laut etwas her, was ihrer Erwartung nicht entspricht. Die Besorgung von Trinkbarem, der sie schnell nachging sonst, war ihr erspart durch die Vorsorge der Freundin für Gäste, unter denen sie nicht erwartet war, aber Gast ist sie. Die Freundin verwendet viel Sorgfalt auf unbetroffene Haltung und Stimme.

Am zweiten Tag ist sie auf dem Weg zu jener Amtsstelle, die Kraft hat, Wohnraum und Arbeit ihr zuzusprechen, und hat sich für den Gang Kleidung geliehen von der Freundin und Geld. Bleibt aber draußen, zwar wartet sie lange vor dem Haus. Als sie friert, läuft sie die Straße zurück bis zur Ecke, wartet wieder. Geht dann noch am Nachmittag durch die Stadt, langsam, und kommt zurück nach flüchtigem Einkauf von Trinkbarem, das sie vor ihrer Freundin zu verstecken sucht.

Obgleich Ermahnung weniger in der Absicht der Freundin gelegen hatte als Hilfe, kann ein ungeduldiger Satz, daß sie einmal doch zum Amt müsse um Arbeit, der Grund gewesen sein für hastigen Auszug und offene Tür.

Gegen tägliche Vernunft also schlägt sie zum zweitenmal nützliche Arbeit aus, die gefunden worden wäre in einem Betrieb der Stadt, wechselt den Platz, ehe Arbeit angenommen, ohne Zustimmung und muß von diesem Tag an mit Strafe rechnen für Rückfall. Die Wohnung, die sie bekommen hätte, kann sie nicht in sauberem Zustand halten, und nicht will sie sich melden an jedem ersten Dienstag im Monat.

(Noch, als sie den ersten Tag in einer weiter entfernten, größeren Stadt vergehen läßt, erscheint die Freundin, die sich also eine Nacht geduldet, vor der städtischen Polizeibehörde, das Ausbleiben anzusagen und, den beunruhigten Zustand der jungen Frau vor Augen gestellt, polizeiliche Suche dringend zu erbitten. Der Beamte muß aber vielmals erklären, daß Weisung und Kraft der Behörde nur reichen für Suche verschollener Kinder.)

4

Die Reise von dem Ort der Erziehung zu Arbeit in eine Kreisstadt nördlich des Fläming führt endlich vorüber an Waldungen, die erkannt werden. Die junge Frau ist ausgestattet mit einem Schein, der als Legitimation dient bis zum übernächsten Tag, vorzulegen der zuständigen Amtsstelle in ihrer Stadt, ausgestattet mit Eigengeld in Höhe von siebenundneunzig Mark und dreiundachtzig Pfennigen, dem Erlös aus erziehender Arbeit in fünfzehn Monaten, abgerechnet die Ausgaben für Zeitungen, zusätzliche Lebensmittel und Gegenstände des persönlichen Gebrauchs, und ausgestattet mit einer Fahrkarte. Ohne weiteren Ausweis, der ordnungsgemäß gesandt worden wäre, von dem vollziehenden Hauptmann an das nördliche Kreisamt der Polizeibehörde, hätte sie ihn fünfzehn Monate vorher eingebracht, und nicht verloren lange davor am Ufer eines Sees, sorglos, das Wasser beobachtend, gleichgültig gegen Tageszeit und Weg. Sie ist allein im Abteil, das doch wenigstens acht Personen aufnehmen kann, sie hat in der letzten halben Stunde beinahe geschlafen, ungewohnt allein, und sich langsam entfernt von einem Raum, der aufgenommen hatte dreißig Schlafende und ihre Worte und Handlungen. Schwer zurücklaßbar ist doch das Gesicht eines Mädchens, das den Raum vor ihr verlassen hat. Die Eisenbahn erreicht die Kreisstadt nachmittags, der Zug gilt der jungen Frau als Teil des Ortes, von dem er mit ihr kommt.

Der Weg zu dem Haus, in dem sie ein gemietetes Zimmer mit eigenem Mobiliar, obgleich wenigem, verlassen hatte, ist ihr fremd von vielen Eiligen um diese Stunde. Ihr Name, auf kleinem Schild neben der Klingel unter dem Namen des Wohnungsinhabers ehedem, ist durch fremden Namen ersetzt. Der Inhaber, zu dieser Zeit zurückgekehrt von der Arbeit und müde, antwortet doch freundlich, daß es vernünftiger Erwägung entsprochen, das Zimmer erneut zu vermieten, und sein gutes Recht, da das Geld gebraucht werde, die Möbel seien verwahrt in einem Bodenraum, zu ihrer Verfügung. Mietschuld für drei Monate nach dem Ausbleiben sei, wenn nicht anders, mit einem Teil des Mobiliars abtragbar, nur als Vorschlag. Also, sie wisse, daß zu Unruhe kein Anlaß, da die zuständige Amtsstelle, wie man ermittelt habe, für Bereitstellung von Wohnraum verantwortlich sei.

Sie geht ohne Einwand die Treppe hinunter, weiß doch, daß der Inhaber nicht unrecht hat, beharrt also nur kurz, wortlos, auf der Vorstellung ihres Zimmers. An diesem Tag ist es zu spät, noch zur Amtsstelle zu gehen, sie geht umher in der Stadt bis zu ihrer Freundin.

5

Nicht auf freiem Fuß befindlich seit dem fünfundzwanzigsten Juni des Jahres vor der Rückkehr, zu dreizehn Uhr des fünfzehnten Tages darauf geladen zur Verhandlung in ihrer Sache, der als Relikt überkommenen Verhaltensweise eines geringen Kreises von Personen, die, mißachtend die Regeln für gemeinsames Leben, sich der Arbeit entziehen. Aus unerklärter Ursache in ihrem Falle. Denn nicht vergleichbar ist sie denen, die neben ihr sitzen wegen Scheu vor achtstündiger Tätigkeit täglich, obwohl zu Tätigkeit fähig, und Mittel für ihren Unterhalt aus täglich wechselndem Verhältnis zu weither gereisten Besuchern der nahen Hauptstadt beziehen, also eingezogen werden müssen wenige Zeit vor dem großen Festspiel aus Gründen des Eindrucks. Nicht vergleichbar auch anderen, die auf Zuwendung hoffen von Tätigen, oder Brot, Wein, Tabak, manchmal Kleidung, sich zueignen in weitläufigen Kaufläden. Zu erklärender Auskunft zeigt sich die junge Frau nicht bereit, eher zu ärgerlicher Abwehr, wie gegen lästige Anmaßung. Daß sie aber fünf Monate gegen Zurede, Mahnung, Warnung sich geweigert hat, gleichmäßiger und nützlicher Arbeit nachzugehen, kann unerachtet der Ursachen leicht errechnet werden und muß nach dem Gesetz als Gefahr gelten für öffentliche Ordnung. Soviel aber macht sie geltend, daß sie nicht dem Gemeinwesen zur Last gefallen, wie es nun, nach dem Willen des Gemeinwesens, der Fall sein werde teilweise.

6
Sie legt die Arbeit fort, geht durch die Halle, vorüber an anderen, die nichts sagen, weil es nicht ungewöhnlich ist, daß einer vorübergeht und zurückkommt. Sie geht durch das Tor auf die Straße, geht schnell. Gesichter nicht sehen müssen. Die vielen Worte nicht hören. Die Worte nicht sagen müssen. Von niemandem hören, was zu tun ist. Und wie es zu tun ist und wofür.

Sie fährt ans nördliche Ende des Landes und ans südliche. Dort und dort Gesichter und Worte bekannt. Immer für einige Stunden an jedem Tag findet sie einfache Arbeit gegen Mahlzeit und Unterkunft. Immer mit weniger Gesichtern tauscht sie weniger Worte. Später wieder kehrt sie zurück ins Landesinnere, woher sie gekommen ist, und meidet ihre Stadt. Hier auch geht sie durch kleine Orte und fragt noch nach kurzer Arbeit. Die restlichen Landesränder läßt sie aus. Muß für Weite gelten lassen die kleine Klarheit des Sees vor der Stadt, den Hügel ansehen für einen Berg.

7
Vergleichliche Arbeit. Der Weg morgens. Bekannte Gesichter und Worte. Die erleichterte Müdigkeit abends. Das Zimmer. Die Freunde. Die Ruhe der Stadt. Täglich.

(1975)

KLAUS SCHLESINGER

Foto: Roger Melis

Geboren 1937 in Berlin als Sohn eines Expeditionsgehilfen. Er erlernte den Beruf eines Chemielaboranten und studierte einige Semester an der Ingenieurschule Chemie. Danach arbeitete er in Industrie- und Forschungslaboratorien. Von 1963 bis 1966 war er freier Journalist; 1964–1965 nahm er an einem Kurs für literarische Reportage teil (Leitung Jean Villain). Er schrieb Reportagen für Zeitungen und Zeitschriften, daneben machte er Lektorsarbeit. Anschließend wurde er freischaffender Schriftsteller in Ost-Berlin. 1979 wurde Schlesinger aus dem Schriftstellerverband der DDR ausgeschlossen; seit 1980 lebt er in West-Berlin. Er ist bekannt als Romanautor, Erzähler und Verfasser von Reportagen.

Werke:

David (E, 1960); Es fing alles so einfach an (Hsp, 1964); Michael (R, 1971); Hotel oder Hospital (Rep, 1973); Ikarus (F, 1975); Alte Filme (E, 1975); Berliner Traum (En, 1977); Leben im Winter (E, 1980).

Worin sehen Sie das Ziel Ihrer literarischen Arbeit? Halten Sie es für erreichbar?

Ein großer Satiriker hat einmal gesagt: Deutsch sein heißt, eine Sache um ihrer selbst willen tun. In diesem Sinne kann ich getrost antworten: Ich schreibe, weil ich lebe.

Am Ende der Jugend

1

Kurz bevor ich aufwachte, hatte ich einen Traum. Ich sah mich im Zimmer meiner Eltern, auf dem Bett sitzend, jemand hämmerte gegen die Wohnungstür, und eine Stimme, die mir bekannt vorkam, rief meinen Namen. Ich wollte zur Tür, war aber wie gelähmt. Angst befiel mich, ganz plötzlich, ohne daß ich hätte sagen können, worauf sie sich bezog. Das Pochen wurde stärker, ich wendete unter unendlicher Mühsal den Kopf, und mir wurde klar, daß die Geräusche nicht von der Wohnungstür kamen, sondern aus der Standuhr, aus dem Innern der Standuhr, deren Verkleidung plötzlich aufsprang, und heraus trat eine kleine muskulöse Gestalt, die mich mit einem froschähnlichen Satz ansprang und meinen Hals zu würgen begann. Ich hatte Mühe, Luft zu holen, fiel irgendwann durch eine lilaschwarze Leere und stand in einem Raum, der mir wie ein Schulzimmer vorkam. Er war voller Menschen; die meisten von ihnen kannte ich, ohne daß ich hätte sagen können, wer sie waren. Ich saß auf einer Bank, flankiert von zwei Wächtern. Hinter dem Katheder stand eine Frau in schwarzem Kostüm, sah mit ernstem, fast strengem Blick zu mir herüber und fragte mich, wer ich sei.

– Ich heiße Gottfried, sagte ich, indem ich aufstand, bin vierundzwanzig Jahre alt und technischer Assistent am Institut für Serologie.

– Setzen Sie sich, sagte die Frau, in der ich nun meine frühere Englischlehrerin erkannte.

Dann entdeckte ich Martin. Er stand im Gespräch mit ein paar Leuten und tat sehr entschlossen. Als er sah, daß ich ihn beobachtete, senkte er seine Stimme und kam zu mir herüber. Er beugte sich über die unbeteiligt ins Leere blickenden Wächter und sagte, daß jeder im Raum es hören konnte: Mach dir keine Sorgen! Ich werde auf jeden Fall bezeugen, daß du in der fraglichen Zeit bei mir warst! – Alle sahen auf Martin, der nun, über die Wächter hinweg, die Hand nach mir ausstreckte und sie auf meine linke Schulter legte. Im ersten Moment spürte ich Erleichterung, die aber sofort einer Bestürzung wich, wie wenn etwas verletzt wäre in mir, ein sehr großes, ehrliches Gefühl, aber da war wieder das Klopfen, und ich wachte auf, wußte, daß ich geträumt hatte, wollte aufstehen und die Tür öffnen, fiel für einen Augenblick wieder zurück, stand abermals in dem Klassenzimmer, sah Martin in die Augen, wußte nun auch, weshalb ich bestürzt war, lehnte mich auf, redete etwas in den Raum hinein, ganz laut und gut artikuliert, wachte dann wieder auf durch das Klopfen, rollte mich seitwärts aus dem Bett und stand taumelnd im Zimmer. Marie schlief noch. Wenn ich sie je um etwas beneidet hatte, dann um ihren Schlaf.

Ich schleppte mich zur Wohnungstür, sah durch die Vorhänge, daß heller Tag war, dachte, daß draußen eigentlich nur Martin stehen konnte, war aber nicht überrascht, als es Rosenberg war.

– Sei bitte still, sagte ich, Marie schläft noch.

– Was denn, flüsterte er, es ist gleich Mittag, ihr versäumt ja das Wichtigste, oder wißt ihr noch gar nichts?

– Komm rein, sagte ich, aber sieh dich nicht um.

In meinem Kopf war ein dumpfer Druck, ich kam mir wie ausgelaugt vor, nur dieser Traum war da, verschwommen zwar, aber wie auf der Lauer, bereit, mich jederzeit anzuspringen. Rosenberg stand da und wechselte periodisch das Standbein. In seiner massigen Gestalt steckte eine Unruhe, die ich sonst nur an ihm bemerkt hatte, wenn er an einem neuen Arbeitsthema saß.

– Willst du einen Kaffee, fragte ich.

– Nein, danke, sagte er, ich bin nur auf einen Sprung hier. Ich habe Bereitschaft im Institut.

– Wieso Bereitschaft, fragte ich und zog die Vorhänge vom Fenster zurück.

Draußen zog eine Wolkenfront über den Himmel und färbte die Hauswand gegenüber grau. Wir wohnten damals im vierten Stock, Hinterhaus, Klosett auf dem Hof, eine hundskalte Wohnung im Winter, aber jetzt war es August. Es war unsere erste Wohnung nach der Heirat, ein Zimmer, Küche und drei Außenwände, aber wir waren froh, daß wir überhaupt etwas Eigenes hatten. Im nächsten Winter, als das Kind da war, mußten wir allerdings ausziehen: es war nicht mehr zu ertragen vor Kälte. Rosenberg selber hatte das in die Hand genommen, wir waren bei zwei Kommissionen, die uns alles andere als Hoffnung machten, zwei, drei Jahre würde es mindestens dauern, Kollegen, bei *der* Wohnungssituation! Wenn ihr wüßtet, was wir für Fälle haben, sagte der Vorsitzende seufzend und sah mich derart strafend an, daß mir mein Fall wie eine Bagatelle vorkam. Ich wollte schon aufstehen, aber Rosenberg drückte mich wieder auf den Stuhl und begann noch einmal alles zu erklären: die Kälte, das Kind, drei Außenwände, unverputzt. Und als das Gesicht des Mannes unbewegt blieb, sagte Rosenberg Genosse zu ihm, Genosse Vorsitzender, und dann noch etwas, das mir gar nicht so bedeutend erschien, aber als wir hinausgingen, hatten wir die Adressen zweier Wohnungen.

– Wieso Bereitschaft, fragte ich Rosenberg.

– Du weißt also noch nichts?

– Nein, sagte ich, was ist denn nur los?

– Die Grenzen sind zu. Heut früh ging's los. Um eins.

Ich ging an Maries Bett und schüttelte sie. Sie setzte sich auf und war sofort wach.

– Hallo, sagte sie und nickte Rosenberg ohne Verwunderung zu.

– Ich wollte eigentlich nur sehen, ob ihr noch da seid, sagte Rosenberg, nicht ohne Ironie.

– Ach Gott, sagte ich, ich dachte, wir kennen uns besser.

– Ich hab schon Pferde kotzen sehn, sagte er.

– Was ist denn los, fragte Marie endlich.

– Halten Sie sich fest, sagte Rosenberg, die Grenzen sind zu.

Marie sah mich an, und ich hatte das Gefühl, sie war erleichtert. Der Teekessel begann zu pfeifen, ich ging in die Küche und goß Wasser auf den Kaffee, räumte Tassen und Gebäck auf das Tablett und trug es ins Zimmer. Seit Marie schwanger war, machte ich das Frühstück. Ich deckte den Tisch, bekam plötzlich einen starken Widerwillen, etwas zu essen, und goß Kaffee in die Tassen. Rosenberg sagte:

– Nur einen Schluck, ich muß wirklich weiter.

Ich sagte: Wir kommen auch gleich mit!

Marie stöhnte und sagte: Du, ich fühl mich nicht so, ich hör's mir im Radio an.

Wir tranken die Tassen leer, ich küßte Marie auf die Wange, dann gingen wir hinunter. Die Treppen zitterten unter Rosenbergs schwerem Körper. Er lief vor mir, und ich sah den spärlichen Haarwuchs auf seinem Hinterkopf. Rosenberg war im Mai vierunddreißig geworden. Wir hatten im Institut gefeiert, und jemand hatte mir seine Geschichte erzählt: Halbjude, die letzten zwei Jahre unter Hitler illegal gelebt, dann Polizeidienst, ABF, Biologiestudium und mit zweiunddreißig das Diplom. Rosenberg war eigentlich der erste, zu dem ich – Martin natürlich ausgenommen – Kontakt bekam im Institut. Es war etwas in seinem Wesen, das diese Distanz, wie sie Doktor Weiß oder der Professor hatten, als unnatürlich empfand. In gewissen Momenten hatte er sogar etwas Brüderliches.

Auf dem letzten Treppenabsatz blieb Rosenberg stehen, wandte sich um und sagte: Und dein Freund Martin?

Ich sagte: Der wird zu Hause sein.

– Na, sagte Rosenberg, hoffentlich!

Im Hausflur verabschiedeten wir uns.

– Sehen wir uns noch, fragte er.

– Vielleicht, sagte ich und gab ihm die Hand.

Er lief durch die Tür, ich nahm die Zeitung aus dem Briefkasten, warf einen Blick auf die Titelseite, las BESCHLUSS DES MINISTERRATES DER DEUTSCHEN DEMOKRATISCHEN REPUBLIK in großen schwarzen Buchstaben, schlug die nächste Seite auf, DEM FEIND KEINEN FUSSBREIT BODEN, faltete die Zeitung zusammen und steckte sie wieder in den Kasten. Dann trat ich auf die Straße.

2

Ich weiß nicht, ob ich die Stadt jemals wieder so gesehen habe wie an diesem Tag. Dabei hätte ich nicht sagen können, woran es lag; es war alles unverändert, diese graue, lange Straße, die stummen, mächtigen Häuser mit ihren bröckligen Fassaden – alles unverändert und doch auf eine schwer faßbare Weise anders, nicht nur weil ich, außer an Staatsfeiertagen, noch nie so viele Menschen auf den Straßen gesehen habe, die eilig und meist in Gruppen in Richtung der Grenze liefen: Ehepaare, fest untergehakt, als könnten sie sich verlieren, ganze Familien, Großeltern, Eltern, Kinder, in den Gesichtern – ob sie nun Zorn oder Triumph zeigten – etwas Einendes, allen Gemeinsames, ja es war die gleiche Ungläubigkeit in den Gesichtern der Menschen, die an mir vorbei zur Grenze zogen.

Mein Herz klopfte, und obgleich ich mir sagte, daß ich im Grunde mit der ganzen Sache nichts zu tun hätte, war in mir ein ähnliches Gefühl wie damals, vor drei, vier Jahren, als ich von zu Hause, aus Neustrelitz, hier ankam, mit zwei Koffern in der Hand auf dem Bahnhofsvorplatz stand, vergeblich nach Martin Ausschau hielt, der versprochen hatte, mich abzuholen, und immer wieder den Brief des Professors las, daß meine Bewerbung akzeptiert sei, mir Arbeitsplatz und Wohngenehmigung zur Verfügung stünden und daß er sich persönlich sehr auf meine Mitarbeit freue.

Auch ich freute mich, schon wegen Martin, der ein halbes Jahr vor mir nach Berlin gegangen war und auf dessen Empfehlung sich der Brief des Professors bezog, fühlte mich aber dennoch fremd und unbehaglich, als ich auf dem Bahnhofsvorplatz stand, vor diesen Straßen, vor diesen Häusern, die grau und bedrückend auf mich wirkten, fast feindlich, und dann die Autos, die Straßenbahnen, die Menschen, einfach alles, ein unbehagliches Gefühl, das erst verschwand, als Martin auftauchte, verspätet, wie immer, und mit einem Taxi, aber er stieg so ruhig aus, als käme er lange vor der Zeit.

Ich stieg an der Ecke in die Straßenbahn, fuhr bis Pankow und ging durch baumbestandene Straßen mit Vorgärten und kleinen Häusern, die mich in dieser Stadt noch am ehesten an Neustrelitz erinnerten. Eine halbe Stunde später stand ich vor Martins Wohnungstür. Ich klingelte, aber niemand öffnete, dann entdeckte ich den kleinen Zettel, der hinter das Namensschild gesteckt war. Mit Mühe konnte ich entziffern, daß Martin in der HÜTTE war.

Ich lief hinunter, traf im Hausflur Frau Erlwein, Martins Nachbarin, eine freundliche alte Frau, die uns manchmal mit Tee oder Zucker aushalf.

– Guten Tag, Frau Erlwein! rief ich, haben Sie meinen Freund gesehen?
Sie blickte mich an, als würde sie mich nicht kennen.
– Meinen Freund Martin, wiederholte ich.
– Soldaten, sagte sie flüsternd, überall Soldaten.
– Ich bin Martins Freund, Frau Erlwein, sagte ich.

– 's kommt Krieg, flüsterte sie drohend, zog die verschlissene Tasche an ihren Körper und ging hinauf.

Ich fuhr zurück, stieg am Bahnhof Schönhauser aus und lief die paar Schritte bis zur HÜTTE, die nachmittags Kaffeebetrieb und abends Tanz hatte, aber die Jalousien waren herabgelassen, und mir fiel ein, daß sonntags ja Ruhetag war und Martins Zettel sich auf den gestrigen Abend bezogen haben mußte.

Gegenüber stand eine Telefonzelle. Ich fragte ein älteres Ehepaar, das an mir vorüberging, ob es ein 50-Pfennigstück in Groschen wechseln könne, aber der Mann schüttelte wortlos den Kopf. Ich suchte noch einmal in meinen Taschen, fand doch noch zwei Zehn-Pfennig-Stücke, ging in die Zelle und wählte die Nummer von Gerhard Schwager.

Schwager war Filmschauspieler, ich kannte ihn aus der HÜTTE, wo er manchmal auftauchte, meist nach den Dreharbeiten und immer mit ein paar Mädchen am Arm. Zwei- oder dreimal waren Martin und ich nachts mit zu ihm nach Hause gegangen.

– Hallo, sagte eine matte Stimme.

– Frau Schwager, sagte ich, hier ist Gottfried . . .

– Herr Gottfried, sagte Frau Schwager schnell, gut, daß Sie anrufen. Haben Sie eine Ahnung, wo mein Mann ist?

– Ihr Mann? sagte ich verwirrt.

– Ja, sagte sie, er wollte noch nachts zurückkommen vom Drehen, aber bis jetzt hat er sich nicht gemeldet.

– Keine Ahnung, sagte ich, ich bin auch gerade raus aus dem Haus.

– Herr Gottfried, sagte Frau Schwager, ich bitte Sie um eins! Gehen Sie bei Kauffeld vorbei und sehen Sie nach, ob er dort ist.

– Frau Schwager, sagte ich, ich kenne ja keinen Kauffeld.

– Der Regisseur, sagte sie ungläubig, der Regisseur Kauffeld!

– Nein, sagte ich, kenne ich nicht.

Ihre Stimme wurde ganz hoffnungslos.

– Was soll ich denn machen, sagte sie. Ich trau mich ja gar nicht vom Telefon weg.

– Er wird sich schon melden, sagte ich, bestimmt!

Durch den Hörer drang ein merkwürdig fauchendes Geräusch, und ich rief erschrocken: Frau Schwager! und merkte erst an ihrer erstickten Stimme, daß sie weinte.

– Wenn ihm was passiert ist, sagte sie und schluchzte, mein Gott, die Kinder!

Es war klar, was sie befürchtete, und ich war mir nicht sicher, ob sie nicht recht hatte, aber wir irrten uns beide. Ein halbes Jahr später spielte Schwager einen Kampfgruppenmann, der seine Freundin hindert, über die Grenze zu gehen.

– Was soll ihm denn passieren, sagte ich ins Telefon und gab meiner Stimme einen möglichst unbesorgten Klang, vielleicht versucht er gerade jetzt anzurufen.

– Meinen Sie, fragte sie unsicher.

– Bestimmt, sagte ich, aber sie hatte schon aufgelegt.

Ich ging die Schönhauser hinunter, ließ mich, ohne festes Ziel, durch das Menschengewühl treiben, sah in Schaufenster, aber ich sah eigentlich nichts, jemand stieß mich an, ohne Absicht vermutlich, aber auch ohne Entschuldigung. Ich wechselte unter den Trakt der Hochbahn, die sich grau und fest über die Straße wölbte, eine Art stählerner Schutzschirm, Straßenbahnen fuhren vorbei, olivgrüne Militärlastwagen, auf denen Uniformierte saßen mit eisernen Mienen. An der Dimitroff sprang mir ein Transparent ins Auge, das weiß auf rot ALLE KRAFT ZUR LÖSUNG DER ÖKONOMISCHEN HAUPTAUFGABE forderte, und ich bog rechts ab, die Eberswalder hinunter, vorbei an der Post und am Stadion. Überall dasselbe Bild, Sperrketten bewaffneter Kampfgruppen und auf beiden Seiten Menschen.

Ich spürte eine körperliche Sehnsucht nach Marie, schlug die Richtung nach Hause ein, lief instinktiv die Straßen in Grenznähe entlang, Kremmener, Rheinsberger, Anklamer, überall Menschen vor bröckelnden Fassaden, Kopfschütteln und heftige Armbewegungen. An einer Ecke standen Frauen und sahen hinüber auf die andere Seite. Eine rief: Verwandte ersten Grades dürfen immer, Verwandte zweiten Grades nur auf Genehmigung!, während eine andere wölfische Blicke um sich warf und gezwungen zu lachen begann.

– Nee, nee, sagte eine dritte, im Radio habe ich gehört . . .

Sie dämpfte ihre Stimme, als ich vorüberging.

Ich spürte Müdigkeit in den Beinen, wollte schnell zu Marie, lief zur nächsten Straßenbahnhaltestelle und fuhr drei Stationen bis nach Hause. Als ich um die Ecke ging, griff jemand nach meinem Arm und hielt mich fest. Ich riß ihn aus der Umklammerung, sprang instinktiv zur Seite, als ich sah, daß es Martin war, der neben mir stand.

3

Wir gingen in eine Kneipe gegenüber. Der Raum war überfüllt, es war laut und heiß, Rauch stand über den Köpfen. Wir zwängten uns an einen Tisch, an dem gerade zwei Plätze frei wurden, versuchten lange Zeit vergeblich die Aufmerksamkeit des Kellners auf uns zu ziehen, hatten dann endlich Bier vor uns stehen und tranken uns zu.

Es war merkwürdig, aber seit ich Martin getroffen hatte, war meine Spannung gleich Null, das Bedürfnis zu reden verschwunden, wie wenn es nichts mehr gäbe, was problematisch sein konnte, sogar der dumpfe Druck in meinem Kopf hatte nachgelassen.

176

– Du warst in der HÜTTE, fragte ich Martin.

– Gestern abend. Aber wir sind noch weitergezogen. Ich hab woanders geschlafen, aber frag mich nicht, wo.

– Und Grit, fragte ich.

– Schluß, sagte er, seit gestern. Es ging ein halbes Jahr gut, aber jetzt ist es einfach zu Ende.

Er schien eher bedrückt als erleichtert, trank sein Bier aus und winkte abermals dem Kellner. Mein Glas war noch halb voll.

– Wir haben bis mittags geschlafen. Rosenberg kam und hat es uns gesagt.

– Hör auf, sagte er und winkte ab, ich hab's im Radio gehört. Ein beschissener Tag!

Er rief wieder nach dem Kellner, und ich lehnte mich für einen Moment zurück, wischte mir den Schweiß von der Stirn, als mir jemand die Hand auf die Schulter legte. Neben mir stand ein älterer, hagerer Mann und sah mit Augen, wie sie Betrunkene haben, auf mich herab. Sein Hemd war durchschwitzt und hing an seinem Körper herunter.

– Die machen was mit uns, wa? sagte er mit einer schleppenden, aber kräftigen Stimme.

Mir war nach allem anderen zumute als nach einem Gespräch, schon gar nicht in einer Kneipe und mit einem Angetrunkenen. Ich zog meine Schulter weg, brummte so etwas wie jaja, du hast schon recht und drehte mich ein wenig herum. Der Mann zögerte einen Augenblick, lief dann aber weiter, und ich dachte schon, wir wären ihn los, als er Martin erblickte und leicht schwankend auf ihn zuging.

– Dreiundzwanzig Jahre, sagte der Mann zu ihm, dreiundzwanzig Jahre war ich da. Fritz Lenk, Bauunternehmen, Charlottenburg, kennste sicher.

Martin schüttelte den Kopf. Ich dachte noch, das war ein Fehler!

– Nein, sagte Martin, kenn ich nicht.

– Polier war ich, sagte der Mann. Stunde viersiebzig.

Martin blieb stumm, sah dem Mann aber in die Augen.

– Kongreßhalle, kennste doch, ja? Hab ich gebaut, sagte der Mann und stieß seinen Zeigefinger auf das schweißnasse Hemd.

Martin nickte.

– Ach, sagte der Mann und ließ seinen hageren, sonnengebräunten Arm abwehrend durch die Luft sausen: Ich sag dir, alles Verbrecher . . .

– Wen meinen Sie denn? fragte Martin.

Ich verstand ihn nicht. Was hatte es für einen Zweck, in einer Kneipe ein Gespräch anzufangen, und dann noch mit einem Angetrunkenen?

– Na, du machst mir Spaß, sagte der Mann und schüttelte verständnislos den Kopf.

– Hör auf! sagte ich zu Martin, das hat doch keinen Zweck. Du kannst doch jetzt keine Diskussion anfangen.

Martin hörte nicht. Er sah aufmerksam auf den Mann. Ich hatte das Gefühl, er nahm ihn ernst.

– Polier war ich, hörst du. Dreiundzwanzig Jahre. Und jetzt zerhaun die die Stadt.

– Hören Sie, sagte Martin, so können Sie das nicht sehen . . .

Der Mann fiel ihm ins Wort.

– Wo kommste denn her, Mann, wo biste denn her. Bist du denn überhaupt Berliner, du, bist du Berliner!

– Das hat doch nichts mit der Sache zu tun, sagte Martin geduldig, ob ich Berliner bin.

– Doch, schrie der Mann, doch!

– Aber diese Stadt, sagte Martin eindringlich und ernst, ist schon seit fünfzehn Jahren geteilt, seit wir diesen beschissenen Krieg verloren haben und . . .

– Hör mir auf mit dem Krieg! sagte der Mann laut. Ich hab dich gefragt, ob du Berliner bist.

– Nein, sagte Martin, wenn Sie es genau wissen wollen, ich bin kein Berliner.

– Dann halt die Fresse, sagte der Mann trocken. Die haben die Stadt zerhaun, die Verbrecher, und wenn du wissen willst, wen ich meine, dann kann ich's dir auch sagen. Das sag ich ganz laut, hörst du, das ist mir scheißegal. Dreiundzwanzig Jahre war ich bei Lenk, hörst du, mir kannst du nischt weismachen.

– Hör uff, Kalle, sagte eine Stimme am Nebentisch. Du redst dir um Kopp und Kragen!

– Quatsch, sagte der Mann, der Kalle hieß, das kann jeder hören. Den Spitzbart meine ich, den Spitzbart!

In der Kneipe war es ganz still. Alle sahen zu uns herüber. Der Mann stand jetzt kerzengerade vor Martin, und ich fand, er sah gar nicht mehr betrunken aus. Schweiß schoß mir ins Gesicht. Ich wünschte, wir kämen so schnell wie möglich aus dieser Kneipe hinaus, aber Martin schien nichts von allem zu bemerken.

– So können Sie die Sache nicht sehen, sagte er. Aber wenn wir uns unterhalten wollen, dann müssen wir schon sachlich bleiben.

Er sagte das ohne die geringste Spur von Erregung, ja mit beinahe freundlichem Ton, und der Mann schien zu stutzen, seine Schultern senkten sich unmerklich und sein Gesicht, das eben noch verkrampft und wie von Haß erfüllt war, nahm einen interessierten Ausdruck an. Wahrscheinlich wäre alles noch gut gegangen, hätte nicht die Stimme am Nebentisch gesagt: Paß uff, Kalle, das is'n Hundertfuffzichprozentiger! und der Mann, irritiert durch den Einwurf, plötzlich abwinkte und: Ach, leck mir die Bollen! schrie und ein anderer, ich weiß nicht wer, Martin, der gerade zum Glas griff, anstieß, so daß das Bier sich breit und gelb über den Tisch ergoß und das Glas herabfiel und mit klirrendem Geräusch zersprang. Wir standen auf, sahen uns im gleichen Moment umringt, wütende, haßerfüllte Gesich-

ter, die bedrohlich näherrückten, jemand stieß mich von hinten, ich fiel gegen Martin, der sich nur mit Mühe halten konnte, aber dann rief eine Stimme: Hört auf, verdammt! Es war der Wirt, der nun vor uns stand und raus hier! sagte, wenn ihr Streit anfangen wollt, dann nicht in meinem Lokal, und jetzt wird gezahlt und dann ab! Ich zog Geld aus der Tasche, reichte es dem Wirt und schob Martin, der nur widerstrebend ging, zur Tür. Ich wußte, es hatte keinen Zweck, und war im Grunde froh, daß es so glimpflich verlaufen war, und erst auf der Straße sah ich, daß Martin verletzt war.
– Mensch, du blutest ja! sagte ich erschrocken, aber als ich ihm mein Taschentuch hinhielt, lachte er, erstickte fast vor Lachen, aber es war ein unnatürliches, gezwungenes Lachen, so daß ich manchmal nicht wußte, ob er weinte, wenngleich ich mir einen weinenden Martin einfach nicht vorstellen konnte. Schließlich nahm er das Taschentuch, das ich noch immer in der Hand hielt, lehnte sich gegen eine Hauswand, seine Schultern zuckten leicht und arhythmisch, und dann drehte er sich herum und war wieder ganz normal.

4

Gegen vier Uhr waren wir am Institut. Das Klinikgelände war von Kampfgruppenleuten bewacht, aber ich kannte einen von der Gewerkschaft, und wir kamen unbeanstandet durch das Tor. Auf der Treppe begegnete uns Grombal. Er habe es eilig, müsse zur Anleitung, aber wir sollten unbedingt bei ihm vorbeischauen, unbedingt! rief er uns zu. Grombal war mit Martin ganz gut bekannt.
Oben stand Rosenberg; man sah ihm an, er freute sich, daß wir gekommen waren. Es seien außer uns noch drei Kollegen gekommen, spontan, sagte er bedeutungsvoll, sah Martin dabei an, entdeckte die Wunde: Was ist denn mit Ihnen los? Martin winkte ab und ging zum Apothekenkasten. Doktor Schnabel kam aus dem Assistentenzimmer, hinter ihm einer der Doktoranden und Messemer, ein blasser, aufgeschlossener Laborant, der nebenher Gedichte schrieb.
– Was ist denn passiert, fragte Rosenberg noch einmal, und ich erzählte ganz kurz unser Erlebnis und bemerkte dabei Martins verzogenes Gesicht, als Doktor Schnabel die Wunde auswusch.
– Es ist nur ein Hautriß, sagte er.
Ich ging ins Labor. Alles stand so, wie ich es gestern verlassen hatte. Ich weiß noch, daß ich dabei so etwas wie Befriedigung empfand, wie wenn man etwas entdeckt, das sich als unverrückbarer, absolut sicherer Wert herausstellt. Ich sah aus dem Fenster. Unter mir lag der Park zwischen der Chirurgie und der Neurologie. Der Rasen wirkte verstaubt, die Blätter der Bäume waren gelb an den Spitzen. Auf dem Weg stapfte eine Kolonne Grenz-

soldaten in Richtung des S-Bahn-Traktes, der das Klinikgelände westlich abschloß und auch Grenzlinie war. Die Soldaten hatten Marschgepäck, Maschinenpistolen hingen über ihre Schultern. Bei jedem ihrer Schritte wirbelte eine Staubwolke über den Weg.

Ich wischte ein Fädchen vom Dach der Analysenwaage und ging wieder zu den anderen. Messemer hatte Tee gekocht, auch ich nahm mir ein Glas und goß es voll. Rosenberg, der eine Vorliebe für bedeutungsvolle Sätze hatte, hob sein Glas und sagte: Ich glaube, dieser Tag ist der wichtigste, seit dieser Staat gegründet wurde, ja vielleicht ist er sogar die wirkliche Geburtsstunde des deutschen sozialistischen Staates.

Niemand widersprach. Wir schwiegen eine Weile, pusteten auf die Gläser, um den Tee abzukühlen. Dann begann Doktor Schnabel zu reden. Er war, wie wir, durch die Stadt gelaufen, seit dem frühen Morgen schon, war die ganze Grenze abgelaufen, von Wilhelmsruh bis zum Potsdamer Platz. In Pankow hatte er gesehen, daß man vergessen hatte, ein Eckhaus zu besetzen, und die Leute eine ganze Stunde lang durch die Tür auf unserer Seite hinein und durch die andere Tür drüben wieder hinausgegangen waren.

Der Doktorand hatte gehört, daß in Bernauer, in der die Häuserfront der einen Straßenseite noch zu uns, der Gehsteig davor aber schon zum Westen gehörte, Leute aus dem Fenster gesprungen waren, auf Matrazen und Federbetten, einer sogar aus dem vierten Stock, allerdings daneben.

– Mein Gott, sagte Doktor Schnabel und griff sich an die Stirn, er hat fünfzehn Jahre Zeit gehabt, über die Straße zu gehen, und hat es nicht getan, und dann springt er aus dem vierten Stock!

– Es ist einfach Panik, sagte ich, sicher ist es Panik.

– Dabei hat man sich an den fünf Fingern abzählen können, daß über kurz oder lang dicht gemacht wird, sagte Rosenberg. Kein vernünftiger Mensch hat doch geglaubt, daß wir das noch lange mit ansehen.

– Die letzte Zeit waren es täglich dreitausend, sagte der Doktorand, und die Kurve stieg noch an.

– Ach, sagte Doktor Schnabel, trauen Sie nicht der Propaganda.

– Na, jetzt ist die Kurve jedenfalls auf Null, sagte Rosenberg trocken. Wir lachten, bis auf Martin und den Laboranten.

– Ich weiß nicht, sagte Messemer leise, wie Sie darüber lachen können. Verstehen Sie, ich bin ja nicht dagegen. Ich meine nur, hinter jedem Menschen, der weggeht oder sogar aus dem Fenster springt, da steckt doch ein Schicksal . . . Ich meine, jeder ist doch was und hat . . . naja . . . hat gewisse Rechte . . . ja . . . über sich und sein Leben, meine ich.

Messemer kam ins Stocken.

– Kommen Sie mir nicht mit diesem bürgerlichen Kram, sagte Rosenberg bestimmt. Freizügigkeit und ähnliche Sachen, wenn ich das höre! Die haben uns systematisch kaputt machen wollen! Das war Klassenkampf, und da hört der Spaß auf!

Messemer wurde rot und brachte kein Wort mehr heraus.

– Versteh doch, sagte Doktor Schnabel zu Rosenberg, er ist doch im Prinzip dafür, er meint doch nur das Individuelle und das Gesellschaftliche, und daß da ein Widerspruch ...

Rosenberg ließ ihn nicht ausreden. Er sah auf Martin, der bisher geschwiegen hatte.

– Und was meinen Sie? fragte Rosenberg.

Martin sah ihn an. Sein Gesicht hatte einen merkwürdig traurigen Ausdruck.

– Bitte, sagte Rosenberg, Ihre Meinung interessiert mich.

– Komm, hör doch auf, sagte Schnabel besänftigend, aber Rosenberg reagierte nicht, hielt seine blaßblauen runden Augen weiterhin auf Martin geheftet, als glaubte er, er müsse ihn zwingen zu sprechen, in diesem Moment und in keinem anderen. Ich hatte mich oft gefragt, ob Rosenberg Martin gern mochte. Daß er seine Arbeit schätzte, wußte ich von ihm selbst und konnte es aus der Tatsache schließen, daß weder er noch Doktor Weiß noch der Professor je etwas unternommen hatten, wenn Martin, was nicht selten vorkam, zu spät im Institut erschien oder gar nicht. Martin war die am meisten geschätzte technische Kraft, seine Fertigkeiten in der Elektrophorese wurden von keinem übertroffen, machten ihn in gewisser Weise unentbehrlich und schützten ihn vor allen lästigen Angriffen disziplinarischer Art.

Rosenberg und Martin musterten sich. Martin griff in die Tasche, zog eine Zigarette heraus und zündete sie sich in aller Ruhe an.

– Ich glaube, sagte er zwischen zwei Zügen, es gibt Alternativen, vor die ein Mensch nicht gestellt werden sollte.

Rosenberg zog seinen massigen Körper voll Luft und stieß sie, eher empört als befriedigt, wieder aus.

– Na, und weiter? sagte er.

– Nichts weiter, sagte Martin.

– Das ist ausgesprochen wenig, sagte Rosenberg.

Das Telefon im Gang klingelte. Doktor Schnabel ging hinaus und nahm den Hörer ab, kam wenige Momente später wieder und sagte zu Martin: Herr Grombal hat angerufen, er will jetzt gleich rübergehen.

– Danke, sagte Martin, wir gehen dann auch.

Ich stand auf.

5

Wir gingen hinüber in die Radiologie, die im nordwestlichen Teil des Klinikgeländes lag, unmittelbar an der Grenze. Grombal hatte sein Zimmer im Erdgeschoß, war aber noch nicht dort, und so liefen wir im Flur auf und ab, er mußte ja gleich kommen.

Wir gingen langsam an den leeren elfenbeinfarbenen Bänken, auf denen an Sprechtagen die Patienten saßen, vorbei, rauchten und schnippten die Asche in die kastenförmigen Behälter, die an der Wand angebracht waren, standen dann im hinteren Teil des Ganges, genau vor der Tür, die auf die Straße führte. Ich drückte auf die Klinke, die hart war und kühl. Ich weiß bis heute nicht, was mich dazu veranlaßte. Jeder wußte doch, die Tür war versperrt. So wie jeder wußte, daß es von dort nur wenige Schritte bis zur Grenze waren. Heute frage ich mich oft, ob ich die Klinke heruntergedrückt hätte, wenn mir klar gewesen wäre, was dann folgte.

Ich drückte also auf die Klinke und öffnete die Tür. Sonnenlicht traf mich so überraschend, daß ich die Augen zusammenkniff. Ich spürte Martins Hand in meinem Rücken, die mich sanft nach vorne schob, trat hinaus, stockte aber schon nach wenigen Schritten, so daß Martin an meine Seite kam, mich überholte, die zwei Stufen, die auf das Straßenpflaster führten, hinabschritt und dort stehenblieb. Ich folgte ihm zögernd und begriff erst jetzt, in welcher Situation wir uns befanden. Ich sah rechts von uns, vielleicht sechs oder sieben Meter entfernt, die stahlgrauen Uniformen der Kampfgruppenleute, die geschulterten Maschinenpistolen, den LKW, der mit dem schwarzen Schlund seiner Hinterfront uns zugewandt war und von dem einige Männer Gitterzäune abluden und sie quer über die Straße aufzustellen begannen, genau zwischen sich und der Menge schauender Menschen; ich sah links von uns die Brücke, die über den trüben ölschlierigen Kanal führte, sah eine Gruppe grünuniformierter Polizisten, einen französischen Jeep und lässig herumstehende Reporter, denen Fotoapparate vor der Brust und an den Handgelenken baumelten, und vor uns, hoch und grau, die Seitenfront eines Amtsgebäudes, und, gelbgrün und spärlich belaubt, die Bäume davor und die Menschen hinter dem Gitterzaun, der sich langsam komplettierte, ein frischgelackter Metallzaun, grasgrüner Strich auf steingrauer Straße, und der Geruch nach Staub, Kanalwasser und Spätsommer, der mich so plötzlich traf wie die Ahnung, ich stünde an einem Platz, den einzunehmen ich gar nicht in der Lage war, gezwungen etwas zu tun, nach links zu gehen oder nach rechts, ein Zwang, der sich von selbst ergab und dem nachzukommen es nur ein paar Bewegungen des Körpers bedurfte, zehn oder zwölf Schritte vielleicht, nicht mehr. Wir standen dazwischen, standen genau zwischen den stahlgrauen Uniformen der Kampfgruppenleute auf dieser und den grasgrünen Uniformen der Polizisten auf der anderen Seite! Es war ein Platz oder besser: eine Situation, bei der ich instinktiv wußte, sie war so gewaltig für mich, daß ich ihr nicht in gleicher Größe gegenübertreten konnte, ja ich empfand ein körperliches Gefühl der Kleinheit, und es traf mich mit einer solchen Heftigkeit, daß ich mich sekundenlang nicht bewegen konnte, als der uns nächststehende Kampfgruppenmann den Kopf drehte, uns bemerkte und eher erschrocken als drohend, aber nichtsdestoweniger mit scharfer Stimme rief: Treten Sie zurück,

Bürger!, wodurch er sofort die Aufmerksamkeit der Menschengruppe links von uns erregte, und ich spürte die Blicke der Grünuniformierten, wache, gespannte, beinahe suggestive Blicke, während die Reporter ihre Kameras vor die Augen rissen, und auch rechterhand starrten drei, vier Dutzend Augenpaare auf uns, mit ebenso wachen, ebenso gespannten, ebenso suggestiven Blicken.

Ich weiß nicht, wie lange das alles dauerte, sicher nicht länger als ein paar Sekunden; ich war mir sicher, daß alles gleich zu Ende sein würde, meine Lähmung, dieses merkwürdige Gefühl der Nichtigkeit, sicher war das alles gleich vorbei, dachte ich, und konnte schon meine Schultern bewegen, als Martin losging. Er ging einfach los! Erst langsam, als zögerte er dann schneller und entschlossen. Ich stand und begann zu schrumpfen. Alles in mir zog sich zusammen. Etwas Unbekanntes, Fremdes legte sich über meine Haut, sog meinen Kopf leer, schlug auf meinen Magen, riß an den Därmen und zog die Hoden unerträglich schmerzhaft zusammen. Ich stand, schnappte nach Luft und sah Martins Rücken sich entfernen, hatte den Gedanken, daß ich jetzt meine Beine bewegen müßte, ganz mechanisch ihm folgen, wie ich es immer getan hatte, sah plötzlich Marie und ihren berghohen Bauch, hörte Rosenbergs polternden Triumph und das schnarrende Schnappen der Objektivverschlüsse wie hundertfach verstärktes Maschinengewehrhämmern; vor mir das Amtsgebäude wuchs mitsamt seinen spärlich belaubten Bäumen ins Riesenhafte, und tatsächlich schien mich niemand zu bemerken, alle standen und starrten auf Martin, die einen auf seinen Rücken, die anderen auf sein Gesicht, alle auf Martin, als wäre ich nicht vorhanden, so daß ich, meiner Glieder plötzlich wieder mächtig, langsam mich rückwärts zu bewegen begann, im Krebsgang schlich ich, hob vorsichtig, als ich den Widerstand der ersten Stufe an meinem Hacken spürte, erst das rechte, dann das linke Bein, und weiter zurück, zur zweiten Stufe, ließ meinen Kopf unbewegt, nur meine Augen schossen nach links und nach rechts, jetzt war ich ganz wach, und noch immer sah keiner zu mir hin, und als ich die Tür in meinem Rücken spürte, hinter mich griff und tastend die Klinke erreichte, wagte ich meinen Kopf nach links zu drehen, sah Martin die Brücke überqueren und sich umdrehen, suchte seine Augen, aber da war er schon umringt von Reportern und Polizisten und versank in einem Gewühl heftig gestikulierender Menschen, während ich mich unbemerkt durch die Tür schob, im langen Gang der Klinik stand und wie betäubt und ohne etwas zu bemerken hinauslief.

Zwei Anekdoten

1. Ein Beispiel dialektischer Argumentation

Während eines Banketts zu Ehren des 100. Jahrestages der Pariser Kommune im restaurierten Palais Unter den Linden wurde der Genosse N . . . , ein ranghoher Staatsrepräsentant, dem der Ruf vorausging, daß er gelegentlich zu unkonventionellen, protokolldurchbrechenden Disputen bereit war, von einem jungen, als Berichterstatter des Zentralorgans anwesenden Absolventen der Leipziger Journalistenfakultät zu vorgerückter Stunde in ein Gespräch über die Probleme sozialer Privilegien verwickelt.

Es geschehe immer häufiger, beklagte sich der junge Mann in der kleinen Runde, daß ihn jüngere Angehörige der Intelligenz, aber auch Arbeiter mit der Frage konfrontierten, warum sich die Repräsentanten der Arbeiterklasse so außergewöhnliche Lebensbedingungen geschaffen haben, indem sie, zum Beispiel, in besonderen, von der übrigen Bevölkerung aufs schärfste isolierten Kolonien wohnten, über besondere – man sage: bargeldlos funktionierende Einkaufsstätten, besondere Krankenhäuser, besondere Badestrände, besondere Erholungsheime, ja, sogar besondere Jagdreviere verfügten.

Auch argumentiere man immer wieder damit, daß die Einkommensunterschiede zwischen der Arbeiterklasse und ihren Repräsentanten ständig größer würden, wo sie doch, nach Lenin, überhaupt nicht bestehen sollten, so daß, alles zusammengenommen, die Repräsentanten schon unter Bedingungen lebten, die sich nach ihren Bedürfnissen richteten, während der größte Teil der Bevölkerung, insbesondere aber die Arbeiterklasse, noch dem Prinzip der Leistungsentlohnung unterworfen sei.

Er sei sich selbstverständlich der Haltlosigkeit dieser schädlichen Argumentation bewußt, fuhr der junge Journalist in der in Schweigen erstarrten Runde fort, habe aber die Gelegenheit nicht vorübergehen lassen wollen, eine so hochstehende und von allen verehrte Persönlichkeit darauf aufmerksam zu machen, schon deshalb, damit sich die Agitation der Partei entsprechend einstellen könne und den vielen jungen unerfahrenen Genossen, und somit auch ihm, der sich wegen seiner Tätigkeit in ständiger Konfrontation mit der Basis befände, eine Argumentationshilfe geben könnte.

Die Umstehenden, angesehene Verwaltungsarbeiter und Amtsveteranen, die der unbefangenen Rede des jungen Mannes mit eisigen, auf den Boden gerichteten Gesichtern gefolgt waren, hoben die Köpfe, bereit, sich der erwarteten Mißbilligung des Genossen N . . . anzuschließen. Doch zum Erstaunen aller wandte sich dieser weder schroff von dem jungen Journalisten ab, noch wies er dessen Argumente als besonders verwerfliche, aus dem Arsenal des Klassenfeindes stammende Propaganda zurück.

Er persönlich fände, sagte der Repräsentant mit dem volkstümlichen Ruf, während er nach einem der befrackten, am Ende der Tafel wartenden Kellner winkte und mit einer unmißverständlichen Bewegung der rechten Hand nach Getränken verlangte – er persönlich fände diese Argumentation gar nicht so abwegig, ja, er sehe sie sogar als eine Kritik an, die der Berechtigung nicht ermangele, wenngleich er auch hinzufügen möchte, daß sie etwas kurzsichtig sei und von mangelndem historischen Überblick zeuge.

Denn, sagte er, nach einem listigen Blick auf die teils erstaunten, teils erschrockenen Gesichter der Subalternen und nachdem er sein Glas in langen Zügen geleert hatte – wie solle man die Massen zum großen Ziel der Überflußgesellschaft, auf deren Fahnen ja geschrieben sei: Jeder nach seinen Möglichkeiten, jedem nach seinen Bedürfnissen! – wie solle man sie zu einem Ziel führen, dessen Reichtümer man nicht am eigenen Leib erfahren und für erkämpfenswert befunden habe?

2. Ein unglaublicher Vorfall

Im Monat März 1975, dreißig Jahre nach dem Zerfall des deutschen Faschismus, kehrte N . . ., ein Berliner Student, nach der Mode junger Intellektueller nachlässig gekleidet, mit langem Kopf- und Barthaar, von einer Hospitation an der Ostsee mit allen Zeichen psychischer Irritation zurück.

Der Student hatte wegen einer falschgehenden Uhr den Zug versäumt und in A . . . Aufenthalt nehmen müssen, einer Kreisstadt im ehemaligen Vorpommern, die im letzten Krieg zu siebzig Prozent zerstört und von Flüchtlingen aus dem früher zum Deutschen Reich gehörenden Gebieten besiedelt worden war.

Zwei Stunden Zeit vor sich, ging der Student in die halbleere, nur von Einheimischen besetzte Bahnhofsgaststätte, um dort zu Mittag zu essen. Schon bei seinem Eintritt zog er die Blicke aller Leute auf sich und wurde Gegenstand ungeniert laut geäußerter spöttischer Bemerkungen, wovon, in Anspielung auf seine Äußerlichkeit, der Vergleich mit Jesus noch die harmloseste war. Den Spott ignorierend, setzte er sich an einen Ecktisch, vertiefte sich in eine Zeitung und hoffte, er werde von den Anwesenden bald vergessen sein – ein Irrtum, wie sich herausstellte, denn schon nach wenigen Minuten trat ein Mann an seinen Tisch und fragte mit unverhohlenem, gehässigem Tonfall nach den Waschgewohnheiten des Studenten.

Der junge N . . ., der sich nicht herausfordern lassen wollte, gab zur Antwort, daß er sich, was seine Waschgewohnheiten betreffe, in keiner Weise von anderen Menschen unterscheide und bat, man möge ihn in Ruhe sitzen lassen. Daraufhin spuckte der Mann vor ihm aus, und ein anderer rief aus dem Hintergrund des Lokals, wäre er ein Mädchen, er würde sich einem solchen Individuum verweigern. Die Anwesenden lachten brüllend, und als der immer noch am Tisch stehende Angetrunkene bekanntgab, er wollte nun feststellen, ob der Vollbart des fremden Gastes echt sei, sprang der Student von seinem Stuhl und lief, von höhnischem Gelächter begleitet, aus dem Lokal.

Aufatmend trat er auf den samstäglich stillen und menschenleeren Bahnhofsvorplatz und begann einen Rundgang durch die Stadt. Seine Erleichterung hielt indessen nicht lange an. Schon die nächsten Einwohner, die ihm begegneten, zwei Arbeiter, die ein Sperrgitter mit Farbanstrich versahen, konnten seine Existenz nur mit einem Kopfschütteln zur Kenntnis nehmen. Einige Kinder, die sich auf einer Wiese Bälle zuwarfen, unterbrachen ihr Spiel und zeigten mit Fingern auf ihn. Als er an einem Kiosk Geld wechseln wollte, um in den Besitz von Telefonmünzen zu kommen, schüttelte die Verkäuferin abweisend den Kopf, und wer immer ihm begegnete, maß ihn in einer derart auffälligen Weise mit Blicken, daß diese nur den Charakter einer Bestrafung tragen konnten.

Kaum war der Student fähig, die Auslagen der Läden zu betrachten, so erregt war er über die offen zur Schau gestellte Feindseligkeit. Nur an ein Fenster erinnerte er sich genau. Es gehörte zum Geschäft des Stadtfotografen und zeigte, neben Porträts, eine größere Zahl Hochzeitsfotos jüngeren Datums, die die Paare in einer Haltung vorstellten, daß dem Betrachter unversehens die Bilder aus dem Fotoalbum seiner Großmutter vor Augen traten.

Fortan mied er die Straßen der Stadt, die sich in einer halben Stunde durchlaufen ließ. Auf einem Wegstein an der Landstraße verbrachte er, rauchend, den Rest der Zeit. Dort stellte er sich die Frage, ob seine Beobachtungen möglicherweise zu stark von jenem Erlebnis in der Bahnhofsgaststätte geprägt worden waren, in dem er, aufgrund seines erregten Zustandes, mehr in ihnen gesehen habe, als eine zufällige Häufung uncharakteristischer Ereignisse, oder ob ihn gerade diese Erregung etwas habe sehen lassen, was ihm normalerweise verborgen geblieben wäre.

Eine Antwort bekam er noch in derselben Stunde. Dreißig Minuten vor Abfahrt seines Zuges betrat er den Bahnhofsvorplatz und bemerkte einen älteren Mann, der mit dem Rücken zu ihm stand und sich herumdrehte, als er die Schritte des Studenten hörte. Der Mann, ein Endsechziger von kräftiger Gestalt, musterte den Näherkommenden aus tiefliegenden, vom Trunk geröteten Augen erstaunt, ja, fassungslos, griff mit der Hand an seinen Kopf, als könne er die fremde Erscheinung unmöglich deuten und suche in seiner Erinnerung nach irgendeinem verschütteten Bild, trat dann, wie nach plötzlicher Erleuchtung, einen Schritt vor, richtete seine Hand auf den Studenten und fragte ihn mit lauter Stimme, ob er etwa ein Jude sei?

«Ja, du bist ein Jude!» fuhr er, das Schweigen des jungen Mannes, der seinen Schritt beschleunigte, als Zustimmung deutend, fort und fügte, ebenso lautstark, hinzu, er solle nur machen, daß er fortkomme.

«Hau ab!» rief er dem Flüchtenden nach. «Sind zufrieden, daß wir euch los sind!»

ROLF SCHNEIDER

Geboren 1932 in Chemnitz (heute Karl-Marx-Stadt). Er stammt aus einer Arbeiterfamilie. Kindheit und Jugend verbrachte er in Wernigerode/Harz. 1951–1955 studierte er Germanistik in Halle. Dann war er Redakteur der kulturpolitischen Zeitschrift *Aufbau* in Ost-Berlin. Seit 1958 ist er freischaffender Schriftsteller. Er lebt zur Zeit in Schöneiche bei Berlin.

Werke:

Das Gefängnis von Pont-L'Evêque (Hsp, 1957, E, 1960); Der König und sein Dieb (Hsp, 1958); Der dritte Kreuzzug (Hsp, 1960); Abschied von Sundheim (Hsp, 1961); Costa de Piedra (Hsp, 1961); Der Tag des Ludger Snoerrebrod (Fsp, 1961); 25. November, New York (Hsp, 1961); Jupiter-Sinfonie (Hsp, 1962); Der Mann aus England (D, 1962); Godefroys (D, 1962, auch Fsp); Besuch gegen zehn (Fsp, 1963); Prozeß Richard Waverly (D, 1963); Die Unbewältigten (Hsp, 1963); Der Ankläger (Hsp, 1963); Ankunft in Weilstedt (Hsp, 1964); Ein Sommerabend am Meer (Fsp, 1964); Die Geschichte von Moischele (D, 1964–1965); Die Tage in W. (R, 1965); Unternehmen Plate-rack (Hsp, 1965); Brücken und Gitter (En, 1965); Zwielicht (Hsp, 1966); Die Rebellion des Patrick Wright (Fsp, 1966); Prozeß in Nürnberg (D, 1967); Stimmen danach (Hsp, 1967); Dieb und König (D, 1966–1968); Imaginationen (E, 1970); Der Tod des Nibelungen (R, 1970); Stimmen danach (Hspe, 1970); Stücke (Dn, 1970); Einzug ins Schloß (D, 1972); Octavius und Kleopatra (D, 1972); Nekrolog (P, 1973); Die Reise nach Jaroslaw (R, 1974); Pilzomelett (P, 1974); Polens Hauptstädte (Rb, 1974; zusammen mit Arno Fischer); Von Paris nach Frankreich (Rb, 1975); Die problematisierte Wirklichkeit: Leben und Werk Robert Musils. Versuch einer Interpretation (Es, 1975); Die beiden Nachtwandler oder Das Notwendige und das Überflüssige (Posse nach Nestroy, 1975); Das Glück (R, 1976); Orphée oder Ich reise (Rb, 1977); November (R, 1979); Die Abenteuer des Herakles (En, 1978); Unerwartete Veränderung (En, 1980); Die Mainzer Republik (Dn, 1981); Annäherungen und Ankunft (P, 1982).

Worin sehen Sie das Ziel Ihrer literarischen Arbeit? Halten Sie es für erreichbar?

Mein Ziel ist die äußerste und kompromißlose Wahrhaftigkeit. Ob ich es erreiche, wird ebenso von meinen Energien abhängen wie von der Bereitschaft meiner Gesellschaft, mich anzuhören.

Brief zum Abschied

Lieber Karol,

es war soeben eine Lautsprecherstimme zu hören, welche mir mitteilte, die Linienmaschine nach Berlin-Schönefeld werde wegen Nebels dortselbst verspätet starten, vermutlich um zwei Stunden. Ich sitze im Transitraum Ihres Warschauer Flughafens, trinke Orangensaft und sehe mich in der Situation, meinen Abschied von Polen auf wenigstens einhundertzwanzig Minuten zu prolongieren. Dies ist, so wie ich mich augenblicklich befinde, eine vorwiegend kontemplative Angelegenheit, aber als Mensch der schönen Literatur trage ich Papier und Stift bei mir und artikuliere meinen Abschied schriftlich, in diesem Brief an Sie.

Mir ist, ich leugne es nicht, melancholisch zumut. Ich verlasse Polen nicht gern. Der Flughafen, neu und stählern und höchst geräumig, erleichtert mir meinen Abschied. Er ist, wie er ist, ein Allerweltsflughafen, man könnte ihn sich auch anderswo denken an irgendeinem europäischen Ort. Das letztemal flog ich von Krakau fort, diesem hinreißenden aeronautischen Provisorium, winzig und eher von den Zuschnitten eines Omnibusbahnhofs; niemals werde ich in die Verlegenheit kommen, ihn mit einem anderen Ort seiner Funktion irgendwo in Europa zu verwechseln; zum Glück begab der Start sich damals rasch, denn es herrschte kein Nebel.

Ich habe eine Aversion gegen aufs lange Zeremoniell gedehnte Abschiede. Ich erinnere mich, zehn Tage ist es her, wie Sie mich auf dem Hauptbahnhof von Wrocław an den Zug brachten. Mein Gepäck war bereits verstaut, in einem Abteil mit lauter kreuzfidelen Fliegeroffizieren (im Verlauf der Fahrt würden sie Lieder singen), ich hatte den Fuß bereits aufs Trittbrett gesetzt, der Sekundenzeiger der Uhr rückte vorwärts: da begannen Sie, fast bin ich versucht zu sagen: konvulsivisch, über das Verhältnis der Polen zu sich selbst zu reflektieren. Sie begannen mit Dostojewski. Ich wußte, wie Sie Dostojewski mögen; wer denn mag ihn nicht. Dostojewski hat die Polen verachtet. Er war, im Alter, ein greulicher großrussischer Chauvinist. Sie fragten sich und mich, wieso Sie, ein Pole, Dostojewski so tief verehrten, obwohl er doch die Polen verachtet hatte. Sie bekümmerten sich um das, sagten Sie, miserable Ansehen der Polen auch sonst im Ausland: betrunken wie ein Polack, so nenne man es in Frankreich, und ach: irgend etwas sei ja auch daran, man gehörte zu einer ganz und gar fatalen Nation, großspurig aus Minderwertigkeitsbewußtsein und zur rechten inneren Befreiung nicht fähig. Mit schmerzverzerrtem Gesicht redeten Sie so, und keinesfalls durften Sie mit einer tröstlich-beschwichtigenden Antwort von meiner Seite rechnen, denn nach Ihrer letzten Silbe begann der Zug zu rollen, er war pünktlich, wie ich die PKP immer erlebt habe, und jedenfalls pünktlicher als das Flugzeug, dem ich jetzt entgegenharre.

Ich gestehe Ihnen, daß mir Ihre letzten Sätze im Kopf rumorten: während der folgenden Stunden, da die Fliegeroffiziere lustig sangen, während der folgenden Tage auch; sie rumoren noch jetzt, und aus keinem anderen Grunde schreibe ich diesen Brief an Sie.

Ich frage mich also: woher rührt Ihre Qual? Denn kokett war Ihr Auftritt nicht. Ich konnte das gut genug erkennen. Warum insistieren Sie beispielsweise auf der Tatsache eines besonderen polnischen Hangs zum Alkohol? Ich persönlich halte ihn für eine Legende. Ich bin lange und oft genug in Polen gewesen, um das mit einiger Berechtigung sagen zu können. Außer bei meiner ersten Reise, wo mir ein- oder zweimal eine wodkaselige Person in den Weg trat, habe ich in Polen keine Betrunkenen gesehen oder jedenfalls keine betrunkenen Polen. Ich weiß nicht, wer dieses Resultat vollbracht hat: der rührige Blaukreuzverein oder die staatliche Preispolitik oder beide. Und in Frankreich rede man von einem besonderen polnischen Grad der Trunkenheit? Lieber Karol: ich habe die Wermutleichen unterhalb des Pont-Neuf an der Seine liegen sehen, am späten Nachmittag und am frühen Morgen. An den Weichselpromenaden sah ich dergleichen nicht. Dort gab es bloß Liebespaare und Maler.

Trotzdem hält sich die besagte Legende, im Ausland, aber auch in Ihrem Lande selbst. Neulich besuchte mich daheim einer meiner polnischen Übersetzer. Ich habe mittlerweile deren sieben oder acht. Dieser trat in meine Wohnung mit den Worten: Ich bringe Ihnen polnische Blumen mit; dabei stellte er eine Flasche Wodka auf den Tisch. Er selbst trank dann keinen Tropfen. Etwas später besuchte mich ein anderer Übersetzer. Er ist eigentlich Lyriker, aber überhaupt und eigentlich ist er Betriebsökonom und leitet eine Fabrik zur Herstellung von kommunalen Nutzfahrzeugen in der Wojewodschaft Poznań. Er klagte über den negativen Einfluß der Wässerchen auf Arbeitsdisziplin und Betriebseffektivität. Als ich genauer nachfragte, sagte er mir, es gebe da einzelne Fälle, die suche es eben heim, einmal in einem Vierteljahr. Du lieber Gott! Ich erwiderte, er solle sich doch am Freitagabend in die Berliner S-Bahn setzen, da röche es wie in Kellern alter Brauerein. Er blickte mich traurig an. Er glaubte mir nicht. Er meinte wohl, ich, ein höflicher Mensch, wollte bloß sein nationales Trauma lindern.

Und sogar Kazimierz Brandys, dessen intelligenter Schreibkunst ich sonst widerstandslos erliege und dessen «Briefe an Frau Z.» ich mir als eine Art Baedeker durch die polnische Seele halte, er nennt den Alkoholismus eine polnische *specialité de la maison.* Ich habe das erwähnte Buch bei mir und finde zum Thema eine ganze Epistel und darin Sätze wie diesen: «Der göttliche Trank fließt bei uns in breiten Strömen – ein Samstagabend, Regen, November, die eintönige Umgebung ... Da kann jeder eine heilige Kuh werden.» Nämlich, er meint, der Betrunkene gelte im allgemeinen polnischen Bewußtsein als eine solche: kraft toxischer Entrückung der Gnade ein Stück näher. Das aber schreibt einer, der die Clochards im Fuseldunst hat liegen sehen wie ich und der auch darum eigentlich wissen müßte, daß es sich hier um ein ärgerliches Weltphänomen handelt. Polen allein scheint zu glauben, es besitze ein Monopol darauf.

Ich bin so lange bei diesem Gegenstand geblieben, da er als Beispiel recht aussagekräftig ist. Ich hätte sicher ebensogut ein anderes wählen können. Es scheint mir jedenfalls aus den wiedergegebenen Äußerungen soviel deutlich; alles, was man tut und denkt in Polen, geschieht in dem Bewußtsein, ein Pole zu sein, und gleichzeitig wird dieses Bewußtsein ständig problematisiert. Die zweite Tatsache macht die erste nicht nur erträglich, sie macht sie geradezu sympathisch. Ist sie aber, ich wage die Frage, naturnotwendig, und wird in dieser anrührenden seelischen Dialektik nicht viel zuviel Energie verpulvert? Aber ja: ich kenne ein wenig die polnische Geschichte und weiß von der historischen Leistung des polnischen Nationalgefühls. Ich weiß, Sie verdanken ihm Ihre staatliche Existenz. Ohne dasselbe wären Sie assimiliert worden wie, in Ihren Breiten zu bleiben, die Pruzzen und die Livländer. Sie wurden es aber nicht, und da Ihr Staat nun ist, und zwar unzweifelhaft, wieso bedürfen Sie der einschlägigen Emotionen noch, jedenfalls in dieser quälerischen Form?

Gut, ich weiß auch: Konventionen solcher Art lassen sich nicht einfach abtun und wegwerfen wie ein alter Strumpf. Sie sind halt da. Ständige und anstrengende Balance zwischen Inferioritätsgefühl und Selbstüberhebung. Wobei, wenn das erste fehlen würde, bloß noch dummer Chauvinismus übrigbliebe, den keiner will.

Andererseits und rundheraus: ich finde jenes Inferioritätsgefühl überflüssig. Ist, was sich Ihr Land geschaffen hat, des Vorzeigens denn nicht wert? Wie, Sie haben noch nicht jenen materiellen Sättigungsgrad, wie er beispielsweise in meiner eigenen Heimat herrscht und zu Zeiten ganze Karawanen kaufwütiger Polen in Marsch auf das Berliner Warenhaus *Centrum* setzte? Lieber Karol, wir haben hundert Jahre mehr an industrieller Routine auf dem Buckel, das möchte sich wohl auszahlen, aber es ist nicht unser unmittelbares Verdienst noch Ihre unmittelbare Schuld, daß es sich so verhält. Denken Sie an die polnischen Zustände vor einem Menschenalter. Ich stehe nicht an, was inzwischen passiert ist, ein Mirakel zu nennen: ein humanes natürlich, erklärbar mit der dürren Polit-Formel vom vergesellschafteten Mehrwert.

Er hat sich ausgezahlt. Er wird sich weiter auszahlen. Niemand identifiziert mehr polnische Ökonomie mit der Hafermastgans, auch wenn die Zulassungsziffern für private Kraftwagen noch nicht das Niveau anderer europäischer Länder erreichen. Eine höchst problematische Glückserwartung, wie ich anmerken darf; ich will einmal mit Ihnen an einem Werktagsabend gegen fünf die Frankfurter Allee in Berlin-Lichtenberg hinabfahren; ich verspreche: es wird Ihnen bange werden vor so viel Blech, Lärm, Streß und schlechter Atemluft. Vielleicht werden Sie es dann ganz in der Ordnung finden, daß Polen weniger Automobile und mehr Theater hat als wir.

Er hat gut reden, werden Sie sagen, er fährt, wenn es ihn ankommt, trotzdem. Da haben Sie recht. Ich bin in Sachen Pkw bloß ein egoistischer Teilnehmer und müßte die einschlägige Futurologie den Sachkennern überlassen. Auch in Sachen Polen bin ich natürlich bloß ein Amateur, aber mit dem jungfräulichen Eifer eines ebensolchen möchte ich gerne von mir geben, was ich weiß und besser zu wissen meine. Ich hatte als Student einen akademischen Lehrer namens Victor Klemperer. Ich liebte ihn sehr. Er war Jude und durch die Hitlerei gekommen mit einem gelben Stern vor der Brust, denn er hatte eine nichtjüdische Frau, die zu ihm hielt. In dieser Zeit des Nichtstuns und der Qual (die Nazis hatten ihm mit einer Eisenstange die Schulter zerschlagen) war er unter anderem beschäftigt gewesen mit Nachdenken über die sprachlichen Ausdrucksformen jener Zeit. Da fand er und brachte es uns später auch so bei, daß die Reduktion eines Volkes auf den personalisierten Singular – Paradigma: unter den Europäern ist der Franzose am leichtlebigsten – stilistischer Faschismus sei. Ich bin überzeugt, er hat damit recht. Es gibt den Franzosen und den Deutschen und den Polen nicht. Es gibt auch nicht die Deutschen und die Polen in synonymer Verwendung. Die Veränderung ist bloß grammatisch. Gibt es aber so etwas wie einen Nationalcharakter, und ist er angeboren wie die Farbe von Haut, Haar und Auge?

Da ist etwa die Rede, die Polen seien allesamt Individualisten; drei Polen zusammen ergäben fünf verschiedene Meinungen. Mir sind fünf verschiedene Meinungen lieber als gar keine; Meinung setzt immerhin Denken voraus. Was aber ist ein Individualist? Ist er etwas grundsätzlich anderes als eine Persönlichkeit? Die akzeptiere ich gerne, und Solidaritäten werden damit nicht ausgeschlossen, im allgemeinen nicht und nicht im besonderen polnischen Fall, wofür das geschichtliche Beispiel spricht. Edward Gierek und die Mitglieder der PVAP, sind sie Individualisten? Jedenfalls sind sie Leninisten, und das entscheidet. Zweifellos existiert so etwas wie eine polnische Tapferkeit. Man hat sie in der Vergangenheit oft genug erlebt, man hat sie auch in der Variante des Verzweiflungsmutes erlebt, endend in der schönen tragischen Gebärde. Ein Hauch von Tollkühnheit war meist dabei. Er machte Ihnen Ehre. Nun aber denke ich an zwei Ereignisse der jüngeren Zeit: die Unruhen von Poznań im Jahre 1956 und die Konflikte in Gdańsk im Jahre 1970. Was da gewollt wurde und wie man schließlich auseinanderkam, scheint mir von einer so beispielhaften Vernünftigkeit auf beiden Seiten zu sprechen, daß sie die Tollkühnheit alter Prägung einfach aufhebt. Wenn es einen Nationalcharakter gibt, dann ist er jedenfalls mutierbar. Was wohl auch beinhalten muß, daß Nationen mutieren.

Dennoch, dennoch. Ich blättere nochmals nach bei Kazimierz Brandys und lese Anmerkungen wie diese:

«... man muß sich über unsere Landsleute bis zur Weißglut ärgern, und wenn Sie jemandem begegnen sollten, der bei dem Wort ‚Pole' nicht auf der Stelle losbrüllt, dann dürfen Sie sich zu einer neuen Bekanntschaft mit einem Ausländer beglückwünschen. Unser Patriotismus beruht nämlich auf Irritation. Ein Patriot in Polen zu sein bedeutet, sich einem besonderen Zustand von Herzklopfen und krampfhaften Zuckungen auszusetzen, der oftmals zu ernsthaften psychischen Störungen führt ... In letzter Zeit finden wir ein masochistisches Vergnügen daran, uns selbst zu verspotten. Ein Mann wie ich kehrt von einer Reise in den Westen in die Heimat zurück, um sich schleunigst an den Schreibtisch zu setzen und selbstironische Paradoxa zu formulieren über den Nationalcharakter der Polen, über die idiotische Rhetorik polnischer Gesten und darüber, wo uns Europa mal kann ... Wir sind die slawische Madame Bovary – quälendes Verlangen nach der großen Liebe und die Bereitschaft zu Wahnsinnstaten unter ungünstigsten Bedingungen. Ein Unglück zwar – doch welch Elan!»

Ich kann derartiges nicht ohne innere Bewegung lesen, denn in etwa ähnliche Töne kenne ich aus meinem eigenen Land und dessen schöner Literatur. Ich muß da bloß Heine aufschlagen oder Heinrich Mann; es ist: auch wir, die Deutschen, tragen an unserer nationalen Crux, bloß daß in einigen Perioden unserer Vergangenheit die Intellektuellen den Ausschließlichkeitsanspruch auf reflektierende Selbstkritik besaßen, während der Rest der Bürger- und Kleinbürgernation sich im Vollgefühl deutscher Überlegenheit wußte und zu schrecklichsten Taten anhub.

Heute, wo es mit der alten deutschen Nation im argen liegt (aber zu welcher Zeit war das eigentlich, so oder so, nicht der Fall?), kommen mir, sitzend auf dem Warschauer Flughafen, höchst persönliche und beunruhigende Gedanken. Ich fürchte, was ich bisher so unter Nation verstanden habe, ist ein Begriff aus der bürgerlichen Staatsrechtsphilosophie und eine geschichtliche Kraft nur so lange, als sich das bürgerliche Zeitalter mit seinen Organisationsformen ins Benehmen setzt. Die Völker werden heute durch Klassenkämpfe determiniert. Sieht man genau hin, wurden sie das eigentlich seit eh und je. Wir haben den Begriff und die Praxis des Internationalismus. Definiert sich von daher nicht auch die Eigenart der Nation völlig neu?

Mir ist bewußt, daß ich mich mit diesen soeben verkündeten Sprüchen zu Nation und Nationalbegriff in tiefen Widerspruch setze zu allem, was ich selber an Polen mag, was unzweifelhaft besonders, polnisch und also wieder in meinem herkömmlichen Sinne national ist. Vielleicht projiziere ich mit meiner respektvollen Liebe Ihrer Eigenarten nur ein in tieferen Schichten meiner Seele nistendes Leiden *in natione;* kalt und abgebrüht durch die geschichtlichen Selbstzerstörungen des Territoriums meiner Herkunft, sehe ich das Ihre im Stande einer stolzen, zweiflerischen, jedenfalls kindlichen Unschuld und erwärme mein Herz daran.

Vielleicht ist es so.

Vielleicht ist es nicht so.

Vielleicht taugt einer wie ich auch nicht zu grundsätzlichen Erwägungen solcher Art, er sollte sich lieber, wie es sein Geschäft ist, ans sinnlich Konkrete halten. Mir fällt ein, ich könnte einmal etwas über Polen schreiben, ein Essay oder ein Büchlein. Nicht über das ganze Polen, das ich gar nicht kenne, aber beispielsweise über Poznań und Kraków und Warszawa als die Städte, die alle zweimal Hauptstädte waren: zu Zeiten des ungeteilten Polen und zu Zeiten der Teilung. *Polens Hauptstädte:* wie klingt das? Ich finde, es klingt zumindest überraschend.

Der Lautsprecher ruft die Maschine aus, mit der ich fliegen will. Am Nebentisch erheben sich einige Herren, die sich durch herzhaftes Sächsisch als meine unmittelbaren Landsleute zu erkennen geben. Im Tone höhnischer Selbstüberhebung äußern sie sich über irgendeine polnische Unzulänglichkeit. Ich hätte Lust, zu ihnen zu gehen und ihnen tätlich die Meinung zu sagen. Aber ich bin in körperlichen Dingen feige und beruhige mich damit, daß Rempelei kein Argument der Überzeugung ist. Ich fürchte, ich werde etwas über Polen schreiben *müssen.*

Ich nehme mein Handgepäck, bestehend aus einer vier Tage alten *Gazette de Lausanne* und zwei Trachtenpüppchen aus Zakopane, für meine Kinder: letzte Einkäufe im RUCH-Kiosk der Flughalle. An einem anderen Nebentisch schläft vornübergebeugt ein junger Mann. Seine Zigarette qualmt im Aschenbecher. Sein Kofferradio ist eingeschaltet; im Lautsprecher klingt blechern ein Klavier: nicht Chopin, sondern, kann ich meinen Ohren trauen, Oscar Peterson. Ich muß mich korrigieren: auch diese Halle ist polnisch bis ins stählerne Mark seiner Träger. Ich fühle große Melancholie. Lassen Sie sich die Hand drücken, lieber Freund.

Sehr herzlich

Ihr

Rolf Schneider

Max Walter Schulz

Foto: Barbara Meffert

Geboren 1921 in Scheibenberg/Erzgebirge. Sein Vater war Handlungsge-
hilfe. Er besuchte die Volks- und Aufbauschule, dann war er fünf Jahre lang
Soldat. Nach dem Krieg studierte er Pädagogik in Leipzig (1946–1949) und
wurde Lehrer. 1957 begann er sein Studium am Institut für Literatur Johannes R. Becher in Leipzig. Dort wurde er Assistent, Dozent und 1964 Direktor des Instituts, eine Position, die er noch heute innehat. Er ist Roman-
schriftsteller und Essayist, wohnhaft in Leipzig. Im Herbst 1981 war er
Gastschriftsteller an der University of Kansas, USA.

Werke:

Wir sind nicht Staub im Wind. Roman einer unverlorenen Generation (1962); Stegreif und Sat-
tel. Anmerkungen zur Literatur und zum Tage (1967); Das Märchen von der Prinzeß Lavendel
(1969); Der Ochsenweg (E, 1970); Die Brücke (E, 1971); Lea (E, 1972); Triptychon mit sieben
Brücken (R, 1974); Der Soldat und die Frau (E, 1978); Pinocchio und kein Ende. Notizen zur
Literatur (1978); Das kleine Mädchen und der fliegende Fisch (K, 1978); Die Fliegerin oder
Aufhebung einer stummen Legende (E, 1981).

Worin sehen Sie das Ziel Ihrer literarischen Arbeit? Halten Sie es für erreichbar?

Man muß wissen, welche Zwecke man verfolgt, das gilt für jeden Schriftsteller. Ich sehe das Ziel meines Bemühens und dieser Arbeit darin, etwas
zu sagen, oder etwas zu sagen zu haben, was den Leuten etwas bedeutet, was
ihnen eine mittelbare Lebenshilfe sein könnte, aber wirklich nur eine mittelbare. Die Absicht, die man hat, wird ganz anders von den Lesern aufgenommen. Jeder macht mit dem Buch etwas Eigenes. Die Leute sagen: «Das
hast du gemeint», obwohl ich es nicht genauso gemeint habe, aber vielleicht
habe ich es doch gemeint. Das ist das Erstaunliche, daß sich die Absicht eines Buches, wenn sie gelingt, vervielfältigt, multipliziert oder potenziert in
der Aufnahme durch den Leser. Plötzlich wird eine sehr subjektiv angefaß-
te Sache von vielen Menschen geteilt, als wäre sie ein Stück ihres eigenen
Lebens. Wenn man das erreicht, glaube ich, hat man das erreicht, was Literatur zu bestimmter Zeit erreichen kann: eine möglichst umfassende,
subjektive, der Wahrheit verpflichtete Aussage über die eigene individuelle
Existenz und die dazu gehörende gesellschaftliche Wirklichkeit.

Der Läufer

Es sind aber keine Läufer zu sehen. Nicht ein einziger ist zu sehen. Das spiegelglatte, gestreckte Oval der Bahn gleißt abstinent in der Sonne. Man ist ein bißchen enttäuscht in der Gruppe, die da heraufgefahren ist, auf über sechzehnhundert Meter, und schließlich mit dem Bus. Trotzdem: die Anlage beeindruckt. Ein übriges tun die Steilhänge des Ala-Tau, braunes Gestein, dunkle Kiefern. Dazu das Licht, dieses unwahrscheinlich durchsichtige Licht. Und der Wasserstaub auf der Zunge. Höher voraus schießt das Wasser mannshoch aus einem Sprengloch und stürzt eine kurze Strecke ab. Einheimische berichten von Rekorden, Landesrekorden, Weltrekorden, die hier, im Medeo-Stadion, aufgestellt und überboten wurden. Auch vom Schlammstrom berichten die Einheimischen, der Katastrophe vor wenigen Jahren. Gainekken, die Kasachin, noch klüger als schön, was sie besonders schön macht, übersetzt für Krauthahn ins Deutsche. Der Gast aus der Bundesrepublik Deutschland, drei Schritte entfernt, bedient sich seines eignen, eigens ihm zur Verfügung gestellten Dolmetschers. Helén gesellt sich zu Gainekken und Krauthahn. Helén aus Guinea-Bissau. Sie versteht etwas Deutsch. Vor zwei Jahren ist sie zu einer Augenoperation in der DDR gewesen. Danach sechs Wochen zur Erholung. Auch nur Schritte weiter könnte sie die französische Übersetzung haben. Helén sagt: damit hier wenigstens ein Mensch exercise macht. Sie ist ganz exotisch. Ganz und überhaupt.

Die Berichte der Einheimischen weben Geschichtliches in die Ansicht. Krauthahn möchte die Traversen hinabsteigen und die Hand auf die Eisbahn legen. Nicht, weil ihm wegen Gainekken und Helén heiß wäre, das gesteht er sich nicht ein. Gesteht sich nur seinen Tik, erhalten gebliebene Zeugnisse der Geschichte, Bauwerke, Steine, Waffen, Münzen, Hausrat, Kleider, Hüte, Straßen und was da alles vorkommt, mit den Händen zu betasten, mit den Sohlen zu erspüren. Wie sollte es ihm da schwerfallen, das leere Stadion erfüllt zu hören von Anfeuerungsrufen, von den Schreien der erregten Spannung, dem Tosen des Beifalls, dem Stöhnen der Enttäuschung. Und wenn er die Augenlider zum schmalen Schlitz zusammenkneift, sieht er auch die Läufer: Wie sie sich mit quergestellter Stahlkufe von der Startlinie abdrücken, wie sie mit Beinen und Armen weit ausgreifen, zu gleiten beginnen, den Oberkörper neigen, die Hände auf dem Rücken verschränken, den Blick freihalten für die Bahn und den Gegner. Die Läufer sind aber ein Läufer für ihn, ein einziger: der Einzige. Der Einzige geht die lange Gerade vom Start weg nicht sehr schnell an. Als habe er noch einen Schlitten zu ziehen. Auf der halben Geraden befreit er sich von der Zuglast, wird schneller, unglaublich schnell schneller. Geht genau auf der Innenlinie in die Kurve, wird noch schneller, phantastisch schnell, erreicht auf der Gegengeraden Lichtgeschwindigkeit: seine Normalform. Löst sich auf in Geschwindigkeit, in Luft, in diesem unwahrscheinlich durchsichtigem Licht.

Gainekken sagt, der September sei heiß dieses Jahr. Die Bahn vielleicht zu weich für die Asse. Sicher trieben die Asse Ausgleich in anderem Sport, wenn nicht an ihren Arbeitsplätzen. Schließlich bleibt Krauthahn allein auf den Zuschauer Traversen zurück. Er hat sich auf eine der langen, rückkenlosen Bänke gesetzt. Die anderen, Teilnehmer des Kongresses wie er selbst, steigen noch eine steile Schneise hoch. Sie wollen sich den Schutzdamm ansehen. Er fühle sich heute nicht ganz wohl, hat er gesagt. Die anderen haben ihm höflich geglaubt. Wie eben ein internationaler Kongreß höchste Rücksicht auf besondere Wünsche und Meinungen seiner Teilnehmer zu nehmen pflegt. Helén hat auf Französisch gesagt, das Kollektiv gewähre ihm die Gnade des Alleinseins. Es sei vernünftig, wenn sich jemand, dem eine lange Nacht bevorsteht, schon am Tag darauf konzentriert. Danach war Lachen ausgebrochen, freundliches wie gefälliges Lachen. Alle wußten es doch: dieser Delegierte mit dem fast peinlich deutschen Namen Krauthahn vermerkt heute seinen einundfünfzigsten Geburtstag. Ein Russe, der mit diesem Delegierten offenbar auf freundschaftlichstem Fuße steht, hatte seinen Glückwunsch am Morgen, während des Frühstücks im Hotel, in einen lauten Hahnenschrei gekleidet. Inzwischen war des Glückwünschens genug getan. Krauthahn hatte den Gnadenerlaß Heléns mit belacht. Etwas gezwungen schon. Gainekken war in der Übersetzung aus dem Französischen in ein promptes, sprichworthaftes Russisch nicht weitergegangen, nicht ins Deutsche weitergegangen. Hatte getan, als ob er ohnehin verstanden hätte. Er hatte nichts verstanden. Aber nur blöd war sein Mitlachen auch nicht gewesen. Er sitzt auf der langen Bank und denkt, Helén hat irgendetwas auf ihrer Spezialfrequenz gesendet. Wahrscheinlich etwas von der Art jener Bemerkung, die sie während einer Kommissionssitzung machte: Der Politik der internationalen Entspannung müsse die Kultur der internationalen Enthemmung folgen. Nur der Pressebericht hatte Schwierigkeiten mit dem im übrigen ausgezeichneten Empfang auf dieser Frequenz. Diesmal aber auch Gainekken? Nichts vermöchte der männlichen Eitelkeit dieses Einundfünfzigjährigen mehr zu schmeicheln als der Gedanke, zwei schöne jüngere Frauen könnten seinethalber aufeinander eifersüchtig sein. Im übrigen hat er nicht gelogen. Ihm ist nicht ganz wohl: Ihm ist, als hätte er kaltes Fieber, gelinden Schüttelfrost, Gainekken ist Ärztin, Internistin. Sie hätte es bemerken müssen. Sonst bemerkt sie sogar, wenn ihm die Füße wehtun, ohne daß er sich's anmerken läßt.

Krauthahn sieht die anderen weit über sich. Sie steigen und klettern quer zum steilen Hang durch Felsgeröll. Manchmal hört er Rufe, die das Echo wecken wollen. Das Echo bleibt aus. Die Stimmen tragen aber weit. Er hört genau: es ist Heléns Stimme, die seinen Namen ruft. Er hört ihn verzerrt, genau. Zum ersten Mal in seinem Leben schämt er sich, daß er Krauthahn heißt. Ganz heiß schämt er sich. Und ist zugleich wütend auf sich, daß er sich seines Namens schämt, ihn widerrufen möchte, hier wo die Stimme weit trägt. Es ist nur gut, daß Gainekken jetzt nicht mit ihm spricht, daß er ihre Stimme jetzt nicht hört, daß sie jetzt fragt, was ihm heute fehlt. Er winkt hinauf. Er winkt Helén.

Erst vor wenigen Jahren war der Schlammstrom über den Schutzdamm getreten, hatte sich talwärts gewälzt, auf die Stadt zu, auf Alma Ata, auf den Vater des Apfels, hatte die Stadt in Kilometerbreite durchquert, gierig verschlungen, was sich ihm in den Weg stellte. Als die anderen fortgingen, ihn allein zurückließen, hatte sich Helén bei Gainekken untergehakt. Gainekken nahm das Bündnis an. Krauthahn empfängt Signal aus seinem Bildungsgedächtnis. Erinnert sich des oberdeutschen Wortes für Schlammstrom: Mur, die Mur. Morsch soll damit zusammenhängen. Und Moräne. Und das griechische marainein: Welken, vgl. Marasmus, die Altersschwäche. Er lacht laut auf, als wollte er jemand zum Mitlachen animieren. Es ist doch aber niemand da. Ist aber doch einer da. Der eine ist da, der Einzige, der Läufer. Der hat eine Stimme wie kochender Schlamm. Der sagt: «Mach' dich nicht lächerlich vor den Weibern, du Idiot! Das Weib braucht Publikum. Ständig Publikum, das schmilzt, das weint, das lacht, rast, das auf die Bühne springt. Nicht zu zeitig, nicht zu spät: genau im Augenblick, in dem die Knospe knallt. Das ist der Jugend Ewigkeit! – Die ganze Zeit behielt ich dich im Auge. Ach, Krauthahn, Krauthahn! Du hast dich schlecht plaziert, die ganze Zeit in dem Theater. Und mich – mich hast du einen nachläufigen Hund gescholten. Jedesmal nach Schluß der Vorstellung. Draußen auf der Treppe. Wenn du alt ausgesehen hast. Wie jetzt – wie jetzt . . .»
Der Einzige lacht auch wie kochender Schlamm. Krauthahn hält inne mit dem lauten Gelächter in diesem leeren Amphitheater. Der eingebildete Laffe muß sich schon früher eingefunden haben. Jetzt schnürt er den zweiten seiner Laufschuhe auf. Ächzt ein bißchen, weil er sich dabei tief bücken muß. Krauthahn friert. Zieht den offnen Sommermantel, Hände tief in die Taschen gerammt eng um den Körper. Der Einzige sitzt neben ihm. Von seinem Gesicht sieht Krauthahn nichts. Sieht nur den gekrümmten Rükken, das glatte Gewebe der enganliegenden, windschlüpfrigen Laufkleidung, zwei Fingerbreit den Nacken mit dem Haaransatz, dem mischfarbenen, schwarz und grau. Die Laufkappe drüber, die glitzernde hochgerollt an den Seiten. Ohren groß und graubehaart. Und zäh im Fleisch der ganze Kerl. Ein Vaterunser könnt man dem nicht ohne weiteres durch die Rippen blasen. Schon gar nicht jetzt, wo einen friert. «Jetzt kommt die Zeit», sagt Krauthahn prophetisch düster. Der Einzige kräht: «Was für eine denn? Du hast noch welche.» Krähen kann der Einzige auch. Krähen wie der Hahn, wenn die Hühnerhaltung Schlachtmesser schleift.

«Die Zeit der Umstellung», sagt Krauthahn. «Auf Einstellung, auf kurzen Schlaf und lange Falten. Auf, was man trostreich Weisheit nennt.» «Jedem kommt endlich die Zeit, wo der Grips die Kraft versetzt. Mußt dich einrichten, Krauthahn. Mußt die Suppen, die du dir einzubrocken nicht umhin wirst können in der Perspektive, besser würzen, einfach besser würzen. Kluge Leute konzentrieren sich wirklich am hellerlichten Tag auf die lange Nacht.» Kauf dir Jeans, Felix! Wenn du erst mal sagst: Raus aus den Jeans, endgültig rein in die Kartoffeln! – dann bist du endgültig alt.» Und jammern kann der Einzige auch: «Sieh doch mal her die Knöchel! Alles ringsum geschwollen von dem ewigen Hinterdirlaufen. Deine Niedertreter, wenn du die mir mal leihen würdest.» «Edith soll sie dir geben. Aus dem Schuhregal hinter dem Vorhang.» «Du weißt doch, Edith macht das nicht. Sie hält so ungeheuer viel von deinen Hausschuhen. Früher, ganz früher, da war sie mal ganz anders.»

Laufen kann der Läufer. Und an das, was er sagt, muß er sich nicht halten. Es will ihn doch keiner. Er ist also gleich wieder da und fährt ungeniert in Krauthahns niedergetretene Kamelhaar-Hausschuhe. Jetzt sieht Krauthahn auch das Gesicht des Einzigen. Es kommt ihm irgendwie sehr bekannt vor. Er macht sich keine Gedanken über dieses lange, bekannte Gesicht. Seiner widerwärtigen Empfindung nach trägt der Läufer ein blasses, elegantes Schabocksgesicht zur Schau. Danach zu urteilen, wie er die Stimme wechseln kann, wird er auch das Gesicht wechseln können. Die glitzernde Laufklappe hat eine angeschnittene Spitze, die dem Laffen fast bis an die Nasenwurzel reicht. Das fällt auf. Jetzt verschränkt er die Arme über der Brust. Wie in Vorbereitung eines gemütlichen Plausches. Dann sagt er, Krauthahn scharf fixierend: «Mit welcher denn, mon cher camerade? Mit welcher denn heute Nacht mal kurz, mal lang?»

Krauthahn friert. Helén ruft schon lange nicht mehr. Dem Kuckuck fällt es auch nicht ein. Nur der nachläufige Hund sagt unsägliche Dinge: «Ich sage dir, Krauthahn, du Hahn über alles Kraut und Gras auf der Piste deines Lebens: du hast wirklich allen Grund, dich deines Namens zu schämen. Ich sage dir, du bist nicht du, so wie du lebst. Du bist dir nur ähnlich. Gemütvoll, ähnlich, du Niedertreter deiner Hausschuhe! Wenn du dich entschließen könntest, endlich zu dir zu kommen, hättest du noch viel vom Leben . . .» Als die anderen zurückkommen, sagt Krauthahn zu Gainekken: «Nein mir fehlt gar nichts. Es ist wirklich nichts. Mir tun nur die Füße ein bißchen weh.»

«Heute abend Empfang des Gebietskomitees», sagt Gainekken. Mitleidlos.

200

Helga Schütz

Foto: Wolfgang Gregor

1937 in Falkenhain im Bober-Katzbachgebirge (heute Polen) geboren. Ihr Vater war Metallformer, ihre Mutter Lagerarbeiterin. 1944 übersiedelten sie nach Dresden. Sie erlernte den Gärtnerberuf und besuchte 1955-1958 die Arbeiter-und-Bauern-Fakultät in Potsdam. Danach arbeitete sie als Dramaturgin an der Hochschule für Filmkunst in Potsdam-Babelsberg (1958–1962). Sie schrieb Drehbücher und Szenarien für Spiel-, Dokumentar- und populärwissenschaftliche Filme der DEFA. Helga Schütz ist bekannt als Erzählerin und Filmautorin. Sie lebt heute in Ost-Berlin.

Werke:

Lots Weib (F, 1966; zusammen mit Egon Günther); Vorgeschichten oder Schöne Gegend Probstein (En, 1971); Polenreise (E, 1972); Das Erdbeben bei Sangerhausen (En, 1972); Festbeleuchtung (E, 1974); Die Schlüssel (F, 1974; zusammen mit Egon Günther); Die Leiden des jungen Werthers (F, 1976); Jette in Dresden (R, 1977); Mädchenrätsel (R, 1978); Addio, piccola mia (F, 1979); P.S. (F, 1979); Ursula (F, 1979); Julia oder Erziehung zum Chorgesang (R, 1981); Verbriefte Liebe (Hsp, 1981); Martin Luther (E, 1983).

Worin sehen Sie das Ziel Ihrer literarischen Arbeit? Halten Sie es für erreichbar?

Ich habe kein Ziel. Mein Ziel ist erreicht, wenn ich eine Arbeit abgeschlossen habe und endlich Zeit habe für die nächste. Müßte ich trotzdem ein Ziel formulieren, würde ich vorläufig sagen: Mein Ziel ist, die Verantwortung, die ich für alles, was unter Menschen geschieht, empfinde, ein bißchen von mir auf breitere Schultern abzuwälzen. Ich halte das Ziel mit gesundem Pessimismus für nicht erreichbar, und eben deswegen habe ich eigentlich keins.

Berlin 17 Uhr

Der Kiefernwald hinter den Bahndämmen macht feuergefährlich dürre Figur. Die Sonne hat die Zweifel am Sommer Diesjahr in Mitteleuropa endlich aufgehoben und auf andere ungewisse Dinge im Leben verschoben, auf die vagen Chancen bei der Fußballweltmeisterschaft zum Beispiel und auch beim Ruderfinale können wir eines Sieges nicht sicher sein und die Abschlußzensuren stehen noch in Mathematiklehrerslaunen, auf den Fisch in der Pfanne haben wir uns gewiß zu früh gefreut, wer weiß, welche Enttäuschung am Haken zappelt.

Am Sommer läßt sich nun nicht mehr rütteln. Er ist da und alle Fahrten- und Wanderlieder gelten. Am gründlichsten kehrt er im märkischen Kiefernwald und in den Schnellzügen ein. Die Gepäckablagen quellen über von Strickjacken, Mützen und Kinderstrumpfhosen, von all dem Zeug, das man statthaft abtun kann. Übrig bleibt im Zugwind der offenen Fenster der kurzärmlige Urlaubs-, Besuchs-, Dienst- oder Geschäftsreisende mit wirrem Haar, Schweißperlen auf der Stirn und Sehnsucht nach kalten Getränken. Der Sommer ist da. Im D-Zug Dresden-Berlin gibt es hinter Großenhain weder Brause noch Bier. Getränke ausverkauft. Das ist der Sommer.

Ein Sommertag in Berlin. Wir Sebnitzer reisen draufzu und haben erst einmal gar keine Zweifel, zweifelsohne zweifellos. Zweifelsfrei.

Wir behaupten zwei Fensterplätze.

Roland heißt Roland wie sein Vater und Boris heißt Boris. Boris lümmelt zum Fenster hinaus.

Ein Glück! Und das will mehr sagen als ein Wort, es soll ein ganzer Satz sein, und der Satz soll viel weniger bedeuten als das einsame große Wort. Ein Glück, so in den Fahrtwind gesprochen heißt das: Ein Glück, daß deine Mutter die WOCHENPOST mitgebracht hat. Rolands Mutter arbeitet als Köchin im Ferienheim Hohenstein und bringt jeden Montag die ausgelesenen Zeitschriften mit nach Hause für Rolands Vater, damit er über die Woche Beschäftigung hat. Seit einer verschleppten Kinderlähmung muß er im Rollstuhl sitzen. Er wickelt Kunstblumen in Heimarbeit und versorgt den Sohn und, so gut es geht, auch den Haushalt.

Ein Glück! Boris winkt den Radfahrern an der Bahnschranke.

Roland hat die Annonce aus der WOCHENPOST ausgeschnitten. Der Mutter will es nicht gefallen, daß er sich mitten in der Woche vom Betrieb einen freien Tag erbittet, um nach Berlin zu fahren und außerdem:

Für den einen Tag, das viele Fahrgeld! Aber der Vater hilft sich wieder mit Gutmütigkeit über die ewige lila Schwertlilienseide und den grünumwickelten Blumendraht und das Stillsitzen und die Einsamkeit:

Laß ihn laufen, er hört ja sowieso nicht auf uns!

Alles im Guten.

Boris' Eltern müssen nicht viel reden. Du hältst dich raus! Aber das versteht sich längst von allein. Boris macht Berufsausbildung mit Abitur, und er will später einmal studieren.

Roland lernt Landmaschinenschlosser, er hat die Hände etwas freier und die Haare ein Stück länger. Die wäscht er täglich und läßt sie ungekämmt trocknen. Das ergibt diese wolkige schwarze Auriole, die ihn himmelhoch über Sebnitz hinaus hebt in Richtung Jimmy Hendrix ungefähr. Seit Pfingsten läuft für Roland in BILD UND TON eine Anmeldung auf ein Phonogerät aus der ČSSR. Boris spart für einen anständigen Stereo-Kassettenrecorder mit Batterie und Netzanschluß. Seine Eltern arbeiten im Kreiskulturhaus. Vater als Leiter. Mutter als Bibliothekarin.

Von mir kriegt er keine Entschuldigung! sagt der Vater.

Die Hemden haben sie ausgezogen. Sie tragen ihre knappen blauen Jacken auf der nackten Haut. Eine Hitze ist das.

Elsterwerda. Doberlug. Zossen.

Und dann die gelbroten S-Bahnwagen. Du bist in Berlin. Berliner Luft, nun gelten andere Lieder, nun, da wir in Kürze ankommen werden, gilt neuer Gleichmut. Roland trägt zweihundert Mark über dem Herzen und Boris hat Hundert abgehoben. Es soll in Berlin einen ganz legalen Laden geben, wo man für unser Geld Lizenzlevis kaufen kann, echte mit Nieten und rotem Firmenschild. Eine staatliche Einrichtung. Aber das nur nebenbei. Die Hauptsache ist, wir sind Punkt siebzehn Uhr an Ort und Stelle. Wilhelm-Pieck-Straße Hundertundzweiunddreißig erster Stock, Lademann. Roland steckt den Zeitungsausschnitt in die Personalausweishülle. Ist heute wirklich Donnerstag? Donnerstag, der zwölfte Juni, kein anderer Tag, ein Sommertag zudem, und wir haben den Berliner Ostbahnhof erreicht. Die Turnschuhe federn über den Fernbahnsteig. Roland spannt die Brust und fühlt seinen Ausweis und das Geld. Er hätte gerne nach dem Wege gefragt. Wie lang gehts zum ALEXANDERPLATZ? Aber Boris geht straks voraus. Er hat die Stadt ohne Frage im Griff. Ohne fremde Hilfe. Drüben den S-Bahnsteig und die näselnde Lautsprecherstimme und den Kiosk. Erst einmal eine Rolle Sportkeks kaufen. Dann weiter, zum anderen Bahnsteig, die Erde ist rund, das spürst du unter den Turnschuhsohlen. Boris hat es mit drei Blicken: Fahrkosten und Fahrzeiten und die Bedienung der halbautomatischen Fahrtausweisentwerter. Wir packen es im Vorübergehn. KAMPF DEM BLUTHOCHDRUCK und REISELAND BULGARIEN und UNSER HIRN UND HERZ FÜR DIE REPUBLIK und CHEMIE HALLE gegen WISMUT AUE und STUNDE DER AKADEMIE und PRESSEFEST und SOLIDARITÄT und WEGEN BAUARBEITEN GESCHLOSSEN!

Träume aus Beton. Ach wenn michs doch gruselte! Schrebergärten haben wir in Sebnitz selber, statt alter Badewanne neuerdings mittelmeerblauer Swimmingpool und die Hochhäuser kennen wir aus den Illustrierten und vom Fernsehen. Aber links, dieses schneeweiße, gewaltig kompakte Gebäude, dieser Komplex, das dürfte der Westen sein! Ach, wenn michs doch gruseln wollte!

Wir schicken unsere Blicke in Straßen und über flache langgestreckte Gebäude. Nirgends die Mauer. Aber weit kann sie nicht sein, denn siehe, es steigen drei braune Fremdlinge zu und nun setzen sich zwei Japaner auf freie Plätze. Die fernste gedachte Linie heißt Horizont, der fernste gedachte Punkt heißt Sebnitz. Und das ist der ALEX. Wir sagen nun diesen kurzen Namen, Alex, nicht Alexanderplatz, und wir fahren weiter, zum Entschluß genügt ein schräger Blick: Dafür haben wir später noch Zeit, den Fernsehturm wird unterdessen keiner wegbefördern. Jetzt erst einmal Fahrt frei bis zum Gehtnichtmehr, wo alle aussteigen müssen. Boris erfaßt es wieder mit einem Blick: Hinter dem undurchsichtigen Glas ist nun aber bestimmt der Westen, der Westen oder Gullivers Intershop. Ach, wenn michs doch gruselte! Let's go! sagt Boris. Richtung UNTER DEN LINDEN. Rückweg gut merken. Die Japaner laufen voraus.

Ich warte an der Keuzung! sagt Boris. Roland geht ins Hotel Metropol. Besichtigen will er, sagt er zum blauen Portier. Aber der sagt: Nur mit Begleitung. Und aufs Klo? fragt Roland. Da drückt der Pförtner ein Auge zu und sagt: Aber ein bißchen MORDIO, junger Mann. Roland sprintet in den fliederfarbenen Untergrund. Hinterher kann er eine Sebnitzer Legende zerstören: Also, Boris, aufs Klo kannste für Ostgeld, sogar die Japaner haben einen Fünfziger von uns auf den Teller gelegt.

Hinten leuchtet die Mauer und dazwischen das Brandenburger Tor. Unsere Blicke huschen über Botschaftsautos und Afrikaner. Wir fügen uns nahtlos ins Weltsozialistenleben. Auf offener Straße ein Eis mit Früchten und Sahne und großem Namen HARWEI. Und gar nicht sehr weit: der Fernsehturm. Wir gehen zu Fuß. Zu Zweit kommt man besser durch alles durch. Sebnitzer Sprüche in Berlin. Hier arbeitet, scheints, keiner, hier sind, scheints, alle unterwegs, zum Eisessen, Kaffeetrinken und Kreuzungenfüllen. Beruf: Fußgänger in Berlin. Den Alex gebrauchen wir als genaue Zwischenstation. Dort kannst du in gepflegter Art alle Viere von dir strecken. Und da klimpert einer auf der Gitarre. Die Melodie kommt uns bekannt vor. Die Aufsicht steht hinter den Ecken und hält Blickkontakt mit ein paar Jungen in karierten Oberhemden. Verbissen gammeln die Karierten mit, gehören dazu und knöpfen die Blicke auf dem Pflaster fest, wenn es um einen kleinlichen Streit geht. Wieder haben ein paar Disziplinlose die Biergläser aus dem Biergarten mit zum Brunnen genommen. Weiße Jacke, rote Ohren und sehr im Recht, so steht der Ober vor den blauen ausgestreckten ausgefransten Beinen.

Wenn sich die Gläser nicht in zwei Minuten auf dem Tresen befinden, sitzen eure Schlipse hinten.

Die Angesprochenen heben die Gläser aus dem kühlen Brunnenwasser, kaltes Bier, wie das schmeckt. Sie nicken dem Ober von unten her gefährlich freundlich zu.

Erst mal austrinken, Alterchen. Greifswald auf dem ALEX. Hier heimisch seit einer reichlichen Stunde, seit Ankunft des Schnellzuges Stralsund-Berlin, der nördlichen Beamtenschleuder. Die Greifswalder lecken sich die Lippen. Weiß und allein steht der Ober auf dem sonnenheißen Platz, steht über allem und wirft einen sehr kleinen grauen Schatten. Gemessen, ohne Wind zu machen, nimmt er den Kellnerblock aus der weißen Jacke und drückt die Kugelschreibermine.

Die Ausweise! sagt er, sehr ruhig und streng nach der Mode: Ich verlange Ihre Ausweise. Die Greifswalder zucken die Achseln. Da könnte jeder kommen! Die Biergläser auf dem Brunnenrand, diesem bekannten bunten aus Blech. Jetzt geht es um höhere Werte: Beamtenbeleidigung, Vergehen an gesellschaftlichem Eigentum. Die Karierten müssen ihre Blicke vom leeren Beton zum Brunnen kehren. Der Teufel läßt ein blutrotes Tuch vom Centrum Warenhaus herunter wallen und schwenkt es zwischen dem weißen aufrechten Ober und den Greifswaldern. Muskeln spielen vorerst andeutungsweise. Ein legerer Griff nach dem Glas. Ein Achselzucken. Ein schwarzer Kugelschreiber im Anschlag.

Ach, wenn michs doch gruselte! Fürchten ist eine Kunst.

Die Väter aller Zeiten gaben ihren Kindern fünzig Taler mit auf den Weg, damit sie die Kunst für sich lernten. An der großen Landstraße ragen die Galgen und die Vorübergehenden sagen zu den Kindern: Seht ihr, dort ist der Baum, wo Sieben mit des Seilers Tochter Hochzeit gehalten haben. Setzt euch darunter, und wartet, bis die Nacht kommt, so werdet ihr schon das Fürchten oder das Gruseln oder Disziplin oder Einsehen lernen.

Aber die Kinder nehmen die Gehängten zu sich ans Feuer. Dann kommen die Wirte und Könige, die Raubkatzen und übergroßen Männer mit den weißen Bärten. Die Kinder spalten die Ambosse und klemmen die Bärte der Unholde auf einen Hieb ein.

Die Greifswalder und der Ober stehen sich bartlos gegenüber. Roland und Boris lecken ein Moskauer Eis. Die Greifswalder zucken immer noch im Rahmen der Gesetze die Achseln. Da muß es ein Karierter sein, der den Kampf beendet, der packt die Henkel mit einem Griff und schwenkt die Gläser über den sonnenheißen Platz. Das blutrote Tuch fällt in einer Flaute auf den heißen Beton. Der Ober hält eine stumme Sekunde an der Ausweisforderung fest, dann steckt er in einer Wendung Block und Kugelschreiber in die Tasche, nimmt seinen kleinen grauen Schatten und folgt dem Karierten.

Soll ich dir ein Eis mitbringen?

Ich hab noch! sagt Boris.

Und schon geht es weiter. Zloty tauschen ... und mehr: Ein Dresdner mit Oberarmreif, in ausgefransten grünen Shorts hängt seine Füße ins Brunnenwasser und damit bekommt der Platz gleich wieder eine dünne Haut, als würde eins den Erdballon ein bißchen zu stramm aufpumpen, und der Ballon bekäme ausgerechnet hier eine durchsichtig empfindliche Stelle. Kurz vorm Platzen. Schon zwölf Füße im Wasser, und wer weiß wie viele barfuß und auf dasselbe aus. Manchmal beginnt es mit Füßebaden. Streiche, Staatsstreiche. Der Gitarrenspieler spielt als besäße er eine Gypson in gestochenen Wechseln: John Lennons Großen Gesang. Gib dem Frieden eine Chance. Vierzig sind es mindestens, die im Paris-Brunnen baden. Polen und Balkan und Araber, was nicht alles. Die Platzaufsicht wünscht sich mehr Barrieren, Brüstungen und Mäuerchen und irgendein Frieden oder eine Ruhe wären von alleine gesichert. Auch Roland zieht nun die Turnschuhe aus. Er fragt schon wieder und wieder keinen Berliner, wie man von hier zur Wilhelm-Pieck-Straße käme. Der Leipziger mit dem sauberen Ehering langt sein Handgepäck, einen blauen Seesack, unter der Bank hervor.

Du bist also auch so ein Kunde! Schon der Dritte, der fragt! Boris winkt ab. Er kauft im Souvenierladen einen Stadtplan. Hätt mer schonn längst machen solln. Schwierigkeiten liegen in der Luft. Wir dürfen uns jetzt nicht mehr verzetteln. Boris nordet die Karte und hält den Finger auf den Fernsehturm. Ungefähr hier sind wir. Wir fahren mit der S-Bahn zur Friedrichstraße und dann gehn wir zu Fuß Richtung Chausseestraße und rechts ab dann in die Wilhelm Pieck. Besser ist besser und besser ein bißchen früher als zu spät. Echte Sebnitzer Sprüche, die nun auch in Berlin ihre Gültigkeit haben. Zu früh schadet nie. Es ist dreiviertel Drei. Und das ist die Spree. Ziemlich mager, findste nich auch? Und die Friedrichstraße haben wir uns, ehrlich gesagt, anders vorgestellt. Mehr Geschäfte und mal einen Bus voll Gegenfüßler oder mehr Feuerwehr oder Musik. Weiter nach Stadtplan! Immer schön an der Bratwurst vorbei, erst mal auskundschaften, wo die Hundertundzweiunddreißig ist und wo Lademann wohnt. Siehst du die Type dort drüben auf der anderen Straßenseite, die mit dem Gartenschlauch über den Schultern, den kenne ich, der wohnt in Stolpen. Boris nimmt die Gegend mit einem Blick. Fünf Häuser weiter muß es sein, wenn es stimmt, was du sagst.

Hundertzweiunddreißig! sagt Roland. Er fingert das Zeitungsschnipsel aus dem Personalausweis.

Importschallplatte zu verkaufen. You can't always get what you want, original, Donnerstag nach 17 Uhr, Lademann, Wilhelm-Pieck-Straße 132.

Fünf Stockwerk hoch, da wären wir, es ist noch nicht einmal Viere, unsere Uhren marschieren nach Weltzeituhr. Das Haus trägt eine nackte glatte Zementfassade. Lademann wohnt im ersten Stock, das steht am Klingelbrett und auch drin im Hausflur an der gerahmten Haustafel. Seerosen,

Schwertlilien und Schwäne mit geometrisch gebogenen Hälsen führen treppan. Auf der anderen Seite läuft ein elfenbeingestrichenes Holzgeländer aus gedrechselten Säulen. Eine zweiarmige, mithin gebrochen-grade laufende, freitragende Treppe. Die Wangen, das Säulengeländer, sowie der Handlauf aus Holz. Die Steigung der Treppe beträgt 15 cm. Der Auftritt ist 30 cm tief. Haus wie Treppe Baujahr 1903.

Auf den Stufen des unteren Treppenarms zum zweiten Stock sitzen zwei Boys, rote Sturzhelme zur Seite, Erdnußflip, saure Gurken und Käsescheiben auf einem Plastbeutel. Ob Rotweiß Erfurt gegen Stahl Riesa überhaupt eine Chance hat nach der Heimniederlage und wie Wismut Aue abgestunken ist in letzter Zeit. Lauter lokale Fragen.

Raushalten! sagt Boris.

Wir wissen nun, was wir wissen wollten und gehn unauffällig und nicht unbedingt wie Sebnitzer aus dem Haus, quer über die Straße, Richtung Café.

Sie haben nicht mal Hello gesagt! sagt Roland.

Wir hätten zuerst Hello sagen müssen, sagt Boris.

Wer weiß aus welchem Bergdorf die kommen. Irgend so ein südsächsisches Hirtenvolk.

Zu gegebener Zeit werden wir die Hirten schlicht überrunden, uns wird schon was einfallen. Jetzt zweimal zwei Stück Schwarzwälderkirschtorte auf zwei Teller. Unmißverständlich. Und zwei Kännchen Kaffee. Und zwei einfache Serschin. In aller Ruhe. Wir wecken unseren alten Sebnitzer Elan, den bewährten seitlichen, der aus der Schulter heraus kommt und unerschrocken ins Zentrum zielt. Boris studiert den Stadtplan. Ein blauer Seesack dreht durch die Tür. Alle Jäger sehen gleich aus.

Die Umliegerorte und -örtchen kennen die Stadt aus alten Schulwandertagen, die immer in ein Nationalmuseum führten oder in den letzten Jahren zum Fernsehturm, leider nie in den Wald. Man kennt die Punkte und neuerdings, seit die Mutter hier wohnt und im Krankenhaus Lichtenberg arbeitet, kennt man auch die Schliche. Halb Sechs hat sich Robert im Krankenhaus angesagt, um die Mutter abzuholen. Julia hat Mittelschicht. Bis siebzehn Uhr geht Robert wieder einmal ins Museum, in diese einmalige Sonderausstellung, vor das Gelb und Blau, das von einer weißen, gradfließenden Horizontalen in Meerblau und Himmelsblau oder den Himmel selber, jedenfalls in zwei gleiche Farben geteilt wird. Der Museumspädagoge erklärt es allen, die sich um das Bild versammelt haben. Dieses sei Amerika, zwar nicht Amerika selber, denn es heiße Ruinen und soll Griechenland sein, beachtet die geborstenen Säulen. In Amerika, sagt er, sitzen die Kinder noch vor dem Indieschulegehn vor den Fernsehapparaten und frühstücken Cocacolareklame. Dann spricht er von den Revolvermännern in den U-Bahnschächten und von bewaffneten Terroristen in Fahrstühlen und von großgeblumten Kleidern und Büchsensuppen. Roy Lichtenstein heißt der Maler. Und der nächste: Renato Guttuso. Das Totenmahl oder Requiem auf des großen Picassos Tod. Der Museumspädagoge spricht über die Bedeutung des leeren Raumes und wie raffiniert Guttuso dem Zerfall des Bildes entgegen gearbeitet habe und er fragt, ob schon einmal jemand bei der Sixtinischen Madonna in Dresden, der von Raphael, die Wolken mit der Handfläche abgedeckt habe und ob man gesehen, wie dann die Madonna aus allen Wolken kracht, wie ein Bierfaß nach unten? Und dann, Augen auf! statt des Tisches, eine nackte Leinewand, seit wann es das gäbe, das Non finito?

Seit Michelangelo, sagt Robert.

Der Museumspädagoge nickt und schaut rasch auf die Uhr. Auch er einer, der um Fünf etwas vor hat.

Es kommt, daß sie sich, die Jäger, unterwegs begegnen. Zum ersten Mal in der S-Bahn und dann wieder hinter der Weidendammbrücke in der Nähe vom Friedrichstadtpalast. Jetzt gehen sie zusammen am Restaurant Sofia vorbei. Der Museumspädagoge erzählt, daß er sich wieder in Weißensee zum Studium beworben hat. Er will Maler werden. Sie biegen gemeinsam in die Wilhelm-Pieck-Straße ab.

Und du? fragt der Museumspädagoge.

Ich mache grade mein mündliches Abitur und anschließend helfe ich bei der Erdbeerernte, dann geh ich vier Wochen nach Mecklenburg, leben und arbeiten, falls das möglich ist, und ab September für drei Monate auf den Bau und dann zwei Jahre zur Armee und dann ins Museum, denn ich interessiere mich für Amerika, Amerikanistik studieren.

Roland und Boris sind früher da, aber sie sind längst nicht die Ersten. Vorn ein blonder Junge und die Hirten mit den roten Sturzhelmen, es folgen zwanzig junge Leute, auch Mädchen dabei und etliche vom ALEX, zum Beispiel der mit dem blauen Seesack, aber der mit dem Gartenschlauch liegt hinter ihnen, er hat nun außerdem eine Rolle feinmaschigen Draht bei sich und beklagt sich bei seinem Nachbarn, daß es immer noch nicht der richtige wäre. Einer, der mit halbem Herzen das hiesige Geschäft angeht. Sein Nachbar unterdes flucht, er hätte den Karlex nehmen sollen, dann wäre er eine Stunde früher hiergewesen. Ein Kerlchen aus Aue, Zwickau ungefähr. Hätte die Maus nicht gepiepst . . . Hätte der Hund nicht geschissen . . . Das wird noch ein bißchen ausgebaut. Aber mit halber Anteilnahme.

Robert und der Museumspädagoge halten eine Stufe auf dem untersten Treppenarm, genau beim vierten Schwan. Und hier wäre endlich zu sagen, daß es wohl keinen Zweck haben wird zu bleiben. Aber keiner sagt es, im Gegenteil, andere Reden gehen um. Man habe in Zeitungen Annoncen unter der gleichen Adresse gelesen und es handle sich höchstwahrscheinlich nicht um ein Einzelstück. Gerüchte kommen auf. So eine weithergekommene Zuversicht ist unverwüstlich. Der Museumspädagoge fängt wieder an über Amerika zu reden. Seitdem dieser Warhol die Konservendose mit der Campbell-Suppe gemalt hat, darf dort jeder x-beliebige ein Künstler sein. Zum Beispiel: Wenn einer in Amerika sein Auto über die Kreuzung schiebt, nehmen wir mal an, die Kerzen sind ausgefallen, dann ist der Mann ein Künstler. Das leuchtet nicht jedem gleich ein, aber wenn man darüber nachdenken würde. Doch wer will jetzt darüber nachdenken, jetzt, da einer vom Flurfenster ruft:

Macht die Haustür zu, ihr Säcke, draußen fährt Streife.

Die vielen Motorräder. Man könnte sagen, wie vor der Volkshochschule, aber das ist ein gewöhnliches Berliner Wohnhaus, ein renoviertes Vorderhaus, bewohnt von Arbeitern, Angestellten, Hausfrauen und Kindern, von Rentnern und Rentnerinnen, hier wohnt nicht einmal ein Schuster, der heute Annahmetag haben könnte oder ein Porzellankitter. Die Streife macht Meldung, gibt die vielen Motorräder als verdächtig an.

Die Jungen vor der Haustür drängen jetzt in den Flur, geübte Fußballstadienbesucher: Drei vier vorwärts!

Dreiviertel Fünf schlägt die Uhr von der Michaeliskirche. Warum traut sich da keiner weiter und noch einmal: Drei, vier, vorwärts. Warum klingelt das Pferd vor der Tür nicht endlich.

Der ALLERERSTE, ein Binnenfischer aus Pritzwalk, will keine Fehler machen. Ihm ist, als habe er ein Auge im gläsernen Guckloch gesehen. Lademanns Auge. Er trinkt einen Schluck Bier aus einer Haustrunkflasche. Nicht dergleichen tun. Trinken und schweigen.

Bewohner, die jetzt von der Arbeit nach Hause kommen, werden nicht mehr ins Haus gelassen. Einer geht an die Ecke zur Post und benachrichtigt per Telefon die Polizei.

Jetzt stellt der blonde Binnenschifferjunge die Bierflasche in die Türfüllung und schaut wieder auf seine Armbanduhr und weiß es vor dem prüfenden Blick, es ist so weit. Er legt den Zeigefinger auf den plastenen Klingelknopf und klingelt dreimal kurz. Im Hausflur entsteht von oben nach unten eine Stille und das dauert lange, aber eigentlich nur Sekunden. Im nämlichen Augenblick fordern zwei Polizisten vor der Haustür freien Weg für die Bewohner.

Diese Überschneidung, diese Gleichzeitigkeit mag mitschuldig sein.

Lademann öffnet von innen mit einem Kochlöffel den Messingbriefschlitz und erklärt, deutlich hörbar für die nächsten zwanzig Mann vor seiner Tür, die Schallplatte sei bereits festversprochen, sie sei so gut wie verkauft. You can't always get what you want. Du kannst nicht alles haben. Die Jungs sollten nach Hause gehn. Ich empfange nicht! schreit er und das soll soviel heißen wie: Macht kein Mist, Leute. Er flieht und schwingt ein fremdes Schwert: Ich empfange nicht!

Die unteren reden unterdessen mit der Polizei, verhandeln, fordern; oder kämpfen per Faust um Aufschub, um eine Viertelstunde, dann sei der Laden gelaufen. Und oben verblühen Hoffnungen, nicht sofort, nicht schnell; es ist heiß, Hoffnungen welken langsam, so langsam wie Seidenblüten aus Sebnitz. Und manche Hoffnung ist unzerstörbar, wie die neuen plastenen Sonnenblumen. Wieviel Mühe hätte sich gelohnt, hätte, aber hat sich nicht oder vielleicht doch, wie, wenn wir gekommen wären, das Ständchen zu hören? Die roten Sturzhelme klopfen an die Tür:

Ob er, Lademann, das abgeleierte Ding noch bei der Hand hätte, noch greifbar oder vielmehr spielbar, zum Beispiel jetzt, hier und heute?

Unten werden Wasserwerfer angeschlossen.

Lademann rumpelt Möbel hinter der Wohnungstür und sperrt die Tür auf soweit die Sicherheitskette reicht: 15 Zentimeter. Vielleicht hätte er dieses Entgegenkommen, diesen Türspalt verweigern sollen. Er gibt den Gesang aus zwei Boxen.

Du kannst nicht alles haben, was du willst, aber wenn
dus manchmal versuchst, findest du vielleicht heraus,
daß du kriegst, was du brauchst . . .

Druck, das steht in allen Physikbüchern der Welt, ist der Quotient aus Durckkraft und gedrückter Fläche. Formel: $P = F : A$. Hier im Hausflur kommt der stärkere Druck von unten und aus einer Mitte, und er sucht Ausdehnung im ersten Stock, reißt die Schrauben der Sicherheitskette aus dem Holz, zielt durch die Wohnungstür, vorbei an den Boxen, reißt Lademann nieder, dringt in sein Berliner Zimmer, wo die Platte auf dem Teller des Phonogerätes kreist. Der Druck richtet sich gegen die grünen Kacheln im Hausflur und gegen die elfenbeinern gestrichenen gedrechselten Säulen, die unter dem zehnfach verschiedenen Farbanstrich, je nachdem, was man vor Zeiten zu seegrünen Kacheln für passend hielt, vom Holzwurm zernagten, dorthin zielt der Druck und dort findet er eine schwache und gleich auch die schwächste Stelle.

Drei Säulen brechen gleichzeitig aus dem Gezapf und der Handlauf bricht einen Meter oberhalb aus den Fugen. Weitere Säulen knacken und fallen. Zwei Jungen können sich an der stärkeren Mittelsäule halten, werden von Freunden gepackt und heraufgezogen. Andere fallen mit dem Geländer in den Treppenschacht. Zwei Mädchen stürzen. Der Gartenschlauch, der zerquetschte Maschendraht. Waschpulver stiebt aus dem Seesack. Sturzhelme. Rote Sturzhelme. Boris wird in der Panik hinuntergestoßen. Er fällt in einen abgestellten Kinderwagen und bricht sich den Arm. Roland stürzt und verliert das Bewußtsein.

In her glass was a bleeding man . . .
Ich sah es an ihren blutigen Händen.

You can't always get what you want.
Aber wenn dus manchmal versuchst . . .
Brechen die Säulen.
Das Holz zerspellt.
Stufen schwanken und fallen.

Einer der Ärzte, der die Knochenbrüche behandelt, erinnert sich eines Films der Fünfziger Jahre. Er kam aus Italien und beschrieb einen ähnlichen Fall. Mädchen und Frauen waren einer Zeitungsannonce gefolgt, die eine Sekretärinnenstelle versprach. Auch da war die Treppe unter dem Ansturm der Not zusammengebrochen. Der Doktor wußte sogar den Titel: Rom elf Uhr.

Es heißt, zwei hätten sich an diesem heißen Nachmittag zu Tode gestürzt: ein jungverheirateter Leipziger und ein unbekanntes Mädchen, das keine Ausweise bei sich trug und bisher von niemandem vermißt wird.

ANNA SEGHERS

Foto: Roger Melis

1900 wurde sie als Netty Reiling in Mainz geboren. Ihr Vater war Antiquitätenhändler und Kunstsachverständiger. Ab 1919 studierte sie Philologie, Geschichte, Kunstgeschichte und Sinologie in Köln und Heidelberg. 1924 promovierte sie in Heidelberg mit einer Arbeit über «Jude und Judentum im Werk Rembrandts». 1928 trat sie in die KPD ein und wurde Mitglied des Bundes proletarisch-revolutionärer Schriftsteller. 1933 wurde sie verhaftet und emigrierte nach Frankreich; in Paris arbeitete sie an antifaschistischen Zeitschriften mit, betätigte sich in Verlagen und war Mitherausgeberin der in Prag erscheinenden *Neuen Deutschen Blätter*. 1940 floh sie vor der Gestapo aus Paris, zuerst nach Südfrankreich, dann von Marseille aus über Martinique, San Domingo, Ellis Island nach Mexiko. Dort wurde sie Vorsitzende des Heine-Klubs und Mitarbeiterin an der Exilzeitschrift *Freies Deutschland*. 1947 kehrte sie nach Deutschland, nach Ost-Berlin zurück. Sie widmete sich einer umfangreichen kulturpolitischen Tätigkeit, unter anderem als Vorsitzende des Schriftstellerverbandes, dessen Ehrenpräsidentin sie bis zu ihrem Tode im Mai 1983 war. Anna Seghers ist bekannt als Romanschriftstellerin, Novellistin, Erzählerin, Essayistin.

Werke:

Aufstand der Fischer von St. Barbara (E, 1928); Auf dem Wege zur amerikanischen Botschaft und andere Erzählungen (1930); Die Gefährten (R, 1932); Der Kopflohn (R, 1933); Der Weg durch den Februar (R, 1935); Die Rettung (R, 1937); Das siebte Kreuz (R, 1942); Transit (R, 1944); Der Ausflug der toten Mädchen (E, 1946); Das Ende (E, 1948); Die Hochzeit von Haiti. Wiedereinführung der Sklaverei in Guadeloupe (En, 1948); Die Toten bleiben jung (R, 1949); Die Rückkehr (E, 1949); Crisanta (E, 1950); Friedensgeschichten (En, 1950); Die Linie (En, 1950); Die Kinder (En, 1951); Der Mann und sein Name (E, 1952); Der erste Schritt (En, 1952); Frieden der Welt. Ansprachen und Aufsätze 1947–1953 (1953); Brot und Salz (En, 1958); Die Entscheidung (R, 1959); Die Kraft der Schwachen (En, 1965); Das wirkliche Blau (E, 1967); Das Vertrauen (R, 1968); Glauben an Irdisches. Essays aus vier Jahrzehnten (1969); Geschichten aus Mexiko (1970); Briefe an Leser (1970); Über Kunst und Wirklichkeit (Es, 3 Bde, 1970–1971); Überfahrt. Eine Liebesgeschichte (1971); Sonderbare Begegnungen (En, 1973); Die schönsten Sagen vom Räuber Woynok (En, 1975); Karibische Geschichten (En, 1977); Erzählungen 1926–1977 (4 Bde, 1977); Steinzeit. Wiederbegegnungen (En, 1977); Die Macht der Worte. Reden, Schriften, Briefe (1979); Jude und Judentum im Werk Rembrandts (Netty Reilings Dissertation, 1980); Woher sie kommen, wohin sie gehen (Es, 1980); Drei Frauen aus Haiti (En, 1980); Bauern von Hruschowo (En, 1982).

214

Steinzeit

Die Landung war geglückt. Es gab keinen Grund, warum das Glück ihn verlassen sollte. Das spürte Gary. Furcht kannte er nicht. Das Glück liebt solche Menschen; Gary war davon überzeugt.

Genau an der geplanten Stelle hatte der Fallschirm sich abgesetzt. Ein von der Natur für ihn aufgesparter kahler Fleck im dichten Wald. – Auf seine Drohung, das Flugzeug mit den Passagieren auf das Atomwerk stürzen zu lassen, war ihm am vereinbarten Ort die Summe ausgehändigt worden.

Er mußte verschwinden. Wie, das hatte er in Vietnam gelernt. Mit Aufbietung aller Kräfte konnte er in sechs Stunden in nördlicher Richtung die Landstraße erreichen. Es gab am Waldrand seit kurzem eine Schneise. Die war nirgendwo eingezeichnet, auch nicht die kleine Farm, die im Zerfall war oder im Bau. – Im Süden, etwas schneller erreichbar als die Landstraße, stocherte eine Gruppe von Archäologen in einem Abhang. Ein kleines, verkommenes Dorf lag in der Nähe. Wahrscheinlich gingen manche aus der Gruppe bisweilen hin, um zu trinken oder um Post zu besorgen.

Gary hatte die Farm gewählt. Die kannte er nach seiner Erkundung fast so genau wie ihr Besitzer.

Der Himmel hatte sich in den letzten Stunden verdunkelt. Das Unwetter kam noch rascher, als Gary gehofft hatte. Schon wieder ein unglaublicher Glücksfall! Im Unwetter ein Ziel zu erreichen, das war im Dschungel ständig geübt worden. Beinahe sofort und restlos würden hinter ihm seine Spuren gelöscht sein. Glück! Glück! Er dachte: Ja, weil ich keine Furcht kenne. – Eine Armee Militärpolizei würde umsonst die Wälder nach ihm absuchen. –

Er kam in der Farm an, genau zu dem Zeitpunkt, den er sich vorgenommen hatte. Der Farmer war nicht besonders erstaunt, daß Gary sein durchnäßtes Zeug bei ihm trocknen wollte. Gary behauptete, er gehöre zu der Expedition im Süden. Sie hätten ihn zur Station an der Landstraße gebracht, damit er im Autobus in die Stadt fahre und dort ein Lastauto kaufe. Das bräuchten sie, um ihren unerwartet reichen Fund wegzuschaffen. Er hätte beim Warten die Schneise entdeckt und sei aus Neugier drauflos. Die Farm lag aber weiter fort, als er berechnet hatte. Das Unwetter sei überraschend ausgebrochen.

Aus dem Stall kamen Frau und Tochter. Sie boten ihm etwas Heißes zum Trinken an. Der Farmer erklärte, wer dieser Fremde sei. Die Frau klagte über eine undichte Stelle im Stall, sie dachte wahrscheinlich, der Gast könne sich dankbar erweisen. Die ungefähr fünfzehnjährige Tochter, gar nicht hübsch, ihrem Blick und ihrem Gebaren nach offenbar mannstoll, fragte Gary: «Warum sind Sie denn weg von der Station?»

Sie fragte nur, damit er sie ansehe und mit ihr spreche. Er antwortete:

«Wer hat denn geahnt, daß es so schnell losgeht? An der Tankstelle war ich schon ein paarmal. Der Weg ist mir aufgefallen, der jetzt zu euch führt.»

Teils aus Geldgier, teils um den Fremden loszuwerden, denn er kannte seine Tochter, sagte der Farmer, ihm komme da plötzlich ein Gedanke. Er selbst brauche einen neuen, breiteren Lastwagen, der Herr möge mal seinen besichtigen, da könne er vielleicht vor Nacht weg.

«Was ist denn undicht in eurem Stall?» fragte Gary, als hätte er gar keine Eile, und er frohlockte über den Glücksfall, der sich ihm bot. Der Farmer zeigte ihm zuerst den Lastwagen. Gary sann scheinbar über den Preis nach, während er mit den Frauen in den Stall ging. Er stopfte gemächlich den morschen Winkel, die Tochter trieb sich in seiner Nähe herum, sie suchte jede Gelegenheit, sich bald an seiner Schulter, bald an seinem Schenkel zu reiben.

Gary handelte mit dem Farmer. Sie wurden sich einig. Die Frauen boten ihm Nachtquartier an. Er sagte aber, seine Leute würden sich freuen, wenn er, früher als vorgesehen, zurückkäme. Er fahre zuerst auf der Landstraße, dann würde er einbiegen zu einem Dorf, in dem er im Notfall übernachte. Auf jeden Fall könnten seine Leute in aller Frühe mit Packen beginnen.

Er bezahlte absichtlich in einer Art, daß der Farmer ihm Geld genug herausgeben mußte für alles, was er bald unterwegs brauchen könnte, denn er sagte sich: Die Polizei mag noch so hirnverbrannt sein, verschiedene Geldnummern wird sie bald durchgeben. Die große Beute lege ich nicht in den Staaten an, sondern ganz woanders, und dorthin muß ich sofort.

Er zwang sich, während der Fahrt auf der Landstraße an keine Gefahr zu denken. Man sieht sofort danach aus. Dadurch zieht man erst recht die Gefahr an.

Er dachte an seinen Freund Henry Maxwell. Sie hatten zwei Jahre lang in Vietnam aneinander gegangen. Sie hatten dort zusammen die Fliegerschule besucht. Nach einer schweren Verwundung, die Gary allerdings, gemäß der Anweisung eines Bekannten, künstlich verschlimmerte, war er entlassen worden und nach den Staaten geschickt. Schon auf diesem Heimweg hatte er Sehnsucht bekommen nach Wildnis und Spannung, nach dem freiwillig verscherzten, unbändigen Leben.

Er hatte es keine Stunde ausgehalten auf der Farm seines Vaters. Er war in die Stadt gefahren zur endgültigen Nachuntersuchung und zur Auszahlung der kleinen Abfindung. In einer Kneipe war er auf Henry Maxwell gestoßen, als hätte ihm Gott diesen Freund geschickt.

Henry fragte: «Was willst du denn machen mit dem Geld?» Er sah Gary mit seinem schrägen und zugleich durchdringenden Blick an, als entdecke er einen geheimen Gedanken oder als gebe er einem geheimen, luftig vagen Gedanken festere Form.

«Das weiß ich bis jetzt selbst noch nicht», antwortete Gary. «Ich meine, ich hätte mir was anderes verdient in Vietnam als die paar lausigen Scheine.

Ein gutes Leben, ein saftiges Leben hätte ich mir verdient. Jetzt schickt man schon eine Masse Leute zurück, die nicht mal 'ne Schramme abbekamen. Erinnerst du dich an den General, der ganz groß angab, wir würden Vietnam in die Steinzeit zurückbombardieren?»

Henry sagte: «Ich will dir einen Rat geben, wie du das Geld am besten anlegst. Hab ich dir nicht immer gut geraten? Bin ich nicht mit dir durch dick und dünn? War ich nicht immer dein treuester Freund?»

Gary bestätigte: «Treu.»

«Hör also auf mich. Ich beschaffe dir einen sauberen, unanfechtbaren südamerikanischen Paß.»

«Was soll ich denn damit?»

«Das wirst du schon merken, wenn du ihn brauchst. Über kurz oder lang.»

Jetzt sah Henry Maxwell auf seine Hände hinunter, als lasse er Gary Zeit, seinen geheimen Gedanken auszubrüten.

«Wie kommst du denn an so 'nen Paß ran?»

«Ich kenne jemand, der ist Nachtpförtner im städtischen Krankenhaus von Albuquerque. Dort krepieren mancherlei Leute, besonders aus Südamerika, von irgendwoher, irgendwelche, nach denen keiner nie mehr fragt. Mein Pförtner hat schon manchen Paß an sich gebracht und damit sein Geschäft gemacht. Du brauchst ihm nur zu sagen, Gary, ich hätte dich geschickt. Er will auch gar nicht mehr wissen. Es kommt ihm bloß auf deine Scheine an.»

Gary dachte nach. Er griff nach seiner Zigarettenschachtel. Nur eine einzige war noch drin. Er kaufte eine neue Schachtel und bot sie Henry an, und er rauchte die letzte selbst. Dabei zog er die Brauen zusammen.

Henry lachte. «Man könnte glauben, die sei dir ganz besonders heilig.»

Darauf erwiderte Gary nichts. –

Er zwang sich in seinem Lastwagen mit aller Kraft, weder an Henry Maxwell zu denken, der ihn auf die Idee mit dem Paß gebracht, noch an den Nachtpförtner, der ihm den Paß verkauft hatte. Einen kolumbianischen Paß. Er schlug sich alles aus dem Kopf, was mit Gefahr zusammenhing. Er wollte auch nicht an die Polizei denken, die inzwischen sicher den Farmer ausgequetscht und die Beschreibung des Lastwagens durchgegeben hatte. Der war rasch verkauft. Das erstandene Geld gab Gary an verschiedenen Orten in kleinen Raten aus. Teils mit dem Autobus, teils mit der Bahn gelangte er nach New Orleans.

Vor Jahren war Gary, der jetzt José Hernández hieß, auf allen möglichen Schiffen in alle möglichen Häfen gekommen. Er sprach gut die Sprachen des Kontinents. Besonders Spanisch. Die Familie seiner Mutter stammte aus Mexiko. Als er noch klein war, hatte sie immer Spanisch mit ihm gesprochen. Dann war sein Vater in Wut geraten, weil er nichts verstand.

In New Orleans fand Gary ein schäbiges kolumbianisches Schiff, das für die Rückfahrt Mannschaft brauchte. Der Kapitän war so verrottet wie sein Schiff. Gary erklärte ihm, er lasse sich anheuern, weil er heim müsse. Der Kapitän war keiner von denen, die gründlich fragen. Ihm war es gleichgültig, warum dieser Mensch über das Karibische Meer nach Cartagena fuhr.

Der Mannschaft erzählte Gary, seine Lieblingsschwester sei plötzlich todkrank. Niemand wunderte sich. Es kam oft vor, daß einer Lust bekam, schnell heimzufahren.

Bei der Ankunft in Cartagena wechselte er soviel, wie ein armer Teufel für seine Reise unbedingt braucht. Auf Umwegen erreichte er Bogotá. Dort tauschte er unbehelligt einen Teil seines Geldes, den größten Teil ließ er in verschiedene Städte anweisen.

Er fuhr in die Ebene, wie er es geplant hatte und wie es ihm gefiel. Er fand Quartier, kein allzu teures, kein allzu billiges, in einem kleinen Ort am Meta-Fluß, unweit von Weideland, von saftigen Wiesen. Inzwischen hatte er sich nicht zu gut, nicht zu schlecht ausgestattet. Er hatte sich rasch in die spanische Sprache hineingefunden, besondere Mundarten und Ausdrücke prägte er sich ein, weil er dazu begabt war. Er freute sich, daß er Spanisch sprach und daß man ihn spanisch ansprach, als ob sein Vater darüber dauernd in Wut gerate. Nach außen hin wirkte er wie ein schweigsamer, höflicher, etwas bekümmerter Mensch.

Er war ziemlich sicher, nicht vollständig sicher, aber ziemlich, daß ihn niemand verfolgte. Besonders, als er sich in der Ebene in San Juan niederließ und sich mit Vieheinkauf befaßte. Darauf verstand er sich. Er konnte sogar den Rest seines Dollarbestandes im Handel verwenden, und er fand bald jemand, und darauf war er von Anfang an aus gewesen, der ihm ein paar Koppel Vieh gegen Dollars abnahm, und diese wurden in einer anderen Gegend eingetauscht gegen anderes Vieh.

Er blieb auf der Hut, gewohnheitsmäßig, doch er stellte nirgends eine Spur von Verfolgung fest. Er dachte: Ich habe Glück, und ich habe gewonnen. Gegen wen gewonnen? Gegen die Polizei? Gegen das Schicksal? Es gab kein Schicksal. Und offenbar auch keine Polizei, die hinter ihm her war. Er war mutterseelenallein. Er war immer, immer allein gewesen. Wenn es im Krieg auch Kameraden gegeben hatte, darunter den Henry Maxwell, gegen Alleinsein kam das nicht auf. So ist es am besten. Wer etwas wagt, muß allein sein. Das bedachte er jetzt, da er Zeit hatte, manches zu bedenken. Die Zeit zerlief ihm zwischen den Fingern.

Er war gut gekleidet, wenn er in die Stadt fuhr, und zweckmäßig für die Arbeit. Das erste Auto, das er sich angeschafft hatte, tauschte er bald gegen ein anderes. Die Frauen, die er sich auswählte, waren ihm meistens vorher empfohlen worden. Sie kamen ihm aber plump oder geziert vor und allzu offen in ihrer Geldgier. Er fand keine, die in ihrem Beruf gelernt hätte, die kurze Stunde Zusammensein, nach der man sich für immer trennte, dem

Mann so froh zu machen, als bleibe man für immer zusammen. Ihm wurde bang, er könne sich nie seines Lebens freuen, wie er es gewünscht hatte.

Er fuhr in die nächst erreichbare Stadt, in der es eine Bank gab. Dort hinterlegte er etwas von seinem verdienten Geld, einen anderen Teil überwies er in eine andere Stadt, alles gemessen an einem mittleren Einkommen.

Bald hatte er so viel verdient, daß er ein kleines Rancho kaufen konnte, und er pachtete Weideland, und er schaffte sich Vieh an. Die Ortschaft am Fluß, die er gefunden hatte, gefiel ihm überaus gut. Er fuhr jeden Monat in die Stadt, aber das Leben auf dem Land, die weite Sicht über die Ebene und über den Fluß und das gegenüberliegende Ufer, die Einsamkeit und der Frieden taten ihm wohl. Er fühlte sich jetzt vollkommen sicher, nicht eigentlich glücklich, denn das Glück kann auch mal schiefgehen, aber die Sicherheit ruht unverletzbar in sich selbst. Er behielt recht in allem, was er vorausgeplant hatte. Er dachte sogar, er sei im Recht. Sein Leben war so einfach und ruhig geworden, daß er manchmal dachte: Ist das alles?

Er war bei der Polizei gut angeschrieben. Politische Sachen, die manchmal an ihn herantraten, durch eine Redensart oder durch eine direkte Frage, waren ihm gleichgültig. Als die Polizei zu ihm kam auf der Suche nach einem Burschen, der in einer verbotenen Demonstration eine Rolle gespielt hatte, ging er mit ihr die Liste seiner Leute durch. Er führte sie auch von Koppel zu Koppel, weil der Gesuchte beschrieben war als Mestize von kleinem Wuchs mit Schlappohren.

Er galt als ein strenger Herr, der gerecht war im großen und ganzen und gute Arbeit ordentlich bezahlte. Er machte an seinem Haus diesen und jenen Anbau. Er ritt regelmäßig die Weideplätze ab. Angebote aus der Stadt, mit seinem Geld in irgendeinem Betrieb einzusteigen, lehnte er entschieden ab.

Manchmal mietete er sich ein Zimmer im kleinen Gasthaus in der Stadt. Dort hörte er Radio, und er sah sich die Zeitungen an. Er erfuhr, daß es wahrscheinlich in Vietnam bald Frieden geben würde. Man hatte also all die Leute vollkommen unnütz hingeschickt, um ganze Landesteile auszuradieren. Er wunderte sich. Daß die Zeit, die er hier verbrachte, etwas mit seinem vergangenen Leben zu tun hatte, kam ihm nicht in den Sinn.

Er spielte Karten. Er hatte bald ein paar Bekannte. «Ah, wieder mal da, Hernández!» Er fragte öfters um Rat, weil er wußte, daß sich die Menschen gern um Rat fragen lassen.

Ein gewisser Echevarría bat ihn, auf seiner Veranda etwas zu trinken. Die Familien seiner zwei ältesten Söhne wohnten gleichfalls im Haus. Der jüngste Sohn wollte bald heiraten.

Die künftige Schwiegertochter stellte ihm eine junge Frau namens Eliza vor, die sie «meine Freundin» nannte, und sie fügte hinzu, «und unsere Schneiderin».

Gary sah Eliza überrascht an. Er verlor beim Kartenspiel. Eliza Méndez hatte in einem berühmten Modehaus in Bogotá gelernt. Ihr erster Freund, den sie für ihre einzige Liebe hielt, war bei einem Flugzeugunglück umgekommen. Sie hatte kein Geld und keine Familie. Sie zog unruhig, tieftraurig von Bogotá weg in eine kleinere Stadt. Und bald fand sie dort eine gute Stellung. Schließlich, in ihrer rastlosen, traurigen Unruhe, gab sie diesen festen Arbeitsplatz auf, sie fuhr von Ort zu Ort, überallhin empfohlen.

Gary wunderte sich, wie klug und unabhängig das Mädchen war, das zart wie ein Kind aussah, mit ernsten Augen. Sie fuhr herum, wie es ihr gefiel, verdiente ziemlich viel Geld durch eigne Arbeit. Alle Bewerber wies sie ab. Jetzt staffierte sie die Frauen der Familie Echevarría zum Hochzeitsfest aus.

Schließlich traf sie sich mit Gary im Park. Wieso gerade er den Bann gebrochen hatte, der sie umgab, das hätte sie nicht erklären können. Sie gestand ihm, daß sie wie unter einem Zwang herumfuhr, nach dem Tod ihres Freundes. Sie fragte plötzlich, warum Hernández sie anstarrte. «Sie sind schön.» – «Nun, und?» – «Wenn ich Sie ansehe, wird es mir leicht ums Herz.» – «Tragen Sie denn an etwas Schwerem?» – «Ach, nein, nicht wie Sie. Mein Herz war weder leicht noch schwer. Jetzt ist es mir einfach leicht geworden.»

Je länger ihre Bekanntschaft dauerte, desto besser verstand Eliza, daß ihre erste Liebe doch nur eine Kinderei gewesen war, verglichen mit dem Empfinden, das sich ihrer bemächtigt hatte.

Es war kein Entschluß, zu ihm in das kleine Rancho am Fluß zu ziehen, etwas anderes wäre für beide nicht möglich gewesen. Sie war froh wie Gary über die Weite des Landes, in der man atmen konnte wie nirgends sonst. Sie half ihm, das Haus einzurichten. Sie pflanzte den Garten an.

Gary suchte und kaufte vortreffliche Pferde. Sie ritten den Strom entlang bis zum Hafen, und es kam vor, daß sie dort in der Ortschaft Hand in Hand den Landungen zusahen.

Er hatte bald ein gutes Einkommen. Eliza war so umsichtig, wie sie zart war, und sie verstand sich schnell auf seine Geschäfte. Es fiel nicht auf, daß er Geld aus einer anderen Stadt seinem Konto hinzufügte. Nur bei solchen Geschäften trennte er sich von Eliza. Sie strahlte vor Glück, als er ihr einen türkischen Teppich mitbrachte. Manchmal fühlte er nachts, wie ihre Hand im Traum seine Hand suchte.

Nur etwas verstand er nicht. «Ich möchte gern von dir einen Sohn. Warum gibst du immer acht?»

Sie sagte: «Ich hab dir erzählt, was mir einmal geschah. Das Glück kann sich gar so leicht verflüchtigen.»

«Unseres nicht. Warum sagst du so etwas?» –

Inzwischen hatte der jüngste Sohn Echevarrías geheiratet. Die Frau machte ausfindig, wo Eliza wohnte. Sie erschien plötzlich auf dem Rancho. Sie flehte Eliza geradezu an, ihr Kleider anzufertigen, die sich leicht und vorteilhaft ändern ließen, wenn ihre Schwangerschaft sichtbar wurde. Sie dachte im stillen, daß sie Eliza bei einer Gelegenheit fragen wollte, wie diese verhindere, ein Kind zu bekommen.

In Eliza erwachte wieder die Lust auf ihre alte Arbeit. Sie fuhr dann und wann zu der Familie Echevarría, um zuzuschneiden und anzuprobieren. Nach einem solchen Besuch erzählte sie Gary: «Da war ein Verwandter oder Freund der Familie. Ein komischer Kerl.» – «Warum?» – «Das weiß ich nicht recht. In Bogotá sah ich öfters solche Leute. Er kennt sich hier gut aus, aber er stammt von woanders her. Er möchte gar zu gern unser Haus sehen. Frau Echevarría hat ihm davon wunder was erzählt.»

Gary sagte rauh: «Ich bin am liebsten mit dir allein!»

«Es ist hierzulande nicht üblich, jemand abzuweisen, der einen besuchen will. Er kommt mal und geht.»

Darauf erwiderte Gary nichts. Ihm kam wieder alles in den Sinn. Er dachte: Jetzt sind sie mir auf der Spur. Wahrscheinlich sind sie dem Geld nach, das ich vor zwei Jahren ausgab. Es war auch ein Fehler, mir Geld auf die Bank schicken zu lassen. Es ist ihr Beruf, mich zu suchen, und sie üben ihn aus, und man hat den Haftbefehl nicht abgeblasen.

Er machte sich nachts einen Plan zurecht. Ihr Kopf, mit der Mähne goldschwarzen Haares, lag an seiner Schulter. Er zog sachte den Arm heraus. Er stand früh auf. «Ich muß etwas in der Stadt besorgen. Bis du richtig wach bist, bin ich zurück.» Er wußte, wie gern sie lange im Bett lag.

Als sie aufstand, sagte das Hausmädchen: «Nein, der Herr ist noch nicht zurück.» – Sie trank ihren Kaffee allein und wartete. Sie zog das rosa Morgenkleid an, das er liebte, und sie steckte sich eine Blume hinters Ohr. Er war auch zu Tisch noch nicht da. Er kam abends nicht wieder, er kam nachts nicht wieder. Er kam nie mehr wieder. –

Er hatte in der Stadt einen Teil seines Kontos abgehoben. Ihm war zum Glück niemand in den Weg gelaufen. Eliza, die wird keine Not leiden. O nein. Sie hat das Haus und die Weiden und Pferde und Schmuck und allerlei Firlefanz. Die wird sich über Wasser halten, bis wieder ein Freier auftaucht.

Er zog nach Osten. Mal mit dem Autobus, mal mit der Bahn, mal mit dem Dampfer. Kaufend, verkaufend, oft den Ort wechselnd. Das war das alte Spiel. Irgendwo durchquerte er eine schmale Waldzone. Er kam von neuem in Weideland. Man ließ ihn an einem Lagerfeuer schlafen. Er war wieder ganz ruhig. Vielleicht war dieser Mann gar nicht hinter mir her, der unbedingt unser Haus sehen wollte. Auf jeden Fall, gut ist gut, und besser ist besser.

Er hatte sich etwas ausgedacht, um unbesorgt schlafen zu können, da er ziemlich viel Bargeld bei sich trug: Eine Schnur, die er um den Leib wand, mit einem Stachel, der ihn weckte, falls jemand an ihm herumwühlte.

Sein Herz war nicht schwer geworden. Es war auch nicht mehr leicht. Es schwebte.

An einem Abend im Weideland trat er zu einer Gruppe Vaqueros. Sie tranken Kaffee am Feuer, alle zusammen. Sie fragten ihn aus. Er sagte, er sei auf der Suche nach einer guten Stelle. – Was er darunter verstehe? – Am liebsten Aufseher mit allen Vollmachten. Zum Beispiel auf einer so großen Farm wie die da drüben, wenn er das volle Vertrauen des Herrn genieße. – Sie lachten ihn aus. «Ich bin nicht in Not. Man kann's zuerst mit mir probieren. Dann wird man weitersehen.»

In San Sebastian hinterlegte er Geld. Er zog ein paar Tage herum. Er kam in der Gegend ins Gerede. Da war der Besitzer des großen Ranchos, der suchte genau, was Gary suchte. Dieser Mann mit Namen González beobachtete Gary scharf beim Umgang mit Menschen und Tieren. González fand Gary geschickt und schweigsam. Er bot ihm für eine Probezeit die Aufseherstelle auf seinem Rancho an. Gary stellte sich gleichgültig. Er dachte aber, er hätte wieder mal Glück.

Das Jahr verging. Im stillen wunderte sich Gondález, warum ein Mensch, der etwas eignes Geld besaß, wie er herausgefunden hatte, bei ihm den Aufseher machte. Er war aber noch nie so vorzüglich, so vertrauenswürdig versorgt worden.

Nach einer Reise erzählte González: «Einer, mit dem ich über den See fuhr, hat erzählt, an einem Ort, an dem er sich in Geschäften aufhielt, sei eine junge, ausnehmend schöne Frau plötzlich von ihrem Mann verlassen worden, ohne Streit, ohne ersichtlichen Grund. Man hat den Mann umsonst gesucht. Er war offenbar freiwillig weg, und er kam nicht mehr zurück. Verstehen Sie so was?» –

Gary dachte einen Augenblick nach. Dann sagte er: «Er hatte sie satt.»

González dachte gleichfalls nach. «Nun ja. Man kann auch manchmal genug von einer Schönen haben.»

Er hatte selbst keine besonders schöne, aber eine warmherzige, sehr arbeitsame Frau und drei gutgeratene Kinder. Gary hielt sich streng von der Frau zurück. Die Kinder liebten ihn. Er dachte: Der Fremde hat gar nicht über Eliza geredet. Mein Vorgefühl, ein Spitzel sei in der Nähe, war also blinder Alarm. Sonst hätte González etwas davon erwähnt. Nur keine Vorgefühle! Ein Glück, daß dieser Schwätzer keine Namen genannt hat. Vielleicht doch? González sieht mich seltsam an. Ach was, er sieht mich an wie immer. –

González schickte ihn manchmal mit Vollmachten in die Stadt, Verschiedenes zu erledigen. Einmal saß Gary müßig im Café. Sein Blick fiel auf eine liegengebliebene, eine amerikanische Zeitung. Er griff nicht danach, aber er schielte nach der aufgeschlagenen Seite. Da stand gedruckt, man hätte den Luftpiraten, der vor drei Jahren mit seiner Beute abgesprungen sei, in Venezuela gestellt. Gary dachte: Unsinn. Sie haben niemand gestellt.

Diese Sache drucken sie nur, um den zu beruhigen, den sie noch immer vergeblich suchen. Damit er nicht mehr achtgibt und ihnen in die Falle geht. Die Probezeit war längst abgelaufen. Er hätte sich keine bessere Stelle wünschen können. Er wurde fast als Familienmitglied betrachtet. Für die Angestellten und die Vaqueros und die Bekannten, die gelegentlich kamen, war er ein guter Freund des Hausherrn. Er dachte: Oberaufseher mit allen Vollmachten ist sogar besser als Besitzer mit eigener Verantwortung für alles. – Es gab nur eine ganz unerwartete Sache, die mit der Zeit störte.

Hier im Land waren fast alle Menschen katholisch, wenn auch die meisten nur ihres Rufes halber, um bei der Obrigkeit und in der Gesellschaft gut angesehen zu sein, an den Vorschriften und Gebräuchen festhielten. Echt gläubig waren nicht allzu viele.

Die González hingen aus tiefstem Herzen an ihrem Glauben. Sie nahmen wahr, daß Gary so etwas auf die leichte Schulter nahm und sich an nichts hielt. Die Familie feierte auf dem Rancho die hohen Feiertage. Da war es besonders die Frau, die sich irgendwelche Vergnügen für ihre Leute ausdachte, auch für die Namenstage Antonio und Ursula. Gary riet ab von den Belustigungen und Jahrmärkten, weil dabei eine Menge getrunken und die Arbeit schlechter wurde in der folgenden Woche.

Das Paar González hatte sicher, wenn es allein war, über die Seelenverfassung seines Oberaufsehers gesprochen, und auf den Rat ihres Mannes nahm die Frau Gary beiseite und fragte ihn aus. Gary, im Innern belustigt, stellte sich ernst und nachdenklich. Er behauptete, er hätte es selbst schon als Mangel empfunden, zumal bei dem Vorbild der González, daß er solange der Kirche ferngeblieben sei. Frau González empfahl ihm einen Pater, der manchmal bei ihnen zu Gast war. Sie erschrak, als Gary gestand, er sei seit Jahren nicht mehr zur Beichte gegangen. – Er dachte sofort: Warum hab ich so was gesagt, die hätten das gar nicht gemerkt. – Jetzt mußte er hinzufügen, er hätte beinahe vergessen, was er dort sagen müsse.

Obwohl sich Frau González bestürzt zeigte, war sie sichtlich befriedigt, ihrem Oberaufseher Hernández beizustehen. Sie prägte ihm verschiedene Sätze ein, zum Beispiel: Ich habe gesündigt vor Gott und der Welt und bin nicht wert, Dein Sohn zu sein. – Gary wiederholte die Worte in ernstem Ton, die er dem Pater zu sagen habe.

Er dachte: Ich will diese Stelle noch nicht aufgeben, und ich will deshalb zu ihm gehen. Ich werde ihm schon irgend etwas erzählen, was Schlimmes von Frauen. Das hört er sicher oft. Und er wird jedes Wort, das ich ihm sage, demnächst der Familie González mitteilen.

Die González hatten zum Himmelfahrtstag gelobt, die kleine Kapelle auf dem Rancho zu erneuern und die Jungfrau neu zu kleiden. Gary war daran gewöhnt, daß man hier in den Kirchen und Kapellen das Holz anmalte, aus dem sie Christus und die Heiligen schnitzten, mit grellem Blut, ihnen glänzende Augen einsetzte und sie ankleidete. Das Kleid der Jungfrau in dieser

Kapelle war morsch. Frau González hatte in der Stadt Seidenstoff gekauft. Sie bat jetzt Gary und den Jungen, der das älteste der drei Kinder war, bei der Auffrischung der Kapelle zu helfen. Sie schnitt den Mädchen den Stoff zurecht und ließ sie das Kleid nähen. Der Junge fragte, warum das die Mutter nicht täte, die die geschickteste sei, doch Frau González erwiderte kurz: Besser ein Mädchen.

Der Junge wollte etwas erwidern, verstand aber die Antwort und senkte den Blick. Gary fiel plötzlich sein kleiner Bruder ein – es hatte daheim außer dem älteren Bruder, dem unerträglich groben, gemeinen, einen Nachkömmling gegeben. Auf den hatte er so wenig geachtet wie auf ein Kätzchen.

González war nach dem Feiertag kurz verreist. Bei seiner Rückkehr erzählte er, er sei während der Fahrt auf denselben Mann gestoßen, der die Reise schon einmal gemacht hat. Der müsse wahrscheinlich Geschäfte regelmäßig am selben Ort erledigen. «Erinnert ihr euch, der Mensch, der mir von der schönen Frau erzählte, die ihren verschollenen Ehemann überall suchen ließ?»

Frau González fragte: «Hat man ihn inzwischen gefunden?»

«Nein.»

Gary schien es, González sehe ihn besonders scharf an. Er versuchte, ihm ruhig und fest ins Gesicht zu blicken. González sprach dann auch gleich von der Erledigung seiner eigenen Geschäfte.

Als Gary wieder einmal in die Stadt fahren mußte und in seinem gewohnten Café saß, nahm er sogleich eine weggeworfene Zeitung «Californische Nachrichten» wahr.

Mein Gott, mit Vietnam war Frieden! Die bauen dort auf! Wenn diese Vietnamesen so wild hinter den Deichen und Städten und Häfen sind, wie sie im Krieg zugebissen haben, kommt ihr Land nochmals hoch. Und er dachte: Dafür hat der General befohlen, Vietnam zurückzubomben in die Steinzeit, und unser Fleisch und unsere Knochen hat es gekostet. Mich hat es noch mehr gekostet. Wenn ich mich jetzt auch nicht übel befinde. Er hätte sich vielleicht gefragt, was es ihn außer Fleisch und Knochen gekostet hätte – denn die Nachricht über den Frieden in Vietnam beunruhigte ihn mehr als die Nachricht von dem angeblich aufgefundenen Luftpiraten –, da setzte sich jemand an seinen Tisch. Der Fremde war komisch, aber nützlich gekleidet. – Keiner von hier, Er sah wie ein Stöpsel aus mit seinem kurzen Hals. Er sagte: «Entschuldigen Sie, Sie sprechen Englisch?» Gary zuckte die Achseln. Der andere fuhr fort in schlechtem Spanisch: «Sie können aber, glaube ich, Englisch lesen?» – «Ein bißchen. Mit meinen Leuten war ich einmal als Kind in New Mexiko.»

Der Stöpsel fragte ihn unverblümt nach seiner Stellung aus. Irgendwie tat es Gary wohl, daß er wahrheitsgemäß antworten konnte: «Mein Chef, der

Ranchero, bei dem ich Oberaufseher bin, und ich bin hier der Geschäfte halber, die er mir anvertraut hat, besitzt eine große Farm mit vortrefflicher Zucht.»

Der andere sagte: «Mein Name ist Harry Gold. Ich bin hier für meine amerikanische Firma. Und zwar besonders für Plattenspieler, Bandaufnahmen, Radio, Reparaturen aller Art. Vielleicht interessiert sich Ihr Chef für so was?»

«Ich fürchte nicht. Er hatte schon Gelegenheit, sich anzuschaffen, was er braucht.»

«Meine Dinger sind neuestes Modell. Ich muß Ihnen offen sagen, ich habe in Venezuela und auch hier im Land vorzügliche Geschäfte gemacht. Je tiefer ich ins Innere kam, desto kaufgeneigter waren die Leute. Gerade in kleinen Städten und auf Farmen. Von der Langeweile abgesehen – es ist doch was Großartiges, wenn so ein Farmer nicht dauernd von einer Herde zur anderen zu reiten braucht, sondern auf Band seine Anweisungen diktiert, gemäß den Berichten des Aufsehers. Und seine Anweisungen werden dann abgespielt auf allen möglichen Weideplätzen. Änderungen, Entlassungen – alles auf Band. Der Aufseher kontrolliert nur. Ich sage Ihnen: Die Stimme, die wirkt. Allein die Stimme des Menschen. Geradezu wie ein Zauber.» Er habe sich vorgenommen, Ortschaften und Niederlassungen bis tief in den Süden hinunter aufzusuchen. Vielleicht sogar bis zum Amazonas. Da soll es doch eine große Strafkolonie geben. Dann gibt es sicher auch Beamte, Aufseher, Wächter. Die langweilen sich. «Eine große Strapaze, so weit hinunter, darüber bin ich mir klar, aber sie wird sich lohnen. Was glauben Sie?»

«Kann sein, Herr, ich habe da keine Erfahrung.»

Sie bezahlten sich gegenseitig ein Glas.

Daheim erzählte Gary dem Chef von dieser Begegnung. Die Kinder riefen sofort, daß sie sich dies und das wünschten, von all den seltsamen Dingen, die dieser Harry Gold anbot.

González aber zog es vor, selbst von Herde zu Herde zu reiten oder statt seiner José Hernández. –

Plötzlich, als ihn schon alle vergessen hatten, erschien der kleine, hartnäckige Stöpsel. González machte einen belanglosen Einkauf, vor allem, um ihn schnell loszuwerden. Zu seinem Erstaunen nahm Harry Gold ihn beiseite, er hätte da eine besondere Bitte. Gary wartete ruhig, er wußte, daß dieser Mensch keinen Anlaß zur Vorsicht bot. Lachend kam González zurück. «Er will durchaus, daß ich Sie höchstens auf drei Monate beurlaube. Er würde Sie sehr gut bezahlen. Und ich, so meint er, gäbe Ihnen den unbezahlten Urlaub. Sie würden sich sicher überall rasch auskennen. Sie seien wendig. Sie möchten ihn doch hinunterbegleiten, weil ihm das Land ganz und gar fremd sei. Dann kämen Sie gleich zu mir zurück. Ich glaube sogar, er hat Angst, Sie könnten ihm Prozente abverlangen, was ich an Ihrer Stelle täte.»

Gary hatte kurz und scharf nachgedacht. Er sagte scheinbar zögernd, er müsse sich alles gründlich überlegen. Er wolle den Harry Gold nächste Woche im Café treffen.

Seit González nach seiner Reise die Geschichte erzählt hatte von der schönen Frau, die unerklärlich plötzlich von ihrem Mann verlassen wurde, und ihm mit der Frage gekommen war, warum wohl so was geschehen könne, dachte Gary darüber nach, ob er sich irgendwann irgendwie von seinem Chef trennen sollte. Wenn er auch nicht fürchtete, die Frage sei auf ihn gemünzt gewesen: Es war für ihn besser, von Zeit zu Zeit den Ort zu wechseln. Und dieser Händler brachte ihm eine gute Gelegenheit.

Er sagte schließlich, gern gehe er nicht weg, auch nicht für Monate, aber er hoffe, dabei zu verdienen und vielleicht für González allerlei zu erledigen.

Die Kinder klammerten sich an Gary, sie weinten beim Abschied. Gary gab González die Hand darauf, spätestens in drei Monaten zurückzukommen. Der Handschlag galt hier soviel wie ein geschriebener Kontrakt.

Harry Gold war zufrieden. Er versprach sich vorzügliche Geschäfte, auch in dem südlichen Landzipfel, den er auf der Karte betrachtete. Gary sagte, er hätte sich stets gewünscht, den Amazonas zu sehen. Und erzählte, was Harry Gold sich immer wieder gern erzählen ließ, Manaŭs, am selben Ufer des Stromes weit weg in Brasilien, sei eine großartige Stadt gewesen, in ihrem Opernhaus hätten sogar Gäste aus Paris gespielt, bis ein englischer Gauner Kautschuk klaute und in seinen eigenen Kolonien anpflanzte, so daß der Staat sein Kautschukmonopol verlor und dadurch auch Manaŭs seinen Glanz.

«Wir werden schon Geschäfte machen hier im Land an kleinen Orten», sagte Gold. «Übrigens, haben Sie, Hernández, einen Ausweis?» – «Gewiß.» – «Man bleibt meist ungeschoren. Trotzdem, es ist besser, und Sie können sich auch auf Ihren Chef beziehen?»

«Gewiß», sagte Gary. In seinem Gedächtnis war Henry Maxwell aufgetaucht. Ich rate dir gut, du kennst mich, du gibst nicht umsonst dein Geld aus. Du wirst diesen Paß gebrauchen können.

Er dachte: Ich mache mich unterwegs davon, und ich fahre, wohin ich Lust habe.

Oft war er erstaunt, wie flink sich dieser dicke, kleine Stöpsel bewegte und wie er sich rasch zurechtfand, er konnte sogar ganz gut reiten. Er sah so komisch aus, daß es schon möglich war, jemand hetze ihm eine Behörde auf den Hals.

Harry Gold, der wunderte sich, wie gut Hernández alle möglichen Dialekte sprach. Überall blieben an ihm die Ausdrücke und die Aussprache und sogar ganz besondere Redewendungen hängen.

In San José ging Harry Gold noch einmal auf die Post. Er kam mit Briefen zurück und alten Zeitungen. Er machte sich neugierig darüber her. Verschiedenes las er laut vor, sich selbst und in unbeholfener Übersetzung seinem Begleiter: «Sie bauen die Long-Bien-Brücke bei Hanoi wieder auf. Ich ahne, wir zahlen da Anleihen. Die Vietnamesen werden es Wiedergutmachung nennen. In den Staaten braucht man sich nicht zu fürchten vor Arbeitslosen. Wenn in einem Land der Krieg aus ist, anderswo wird er schon wieder losgehen».

Gary hätte gern mehr gewußt. Er hielt es für ratsam, keine Fragen zu stellen. All seine guten Kriegskameraden hatten also für nichts und wieder nichts ihr Leben aufs Spiel gesetzt. –

Eines Tages verlangte er Prozente von den Verkäufen, die er vermittelte, ja, die ohne ihn gar nicht zustande gekommen wären. Gold hatte gehofft, Gary gebe sich einfach mit seinem Gehalt zufrieden. Da dieser aber auf seiner Forderung bestand und außerdem vorgab, er müsse rechtzeitig zu González zurück, suchte Gold einen Anlaß, den allzu schlauen Gehilfen loszuwerden. Er wunderte sich, wie streng die Menschen in diesem Land Versprechen einhielten, die ungeschrieben waren, sozusagen luftig.

Auch für ihn sei es günstig, meinte Gold, die Reise abzukürzen. In seiner Post hätte ihm ein Geschäftsfreund geraten, so schnell wie möglich zurückzufahren, darum wolle er gleich über Bogotá in die Staaten, Hernández möge ihn nur zur nächsten Flugstation bringen.

Gary vergewisserte sich recht gern selbst, daß Harry Gold abfuhr. Man wird ihn sicher ausfragen, sagte er sich, und er wird auch von mir erzählen. Dann glauben sie, nichts sei leichter, als mich auf González' Rancho zu greifen. Ich will in eine Gegend fahren, in der mich niemand vermutet. Warum soll ich nicht allein zum Amazonas? Hab ich nicht zu Harry Gold gesagt, als wir zusammen die Karte beguckten, es hätte mich immer dorthin gezogen. Vielleicht hat's mich dorthin gezogen. Jedenfalls zieht's mich jetzt dorthin. – Auf jeden Fall würde er dort die Vergangenheit los sein, die alte und die jüngste.

Von der nächsten Dampferstation aus fuhr er ein Stück nach Osten; als Ortschaften und Siedlungen selten wurden und schließlich ganz aufhörten und der Wald sich vollständig des Landes bemächtigte, erreichte er eine Missionsstation, die jeden Monat ihr eigenes Flugzeug in die Provinz Amazonas schickte. Sie nahmen Waren mit, auch einzelne Personen, die hierher verschlagen worden waren in Amtsgeschäften, bisweilen zur Kontrolle der Strafkolonien. Das alles und mehr erfuhr Gary erst unterwegs, und er murmelte etwas Unbestimmtes über den Grund seiner Reise. Mochten sie denken, er fahre zu einer Revision. Er blieb schweigsam, höflich, steif ernst.

Die beiden Pater, die gleichfalls flogen – Gary dachte bei sich, er hätte nicht umsonst bei den González gelernt, auch mit dieser Art Leute umzugehen –, waren gesprächig, lustig, offenbar untereinander völlig einig, über was, verstand Gary nicht. Auf ihre Frage, ob er mit ihnen umsteige, behauptete Gary, er müsse nach San Cristóbal. Die Pater waren ein wenig erstaunt, sie überließen ihn seinem Wunsch und Weg.

Auf dem Flugplatz, der wahrscheinlich auch der Mission gehörte, warteten die zwei Pater auf ein anderes Flugzeug. Eine befahrbare Straße führte nach einem Ort nahe dem Ufer. Die verschiedenen Waren, die das Missionsflugzeug gebracht hatte, holte ein Lastwagen ab. Gary sprang auf. In der Ortschaft, an der er nach ein paar Stunden aussteigen mußte, ging es zu seiner Verwunderung lebhaft zu. Menschengewühl, Geschrei, Geschäfte. Er dachte: Ich bin nicht mehr weit vom Amazonas. Er sah zwar nur manchmal etwas schimmern zwischen den Lagerhäusern am Kai, aber er wußte, das war der große Strom, und er fühlte sich leicht und frei.

Doch gleich darauf stutzte er. Seine Aufmerksamkeit war plötzlich aufs höchste gespannt. An einer Umladestelle vor dem Steg, über den die Lastträger keuchten, gab es mehrere Militärposten. Er hatte den Anblick der Stromfreiheit noch nicht einmal in sich aufgenommen, da begriff er, wo er war. Auf den nächsten Wachhäusern und rechts und links des Landungssteges flatterten kolumbianische Fahnen. Dann kam eine Zwischenstrecke, auf der Polizei in raschem Tempo auf und ab ging. Hinter dem Niemandsland war abermals eine starke Reihe Grenzposten erkennbar. Von hier aus erblickte man die Fahnen Brasiliens. Wahrscheinlich gab es da drüben noch einen besonderen brasilianischen Landungssteg.

Da wurde er schon von einem Posten angesprochen. Gary zeigte ihm seine kolumbianischen Papiere. Der Militärposten fand nichts daran auszusetzen. Er warnte ihn nur, auf den Steg zu gehen, dazu bräuchte man eine besondere Erlaubnis. Auch für die Zwischenzone. Gary sagte einfältig: «Ich war mit einem Geschäftsmann hier. Ich will auf unser Rancho zurück.»

Der Polizist mahnte nochmals, die Zwischenzone zu meiden. Gary nickte. Er machte kehrt. In seinem Gedächtnis war abermals und genau der Freund aufgetaucht, dem er diese Papiere verdankte. Der Blick des Freundes, der seltsam schiefe, aber zugleich genaue Blick in Garys Seele hinein, um sieben Ecken herum.

Gary entfernte sich von dem verbotenen Uferstreifen. Er bog bald gedankenlos, ziellos ab von der ausgefahrenen Straße, auf einen Weg, der nicht angelegt war und nicht ausgefahren, aber von vielen Schritten und Hufen ausgestampft. Da gab es noch eine Ortschaft, ein paar Baracken und Hütten und eine Kneipe. Er trank etwas, fragte mehr sich selbst als die anderen: «Wie weiter?» – Die Leute wußten besser, als er selbst wußte, wohin man von hier aus gelangte.

Er schlug einen Weg in nordöstlicher Richtung ein, den sie ihm empfahlen. Im Unterholz verlor sich der Weg. Er entdeckte Spuren zerfallener Siedlungen, verlassener, schon überwucherter Ranchos. Er prägte sich die Kennzeichen ein, falls er zurückkehren wollte. Sein Proviant war knapp.

Er dachte: Ich will mich irgendwo ausruhen, solange ich Lust habe. – Bis jetzt hatte er die Lust, sich auszuruhen, noch nicht gespürt. Als ob er sich nicht aus eigener Kraft bewege, sondern durch eine Gewalt, die ihm die Anstrengung abnahm.

Es zog ihn gewaltig in die Wildnis. Die Wildnis zog ihn gewaltig in sich hinein. Oft sah er etwas, was er aus Vietnam kannte, wie es ihm dünkte. Aus Vietnam. Nicht, wie er darübergeflogen war, sondern wie sie eindringen mußten. Er sagte zu seinem Freund Henry, der war in seinem Gedächtnis eingenistet, seit man ihn nach dem Paß gefragt hatte: «Sieh mal, erinnerst du dich, war's so? War's anders?» – Er dachte sogar: Hat der mich deshalb hierhergeschickt? Dann beruhigte er sich, weil alles auf einmal anders war. Das Vogelgeschrei war anders, und anders waren auch die Verschlingungen von Lianen. Er hätte jetzt bald die Machete gebraucht. Er entschloß sich, umzukehren. Da stieß er noch einmal auf ganz und gar überwucherte, kaum erkennbare Reste einer Siedlung. Er umging sie erstaunt, dabei entdeckte er einen Trampelpfad. Er kam noch einmal auf ein Stück gerodete Erde. Und genau in der Mitte lag ein würfelförmiges Farmhaus, trotz der Einsamkeit gründlich eingezäunt.

Hunde schlugen an, ein paar Kinder kamen heraus und starrten. Ein alter Mann öffnete ihm, der war, wie sich gleich zeigte, das Oberhaupt der Familie. Das jüngere Paar, die Eltern der Kinder, sahen ältlich und abgerakkert aus. Man brachte Gary etwas zu essen und zu trinken, aber man bot ihm kein Obdach. Alle sahen ihn an wie einen Eindringling, der sie störte, obwohl es unklar war, wobei er sie hätte stören können, und er sah mit einem Gefühl von Unbehagen, wie sie genau seinen Bewegungen folgten. Obwohl es noch Tag war, legte er sich in den Winkel, in dem wohl die Kinder schliefen, und er schlief sofort ein. Und er hörte im Traum etwas in Abständen ticken, vielleicht sein Herz, vielleicht etwas von außen.

Der Alte oder der Älteste weckte ihn und brachte ihm Kaffee. Sie wiesen eine Bezahlung zurück, doch das Angebot stimmte sie etwas freundlich. Man beschrieb ihm, obwohl er gar nicht danach gefragt hatte, den Weg vom Rancho zum Fluß. Wenn er sich nordöstlich halte, würde er auf die Halbinsel stoßen. Sie nahmen von vornherein an, Gary wolle dorthin, und sie fügten hinzu, es gäbe jetzt in der Trockenzeit keine Schwierigkeiten. Gary fragte aufs Geratewohl: «Auf der Halbinsel liegt die Siedlung?» – «Nun ja», sagte der älteste Alte. «Sie kommen von dorther in der Regenzeit im Boot.» – «Warum?» – Sie sahen ihn mißtrauisch an. «Zum Tausch. Wozu sonst? Für Salz.»

Sie gaben ihm gegen Geld etwas Proviant und Streichhölzer und Salz, das er offenbar brauchen würde.

Er hatte wieder ein Ziel, die unbekannte Halbinsel. Er mußte sich abquälen ohne Machete. Er brach oft erschöpft zusammen, er fuhr hoch, wie gehetzt von einem Befehl. Er war gewohnt, so rasch wie möglich jedem Ziel zuzusteuern, das man ihm angegeben oder das er sich vorgenommen hatte.

Er quälte sich so lange in den Wald hinein, daß er schon fürchtete, sein Proviant reiche nicht aus. Er hatte noch nie so hohe Palmen gesehen. Als er den Kopf zurücklegte und an einem kahlen Stamm hinaufsah bis zu der Krone, an der die Büschel von Früchten hingen, entdeckte er, befestigt an dem Knorzen des Stammes, ein sonderbares Gestell, das einer Leiter glich. Dann sah er das Menschlein, das diese bewegliche, aus Ästen angefertigte Leiter erklomm; es hing sie am nächsten Knorzen auf und stieg höher.

Irgendwie tat es Gary gut, in dieser Einsamkeit auf eine menschliche Fertigkeit zu stoßen, so sonderbar sie ihm vorkam. Er war also doch nicht völlig allein. Er sah dem Eingeborenen zu, der aber sah hinauf in die Baumkrone.

In der Nähe brannte ein Feuer. Ein paar Hütten standen auf Pfählen. Die kleingewachsenen, schwarzbraunen Bewohner empfingen ihn arglos, weil er allein war und ohne Schutz.

Gary ahmte ihre ehrfurchtsvollen Bewegungen nach. Er beschloß, was er sah, nachzuahmen. Seine Begabung für Gesten und Laute kam ihm zustatten.

Man machte ihm Platz am Feuer. Nie war er in Vietnam so treuherzig empfangen worden. Wilde, dachte er, sind es hier wie dort.

Er schlief sich aus. Er ging mit ihnen zum Fischfang, zum Früchtesammeln. Diesen Menschen genügte das Leben um ihre Siedlung herum, am Ufer der Halbinsel. Es hätte auch Gary vorerst genügt. Er verstand bald die meisten Ausdrücke, und es gelang ihm, diese zu wiederholen. Denn viele Worte enthielt ihre Sprache nicht.

Was aber Gary nicht nachahmen konnte, waren die Tänze und die Musik. Was sie damit feierten, verstand er nicht. Vielleicht einen glücklichen Fang, vielleicht den Gott, der in einem Pfahl eingekerbt war.

Eines Tages kam eine fremde Schar Eingeborener, die den Leuten der Siedlung glichen. Sie wurden freudig begrüßt. Es war offenbar ein erwartetes Wiedersehen.

Gary empfand einen Stich im Herzen, als er unter diesen Besuchern einen einzelnen Weißen erblickte, der war groß und blond. Was suchte der hier?

«Was suchen Sie hier?» fragte der Fremde, als er Gary gewahrte, in einem mühsamen Spanisch.

Ein Mann aus den Staaten, dachte Gary, und er erwiderte, was ihm einfiel: «Ich studiere die Sprachen der eingeborenen Stämme.»

«Das ist ein glücklicher Zufall», sagte der Fremde. «Ich bin Anthropologe. Ich schreibe über die Eingeborenen in Brasilien, Venezuela und Kolumbien. Ich heiße Tom Hilsom.»

Gary stellte sich vor: «José Hernández». Und er fügte hinzu: «Ich bin Kolumbianer. Spanischer Herkunft.» Hilsom war offensichtlich froh über dieses Zusammentreffen. Die Eingeborenen kannten ihn wohl von anderen Besuchen. Sie hielten ihn für einen weisen und guten Mann, und sicher war auch sein Freund gut und weise. Wie hätte es ihnen in den Sinn kommen sollen, daß sich die beiden zufällig trafen? Gary war auf der Hut. Er sagte sich: Es ist eine Sache, auf mich zu stoßen, und eine ganz andere Sache herauszufinden, wer ich bin. –

Hilsom setzte sich neben ihn, und er fragte, ob José Hernández – er wiederholte den Namen genau, aber in einzelnen Silben, wie Leute es tun, die nicht an die Sprache gewöhnt sind – zufällig sein letztes Buch kenne. «Ich vergleiche darin das Leben gewisser Gruppen Eingeborener in gewissen Ländern mit dem Leben von Menschen in der jüngeren Steinzeit, soweit man es erforscht und beschrieben hat und darüber berichtet.» Er setzte lächelnd hinzu: «Wahrscheinlich zum größten Teil falsch.» – «Ja, falsch», sagte Gary, als hätte er gleichfalls darüber nachgedacht.

In der folgenden Zeit saßen sie oft zusammen. Gary brauchte nicht viel zu sprechen; denn Hilsom erzählte von seiner Arbeit. Er erklärte verschiedene Stammesgebräuche, Götter und Feste.

Meistens kannte Gary besser als Hilsom den Sinn der hier üblichen Worte. Hilsom wunderte sich über die Unterschiede in den Ausdrücken der beiden Stämme, die sich die Halbinsel teilten. Hier wurden Pflanzen und Tiere, sogar der Fluß anders benannt, als befände man sich in einem entfernten Land. Er sagte: «Die Conquista hat einem ganzen Erdteil ihre Sprache aufgedrängt. Und auf dieser kleinen Halbinsel haben zwei Nachbarstämme für ein und dieselbe Sache verschiedene Ausdrücke. Aus welchem Grund? Vielleicht hat sich schon in der Zeit der Conquista ein Teil vom anderen aus Vorsicht getrennt.» – Er dachte laut weiter: «Dann kam die zweite Verfolgung. Es sind schon ein paar Generationen vergangen, seit man in Brasilien Kautschuk gesammelt hat und auch hinter der Grenze Menschen gejagt und zur Arbeit gezwungen hat. Verfolgung macht immer mißtrauisch und isoliert.»

Gary hoffte eine Sekunde unter Hilsoms ruhigem und offenem Blick, von diesem Mann sei nichts zu befürchten, es gab ja eigentümliche Berufe. Dann wieder warnte ihn irgendein Wort, eine Redewendung, seinen Argwohn nie aufzugeben.

Hilsom fuhr fort in seinem Gedankengang: «Sogar jeder Stamm ehrt seine eigenen Symbole, die er für die Gottheit selbst hält.» Er fügte hinzu: «Wie wir.» – «Wieso?» fragte Gary. – «Mancher verteidigt das Symbol seines Landes, zum Beispiel das Sternenbanner, bis zum letzten Blutstropfen.»

Gary hörte aufmerksam zu. Ganz fern lag ihm der Gedanke, er könne zu denen gehören, die das Sternenbanner verteidigt hatten. Was Hilsom da sagte, kam ihm sonderbar vor, völlig unverfänglich. Er wünschte sich in diesem Moment, Hilsom möge nichts gegen ihn im Schild führen; wenn Gary auch auf der Hut war, nach wie vor, in ihm entstand das Gefühl, von diesem Menschen drohe ihm nichts.

Als Hilsom eines Tages etwas auf Englisch erklärte, nickte Gary, und er warf gedankenlos ein englisches Wort ein. Sofort verstand er, was für ein Fehler ihm unterlaufen war, und er setzte die Unterhaltung Spanisch fort.

Hilsom spürte, daß sein Gefährte nicht Englisch sprechen wollte, aus welchem Grund immer. Gary aber, argwöhnisch seit Jahr und Tag, war nicht entgangen, daß Hilsom seinen Fehler bemerkt hatte. Darum erschien es ihm besser, scheinbar offen zu erklären, was er dem Händler Harry Gold erklärt hatte, als der ihn über einer englischen Zeitung ertappte. Seine Familie hätte ein paar Jahre in den Staaten gelebt, er selbst sei dort sogar eine Zeitlang zur Schule gegangen.

Hilsom fragte: «Waren Sie gern dort?» – «Ich?» – Trotz aller Vorsicht wünschte sich Gary plötzlich, gerade diesem Mann, der, wie er spürte oder zu spüren glaubte, gar nicht zu seiner Verfolgung hier war, etwas aus seinem Leben zu erzählen. Er fuhr fort. «In den Staaten kenne ich mich nicht aus. Daheim auf dem kleinen Rancho, das wir bloß gepachtet hatten, erlebte ich immer Schlechtes. Ich mußte schuften von morgens bis abends. Mein Vater verprügelte mich, dazu lachte mein älterer Bruder, die Mutter gab ihnen in allem recht.» – Hilsom hörte ihm nachdenklich zu. Gary verstummte, und er dachte: Hätte ich so was nicht sagen sollen? Nur schweigen, das fällt erst recht auf. Obwohl Hilsom ihn nichts mehr fragte, fügte Gary hinzu: «Ich hatte genug, und ich ging zur See.» –

In einer der folgenden Nächte fand ein Fest auf der Halbinsel statt, an dem die beiden sonst getrennt lebenden Stämme teilnahmen. Hilsom zeichnete ihre Tänze auf und die Tonfolge ihrer Trommelwirbel. Und Gary konnte ihm bald erklären, was ihre Rufe bedeuteten, ihr leidenschaftlicher Dank, wenn ihre Köpfe bald den Boden berührten, bald zurückgeworfen wurden. Das Fest galt einem Stern, der in dieser Nacht zum erstenmal am Himmel erschienen war. «Ein Himmel, ein Stern, darum die Gemeinsamkeit», sagte Hilsom. Er war fast beschämt, daß Gary sich besser als er in den Sternbildern auskannte.

«Seit ich zur See fuhr», sagte Gary, «weiß ich Bescheid am Nachthimmel.» – «Dann war es also ganz gut für mich, daß Sie von daheim durchgebrannt sind.»

Die Eingeborenen hatten inzwischen ein Feuer entzündet. Sie rösteten verschiedene Speisen, doch legten sie immer wieder die Köpfe zurück, um sich zu überzeugen, daß der neu erschienene Stern seinen Platz am Himmel bewahrte.

Gary und Hilsom waren langsam ein Stück aus dem Kreis der Festgäste ins Dunkle gerückt. In der sternklaren Nacht fühlte Gary, daß Hilsoms Gesicht ihm zugewandt war, und er erzählte: «Weg von daheim wär ich auf jeden Fall. Mein Bruder, das sagte ich Ihnen, war ein gemeiner Kerl. Der kleine Bruder war nicht mehr als ein Kätzchen –» Er brach ab, als falle ihm etwas ein beim Gedanken an den kleinen Bruder. Obwohl Hilsom nichts fragte, fuhr er von selbst fort: «Ich ging vor allem zur See, um zu verdienen, denn ich hatte ein Mädel am nächsten Ort, dorthin mußte ich manchmal auf den Markt. Wie die mir gefiel! Sie war mein Lichtblick. Meine einzige Freude. Wir machten aus, daß ich mich anheuern lasse, zurückkomme, wenn ich genug verdient hatte, daß wir heiraten könnten. –

Das dauerte aber länger, als wir gehofft hatten. Als ich zurückkam, war sie mit einem anderen verheiratet.»

Hilsom hatte sich abgewandt, und er dachte: Ist davon Hernández noch immer bedrückt?

In der Zeit, die dem nächtlichen Fest folgte, versuchten Hilsom und Gary festzustellen, ob die verschiedenen Pflanzen, die die Eingeborenen mühsam suchten, aus alten Erfahrungen zu Heilzwecken benutzt wurden oder aus Aberglauben. Die Gelegenheit bot sich, ihnen etwas vom Ackerbau beizubringen. Man lehrte sie Furchen ziehen und zu säen. Hier wuchs alles zauberhaft schnell. Gary sagte: «Wie lange hat meine Mutter gewartet, bis irgendein Zeug, das sie pflanzte, schließlich so weit war, daß sie daraus ihre Tees braute gegen Husten und gegen Fieber, besonders für meinen Großvater, ihren Vater, ja, der war plötzlich zu uns gekommen von sehr weit her, weil er sonst niemand hatte. Mein Vater schimpfte, er kann niemand brauchen, der unser bißchen Brot mitißt. Aber der Alte war nun mal mit auf der Farm, und er konnte nicht weiter und nicht zurück. Mich hat er gedauert, und ich gab ihm mal was von meinem Teller ab, und ich hab ihn gedauert, wenn der Vater wie wild auf mich losschlug.» –

Er brach ab, fuhr aber kurz darauf fort, obwohl Hilsom nichts fragte, als sei in seinen Gedanken der Faden nicht abgebrochen: «Auf dem Schiff hab ich manchmal an den Alten gedacht, ja, und als mir das Mädchen fremdgegangen war, bin ich doch noch mal heim, nur um den Alten wiederzusehen, und ich kaufte für ihn ein Päckchen Zigaretten. Er war aber schon gestorben. Ich rauchte die Zigaretten allein auf und blies allen den Rauch in die Gesichter, bot niemand was an. Auch nicht meinem kleinen Bruder, der gar nicht mehr so klein war, und er hat gehofft, ich lasse ihm eine, zumindest die letzte. Das tat ich nicht. Verstehen Sie, daß mich das jetzt dauert?» –

«Vollkommen», sagte Hilsom. – «Dann bin ich weg, möglichst weit, wo niemand mich findet, das war damals leicht.» –

Bald darauf verfertigte Gary im Handumdrehen eine Art Zelt aus Moskitonetzen. Er sagte, als Hilsom seine Geschicklichkeit bewunderte: «Das lernt sich in Vietnam –» Er dachte sofort: Warum hab ich so was gesagt?

Hilsom verstand, daß diese Bemerkung Gary entschlüpft war, und er ging nicht darauf ein, und wenn er auch dachte: Das also ist es, was diesen Menschen dauernd bedrückt, er stellte sich, als sei ihm nichts aufgefallen.

Aber in Gary jagten nun wieder die Gedanken: Warum hat er nichts mehr gefragt? Entweder weil er ohnedies alles über mich weiß, oder weil er mich nicht ausfragen will.

Mich hat der Teufel geritten. Warum hab ich Vietnam erwähnt? Die haben drüben doch längst raus, einer, der in Vietnam gedrillt war, hat den Fallschirm benutzt. Ein anderes Mal dachte er: Ich hab gar nichts Besonderes gesagt. Ich bin wahrhaftig nicht der einzige, der in diesem Krieg gesteckt hat. Zudem kann man Hilsom getrost manches erzählen.

Zuletzt sagte er sich: Nein, ich darf nicht mehr sprechen. Mein Herz erleichtern, was für ein Unsinn. – Er war einen Augenblick, nur einen Augenblick, wie überwältigt von dem Zwang zu schweigen sein Leben lang.

Wie auf Verabredung sprachen sie in den nächsten Tagen nicht viel miteinander. Sie zeigten mit großer Geduld den Eingeborenen, wie man ein Stück Land rodete und Furchen zog und Samen legte. Gary äußerte seine Meinung, verschiedene Worte entstünden aus den Bewegungen, aus den unwillkürlichen Zurufen. Er erklärte den Unterschied von ich und du, von mir und dir und wie sich die Worte verschieden bildeten bei einzelnen Stämmen, beim Fischen oder beim Fallenstellen. Er erfand solche Erklärungen, obwohl er selbst der Sache nicht sicher war.

Die Eingeborenen hatten ihren Spaß an der Arbeit, der selbstbewirkten Regelmäßigkeit. – Hilsom erklärte eines Tages, er müsse auf kurze Zeit in die nächste Siedlung, um verschiedene Geräte zu besorgen. Zu Gary sagte er: «Auch um zu erfahren, was in der Welt geschieht.» Wenn er eine spanische Zeitung fände, könne Gary sie ihm nach Rückkehr genau übersetzen. Er berechnete seine Abwesenheit auf ungefähr zwei Wochen.

Gary nahm an, daß Hilsom das würfelförmige Farmhaus aufsuchen wollte. Er hatte dort im Schlaf etwas ticken hören. Wahrscheinlich gab es dort eine Funkverbindung. Hilsom nahm als Führer zwei Eingeborene mit, die zugleich dort Salz eintauschen wollten. –

Zuerst war Gary bedrückt vom Alleinsein, als hätte Hilsom sein Leben ausgefüllt. Die alte Leere machte ihm die ersten Tage fast unerträglich. Ein anderes Menschenleben, das auf ihn wirkte, auf das er wirkte, hatte die Leere beschwichtigt. Manchmal drehte er sich jäh um, als sei er von Hilsoms Blick getroffen. Dann gewöhnte er sich an seinen Zustand, und er dachte nach. Er verstand jetzt erst richtig, was er für eine Dummheit begangen hatte, Vietnam zu erwähnen. Hilsom hatte sicher so gut wie er selbst, vielleicht in derselben Zeitung, gelesen, ein Luftpirat – aus seinem Absprung hätte man schließen können, er sei in Vietnam ausgebildet – wäre in Venezuela verhaftet, und Hilsom hatte sich wahrscheinlich auch gesagt, man verbreitet eine solche Nachricht, um den Gesuchten irrezuführen. Von dieser Verfolgung war es nur ein Gedankensprung, die Vergangenheit zu erraten. –

Zuerst hatte Gary, wie vorher Hilsom, die Eingeborenen angehalten, ein beträchtliches Stück Land zu roden, damit Hilsom sich freuen würde bei seiner Rückkehr. – Jetzt verfolgte ihn der Gedanke: Er ist nicht weg, um Geräte zu kaufen. Er setzt die Polizei in Kenntnis, auf wen er im Dschungel gestoßen ist. Ich muß davon.

Er versah sich mit Proviant, er prüfte seine Waffen und sein Moskitonetz. Die Leute gaben nicht acht auf sein Tun und Lassen.

Er rechnete nach, wie lange Hilsom schon fort war. Er verließ die Halbinsel. Mit irreführendem Kehren und Wenden schlug er mehrere Wege ein mit der oft erprobten Schnelligkeit. Er hatte wieder zutiefst die Gewißheit, das Glück würde ihm beistehen, wenn er allein und rücksichtslos seinen Plan durchführe. –

In der Pfahlbausiedlung hatte man seine Abwesenheit nicht beachtet, dann hatten sich die Leute gesagt, er sei auf Fischfang oder auf einer Pflanzensuche, er kehre über kurz oder lang zurück. Sie hatten kein Gefühl für den Ablauf der Zeit. Sie suchten ihn nicht besonders gründlich, sie glaubten schließlich, die beiden weißen Männer kehrten zusammen zurück.

Hilsom kam eines Tages wieder. Er war höchst erstaunt über Garys Verschwinden. Da er nicht recht in Erfahrung brachte, wie lange die Abwesenheit schon dauerte, wartete er zunächst mit den anderen. Er zeigte ihnen, wie man die neuen Spaten benutzte. Und lachend und freudig gespannt machten sie alles nach. Inzwischen waren vielleicht schon Lianen über Garys Spur gewachsen.

Als Hilsom festgestellt hatte, daß Gary mit ziemlich viel Proviant fort war, mit seinen Waffen und seinem Moskitonetz, dachte er nach, worüber sie in der letzten Zeit gesprochen hatten. Ob Garys Familie aus Kolumbien stammte, ob sie kurz oder lang in den Staaten gelebt hatten, darüber machte sich Hilsom keine besonderen Gedanken. Sicher war Gary verwirrt, ja völlig erschüttert durch seine Erlebnisse in Vietnam, er war herumgezogen, um das Vergangene zu vergessen. Hilsom grübelte sogar gequält, ob er den Mann, der sich José Hernández nannte, durch unbedachte Worte fortgetrieben hätte. Was Hernández in Vietnam erlebt hatte, war sicher so tief in ihn eingedrungen, daß er auf die Dauer kein Zusammensein mit anderen Menschen ertrug. Trotzdem glaubte Hilsom, er hätte irgendwie Schuld an dem jähen Aufbruch, ohne zu wissen wodurch.

Inzwischen war Gary auf seiner Flucht ganz ausgelaugt. Er war aber stolz. Nein, er hatte nichts eingebüßt an Kraft und an Wendigkeit. Er ruhte sich aus in einem Gewinde gestürzter und wieder zusammengewachsener Baumkronen, einem Urwaldhorst. Er fuhr hoch, als sei plötzlich Hilsoms Blick auf ihn gerichtet. Der hatte ihn vielleicht aufgespürt und schließlich entdeckt. Dann beruhigte sich Gary. Er aß etwas, schlief noch einmal ein, dachte halb wach: Des Raubes wegen verfolgt man mich, wegen der paar

Beutel von Dollars. Davon sind die nicht ärmer geworden. Was alles in Vietnam passiert ist, das kam ihnen ehrlich vor. Die würden niemals ein Wort verlieren über die Städte und Brücken, die ich auf ihren Befehl zusammenknallte. Und dieser Hilsom? Daß ich in Vietnam war, hat er geschluckt, auch wenn er sich seinen Teil dabei dachte. Die letzte Sache mit dem Flugzeug, die würde er mir nicht verzeihen. Trotzdem, mir wäre wohl, wenn ich noch einmal mit ihm sprechen könnte. Doch hätte ich je mit ihm gesprochen? Jetzt ist es zu spät. Er hat wahrscheinlich die Polizei auf mich gehetzt.

Er fühlte die Verfolgung in allen Fasern. Die Bedrohung trieb ihn tiefer und tiefer in den Urwald. Er rechnete nicht mehr die Tage nach. Er war in Zeitlosigkeit verfallen. Bisweilen erschrak er, die Regenzeit müsse bald beginnen. –

Er erreichte fast plötzlich einen Fluß, der ihm mächtig vorkam nach der Dichte und Dunkelheit des Waldes. Zwischen den düsteren Spiegelbildern der waldigen Ufer zog sich, schwach gekräuselt, ein helles Band Wasser. Gary legte den Kopf zurück, und er stellte fest, daß sich der Himmel nach wie vor hoch über allem wölbte. Er dachte: Mündet in diesen Strom der Fluß, an dem die Halbinsel lag? Er beschloß, das Ufer entlang, stromaufwärts zu gehen. Denn eine menschliche Siedlung mußte alsbald erreichbar sein. Das nahm er an manchen Kennzeichen wahr. Dort würde er rasten können. Es gab hier keine Drohung von der Halbinsel aus. Die Spuren von Menschen kamen aus entgegengesetzter Richtung.

Nach einigen Stunden erkannte er eine Station oder ein Lager oder was es sonst war am gegenüberliegenden Ufer. Er schrie. Seine Rufe drangen nicht durch. Er machte sich durch Feuerzeichen bemerkbar.

Schließlich gab man ihm ein Zeichen. Ein Boot wurde herübergeschickt, ein altes Ruderboot, wie er bald sah, dem ein Motor aufgesetzt war.

Ihn holte ein kolumbianischer Junge ab. Trotz seiner Erschöpfung staunte Gary über die Schönheit dieses Jungen. Sein Lächeln war freimütig, beinahe strahlend. Er fragte, während er Gary mit seinem Gepäck beim Einsteigen half: «Wo kommst du denn plötzlich her?»

Gary erzählte vage, als könne er vor Schwäche keinen rechten Bericht geben, er hätte seine Leute verloren und sich verirrt, dann sei er stromaufwärts davon. «Du bist nicht der erste, dem so was passiert», sagte der Junge. «Du hast noch Glück. Wir sind im Aufbruch, vielleicht kommt schon morgen das Schiff von unserer Gesellschaft.» –

«Was für ein Schiff? Was für eine Gesellschaft?»

Der Junge erzählte, das Dampfboot habe sie abgesetzt nach der Regenzeit und hole sie vor der nächsten Regenzeit wieder ab. Sie müßten ein bestimmtes Holz schlagen, das nur hier wuchs, mit solcher Maserung und solcher Farbe. Die Sägemühle sei schon abmontiert, die Bretter gestapelt. Alles würde mit den Arbeitern zur nächsten Station gefahren werden, die läge nicht weit von der übernächsten. Dort, bei der übernächsten, läge ein Flugplatz. –

Gary hörte ihm gern zu, obwohl er die Mundart kaum verstand. Er dachte nach, an wen ihn der Junge, der sich Estébano nannte, erinnere. Sie waren dem anderen Ufer schon nahe, da fiel es ihm ein. Die Ähnlichkeit war freilich nicht groß, doch eine gewisse war da, mit dem Sohn des Rancheros González, bei dem Gary Aufseher gewesen war, bevor er mit dem Stöpsel, dem Amerikaner, davonfuhr. Sein Versprechen, zurückzukehren, hatte er nicht gehalten. Er hatte schon, als er es gab, gewußt, daß er es nicht halten würde. Und der Sohn des González, jünger als dieser Bursche, hatte geweint, als ob er wisse, der Abschied sei endgültig.

Fast war es Gary zumute, als halte er doch sein Versprechen und kehre zurück: Worüber hätte sich sonst dieser Junge gefreut, mit seinem fast strahlenden Lächeln? Estébano rief abermals: «Was für ein Glück, daß du uns noch getroffen hast!»

Gary nickte. Er glaubte wieder, das Glück käme ihm zu.

Bei ihrer Ankunft drängten sich die Leute zusammen. Sie hofften vielleicht, obwohl diese Hoffnung sinnlos war, Gary brächte ihnen Bescheid; denn sie hatten längst ihre Arbeit eingestellt und waren zur Rückfahrt gerüstet. Der Junge erzählte ihnen, in der Mundart, die Gary schlecht verstand, wie dieser Mensch hierher gelangt sei. Ruhig, fröhlich dichtete er vermutlich manches dazu, was glaubhaft sein konnte. Die Leute waren aber enttäuscht. Manche von ihnen verzweifelt. Man würde sie, das war ihre Angst, sich selbst überlassen. Manche sagten: «Ach was, die Gesellschaft braucht das Holz.» Sie würde vielleicht die Menschen ersaufen lassen, wenn der Strom über die Ufer trete, das Holz aber müsse sie trocken bergen.

Für Gary hätte die Wartezeit endlos dauern können, nur als Zeitablauf, ohne Ziel, in dieser Gemeinschaft von Holzarbeitern und Baumfällern, die ihm bald vertraut vorkam. Die Leute aber sahen ihn schief an, als hätte er ihnen Schlechtes gebracht, da er nichts Gutes gebracht hatte. Nur der Junge blieb gleichmäßig freundlich und ruhig, er brachte ihm Essen, denn es gab noch einen Rest Vorrat, er lehnte sich manchmal an seine Schulter, er war nicht angesteckt von dem krankhaften Warten. Die anderen saßen wortlos und reglos und horchten angestrengt, bis sie wieder in Wut gerieten und sich von Gott und der Holzgesellschaft verlassen glaubten. Endlich ertönte von weit her doch unverwechselbar die Sirene. Es gab ein Echo von allem, was im Wald lebte. Die Leute rückten wie gehetzt ihre Holzstapel, ihr Werkzeug, ihr ganzes Gepäck ans Ufer, als sei es möglich, den Dampfer zu versäumen. Und sie trugen auch auf rasch verfertigten Bahren drei oder vier, die bei der Arbeit zu Schaden gekommen waren, an die Anlegestelle. Sie waren zugänglich geworden. Die Sirene spornte sie an. Sie machten Gary klar, kein Mensch würde darauf achten, wenn er mit ihnen an Bord gehe. Sie gaben ihm irgendwelche Papiere von einem, der umgekommen war.

Mit diesen Papieren könne er sich sogar den Lohn des Toten auszahlen lassen.

Die Sirene war Gary zuwider. Wo aber hätte er bleiben sollen, wenn der Fluß anschwoll und die Ufer kilometerweit unter Wasser lagen? Sein Herz schlug nicht vor Freude, als das Schiff sichtbar wurde. Es war ein alter Dampfer mit drei Schleppern. Hier war es gerade möglich anzulegen, dann war der Strom bis zur Mündung nur befahrbar für die Kanus der Eingeborenen.

Gary erlebte, was man ihm vorher gesagt hatte. Der Beauftragte der Holzgesellschaft kannte niemand von Gesicht zu Gesicht bis auf den Lagerverwalter. Jeder wurde nach einer Namensliste an Bord gerufen. Gary zufällig nach Estébano. Das war für ihn ein gutes Zeichen. Der Junge drehte sich mit seinem schönen Lächeln nach ihm um, als sei auch er befriedigt.

Die Abfahrt ging den Leuten viel zu langsam vonstatten. Gary kam sie erstaunlich rasch und reibungslos vor. –

Sie ließen den Wald zurück. Schon nannte man einzelne Siedlungen, die vom Ufer entfernt in den Hügeln lagen. Bei der ersten Station, keine für große Dampfer, sondern nur für den Zwischenverkehr, trat Estébano an Gary heran und redete auf ihn ein und umarmte ihn. Ehe Gary begriffen hatte, daß Estébano hier den Dampfer verlassen wollte, um zu Fuß seinen Heimatort zu erreichen, drehte sich dieser betrübt über die Trennung, doch schon froh über das Wiedersehen mit den Seinen, nochmals nach Gary um, er winkte vom Ufer, bereits halb abgewandt, und war dann in den Hügeln verschwunden.

In den folgenden Stunden fühlte sich Gary besonders allein, in einem neuen, ungewohnten Alleinsein. Er dachte nach: War's mir nicht genauso zumute gewesen, als dieser Hilsom die Halbinsel verließ? Warum ging der weg? Wohin? Wozu? Er ist inzwischen längst zurück. Falls er Spürhunde auf mich gehetzt hat, bin ich rechtzeitig auf und davon. Estébano, der hat keinen Hintergedanken gehabt, der nicht. Ich hab nicht mal richtig mit ihm sprechen können. Zum Glück. Doch Hilsom? War der denn sicher ein Mann mit Hintergedanken? Ich hoffe, er war's nicht.

Kurz darauf fragte ihn einer der Mitfahrenden, warum er nicht ausgestiegen sei mit Estébano. Gary fragte erstaunt: «Warum hätte ich mit ihm aussteigen sollen?»

«Ich habe geglaubt, ihr wärt aus einer Familie, weil er dich im Boot abgeholt hat und auf der Holzstation immer für dich gesorgt.»

Gary sagte: «Ihr habt ihn ja selbst geschickt mit dem Boot, um mich abzuholen. Erinnerst du dich?» –

«Ich, für meine Person, dachte schon damals, er sei dein jüngerer Bruder oder sonstwie mit dir verwandt. Wir waren alle hundemüde, er aber war gleich bereit, dich abzuholen.»

Gary stellte mit Genugtuung fest, daß er in diese Gruppe Menschen und dadurch in die Menschen des Landes hineingewachsen war. Hätte man sonst Estébano für seinen jüngeren Bruder gehalten?

Da alle während der Fahrt vergnügt und lockerer wurden, konnte er sich leichter als bisher mit manchem unterhalten. Er entschloß sich, wie es viele vorhatten, an der Station auszusteigen, die durch eine feste Straße landeinwärts mit der Ortschaft verbunden war, in der das Verwaltungsgebäude der Holzgesellschaft lag. –

Die Ortschaft war ein Städtchen, und an seinem Rand lag der ziemlich große Betrieb. Die Löhne waren schon auf dem Schiff ausgezahlt worden. Und Gary, wie alle anderen, hatte Lust auf die Freuden des Lebens. Niemand war erstaunt, daß er sich ausstaffierte, in diese und jene Kneipe ging. Die meisten Geschäfte gehörten der Gesellschaft. Es gab hier genug junge, gutaussehende Mädchen; er brauchte nicht lange zu suchen. Eine, noch nicht gewöhnt an ihren Beruf – ihr Blick blieb scheu, wenn sie die üblichen Worte sagte –, hatte sich an Gary herangemacht. Vielleicht kam ihr der Mann nicht so grob wie die anderen vor. Sie führte ihn in eine Kneipe. Sie hieß Luisa. Sie gefiel Gary ganz gut, und sie blieben zusammen in dieser halb städtischen, halb dörflichen Siedlung. Luisa war nie erstaunt und stellte ihm keine Fragen. Sie glaubte, sie sei zu ihrem Glück auf diesen Menschen gestoßen, der auch nichts fragte, schweigsam war und bereitwillig Geld ausgab, wenn auch nicht zügellos.

Die Leute der Holzgesellschaft waren inzwischen in der Fabrik oder sonstwohin auf Arbeit. Nur einer hatte Gary und Luisa noch mal gestreift und lachend gesagt: «Gut, daß du für den armen, toten Alberto auf der Liste gestanden hast.»

Daran wollte Gary nicht mehr erinnert werden. Er hieß, entsprechend seinem Paß, José Hernández, das war in Ordnung, das genügte vollauf. Er dachte, am besten sei es, so schnell wie möglich zurück zur Station, dann stromaufwärts zum Flugplatz, dann in die Stadt Claro Horizonte. Er hatte sich dorthin vor ziemlich langer Zeit Geld anweisen lassen. Das wollte er von der Bank abholen, um irgendwo ruhig zu leben. Wenn man ihn vor Jahr und Tag nicht aufgespürt hatte – falls damals der Bericht des Rancheros González ihn selbst betroffen hatte und nicht einen Fremden und eine ganz andere, verlassene Frau, es gab ja schließlich genug verlassene Frauen –, dann würde man ihm in Claro Horizonte sein Geld glatt auszahlen.

Die Regenzeit hatte begonnen, sie verbrachten jeden Tag ein paar Stunden müßig in Kneipen und Cafeterias. Als er Luisa plötzlich erklärte, er müsse fort, war ihre Bestürzung so sichtbar, daß er nach kurzem Nachdenken fragte, ob sie ihn bis Claro Horizonte begleiten wolle. Obwohl ihm nichts an ihr lag, war es ihm recht, wenn dieses arglose Mädchen noch kurze Zeit bei ihm blieb, denn jetzt stand ihm etwas Heikles bevor. Sie stimmte freudig zu. Sie war noch nie im Flugzeug gefahren. Gary war froh, daß sie vor Erregung nichts fragte.

Sie war erst recht von erschrockener Freude überwältigt, als er ihr gleich nach der Ankunft Kleider und Schuhe kaufte, wie sie nie welche besessen hatte, nicht einmal geahnt, daß es so etwas gab. Gary stellte fest, daß sie den Frauen der Stadt rasch absah, wie sie sich kleiden mußte und sich bewegen. Sie wohnten zuerst in einem mittleren Gasthaus. Auf was noch warten? dachte Gary. Er wagte den Weg zur Bank, als ob er ins Meer springe oder in die Luft.

Man zahlte ihm glatt aus. Er stellte sich, wennschon dennschon, dem Bankdirektor vor und bat ihn um diese und jene Auskunft.

Jetzt wußte er, man war seiner Geldspur nicht gefolgt. Er dachte: So hätte ich einen wie mich gefunden. Henry Maxwell, mein Freund, hat mich gut beraten. Im Krieg, in Vietnam, fand ich einen richtigen Freund.

Inzwischen hatte sich Luisa an die Seltsamkeiten der Stadt gewöhnt. Sie zogen aus dem mittleren Gasthaus in ein gutes Hotel. Gary dachte nach seinem Bankbesuch: Meine Ruhe ist erst dann richtig, wenn ich überhaupt nicht mehr warte. Auf was warte? Auf Polizei? Und wenn die nie kommt, auf was warte ich dann?

Er ließ sich bei der Mahlzeit in ein Gespräch ein mit den Leuten am Nachbartisch. Die waren Edelsteinhändler, auf der Reise in das Smaragdgebiet. Ein Breiter, Schwerer, mit einem Schnurrbart, der schwarzlackiert aussah. Ein Wendiger, Kleiner. Sie nannten einander Don Ernesto und Don Alfredo. Man konnte nicht gleich erkennen, wer wessen Anhängsel war. Der Breite führte das Wort, und er redete Gary zu, mit ihnen zu fahren. Sie hätten Beziehungen, da könne er sein Geld im Nu verdreifachen.

Gary erkundigte sich nach dem Ablauf solcher Geschäfte. Der mit dem Schnurrbart beschrieb ihm eingehend ihre Verbindungen und Empfehlungen. Der andere ließ ihn reden, er besah sich Gary – viel zu genau, wie diesen dünkte –, und er warf plötzlich dazwischen: «Ich hab doch schon mal wo ihr Gesicht gesehen!» Ein Wirbel sauste sekundenkurz in Garys Kopf. Sind die mir doch hier auf der Spur? Vielleicht war einer von den Spürhunden auf dem Dampfer der Holzgesellschaft? Dort hab ich nicht scharf genug auf jeden geachtet. Wenn man mich schon von dort aus verfolgt, dann hat man herausgefunden, wohin ich ging von der Halbinsel aus. Dann war es also doch Hilsom, der sie hinter mir herschickte. Ich will aber nicht, daß es Hilsom gewesen sein soll, der nicht.

Der Kleine, Wendige, sagte: «Jetzt fällt es mir ein. Vor ein paar Tagen hier in der Stadt. In der Bank.»

Gary dachte: Ich will mit denen nicht ins Smaragdgebiet. Ich will in den Westen. In die Berge. Ich suche mir dort einen Ort mit Weideland und mit Vieh. Davon versteh ich was.

Er erklärte Luisa: «Ich muß morgen fort.» Sie starrte ihn an. «Ich hab dich gefragt, ob du mich begleiten willst bis Claro Horizonte.» Sie war so fassungslos, daß er hinzufügte: «Hier hast du einen guten Start. Du hast eine Ausstattung, wie du sie dir nie im Leben hättest anschaffen können. Das Hotel ist auf den Monat vorausbezahlt. Hier hast du auch Geld zum Essen in diesem Monat.»

Seine Stimme war ruhig, aber sie merkte, es war sinnlos, ihn umzubewegen. Er dachte: Das geht glatt mit Luisa, ganz offen, nicht heimlich wie damals mit Eliza.

Bei der letzten Mahlzeit sagte er zu den Händlern am Nachbartisch, eine dringende Nachricht rufe ihn weg. «Nach Bogotá?» – «Nein, nein, nach dem Westen.» – «Nach Ibagué? Nach Manizales?» Er entnahm ihren neugierigen Fragen etliche Möglichkeiten. Luisa hörte reglos zu. Ihr hatte er keine Begründung für seinen plötzlichen Aufbruch gegeben. –

Der neue Anfang war ihm geglückt. Ein zweites Leben lag vor ihm, nach dem von jeher viele Menschen umsonst trachten. Ihn verknüpfte jetzt kein Faden mehr mit der Vergangenheit. Augenscheinlich verfolgte ihn niemand. Doch er blieb wachsam. Unter den fast unmöglichen Möglichkeiten schien ihm die Verfolgung durch Hilsom besonders lästig. Aber auch dieser Gedanke war ferngerückt. Was vor ihm lag, hing von ihm ab.

Nachdem er das Flugzeug an der letzten Station verlassen hatte, suchte er sich seinen Weg auf der Landkarte, die an die Bretterwand genagelt war, mehr als amtlicher Zierat als zur Benutzung. Ihre Städte lockten ihn nicht. Ihre Flüsse nur, um die Sierra zu erreichen. Er hatte gehört, es gäbe Weideland um die Ortschaft Santa Josefa herum im Westen der Hochebene, schon am Abfall der Sierra. Er fand auf der Karte eine Haltestelle am Fluß, der weit weg, irgendwo dem Gebirge entsprang und irgendwann weit weg im Magdalena-Strom mündete. Er aber, Gary, würde dem Land, das dieser Strom nun einmal durchziehen mußte, den Rücken wenden. Den Magdalena-Strom wollte er nicht wiedersehen. Irgendwo auf einem großen Plateau in den Bergen würde er sicher und ruhig leben können.

Er erreichte sein selbstbestimmtes Ziel mit allerlei Schwierigkeiten, die ihm Vergnügen machten. Er hatte inzwischen aus Gesprächen gelernt, daß es von der letzten Dampferstation aus – höher hinauf war der Fluß unbefahrbar durch Strudel und Wasserfälle – einen Zug Lastwagen nach Santa Josefa gab. Außer einzelnen Ranchos und armseligen Dörfern gab es keine Siedlungen mehr auf der gewundenen Straße an diesem Gebirgsabfall.

Er brach auf mit dem Warentransport, der das Land jeden zweiten Monat bis zu den Abhängen des Gebirges durchquerte und von dort mit frischer Ware zurückfuhr. Manchmal sogar mit einer bestimmten Sorte Vieh. Die Lastwagen nahmen außer den Treibern und Trägern und Waren auch ein paar Reisende mit, die entweder unterwegs ausstiegen oder das gleiche Endziel hatten wie der Transport. Man saß und schlief recht und schlecht, man versorgte sich an den Haltestellen.

So durchholpert er war, Gary gefiel die Reise durch das bergige Land. Es gab Abhänge, scharfe Kurven. Die Mitfahrenden schwatzten eine Menge über ihre verschiedenen Vorhaben, ihren Handel mit Reis und Kaffee und Baumwolle und Holz und Kupfer und Halbedelsteinen und auch mit Vieh. Auf ihre Fragen sagte Gary unbestimmt, er müsse auf ein Rancho hinter Santa Josefa. Die Viehtreiber erzählten, sie würden auf dem Plateau Las Pinas besondere Tiere abholen und hauptsächlich per Schiff ins Innere des Landes befördern zu einem großen Ranchero, der scharf sei gerade auf diese Zucht.

Ein kleiner, knorpliger, zäher Mann mit gelbgegerbter Haut trug einen gewaltigen Sack. Als er darin kramte, nahm Gary wahr, daß darin sonderbare, ganz verschiedene Dinge steckten. Handmühlen, Siebe und anderes Gerät, wie man es in großen Geschäften erhielt und wahrscheinlich nicht in Santa Josefa. Ein Mitreisender fragte diesen Mann, was es bei ihnen Neues gebe. Gary entnahm dem Gespräch, der war ein Familienvater aus einer Ortschaft auf dem Hochplateau in den Bergen, die langsam, zuerst unendlich langsam auftauchten und wieder verschwanden, als seien sie nur ein Traum gewesen, doch schließlich dauerhaft, unbedingt wirklich und wuchtig vor ihnen lagen.

Eines Abends kamen sie in dem Städtchen Santa Josefa an. Die Schneegipfel fingen noch Sonne. Gary starrte hinauf zu einem immer noch sonnennahen, beharrlich leuchtenden Gipfel, dem Bürgen ewiger Sicherheit. Dann schlief er in der Herberge in einem Bett, das ihn gut und fest dünkte, weil ihn nichts mehr durchrüttelte.

Beinahe in Frieden trank er morgens seinen Kaffee. Er erzählte dem Wirt von seinem letzten Stück Fahrt, von den Mitreisenden, von dem kleinen Mann mit dem großen Sack. Der Wirt kannte ihn. «Der kauft jedes Jahr ein, für seine Familie und für die Nachbarn.» Die Herberge lag an der offenen Straße, hier war die letzte Haltestelle fast für alle Transporte. Hinter der Ortschaft teilte sich die Straße in einige, nur von vielen Schritten ausgetretene Wege, die zu kleinen Ortschaften liefen oder zu einzelnen Ranchos.

Gary erfuhr, daß das letzte von hier erreichbare Rancho, es hieß nach seinem Besitzer Batista Gómez, höher und tiefer in den Bergen lag als Santa Josefa. Er erkundigte sich, wie lange er bräuchte, um dort hinzukommen. Er sann nach über das Rancho und seine Leute. Vielleicht waren sie gutwillig. Der Herr mochte so großzügig sein wie jener González, bei dem er einmal Aufseher gewesen war. Man würde ihn einschätzen und hochschätzen. Man würde ihn über die kalte Jahreszeit aufnehmen.

Als er diese Mutmaßung aussprach, lachte der Wirt. «Ach was, mit dem ist nicht gut Kirschen essen. Ein gerissener Schuft. Wer auf sein Rancho gerät, wird bis auf die Knochen geschunden. Weiß der Teufel, wofür er sich und die anderen quält. Hat weder Frau noch Kinder. Der Mann mit dem Sack, der wohnt auf dem Plateau Las Pinas. Dort gibt es Weiden und Vieh wie nirgends sonstwo. Dort kann man sein Glück machen, wenn man etwas hineinsteckt.» –

Gary dachte: Da könnte ich was reinstecken. Davon versteh ich was. Dort kann ich mich festsetzen. Er erkundigte sich, wie man über die Berge käme. «Wenn die Luft klar ist», erzählte der Wirt, «erkennen Sie die Gipfel, die höher sind als die vor uns. Zwischen den beiden Bergketten liegt die Hochebene. Dort gibt es sogar einen Privatflugplatz. Der gehört ausschließlich der Gesellschaft, die Kupfer fördert zwischen der übernächsten und der dritten Bergkette. Ich habe aber nie gehört, daß sie einzelne Passagiere mitnimmt, vielleicht mal diesen und jenen mit ganz tollen Beziehungen. Wenn Sie nach Las Pinas wollen, müssen Sie zuerst hier vor uns den Hang hinaufklettern, nachts sehen Sie dort die Hirtenfeuer, dann finden Sie einen ordentlichen Gebirgspaß, der bringt Sie auf das Plateau. Sie müssen sich nach Süden halten, denn die Gebirgswand fällt nach Nordosten ab das Tal, in dem dieser Gómez sich niedergelassen hat. Er bekommt aber Sonne genug, denn gegenüber fällt das Gebirge weich ab, dort pflanzt er an, doch weiden läßt er sein Vieh auf unserer Seite. Er erlaubt auch niemandem, sein Rancho zu durchqueren, um dann auf der weichen Seite zum Paß zu gelangen.» Gary schwieg. Er erwog die Auskunft.

Er kaufte sich alles ein, was er brauchte, auch Proviant für viele Tage, damit er nicht sogleich angewiesen sei auf die Gastfreundschaft der Leute in Las Pinas. Im Laden stieß er noch einmal auf seinen Transportleiter. Der wunderte sich gar nicht. Gary hatte den Besuch eines Ranchos in der Nähe von Santa Josefa angegeben. Auf Garys Frage erzählte der Mann, seine Familie lebe in Bogotá. Nach dreimal sechs Wochen Reisen hin und zurück verbringe er einen Monat daheim. Auf der Fahrt war Gary sein Blick scharf und spähend erschienen. Jetzt kam er ihm ruhig und gleichmütig vor. Gary dachte: Der hat's gut. Ferien daheim. Die schöne Frau fiel ihm ein, die er Hals über Kopf verlassen hatte. Bei der wäre es gut gewesen. Die hätte ihn freudig begrüßt.

In der Herberge waren die Leute, besonders der Wirt, mit seinem Entschluß zufrieden. Sie hofften, er würde im Lauf des Jahres mal runterkommen und ihnen erzählen, wie sein Vorhaben verlaufen war.

Beim Abschied nahm ihn der Wirt nochmals beiseite. «Wie sind Sie denn zuerst auf den Gómez verfallen? Sollen Sie ihm was ausrichten? Lassen Sie ja die Finger davon. Sie würden nur in des Teufels Küche geraten.»

«Schon gut», sagte Gary, «ich habe ihm gar nichts auszurichten. Sie wissen doch, was alles gequasselt wird in den Tagen und Nächten auf so einer Reise. Irgendwer hat seinen Namen erwähnt.»

Nachts glimmte ein Hirtenfeuer auf dem Abhang. Es lockte Gary mächtig an. Er hielt am kommenden Abend darauf zu. Denn obwohl er frühmorgens weg war, der Aufstieg dauerte länger, als er gemutmaßt hatte. Am Feuer sahen sie ihm gespannt entgegen; sie luden ihn ein. Er aß und rauchte und versuchte zu schwatzen, obwohl er die Mundart schwer verstand. Die Hirten sammelten das Vieh, um es hier auf den Bergwiesen zu weiden, aus den letzten zerstreuten Siedlungen.

Es gab zwei Hirten, die zu Batista Gómez gehörten, Vater und Sohn, ein ausgemergelter Alter, der sich alle Bewegungen sparte, und ein Junge, der sprunglebendig war.

Das Gras sei besonders saftig auf dieser Halde. Hier trafen sich alle nachts. Sie sagten lachend, der Herr des großen Ranchos sei kein Freund ihrer Zusammenkünfte. Seine Hirten sollten sich abseits halten und auch sein Vieh, als könne es sich von dem fremden Vieh die Räude holen.

Sie beschrieben Gary nochmals genau den Weg, damit er zu dem richtigen Bergeinschnitt gelange. Gary fragte, ob es Ortschaften jenseits der zweiten Bergkette gäbe. Da erfuhr er, daß drüben, und ihm war in Santa Josefa «drüben» wie das Ende der Welt erschienen, abermals eine Hochebene lag, auf der es mehrere Dörfer gab, dahinter läge die nächste Bergkette, dahinter das große Bergwerk, von dort aus käme man an die Küste mit Glück und Kraft. Davon hatte der Wirt in Santa Josefa nichts erwähnt.

«So weit kam aber niemand von hier aus. Einmal kam einer vom Meer her vorbei.»

Wenn ich mich ansiedeln kann auf diesem Plateau, dachte Gary, dann brauch ich nicht zum Meer. Wer sollte mich auch dort finden? Selbst wenn Hilsom welche hinter mir hergeschickt hätte – ach nein, der nicht.

Sie zeigten ihm, auf welchen Steinen und wie man Funken schlug, so daß das Feuer entstand, das ihn in Santa Josefa gelockt hatte. Sie wickelten sich zum Schlafen ein. Alle schliefen so gründlich, wie sie vorher durcheinandergeredet hatten oder versucht, sich verständlich zu machen. Gary schlief ruhig wie ein Kind.

In der folgenden Nacht war er bereits so hoch gestiegen, daß er das Hirtenfeuer tief unter sich blinken sah. Von der Höhle aus, die er sich zum Nachtquartier wählte, sah er die Lichter von Santa Josefa. Jetzt sah er auch deutlich im Westen hinter der Bergkette, die ihn drunten erstaunt hatte, zwei höhere Bergketten. Ihre Eisgipfel glühten noch im letzten Widerschein der seinem Blick entschwundenen Sonne. Er fühlte Genugtuung, als hätte auch er seinen Anteil an der unendlichen Welt. Er kroch in seinen Schlafsack. Er langte sich eine Zigarette. Dabei fiel ihm sein Freund Henry ein. Ohne Verbindung mit seinem Paß. Nur so, wie Henry ihn ausgelacht hatte, als er aus dem Päckchen die letzte Zigarette nahm und selbst rauchte.

Er schlief rasch ein.

Er mußte sich überwinden, um wieder aufzubrechen. Wie leicht war die Luft geworden! Zum Fliegen leicht, nicht zum Steigen. Er war erschöpft nach jedem kurzen Stück Aufstieg. Er hätte sich nach heißer, dunstiger Ebene gesehnt, wenn er nicht hier in den Klüften vollkommen sicher gewesen wäre. Er wunderte sich flüchtig, daß er den Eingang zum Bergpaß noch nicht erreicht hatte. Es kam ihm aber nicht auf Stunden an, im Grunde genommen nicht mal auf Tage.

Er legte sich nieder, und er kaute an dem Zwieback, der ihm beim ersten Griff zwischen die Finger gekommen war. Er war halbwach, aber wach genug, um an dieses und jenes zu denken, folgenlose Gedanken, die keinen nächsten Schritt erforderten. Er fühlte sich nur durch irgend etwas bedrängt, schließlich sogar bedrückt. Aber durch was? Ihm drohte nichts. Sogar der Gedanke an jenen Menschen, der ihm auf der Halbinsel ein Gefährte gewesen war und ihn plötzlich, grundlos, vielleicht in böser Absicht, verlassen hatte, war überflüssig geworden. Als er mühsam den Kopf zurücklegte, sah er zwei leuchtende Eiszipfel, die schon zur nächsten Bergkette gehörten, hinter dem Hochplateau, das er erreichen wollte, ohne Zwang, ohne Befehl, nur um sein Leben ruhig fortzusetzen. Das Dickicht, in dem er lag, wuchs aus einem Spalt, in dem sich eine Erdkrume gefangen hatte, aus dem Gestein heraus. Und wie er sich umsah mit großer Mühe, erblickte er da und dort noch rote Reste von Sonnenlicht, die aber bereits unter seinem Blick erloschen.

Dumpf und grau war die Steinwelt geworden, in die er geraten war. Wenn er sich anstrengte und den Kopf weit zurücklegte, waren die Sterne kein Trost. Er fand keinen Schlaf, trotz seiner Erschöpfung, denn er war noch stärker bedrückt. In seinem Innern quälte ihn ein unbekannter Schmerz. Er verstand nicht, was ihm weh tat, er hatte am Körper keine Verletzungen. Es gab in seiner Erinnerung unzählige zerschundene, versengte Gesichter, doch sie zerschmolzen wie Eis im Feuer.

Greifbar und faßbar war das Gesicht des Jungen, der ihn im Boot abgeholt hatte und für ihn gesorgt und mit ihm zurückgefahren war und dann plötzlich ausgestiegen und im Land verschwunden auf dem Weg zu den Seinen. Wie man ein Blatt von dem anderen ablöst, erkannte er das Gesicht eines anderen Knaben, der Sohn des Rancheros, der beim Abschied gefühlt hatte, daß er sein Wort nicht halten würde. – Das alles hatte mit dem, was er hier und jetzt nicht abschütteln konnte, gar nichts zu tun.

Schließlich entstand ganz klar und deutlich das Gesicht seines kleinen Bruders mit dem erwartungsvollen Blick. Gary möchte ihm wenigstens die letzte Zigarette überlassen, aus dem Päckchen, das für den Großvater bestimmt war. Gary spürte durch und durch die Enttäuschung des Jungen, als sein Bruder nach böser, scheinbar anbietender Bewegung die Zigarette doch wieder in das Päckchen steckte und dieses in die Tasche.

Gary dachte: Warum hab ich so was getan?

Er duckte sich, und er fror. Als ihm die eisige Sonne ins Fleisch schnitt, versuchte er, seine Erschöpfung bezwingend, etwas Warmes in den Bauch zu bekommen. Er öffnete eine Konservenbüchse.

Er machte ein kleines Feuer, unwillkürlich behutsam, damit es niemand gewahren konnte. Er aß etwas, dann verschnürte er seinen Sack und brach auf. Hier war der Abhang fast kahl bis auf ein scharfes Gestrüpp. Ihm kam der Gedanke, er hätte den Bergpaß verfehlt. Das Gestrüpp zerkratzte ihm das Gesicht. Er konnte es nicht auseinanderbiegen. Er hatte gerade noch die Kraft, um durchzukriechen.

Einen Halt fand er nicht beim Absturz. Noch ein Gedanke sauste durch seinen Kopf: Der Fallschirm, verdammt, geht nicht auf.

Auf dem Rancho von Batista Gómez nahmen die Leute wahr, wie der Schwarm Geier auf ein Ziel zuschoß und sich niederließ nach wenigen, todsicheren Kreisen. Die Stelle lag außerhalb des Ranchos, nicht allzuweit entfernt, im Schatten der Felswand. Sofort brachen die Leute auf. Es war nicht das erstemal und würde nicht das letztemal sein, daß ein unerfahrener Hirtenjunge abstürzte oder ein Tier aus der Herde.

Was noch von dem Toten vorhanden war, wurde ins Rancho getragen. Der Gutsherr, ein harter, entschlossener Mensch, befühlte den festen, noch beinahe unversehrten Gürtel, den der Abgestürzte getragen hatte. In den Gürtel war auf der Innenseite die Geldtasche eingenäht; sie enthielt nur wenig Geld und den Paß auf den Namen Hernández. Mit halblauter, aber drohender Stimme befahl der Ranchero, mit dem Geld herauszurücken, denn der Abgestürzte hatte zweifellos viel mehr bei sich getragen. Die Leute wußten, der Herr würde kein Federlesens machen, und sie legten ohne zu blinzeln auf den Tisch, was sie für sich behalten hatten. Der Gutsherr steckte das Geld ein, und er verwahrte den Paß, falls irgendwann einmal eine Amtsperson danach fragen sollte. Eine solche Amtsperson kam aber nie.

Manchmal, so selten und kurz wie möglich, ritt Gómez nach Santa Josefa zum Markt und zur Kirche. Als er in der Herberge etwas trank, fragte der Wirt, ob ein Mann zu ihm gekommen sei, der letztes Jahr nach ihm gefragt hatte. Der Ranchero erwiderte: «Nach mir? Warum? Wer weiß. Ich weiß nichts davon.»

Hilsom setzte noch lange Zeit seine Forschungen fort. Er kehrte in die Staaten zurück, und er hielt ein paar Vorträge. Dann machte er sich daran, alle Erlebnisse aufzuschreiben. Dabei benutzte er seine Notizen, in der winzigen Schrift, die er sich zugelegt hatte, die wichtigsten Beobachtungen jedes Tages.

Er kam, seinen Stichworten folgend, zu dem Besuch des befreundeten Nachbarstammes in einer Siedlung aus Pfahlbauten, auf einer Halbinsel, die nur in der Trockenzeit zu erreichen war. Er schilderte in dem Buch ausführlich das Fest zu ihrem Empfang. Er stockte, weil er nach Worten suchte für sein Staunen, als er unter den Eingeborenen den fremden Mann bemerkte. In seinem Notizbuch stand: Kolumbianer? Warum hier? –

Hilsom hatte auf seinen Reisen so seltsame Bekanntschaften gemacht, er hatte so viele verschiedenartige Menschen gesehen, daß er manchen auf eine gewisse Zeit vergaß. Jetzt sah er plötzlich den Fremden, aufgerüttelt durch die Erinnerung, deutlich vor sich, als stünde er ihm gegenüber. Es war ihm sogar zumute, der Unbekannte, der sich Hernández genannt hatte, sei immer gegenwärtig gewesen, gleichsam als Zeuge aller anderen Begebenheiten, wie sie Arbeit und Freundschaft bringen. Ihre Gespräche hatte er wiederholen können, die Erklärung, die er dem Mann verdankte, der behauptet hatte, er sei wie Hilsom aus Berufsgründen auf dieser Halbinsel.

Jetzt entdeckte er von seiner eignen Hand die winzigen Fragezeichen hinter den Worten: Warum hier?

Ich war also beim ersten Eindruck meiner Sache nicht sicher, fuhr Hilsom im Denken fort. Während meiner Abwesenheit ist er spurlos verschwunden. Weshalb? – Er grübelte nach, wie er damals nachgegrübelt hatte. Doch war es seltsam, daß sein Gedächtnis, anstatt sich mit der Zeit zu verflüchtigen, genauer und tiefer in die Vergangenheit eindrang. Erst jetzt erinnerte er sich an Einzelheiten aus ihren Gesprächen. Er hörte sogar den Tonfall der Worte, die ihm der andere gesagt hatte, halb widerwillig, halb unwillkürlich, manchmal mit einem Blick, als wolle er das Gesagte zurücknehmen. In seiner Erinnerung war Hilsom überzeugt, daß dieser Gefährte, den ihm ein unvermuteter Zufall beschert hatte, durchaus etwas verbergen wollte.

Er wollte allein sein, dachte Hilsom, soll er.

Hilsom strich die Worte, die die Begegnung schilderten. Dann sah er sein Notizbuch gründlich durch und machte jedes Wort unlesbar, das sich auf den Mann bezog. Als könne jemand in diesem Heft ihn doch noch aufstöbern, löschte er jede Spur für jetzt und immer.

Martin Stade

Foto: Roger Melis

1931 wurde er in Haarhausen/Thüringen als Sohn eines Maurers geboren. Von 1946 bis 1949 absolvierte er eine Lehre als Rundfunkmechaniker. Bis 1958 war er als FDJ-Funktionär tätig. Zwischen 1959 und 1969 übte er mehrere Berufe aus: Er war Dreher in einem Großbetrieb, Kranführer in der Landwirtschaft seines Heimatdorfes, dann arbeitete er im Plattenwerk Potsdam. Seit 1969 ist Stade freischaffender Schriftsteller. 1971–1972 studierte er am Institut für Literatur Johannes R. Becher in Leipzig. Zur Zeit lebt er in Altrosenthal bei Frankfurt an der Oder.

Werke:

Der himmelblaue Zeppelin (En, 1970); Der Meister von Sanssouci (R, 1971; gemeinsam mit Claus Back); Tiroler macht Urlaub (Fsp, 1973); Vetters fröhliche Fuhren (E, 1973); Der König und sein Narr (R, 1975); Siebzehn schöne Fische (En, 1976); Der närrische Krieg (R, 1981); Der Präsentkorb (En, 1983).

Worin sehen Sie das Ziel Ihrer literarischen Arbeit? Halten Sie es für erreichbar?

Ich will diese Frage auf das beschränken, was ich noch machen will. Ich bin fünfundvierzig Jahre alt. Ich hätte also noch fünfzehn Jahre, in denen ich vielleicht gut schreiben kann. Ich weiß nicht, wie es dann nach sechzig ist oder nachdem ich siebzig bin. Es ist aber doch möglich, daß dann die Spannkraft, die Energie nachläßt. Deshalb habe ich mir für die nächste Zeit ein ziemlich großes Ziel gesteckt. Ich möchte noch einige Bücher schreiben, und zwar ein Buch über Wallenstein, an dem ich jetzt sitze und das noch einige Jahre in Anspruch nehmen wird, dann ein Buch über Johann Sebastian Bach und eins über den Maler Menzel. Außerdem stelle ich laufend Material über die Entwicklung in unserem Lande zusammen, über die Menschen, die auf dem Lande wohnen und die diese Veränderung mitmachen, wie sie sich gegenwärtig und auch schon in der Vergangenheit vollzogen hat. Das ist das, was ich mir vorgenommen habe. Ferner liegt mir am Herzen, Menschen in meinen Büchern oder durch meine Bücher aufmerksam zu machen auf Dinge, die mir auffallen. Wenn es mir gelingt, meinen Lesern bestimmte Umstände, bestimmte Situationen vor Augen zu führen, die sie von sich aus nicht erkennen können, dann wäre das sehr gut. Das bezwecke ich. Dann will ich die Gesellschaft, in der ich lebe, so menschlich wie möglich machen. Ob das die Literatur bewirken kann, weiß ich nicht, aber ich habe die Hoffnung, daß ich auch ein klein wenig dazu beitragen kann.

Siebzehn schöne Fische

Er kam am frühen Morgen, und mir schien, als rieche er nach Fisch oder nach dem Blut von Fischen. Ich glaubte sogar Blutflecke auf seiner Hose zu sehen, aber das war eine Täuschung, denn als ich neben ihm im Auto saß, bemerkte ich, daß sie ohne Flecken war.

Wir fuhren in südliche Richtung, die Reifen zischten auf dem Asphalt, und die Sonne hing links über den Kiefernwäldern hinter Dunst und Nebel.

«Die Forelle», sagte er eindringlich zu mir, «ist ein schöner Fisch.» Ich wußte nichts von der Forelle. Als ich jung war, hatte ich sie in Gebirgsbächen gesehen. Ich hatte nur ihre fliehenden, schwarzen Schatten in Erinnerung, das war alles.

«Die Forelle», ließ er sich wieder mit gewichtiger Stimme vernehmen, «ist deshalb ein schöner Fisch, weil sie vorzüglich schmeckt.»

Wir fuhren über eine Anhöhe. Rechts lag eine weitgespannte Landschaft mit waldbesetzten sanften Hügeln, mit Wiesen, Äckern, Baumgruppen und Strauchwerk.

Er wies mit ausgestreckter Hand hinunter. «Unser Jagdgebiet!» Ich sah seiner Hand hinterher und glaubte in der dunstigen Ferne Bäche oder kleine Flüsse zu ahnen, Bäume und Sträucher zogen sich schlängelnd durchs Land, begleitet von weißgrauen Nebelstreifen, als wollten sie sich verstecken und ihre Geheimnisse hüten.

Ich wußte nicht, wie die Forelle schmeckt. Allerdings erwachte eine unendlich ferne Erinnerung an ein Forellenessen, das in einem anderen Leben stattgefunden haben mochte, doch es gelang mir trotz aller Mühen nicht, Ort und Zeit zu bestimmen, zumal er mich in meinem Gedankengang wiederum unterbrach.

«Die Leute verstehen nichts von Forellen. Sie behandeln diesen Fisch geradezu barbarisch.»

Jetzt erinnerte ich mich. Ich sah mich mit einer Frau in einer Waldgaststätte sitzen, und auf flachen Tellern wurden uns zwei große Forellen serviert, soeben aus dem Bach geholt, wie uns der Wirt versicherte. Wir sahen auf die Fische, voller Furcht, sie könnten vom Teller springen, zurück in den Bach, mitten in ihr Element, und wir begannen, sie vorsichtig zu betasten, als kämen sie aus einer fremden Welt.

«Ihr Barbarismus besteht darin, sie in ganz gewöhnlichem Mehl zu wälzen, in gemeinem Semmelmehl sogar.»

Ich sah uns vor den Forellen sitzen, ratlos und voller Scham, da sie doch Minuten vorher noch lebten, und wir stellten uns vor, wie man sie gelockt und betrogen und aus diesem Leben in den Tod gerissen hatte, jäh und rücksichtslos und gewinnsüchtig.

Er bog von der Autobahn ab, die Sonne stand hinter uns, und wir fuhren zwischen Bäumen auf einer Landstraße. Im Wagen war es dunkel, und wieder glaubte ich Blutflecke auf seiner Hose zu sehen. Zu gleicher Zeit verstärkte sich der Fischgeruch.

«Forelle gebacken», ließ er sich erneut vernehmen, «ist der feinste Tafelfisch, den es gibt. Er ist es aber nicht, wenn er vor dem Backen in gemeinem Mehl gewälzt wird. Dann ist es schade um den schönen Fisch.»

Unser Forellenessen wurde auf eine entsetzliche Weise unterbrochen. Ich entsann mich jetzt genau. Durch die geöffneten Fenster hörten wir den Wald flüstern, aber der Bach, der neben dem Gasthaus vorüberfloß, begann sich mit einem stetig lauter werdenden murmelnden Geräusch bemerkbar zu machen, ein Geräusch, das schließlich zum Dröhnen wurde. Wieder störte er meine Gedanken.

«Die Forelle gehört in Hafermehl gewälzt, in Hafermehl und in nichts anderem.»

Wieder sah ich uns sitzen, das Fischbesteck in den Händen, entsetzt vom Dröhnen des Baches, das immer noch anschwoll und zu einem unablässigen Donnern wurde, wir hielten krampfhaft unsere Fischbestecke fest, als wären dies die Waffen, mit denen wir uns verteidigen könnten, und so kam das Wasser des Baches, der in Sekundenschnelle zum Fluß geworden war, über uns, eine Sturzflut brach durch die gegenüberliegende Wand, durch die geöffneten Fenster, erfaßte unsere Körper, riß uns mit und schwemmte uns in dunkle Tiefen, noch immer mit Fischbesteck versehen und inmitten von Fischen, die uns mit sanften, neugierigen Augen beobachteten.

«Warum in Hafermehl? fragte er.

Diese Frage hätte ich eigentlich stellen müssen, aber da ich still war und im Wasser schwamm, fragte er selbst. Er war sicherlich gierig darauf, sie auch zu beantworten. Ich hätte es sowieso nicht gekonnt.

Wir verwandelten uns in Fische. Dies geschah sukzessive, als ob wir uns häuteten, über Stunden hinweg, die Beine wurden zum Schwanz, unsere Körper bedeckten sich mit Schuppen, und zugleich stellte sich eine Vertrautheit her mit unseren Nachbarn, als wären es Brüder von uns, die wir nach unendlich langer Trennung nun wiedersahen. Wir hatten den Eindruck, als wären wir schon einmal in diesem Wasser gewesen und als sei es unsere eigentliche Heimat.

«Warum in Hafermehl?» wiederholte er seine Frage. «Der Fisch ist ein wildes Wesen, das nur mit ebensolchen Zutaten gebacken werden darf.»

Ach Gott, ich erinnerte mich an das Leben im Wasser, an das stille Halbdunkel der tiefen Flüsse, an die glänzenden Kiesel in den flachen Bächen, an die samtgrünen Moose und an die geheimnisvollen Grotten, in denen wir unsere Liebesspiele trieben, an unser Glück erinnerte ich mich und an unsere Warnungen jenen Nachbarn gegenüber, die das Leben nicht kannten und sich allzu unvorsichtig verhielten.

Waren wir wilde Wesen? Nie hatte ich mich glücklicher gefühlt als im Wasser. Es war mir, als würde man von allen Seiten sanft gestreichelt.

«Hafermehl ist die blanke Natur», sagte er ungestüm, «Hafermehl ist wild, frisch und kräftig, im Gegensatz zum gemeinen Mehl.»

Ich kannte kein Hafermehl. Ich kannte nicht einmal Hafer. Ich hatte lange Zeit im Wasser gelebt, wo es keinen Hafer und kein Hafermehl gab.

Wir fuhren durch eine kleine Stadt mit niedrigen Häusern, wie man sie manchmal findet, tief im Land und fernab von den großen Straßen, mit Häusern, die noch an Bauerngehöfte erinnern und vor denen man denkt, daß gleich ein Leiterwagen aus der Torfahrt rollt, mit Kühen oder Pferden davor.

Kühe und Pferde und Leiterwagen gab es nicht. Aber immer wieder mußte er bremsen wegen vieler Handwagen, die seltsamerweise von großen Hunden gezogen wurden.

«Ekelhaft», schimpfte er, «das ist die einzige Stadt, in der die Hunde auf diese Art gequält werden.»

Tatsächlich, er hatte recht. Im Vorüberfahren sah ich, daß die Hundeleiber wundgescheuert waren von den Geschirren, die man ihnen übergestreift hatte. «Darum kümmert sich kein Tierschutzverein, ekelhaft», wiederholte er.

Wir verließen die Stadt, und wieder lag das Land vor meinen Augen, sanft und weit und grün.

Am Rande eines Waldes hielt er an. «Wir sind da, jetzt gehts los.» Er sprang aus dem Wagen und sah siegesgewiß über die Wiese linkerhand. An ihrem Ende, vielleicht dreihundert Meter entfernt, zog sich ein dunkelgrüner baum- und strauchbewachsener Streifen durch die Landschaft, nicht etwa geradlinig, sondern eher schlangenhaft sich windend, als hätte er mühevoll einen Weg suchen müssen und wäre überall behindert worden.

Außerhalb des Wagens roch es nicht mehr nach Fisch. Über mir sangen Lerchen. Vor uns wölbte und hob sich die Landschaft, als steige sie unter Mühen in den Himmel. Die Luft um mich her schien aus der Nacht zu kommen, sie war scharf und frisch und brannte in den Lungen. Die Nebelstreifen, die ich aus der Ferne gesehen hatte, waren schon in den Himmel gestiegen. Von der Wiese und dem dunkelgrünen Streifen kam der Ruch frischen, nassen Grases und fließender Gewässer.

Er ging hastig zum Kofferraum und öffnete ihn. Innerhalb weniger Minuten verwandelte er sich in eine Art Marsmensch. Er nahm ein kriegerisches Aussehen an, versah sich mit Stulpenstiefeln und Panzer und griff nach seinem Kriegswerkzeug. Jetzt roch es nach Pulver und Blei.

Aber er war überfordert. Der Kriegsgeräte waren zu viele. So kam es, daß ich mich beteiligte, als wäre mir ein Mobilmachungsbefehl überreicht worden, den ich gehorsam befolgte. Ich lief hinter ihm her, als hätte er mich an sich gekettet.

Er ging über die Wiese mit festem Schritt, trampelte mit großen Füßen auf das Gras, ich dachte, daß es sich nie wieder aufrichten würde, er hatte ein festes Ziel vor Augen, lief langsamer, duckte sich, je näher er dem grünen Streifen kam, und ich fühlte mich lebhaft an einen Urmenschen erinnert, an die Jäger und Sammler mit ihren vorgereckten, spähenden und witternden Köpfen, an ihre fliehenden Stirnen und an ihre kleinen Hirne.

Am Fluß angekommen, robbte er fast, winkte mit der Hand ab, damit ich zurückblieb, machte die Angel fertig, mit fliegenden Händen und fiebrigem Blick, und ich sah in seinen Augen die Lust am Jagen und Töten.

Er warf den Blinker nach links unten, flach über das Wasser, unterhalb von Zweigen und Ästen, und ich hörte das zischende Sausen der geschmeidigen Angel, es traf mich wie eine Peitsche, die mir im Gesicht brannte, ich sah, wie er mit zitternden Händen die Angel hielt und gleichzeitig kurbelte, hörte, wie er unterdrücktes Kriegsgeschrei ausstieß, mir war, als schrien Landsknechte irgendwo, ich sah, wie er den Fisch, meinen Bruder, aus dem Wasser riß, wie er blank und glitzernd und voller Angst ins fremde Element schoß und mir vor die Füße fiel. Dort warf er sich verzweifelt hin und her, wand sich vor meinen Augen, als erflehe er Mitleid und Nachsicht, ja, er bewegte sich dem Wasser zu, warf sich hoch, als wolle er fliegen mit dem Haken im Maul und mitsamt der Schnur, aber schon kam er und packte ihn am Schwanz, zog ihm den Haken heraus, als wolle er ihm die Freiheit schenken, griff in die Hosentasche und hieb mit dem Messerknauf auf seinen Kopf. Der Fisch, mein Bruder, zuckte noch einmal, ein Zucken in meine Richtung, als gäbe er mir ein Zeichen.

Als er hieb und als ich das Zucken sah, als der Fisch, mein Bruder, das letzte Mal sein Maul öffnete, um lautlos seine Qual mir entgegenzuschreien, da hörte ich ihn, laut und klagend, und ich entsann mich im gleichen Augenblick an einen Winter während meiner Kindheit und das Töten eines Schweines.

Damals gab es noch keinen Schußapparat, und der Metzger schlug das Schwein mit der stumpfen Seite einer großen Axt vor den Kopf. Er war angetan mit einer blutigen Lederschürze, die Ärmel des rotweißen Hemdes hatte er entschlossen hochgekrempelt, er schwang die Axt, sie fuhr blitzend durch die Luft und traf das Schwein in der Nähe des Ohres, an einer ganz ungehörigen Stelle. Es hatte bisher zitternd in der Kälte des Wintermorgens gestanden und geduldig auf den Tod gewartet, jetzt floh es, und es schrie ebenso wie dieser Fisch, laut und klagend.

Von nun an hörte ich den Fisch schreien, andere kamen dazu und taten es ihm gleich, ihre olivgrünen Rücken schnellten ans Sonnenlicht voller Kraft, als bestünden sie aus Federstahl, ihre gelbgrünen Seiten blitzten in der Sonne, und ihre messinggelben Bäuche zuckten verzweifelt im grünen Gras. Doch all ihre Kraft und Schönheit nützten ihnen nichts, sie wurden vor den Kopf geschlagen und begannen zu schreien, und während er sie nicht hörte und sich erneut dem Wasser zuwandte, trug ich sie in einem roten Gummieimer hinter ihm her, da er flußab seine Haken warf, trug sie wie angekettet hinter ihm her und hörte ihr Geschrei, das mich aus dem Eimer heraus traf wie die Peitschenschläge seiner Angel. Sie schrien unablässig, und je mehr es wurden, um so lauter und schmerzlicher wurde ihr Schreien.

Bei manchen hatte ich das Gefühl, sie schon gesehen zu haben, damals, als ich bei ihnen lebte. Ich sah zum Wasser, mit dem Schreien im Ohr, und ich stellte mir vor, ich lebte noch dort, in Kühle und Dunkelheit, im Halbdämmer oder auf sonnendurchwärmten, hellen Sandbänken, und ich sah mich in den Grotten, zur bewegten, hellen Wasserfläche starrend, die blasse, hinter Wellen schwankende Sonne sehend und voller Vorsicht und Argwohn, da ich die Marsmenschen kannte. Ich sah ihn von dort, aus dem Dunkel heraus, er verbarg sich, aber ich sah ihn dennoch, ich war mit seinen Gewohnheiten und seinen Listen vertraut, ich würde sie anschlagen und verkünden, für alle meine Brüder und Schwestern.

Ich stellte den Eimer geräuschlos ins Gras. Er hörte das Schreien nicht. Ich hörte es, lief davon, an ihm vorüber und flußabwärts, er hörte auch mich nicht, und er sah mich nicht, er führte Krieg, er hatte siebzehn meiner Brüder und Schwestern getötet, die hinter mir noch immer schrien, und er hatte keine Zeit für mich. Doch das würde er bereuen.

Ich lief schnell am Fluß entlang. Es war ein guter Fluß, wie geschaffen für mich. Er war nicht breiter als acht oder neun Meter, und es gab tiefe und flache Stellen. Manchmal floß er rasch und schäumend, es war ein wunderbarer Fluß. Ich suchte eine tiefe Stelle und fand sie. Von Bäumen und Büschen wurde sie geschützt, dichte Zweige hingen über ihr, auf den Grund konnte man nicht sehen. Das war mein Platz. Ich zog mich aus und versteckte meine Kleider, stellte mich an den Rand des Flusses und sprang hinein, ohne mich ein letztes Mal umzusehen, denn wonach sollte ich blicken. Ich sprang ohne Bedenken und spürte die Kühle meines Elements, seine Zärtlichkeit, sein sanftes Streicheln, diesen ganzen ersten Willkommensgruß, auf den ich gehofft hatte, und schon kamen meine Brüder, und ich fühlte, daß ich mich verwandelte.

ERWIN STRITTMATTER

Foto: Edith Rimkus-Beseler

Geboren 1912 in Spremberg/Niederlausitz. Sein Vater war Bäcker und Kleinbauer. Bis zum sechzehnten Lebensjahr besuchte er ein Realgymnasium, machte dann die Bäckerlehre. Er ging verschiedenen Berufen nach; er war Kellner, Tierwärter, Chauffeur und Hilfsarbeiter. Als Mitglied der sozialistischen Arbeiterjugend wurde er 1934 kurzzeitig verhaftet. Im Zweiten Weltkrieg war er Soldat und desertierte kurz vor Kriegsende. Nach dem Krieg arbeitete er wieder als Bäcker. 1946 erhielt er im Zuge der Bodenreform ein Stück Land. Bereits 1947 wurde Strittmatter Mitglied der SED und Amtsvorsteher von sieben Dörfern. Daneben war er journalistisch als Volkskorrespondent und später als Zeitungsredakteur in Senftenberg tätig. Heute lebt er als freier Schriftsteller und Mitglied einer landwirtschaftlichen Produktionsgenossenschaft im Dorf Dollgow, Kreis Gransee, und in Ost-Berlin. Er ist bekannt als Erzähler, Dramatiker und Kinderbuchautor.

Werke:

Der Ochsenkutscher (R, 1951); Der Wald der glücklichen Kinder (M, 1951); Eine Mauer fällt (En, 1953); Katzgraben. Szenen aus dem Bauernleben (D, 1953); Tinko (R, 1954); Paul und die Dame Daniel (E, 1956); Der Wundertäter (R, 1. Band, 1957); Pony Pedro (E, 1959); Die Holländerbraut (D, 1961); Ole Bienkopp (R, 1963); Schulzenhofer Kramkalender (Miniaturen, 1966); Ein Dienstag im September (En, 1969); 3/4 hundert Kleingeschichten (1971); Die blaue Nachtigall oder Der Anfang von etwas (En, 1972); Der Wundertäter (R, 2. Band, 1973); Damals auf der Farm (En, 1974); Meine Freundin Tina Babe. Drei Nachtigall-Geschichten (1977); Sulamith Mingedö, der Doktor und die Laus. Geschichten vom Schreiben (1977); Die alte Hofpumpe (K, 1979); Der Wundertäter (R, 3. Band, 1980); Selbstermunterungen (G, P, 1981); Zirkus Wind (E, 1982); Als ich noch Pferderäuber war (En, 1982); Wahre Geschichten aller Ard(t) (1982); Der Laden (R, 1983).

Sulamith Mingedö, der Doktor und die Laus

Geschichten vom Schreiben

Man fragt mich oft: Wie kamst du zum Schreiben? Das klingt, als ob die Frager verabsäumt hätten, einen Kursus zum Schreiben von Erzählungen zu belegen, und willens wären, es nachzuholen.

Freilich gibt's eine Schriftstellerschule, aber auch dort erfährt man nur, wie Goethe, Balzac, Tolstoi oder Rilke ihre Einfälle und Einsichten handwerklich meisterten, nicht aber, wie man der eigenen Einsichten schreibend Herr wird. Dazu muß jeder in sein eigenes unbekanntes Land, und ob ihn nun eine kleine Schreiblust sticht oder ein großes Talent plagt, er muß seinen Fleiß, seine Ausdauer und seinen Mut zu sich selber erproben.

Wie kamst du zum Schreiben? Ich überlege: Kam ich zum Schreiben? Kam es zu mir?

Aber bevor ich vom Schreiben erzähle, muß ich was übers Lesen sagen: Ich lernte lesen, als ich fünf Jahre alt war, nicht in der Schule, sondern beim Schankwirt-Schneider Gottfried Jurischka, und das war mein Stiefgroßvater.

Großvater Jurischka trat mit einem schwarzen Rollkragenpullover und einem gestutzten Oberbart in mein Bewußtsein. Zwischen Unterlippe und Großvater-Kinn klebte zudem ein einsamer Bartklecks, als wäre Jurischka beim Rasieren gestört worden.

In seiner Jugend wurde dem sorbischen Schneidergesellen die Niederlausitz zu eng, und er wanderte zur Bucht des Atlantischen Ozeans, «Nordsee» genannt. In Hamburg hielt er Ausschau nach Glück, und das kam ihm aus Amerika in der Gestalt der Tochter seines Meisters Lühr entgegen, die den Großvater um zehn Lebensjahre überragte und ihm um drei Kinder voraus war. Die erwartete Liebesentzündung fand statt: meine Großmutter der Feuerstein, mein Großvater der Zunder!

Gottfried Jurischka kehrte mit seinem Sack voll Glück ins Heimatdorf zurück, und das hieß Graustein; an der Kirche dort lag ein grauer Findling.

«Seht, den Gottfried: Amerikanerfrau und Rothautkinder!» hieß es im Dorf.

Ein Nachkomme dieser rotbärtigen Rothäute bin ich.

Großvater Gottfried gründete mit Nadel, Schere, etwas Zwirn und mageren Gesellenersparnissen eine Schneiderwerkstatt. Er mußte billig arbeiten, um den Konkurrenzschneider im Nachbardorf niederzuzwingen, und seine angeheirateten Rothäute wären verhungert, wenn ihm der Urgroßvater nicht einen Acker als Erbschaftsvorschuß vermacht hätte.

Großvater Gottfrieds schöne Amerikanerin mühte sich, spannte sich vor den Ziehwagen, legte sich das Karrband nicht um die Schultern, sondern um den Hals, und strangulierte sich. Mit blau-rotem Gesicht ächzte sie die

Dorfstraße hinunter, und die Strohdächer der Dorfhütten wackelten vom schadenfrohen Gelächter der lieben Dörfler.

Die AMERIKANERIN wuchs schwer in der Sand-Heide ein.

Es begab sich, daß die Oberschenke des Dorfes frei wurde; Großvater Gottfried ließ sich den Rest seines Erbteiles auszahlen, pachtete die Schenke und hatte es nunmehr auch mit dem Wirt der Unterschenke als Konkurrenten zu tun. Zur Oberschenke gehörte die Posthilfsstelle mit einer Telefonvermittlung; dort saß Großmutter Dorothea, mehr als sie mußte, und genoß die Wortsendungen.

Großvater Gottfried stellte seinen Schneidertisch in die Gaststube, hockte auf und mußte nach einer Naht schon herunter, weil ein Gast einen Korn, dann eine Zigarre verlangte und unterhalten sein wollte. Der Gast ging, Großvater hockte wieder auf, besäumte ein Knopfloch, und das Telefon klingelte. Jemand wünschte mit Herrn von Wülisch auf Lieskau verbunden zu werden. Großvater verband, hockte wieder auf, besäumte zwei Knopflöcher, und es kam, bepackt wie ein Karawanenkamel, der Postbote aus der Kreisstadt. Großvater sortierte die Post, trug sie aus, kam zurück, band sich die blaue Männerschürze vor, zog Schaftstiefel an, ging auf den Acker und war sein eigener Knecht.

Die Zeit verging. Großvater Gottfried zeugte mit der «Amerikanerin» einen Jungen und ein Mädchen, die wuchsen heran, die ROTHÄUTE, die die Großmutter in die Ehe gebracht hatte, flogen in die Welt: Onkel Stefan hatte Fleischer gelernt und ging wieder nach Amerika. Tante Marga heiratete einen Bauern drei Dörfer weiter, und mein Vater lag in einem Schützengraben in Frankreich. Großmutter Dorothea, die «amerikanische Schönheit», rutschte, als ob sie eine frische Eisfläche abzuprüfen hätte, durch die Räume und schrie auf, wenn ihr ein Steinchen unter die Fußsohlen kam; sie hätte die Fußpein, hieß es.

Großvater Gottfried saß mürrisch und nähte, raunzte mit den Schenkenkunden, wenn sie ihn um ein halbes Nichts vom Tische holten, knurrte mit den Schneiderkunden, die ihm nur noch Flickarbeiten brachten, und wurde im Dorf «Brummer und Schießer» genannt, doch wenn Großmutter Dorothea den Spitznamen hörte, legte sie den Zeigefinger quer über die Lippen.

Ich kam jeden Morgen, gewaschen und gescheitelt, aus dem Kotten und zwitscherte mein «Gut' Morgen!» wie ein Vogel in den dunklen Wald. «Bist' schon wieder da?» Großvater Gottfried neigte sich vom Schneidertisch und ließ sich den Bartklecks beküssen. Noch immer trug er den schwarzen Pullover, den er sich einst zugelegt hatte, um seemännisch auszusehen und der Großmutter zu gefallen. Jetzt war er alt, der Pullover, sein Gestrick war dünn, die talmi-silberne Uhrkette schimmerte durchs Gewebe; denn unter dem Pullover trug Großvater eine Anzugweste, in deren Taschen die Uhr und die Kautabakschachtel steckten.

Herumsteher und Zugucker duldete Großvater nicht. «Jeder muß arbeiten, sonst gerät die Welt aus den Fugen», sagte er, deshalb sollte ich lesen lernen.

Großvater biß ein Stück Kautabak ab, schob es zwischen Wange und Zähne, brachte das ausgelaugte Tabakstück aus dem Mund, legte es in einen Aschenbecher und schob ihn mir hin. Der Aschenbecher war eine Seite meiner Lesefibel. «Emil Mieser, Eisenwaren en gros und en detail, Hauswirtschaftsartikel pp», las ich. «Was heißt en gros?»

«Een Groß hat hundertvierundvierzig Stück oder zwölf Dutzend», erklärte Großvater.

Und was war, wenn Mieser seine zwölf Dutzend Eisenwaren verkauft hatte?

Großvater wußte sich keinen Rat und erklärte mir lieber das PP hinter Hauswirtschaftsartikel. Dieses PP bedeutete für Großvater posten- und paarweis.

Das nächste Blatt unserer Fibel war ein Reklameplakat: MIELE–FAHR-RÄDER SIND DOCH DIE BESTEN. «Mit wem streitet Herr Miele?»

Herr Miele streite sich mit der Konkurrenz, erklärte Großvater.

Jetzt las ich, was auf der bedruckten Pappunterlage des Abreißkalenders einer Tuchfirma aus Cottbus stand: «Brumm, brumm, Brummer und, und Schießer, Brummer und Schießer. Hier steht dein Name, Großvater!»

Großvater Gottfried rutschte wütend vom Schneidertisch, ging in die Küche und zankte mit der Großmutter. Mein Leseunterricht war für diesen Tag beendet, und endgültig abgebrochen wurde er an jenem Tage, da ich den verzierten Spruch über dem Schenktisch entzifferte: SAUFT IHR HUNDE, DER STAAT BRAUCHT GELD!

Aber nun war meine Leselust angefacht. Ich las alles, was mir entgegenschwamm, auch die Briefanschriften, wenn Großmutter die Post sortierte.

In Mitteleuropa wurde zu jener Zeit mächtig gestorben. Die tapferen Deutschen aber fielen nur. Das war harmlos; wer fiel, konnte wieder aufstehn, aber es trafen mit der Post sogenannte Nachlaßpäckchen ein, karge Habseligkeiten aus den Hosentaschen der Gefallenen, in Leinwand verpackt und mit angefeuchtetem Kopierstift beschriftet, und die ließen es offenbar werden. Ich entzifferte die Schriftzüge der Kompaniefeldwebel und rannte, ein kurzgeschorener Todesengel, durchs Dorf, verständigte die Leute, und die Leute liefen mir weinend nach und holten die Nachlaßpäckchen.

Eines Tages wollte und wollte der Postbote ein Päckchen nicht hertun und sagte schließlich zur Großmutter: «Fassen Sie sich, Ihr Sohn, wie mir scheint, ist gefallen!» Ich rannte zum Kotten, rief's meiner Mutter über den Gartenzaun zu, und die Mutter fiel ohnmächtig zu Boden. Großvater Kulka, der Muttervater, der zu Besuch war, hob die Mutter auf und ging sich erkundigen. Mein Onkel Hugo war gefallen.

Man zankte mit mir. Ich erschrak und weinte und spürte was von der Magie des Lesens.

Als ich in der Schule lesen lernen sollte, maulte ich; ich konnte es. Ich langweilte mich und las die längeren Lesestücke im hinteren Teil der Schulfibel, die Beschreibung des Kaiserpaares zum Beispiel. «Unser Kaiser Wilhelm und unsere Kaiserin Auguste Viktoria wohnen in Berlin . . .» Sodann wurden die Qualitäten des Kaiserpaares beschrieben, und zum Schluß hieß es: «Wir lieben unseren Kaiser.»

Das war neunzehnhundertundneunzehn. Der Kaiser war nach Holland raus, aber in unserer Schulfibel saß er noch. Wen's wundert, bedenke, daß es auch heut noch das Bestreben vieler Landesväter ist, sich in Fibeln mit dem Hinweis beschreiben zu lassen, daß gute Kinder sie zu lieben hätten.

Drei Jahre war ich alt, als der Großvater in seinem schwarzen Seemannspullover in mein bewußtes Leben trat; sechs Jahre war ich alt, als er starb. Ich sah ihn vor der Einsargung auf der Bahre liegen. Sein Knebelbärtchen hatte sich während einer Lungenentzündung weiß gefärbt. Er war die erste Leiche, die ich sah, eine lustige Leiche, denn Großvater hatte während des Sterbens den Mund geöffnet und nicht mehr Zeit gefunden, ihn zu schließen. Wollte «Brummer und Schießer» Dinge erzählen, die er uns im Leben verschwieg? Man band ihm die heruntergefallene Kinnlade mit einem zusammengefalteten Wischtuch hoch, und die Enden der Schleife standen oben am kahlgeschorenen Kopf wie die Haubenbänder der Witwe Bolte bei Busch.

Ich kannte ihn nur drei Jahre und verdank ihm, daß ich mich mit den altgriechischen Philosophen, mit Goethe und Schopenhauer, mit Jakob Böhme und Laotse, mit Engels und Salomo, mit Lenin und Tolstoi über die Jahrhunderte hinweg unterhalten kann. Magie des Lesens!

Fiebernd, verlaust, verdreckt, doch gesund, kam mein Vater aus dem Krieg, ließ sich, wie einst sein Stiefvater, das Erbteil auszahlen und eröffnete eine Dorfbäckerei in der Heide.

Hinterm Elternhaus gab es einen sanften grasbestandenen Abhang, über den sich wie ein Scheitel ein schmaler Fußsteig zog, der in einem versumpften Graben endete. Wir benutzten ihn als Abkürzungsweg, wenn wir aufs Feld gingen, und über den Graben sprangen wir.

Der reisende Kaufmann Kalaschke kannte die Tücke des schmalen Fußsteiges nicht, zumal ihn Hahnenfuß und Gänseblumen verharmlosten. Kalaschke fuhr auf dem Fahrrad, pfiff, stürzte, überschlug sich und stöhnte. Sein Musterkoffer war geplatzt, Haarschleifen, Pony- und Haarnadeln, Broschen und Kämme, Seifen- und Parfüm-Muster lagen im Sumpf. Wir sammelten sie ein, und Kalaschke stöhnte: «Mein Gott, mein Gott, was mach ich nun?»

Am Abend nahm ich ein Stück Pappe, schrieb drauf: «Achtung! Hier drott Giefahr!» und nagelte es an einen Pflaumenbaum am vermoderten Graben.

Meine Mutter, die meine frühen Bücher noch kennenlernte, behauptete, das wäre meine erste schriftstellerische Tat gewesen. Wenn sie recht gehabt hätte, wäre Schreiben gleich Warnen, aber Schreiben ist mehr. Meine Warnung von damals ist längst überholt; auf dem Grashang am hinterhältigen Modergraben legte mein Bruder einen Wundergarten an, und viele Blumen Mitteleuropas geben sich dort ein Stelldichein.

Mein Onkel Stefan, die Nummer eins der drei amerikanischen Rothäute, war, wie gesagt, nach Amerika zurückgegangen. «Er brauchte die Freiheit», sagte mein Vater. «Aber hier sitz ich, seine Mutter», barmte Großmutter Dorothea. Sie hatte es gern, wenn wir sie bedauerten, denn ihr erster Mann, unser echter Großvater Josef, hatte sich in Amerika erschossen. Das Sodbrennen hätte ihn so gepeinigt, erzählte die Großmutter, aber das Sodbrennen war eine rothaarige Klavierschülerin, erfuhren wir später.

Wer stirbt oder in die Fremde geht, wird für die Hinterbliebenen mit der Zeit ein immer besserer Mensch. Die abträglichen Charaktereigenschaften eines Dahingegangenen bleiben im Sieb des Gedächtnisses.

Onkel Stefan wäre ein Virtuose auf der Mundharmonika gewesen, erzählte man uns; er hätte sein Harmonikaspiel mit einer Knochenrassel begleitet und indianisch dazu getanzt. Der Dorflehrer hätte die Kinder angehalten, ihn nicht sorbisch, sondern mit «Guten Tag» zu grüßen. Onkel Stefan hätte so artikuliert «Guten Tag» gewünscht, daß der Lehrer nicht dankte. Onkel Stefan hätte ein Gespenst verprügelt und den Esel des Bäckers aufs Dach getragen.

Von Zeit zu Zeit trafen Briefe vom Onkel ein, sogar Fotos; er hatte sich heraufgearbeitet, wie man (auch heute noch) zu sagen pflegt, aber was ist unten und was ist oben? Onkel Stefan, der ehemalige Fleischergeselle, besaß jedenfalls eine Farm. Die Fotos zeigten zwei rohe Holzhäuser in einer Felderweite ohne Baum und Strauch. Die Prärie, ganz klar, und für uns Kinder stand fest, daß die Prärie bis hinter das Foto Onkel Stefan gehörte. Eine andere Fotografie zeigte den Onkel zu Pferde. Er trug einen Cowboyhut und ähnelte unserem Vater Heinrich. Gereckt saß er auf dem Pferd und rauchte eine lange Pfeife. Onkel Stefans Pferd war vorn «angegriffen», wie die Pferdeleute sagen. Mein Pferdeverständnis war zeitig ausgebildet: Erklärlich, die Weite, der Wind, die Prärie – der Onkel konnte sein Pferd nicht schonen; allerdings blieb mir als Reiter bis heute ein Rätsel, wie der Onkel mit der langen Pfeife im Mund dahingaloppieren konnte.

Onkel Stefan teilte mit, er hätte eine Lehrerin geheiratet. Großmutter Dorothea schwoll vor Stolz. Weiter unter im Brief hieß es, die Lehrerin hätte zwei Kinder in die Ehe gebracht. Da seufzte Großmutter Dorothea, sie schien vergessen zu haben, daß sie drei Kinder in die Ehe gebracht hatte.

Großmutter hatte überhaupt ein merkwürdiges Gedächtnis. Sie behauptete auch, wir alle wären rothaarig als Strafe für die Sünde des Großvaters mit der rothaarigen Klavierschülerin, und sie vergaß, daß auch sie rothaarig war.

Mir war recht, daß ich mit den Kindern von Onkel Stefans Lehrerin nicht verwandt war, denn das eine war ein dunkelblondes Mädchen mit einem Pagenkopf und hieß Mabel. Es stand für mich fest, daß ich Mabel heiraten würde.

«Wenn das Stefan wüßte!» hieß es, wenn Großmutter Dorothea mit meinem Vater oder mit Tante Marga in Streit geriet. Zuweilen wurde beschlossen, Onkel Stefan brieflich zu bitten, den Streit zu schlichten, aber mit dem Schreiben war's so eine Sache: Tante Marga beauftragte die Großmutter, und die Großmutter den Vater, und der Vater schrieb keine Briefe, aber so auf Neujahr herum wurde jährlich doch ein Brief fertig. Ich schrieb ein Gedicht für Onkel Stefan, in dem ich den Auswanderer tröstete und legte es heimlich in den Neujahrsbrief. Ich kann das Gedicht noch heute, doch es scheint nicht besonders gut zu sein; Onkel Stefan erwähnte es in seinem Antwortbrief nicht.

Schreiben, Dichten wäre ein Ausdruck der Sehnsucht, wird gesagt; es ist mehr; es ist mehr!

In einer Dachkammer des väterlichen Hauses wohnte Hans, ein junger Bergmann. Er war Waise von Kind an, ein junger Mann mit gewelltem Haar, roten Wangen und Zähnen wie Klaviertasten. Wie andere Durchreisende, Zigeuner, Puppenspieler, Bettelleute und Wanderarbeiter, war auch Hans unter die Flügel meiner Mutter gekrochen. Er lehrte mich das Mundharmonikaspiel; nicht das einfache Hineinblasen in die Harmonika, wie es meine Tante Marga betrieb, sondern das Spiel mit Zungenschlag aus den zum Schalltrichter geformten Händen. Wir spielten zweistimmig zu Bergmannsgeburtstagen auf, Walzer, Märsche und Charakterstücke, «Über den Wellen» und «Die Schlittschuhläufer» von Waldteufel, «Hoch Heidecksburg!» und «Alte Kameraden». Wenn der Bieralkohol in die Bergmannsköpfe stieg, tanzten die Männer auf unserem Hofe, und ihre Grubenlampen an den Rucksackriemen kreisten wie kleine Karussellgondeln. Zuweilen tanzte auch mein Vater mit wehender Bäckerschürze mit.

Jedes Dorf hatte seine Vereine, und jeder Verein hatte sein Stiftungsfest, doch in unserem Dorf wurde zudem jährlich ein Bergmannsfest, der Grubenball, gefeiert. Die Bergmannskapelle spielte den Sozialistenmarsch, die Bergleute zogen uniformiert durchs Dorf, und beim Platzkonzert bekam man die Moritat vom verschütteten Bergmann nach der Melodie «Rauh ist die See und der Sturm geht hoch» zu hören. Zum Grubenball wurden die Bergrentner, die Berginvaliden und alle Bergleute geladen, die nach anderswohin verzogen waren. Auch Martin Metschke wurde geladen, ein Junge aus unserem Dorf, der es «weit gebracht» hatte (was ist weit?). Er war Obersteiger in der Gegend von Eisleben, die «höchste Persönlichkeit», «profiliert» schreibt man heute, die unser Dorf hervorgebracht hatte. Er war mit einer flotten Frau verheiratet, mit einer, die nichts stehen ließ, und die verliebte sich beim Grubenball in unseren Kostgänger Hans. Martin Metschke mußte Extrabiere trinken und Extratänze tanzen und vergaß seine feine Frau.

Gefährlich an den Dorffesten waren die großen Tanzpausen. Mütter riefen ihren Töchtern nach: «Aber in der Großen Pause halt' euch hübsch beisammen!» Sie wußten, die Dorfmütter, daß ein Hengst, der sich drei Stuten nähert, bei keiner etwas erreicht.

Hans und die Frau des Obersteigers trafen sich in der Großen Tanzpause hinter einer alten Strohscheune, o weh, o weh! Die flotte Frau war stadtbleich und trug einen Herrenschnitt, und wer weiß, was sie hinter der Strohscheune trieben, unser Hans und die herrenschnittige Frau Obersteiger. Ihr Zusammentreffen blieb unbeobachtet, nicht einmal die alten Dorffrauen, die ringsum an den Saalwänden auf Bänken saßen, bekamen's zu wissen; obwohl sie dort als Ringrichter und Heiratsprophetinnen saßen, denen nichts entging; aber das Ungewöhnliche der Paarung Obersteigersfrau und Schichtlöhner schloß jeden Verdacht aus.

Der Tanz ging weiter. Es wurde Damenwahl ausgerufen. Die flotte Frau Lissy, diese blasse Platinfüchsin, holte ihren Martin, doch der war nicht mehr so gängig, wie man es zum Tanzen braucht; er schlug hin und zog seine Frau mit nieder, doch die Frau wurde sogleich von ihm befreit, denn man spielte den Abklatschwalzer und danach den Mondscheinwalzer, und das Tenorhorn schluchzte, und alle sangen das Lied vom guten Mond, der so stille durch die Wolken geht, und das Licht verlosch, und was jeder Tänzer gepackt hatte, das hatte er, und das küßte er, und ob Schicksal oder Fügung, unser Hans hatte die flotte Lissy, und die beiden wünschten sich, der gute Mond möge vier Tage lang so stille und in Finsternis seine Bahn ziehen.

Nach dem Grubenball ging unser Hans wie krank umher, und der Liebeskummer machte sich am Wangenrot des Jungen zu schaffen. «Er hat die Preschzeit», sagte Großvater, der Tierkenner. Ich fürchtete, man könnte auch mir ansehen, daß ich häufig an Mabel in Amerika dachte. Ich besah mich im Spiegel und stellte fest, daß sich an meinen Sommersprossen nichts geändert hatte; sie umtummelten nach wie vor wie braune Ameisen meine Nase bis zur Stirn hinauf.

Vierzehn Tage nach dem Grubenball blühte Hans auf und nahm mich beiseite: «Ich werde mich nicht verrechnen, wenn ich dich zu den zuverlässigen Männern zähle.» Ein zuverlässiger Mann von zehn Jahren! Das hob mich an. Ich hätte dem Teufel die Hosen ausgezogen.

Wir saßen auf dem knisternden Strohsack von Hansens Bett in der Dachkammer. Der Duft des blühenden Birnbaumes fuhr zum Kammerfenster herein, und die Bachstelzen trippelten über die Ziegel. Hans zog einen zerknitterten Brief aus einem rosa getönten Umschlag. «Lies, wenn du imstande bist!» Ich las.

«Lies laut!»

Ich las laut. Es war ein Liebesbrief von der Platinfüchsin. Sie könne Hans nicht und nicht vergessen, schrieb sie, und müsse immerzu an ihn denken, und die Flecke auf dem Briefpapier, das wären ihre getrockneten Tränen, schrieb sie auch, und unten, wo die Kreuze wären, hätte sie hingeküßt, und auch Hans sollte dort hinküssen, damit sie es spüre bis nach Eisleben hin, die Obersteigersfrau Lissy.

Millionen solcher Liebesbriefe wurden geschrieben, seit die Welt bestand, für mich war's der erste, den ich las. Tränen, Küsse, Schwüre und Seufzer – was konnte ich mehr verlangen?

Jetzt wußte ich etwas, was niemand wissen sollte. Hansens Hände hingen schlaff zwischen den Knien. «Nun bin auch ich so gut wie am Ende; ich habe keine Handschrift, du weißt.»

Und da schrieb ich meinen ersten Brief in Sachen Liebe, saß auf Hansens knisterndem Reisekorb, einen wackligen Nachtkasten als Schreibtisch. «Schreib geehrte, gnädige Frau Metschke», sagte Hans. Mir kam das zu fremd vor: «Heißt sie nicht Lissy und du?»

«Schreib, wie du denkst!»

Ich schrieb: «Hochverehrte Geliebte, auch ich bin in der Plage der Sehnsucht, sitz in meiner Kammer und seh deinen Pagenkopf. Außen blüht die Birne, und der Kauz schreit Lissy, Lissy!»

Wohnstraße und Hausnummer hatte die Platinfüchsin nicht angegeben. Wir sollten «postlagernd» schreiben. «Verstehst du das?» fragte Hans.

«Das sind so Gewohnheiten», sagte ich und schrieb Lissys Namen und hängte jedem Buchstaben eine Schleife um, wie ich's bei den reisenden Kaufleuten gesehen hatte.

Wir betrachteten den Brief, wir bestaunten ihn. «Arbeit zieht Lohn nach sich», sagte Hans, holte ein Schlüsselchen aus seiner Geldbörse und öffnete seinen Reisekorb. Die geflochtenen Weidenruten knarrten, und ich durfte in das gehütete Behältnis sehen: lange Unterhosen, ein verwaschener Drillichanzug, zwei Ausgehhemden, die Bergmannsuniform . . . Hans wühlte im Korb wie ein Bäcker beim Teigmachen in der Beute und brachte einen abgegriffenen Briefumschlag ans Licht der Welt, dem er fünf Postkarten entnahm. Er drückte die Postkarten an seine Brust und legte mir auf, ihn nicht zu verraten.

«Heilig, heilig, heilig!» schwor ich.

Hans zeigte mir eine nackte Dame, einen Leib wie aus kaltem Märbelstein, die Brüste freimütig gereckt, und dann sah ich es endlich, das aus

Haaren geflochtene Schwalbennest über den Frauenschenkeln, ganz klar für mich – die Känguruh-Tasche – dort trugen sie ihre Kinder drin groß.

Mein erstes Honorar: Beschauliches Betrachten einer nackten Dame, einmal an einem Brunnen aus Pappe, zweitens mit einem Krug ohne Wasser, drittens auf einem Eisbärfell, viertens an einem Baume aus Gips, fünftens mit Kußhand und marmornem Lächeln.

«War auch das einmal deine Braut?»

Hans sagte nicht ja und sagte nicht nein, und es schmeichelte ihm, daß ich ihm eine solche Braut zutraute.

Schrecklich, wenn Mabel sich in Amerika nackend fotografieren ließe! Ich wollte sie im nächsten Neujahrsbrief warnen.

Die Platinfüchsin antwortete und versicherte, sie hätte Hansens Brief ans Herz gedrückt. «Da kannst du sehn!» sagte Hans, als hätte *er* Lissy geschrieben.

«Zu lang, viel zu lang die Zeit bis zum nächsten Grubenball», seufzte Lissy im Brief, «viel zu lang, bis ich die Eule hör, die meinen Namen ruft!» Hans kratzte sich den Kopf. «Woher nun eine sprechende Eule nehmen?»

«Du, ich trag keinen Pagenkopf, Liebster, hast du denn noch wo eine?» schrieb Lissy.

Freilich, freilich, sie trug Herrenschnitt; ich hatte beim Schreiben an Mabel gedacht!

Wenn Hans während der Postzeit Schicht hatte, mußte ich ihm Lissys Briefe zustellen. Ich lief hechelnd über die staubigen Sandwege zur Grube, öffnete den Brief, rannte neben Hans beim Wagenabrücken hin und her und las vor. Lissys feurige Liebesbeteuerungen wurden vom Surren der Förderanlage und vom Läuten der Schachtglocke begleitet.

In meinen Antwortbriefen blieb ich Lissy nichts schuldig. Ich erfand einzig dastehende Liebesworte wie «flinkschnäblige Meise, Tau in der Wüste, dornlose Rose» oder «mein fünftes Rad am Großen Wagen überm nächtlichen Birnbaum».

Alles entwickelt sich, heißt es, zum Kulminationspunkt. Auch wir bekamen es mit diesem Punkt zu tun. Er erschien als ein kleines Stückchen Eisen, auch Schlüssel genannt, den Lissy im Schloß ihres Schmuckkästchens steckenließ. Der Obersteiger fand meine Liebesbriefe und las sie, weil er aus unserem Heidedorf stammte und kein Gentleman war.

Martin Meschke kam ins Dorf, Hochgericht gegen den Schichtlöhner zu halten. Es war ein Sonntagmorgen im Vorsommer, und die Linde vor unserem Hause blühte. Ich saß auf der Hausbank, als sie kamen, und das Sonnenlicht spiegelte sich im glattgestriegelten Herrenschnitt der ahnungslosen Lissy. Ich stand auf und grüßte; nur die Platinfüchsin dankte freundlich.

Sie gingen ins Haus, und alles war ruhig. Ich hörte meinen Vater nach Hans rufen, und ich hörte Hans pfeifend die Treppe herunterkommen, dann wurde es laut, und ich ging ins Haus.

«Was, unser Hans?» fragte meine Mutter, «der kann doch nicht schreiben!»

Martin Metschke bewies es mit einem Brief, und meine Mutter blickte mich an; die Platinfüchsin fing an zu schluchzen; ihre Tränen kamen wie aus einem Springquell, und sie zog sich ein Taschentuch aus der Hosentasche des Obersteigers, und Hansens schöne Zähne klapperten. Ich hielt's nicht mehr aus: «Ich habe die Briefe geschrieben!»

Es war wie im Kino, wenn's von der Totalen zur Großaufnahme umspringt: Alle sahen auf den sommersprossigen Bengel in kurzen Hosen und Holzpantoffeln. «Ich schrieb sie an Mabel», sagte ich.

Lissy schrie auf und spie. Ihr Speichel, Schaum, kleine Bläschen, rann langsam an Hansens roter Verführerwange herab. Die Platinfüchsin rannte hinaus, und Lindenduft drang von der Straße ins Haus.

In diesem Jahr kam Martin Metschke allein zum Grubenball. Man sagte, er wär sich zu rächen gekommen. Er mußte die Rache mit Schnaps befeuern. Man flößte ihm ein, und die Rache blieb stecken. Man schleppte Metschke ins Haus seiner Eltern. Er wäre von seiner Lissy geschieden, hieß es. Ich sah, was Worte für Wirrwarr stiften, wenn man sie unbedacht niederschreibt. Ich spürte, daß Schreiben wie Zaubern ist.

Ich war dreizehn Jahre alt, es war linde Februarzeit, und die Hunde paarten sich. Eines Mittags drückte sich mit einem Bettler zusammen ein Hund in den Kramladen der Mutter. Er tappte hinter den Ladentisch, setzte sich und war da. Meine Mutter gab dem Bettler, was des Bettlers war, und dem Hund gab sie einen Happen Käse. Der Bettler ging, der Hund ging nicht.

«Ihr Hund», rief die Mutter dem Bettler nach. Der Bettler winkte ab und verschwand.

Der Hund war mittelgroß, sein schwarzes Deckhaar war lockig, die braunen Hängeohren schwarz gerändert; sein Alter war schwer bestimmbar; er konnte bereits in Menschengesichtern lesen.

Meine Mutter ging in die Küche, der Hund blieb hinter dem Ladentisch. Ein Kunde kam, der Hund stützte die Pfoten auf den Ladentisch, gab Laut und legte sich wieder.

Meinem Vater gefiel der seltsame Ladendiener nicht; ich sollte ihn nach draußen bringen; als ich ihn packen wollte, fletschte er die Zähne; er wußte, wie es draußen war und hatte sich deshalb ein Drinnen erobert. Von meiner Mutter ließ er sich anpacken, aber von der Stelle bekam sie ihn nicht, doch jedem, der der Mutter zu nahe kam, zeigte er die Zähne; der Mutter gefiel's.

Ein Hund im Laden? Mein Vater verwies aufs Hygienegesetz. «Und der Gendarm, wenn er kontrolliert, bringt der nicht auch seinen gelben Schäferhund mit in den Laden?» sagte die Mutter. Es drohte ein Streit zwischen den Eltern auszubrechen.

Mein kleinerer Bruder öffnete die Türen vom Laden bis zum Hof, holte unsere Riesenkatze, die grau getigerte Tusnelda, und setzte sie vor dem Hund nieder. Die Katze sprang in den Hof, der Hund hinterher; der aufkommende Streit der Eltern war gelöscht.

Was unter dem Protektorat der Mutter stand, war geheiligt: Dem Zuläufer wurde im Hofe eine Hütte eingerichtet; nachts hockte er unter dem Fenster, hinter dem meine Mutter schlief, und verpaßte keinen guten Happen. Für Großvater war der Köter ein Prescher, der sich wieder davonmachen würde; aber der Hund blieb, wir nannten ihn Flock, und er verteidigte alle, die zur Familie gehörten, lief neben dem Fahrrad her, begleitete Großvater aufs Feld, und wenn der Wallach verrückt spielte, versuchte er ihn aufzuhalten, doch der Wallach wurde davon noch wilder, und Großvater fluchte.

Dreimal wöchentlich lieferten wir Brot in die Nachbardörfer. In den großen Ferien übernahmen mein Bruder und ich diese Touren.

Es war vergnüglich, unter der Plache zu sitzen, vor Regen, Wind und prallem Sonnenschein geschützt zu sein. Das Pferd schnaubte, das Ortscheit schlug im Takt gegen die Deichselzwinge, die Strangketten klirrten, und unter den Pferdehufen sprangen Staubwölkchen auf. Ich kutschierte, mein Bruder verkaufte, und eines Tages nahmen wir zur Kurzweil unseren Flock mit auf die Tour, obwohl uns Großvater gewarnt hatte, aber der Hund ging brav wie ein Zigeunerhund hinterm Wagen.

Wir kamen auf die Landstraße. Unser Brandfuchs mochte Autos nicht, und wenn sich eines näherte, versuchte er seitlich in den Chausseegraben zu springen. Ich zog ihm eins mit der Peitsche über, damit er das Abspringen vergaß, und er fing an zu galoppieren. Ich parierte. Flock preschte nach vorn und bellte. Ich gab dem Wallach die Zügel hin; er galoppierte gestreckt, der Hund fiel zurück, der Wallach keilte nach ihm; es wurde dramatisch, es wurde gefährlich.

Mein Bruder vertrug das flotte Fahren nicht, er legte sich bäuchlings in den Wagenkasten und drückte sein Gesicht in die verschränkten Arme. Ein Lastauto kam. Ein Wunsch durchzuckte mich: «Wenn das Auto den Hund nur packen wollte!» Schon hörte ich's heulen, dann nur noch Autogeratter.

Ich bekam den Wallach zum Stehen.

«Was ist?» fragte der Bruder.

«Wenn sie uns nur nicht den Hund überfuhren!» sagte ich.

Mein Bruder sprang vom Wagen und kam mit dem toten Hund zurück; ein dünner Blutfaden an seiner Schnauze, der Körper noch warm. Wir steckten Flock in den Heusack, banden den Sack von außen an den Wagen und weinten.

Ich quälte mich, nannte mich Hundemörder, denn ich hatte den Tod des Hundes gewünscht, und mein Wunsch hatte sich erfüllt. Zufall? Kein Zufall?

Die Großen Ferien waren zu Ende, ich war wieder in der Stadt und hockte in der Kellerwohnung der Pensionseltern. Vor den Kellerfenstern standen Buchsbäume; zur Freude für die Vorübergehenden; uns aber hielten sie die Sonne fern. Schatten und Sonne – zwei Pole des Lebens.

In der Kellerwohnung roch's nach Leuchtgas. Im «Papierkeller», dem Reich der Ratten, wurde der Inhalt der Papierkörbe gelagert, und wenn jemand durch diesen Raum kam, drang der Geruch von verschimmeltem Brot, verkommenem Dörrfleisch und säuernder Wurst in die Hausmeisterwohnung.

An den Wänden des Wohnzimmers hingen Antilopengehörne, an der Hängelampe baumelte ein Straußenei; es pendelte im Dampf der Mittagssuppen und schwebte wie eine weiße Bombe über meinem Kopfe, wenn ich am Wohnzimmertisch Schularbeiten machte.

Mein Pensionsvater hatte im sogenannten Deutsch-Südwest-Afrika beim Bau einer Eisenbahnstrecke mitgetan, und die Arbeit in der heißen Fremde war ihm vom Vaterland mit einer Hausmeisterstelle belohnt worden; er durfte sich Beamter nennen.

Wer die zehn Stufen zu uns in den Keller herabstieg, war sogleich ein bißchen in Deutsch-Südwest, und der Pensionsvater erklärte: «Wenn einer weiß, was Neger ist, so bin das ich. Was würde man sagen, wollt ich die Schulklassen mit Gesang fegen, aber der Neger, der braucht es: Gesang, Radau und dumdada, und das ist eben Deutsch-Südwest . . .»

Ich konnte den Vortrag des Pensionsvaters auswendig, und wenn mich jemand nach dem Sinn des schwebenden Straußeneis fragte, sagte ich: «Wenn einer weiß, was Neger ist, so ist das mein Pensionsvater . . .»

Mitte der zwanziger Jahre stillte mein Pensionsvater seine Sensationslust durch ein selber gebasteltes Rundfunkgerät. Er gehörte zu den ersten Rundfunkteilnehmern unseres Städtchens, war wieder Pionier und erlebte Abenteuer mit den Ohren. Abends lag er auf der Chaiselongue, den Kopfhörerbügel über der blanken Glatze, und lauschte. Die Pensionsmutter saß steil und streng unterm Straußenei, hatte die Kneiferbrille auf der Nase und las den Romanteil der BERLINER MORGENPOST, doch der Pensionsvater wollte sie zu Abenteuern verführen: «Minna, Minna, nimm den Hörer, auf dem Kamelrücken durch die Wüste, gleich geht's los!»

Minna war in die Liebesgeschichte des «Heidschulmeisters Uwe Karsten» verstrickt, sie wollte nicht auf den Kamelrücken, und der Pensionsvater ermunterte mich, aber auch ich wollte nicht in die Wüste; ich schrieb.

«Was schreibst du alleweile und schreibst; Strafarbeit wohl?» Mein Pensionsvater streifte den Kopfhörer ab, nahm mein Heft und las.

Ich schrieb eine Geschichte. Die Überschrift und drei beschriebene Seiten lagen schon vor. «Minna, Minna, er schreibt 'ne Geschichte!» Die Pensionsmutter löste sich aus dem Liebesroman und setzte den Kneifer ab. Sie mochte mich nicht. Ich schien ihr nicht ganz gelungen, ich war ihr nicht

270

rüpelig genug. «Wie ich immer sage, kein richtiger Junge!» schnarrte sie, tat sich den Kopfhörer um und ging mit auf den Wüstenritt.

Die Lampe brannte. Das Gas strömte rauschend in den Lampenstrumpf. Ich schrieb, und ich schrieb viele Abende lang an der Hundegeschichte «Flock».

Es wird gesagt, der Schriftsteller schreibe sich etwas vom Herzen. Wenn's das nur wäre! Schreiben ist mehr.

Was wir außerhalb des Schulunterrichts zeichneten und malten, brachten wir dem Zeichenlehrer, und der schickte, was ihm gefiel, an die Redaktion vom KUNSTBLATT DER JUGEND. Zeichnen war nicht das Fach, in dem ich glänzte, doch im KUNSTBLATT wurden auch Gedichte und Prosaarbeiten von Schülern veröffentlicht. Ich gab meine zerstrichene Hundegeschichte dem Zeichenlehrer, und dieser musische Mensch arbeitete sich hindurch. Es wäre die Sache des Deutschlehrers gewesen, aber der war in der Hauptsache «Patriot» und sang in den Feierstunden am lautesten «Deutschland, Deutschland über alles!»

Die Hundegeschichte wurde im KUNSTBLATT DER JUGEND veröffentlicht. Zum ersten Male sah ich meinen Namen gedruckt. Ich erlebte die Reaktionen der Mitmenschen, wie sie ein Schreibender immer wieder erlebt: Die einen stellen sich in Positur, als ob man nunmehr ein Fotograf wär; andere meiden einen, als ob man ein Denunziant wäre, noch andere sehen mitleidig auf einen nieder, und nur eine kleine Parte bleibt einem wohlgesinnt, weil man ausspracht, was sie dachte.

«Siehste, Minna, gedruckt is er gewordn!» sagte mein Pensionsvater. Die Pensionsmutter rümpfte die Nase. Meine Mutter war stolz; mein Vater froh, weil nichts Abträgliches über ihn in der Schreiberei vorkam.

Ich sprang wieder ins Leben, verfing mich, löste mich und verfing mich aufs neue, lebte, vergaß meine gedruckte Geschichte, verlor sie gar, doch an einem Sommertag Ende der sechziger Jahre, als unser Wiesental in schlummerschwerer Nachmittagsstille lag und das große Chorkonzert in den Lüften schon von den Hummeln, Fliegen und Bienen bestritten wurde, während die Spatzen und die Zwerghühner im heißen Sand unter den Holunderbüschen an der Pferdekoppel badeten, fuhr unangemeldeter Besuch ein. Das Auto hielt, wo häufig uneingeweihte Besucher halten, an der Bachbrücke; behende Leute stiegen aus und umschwirrten unser Anwesen, um nach einem Eingang zu suchen.

Wir gingen hinaus. Der Mann der kleinen Truppe stellte vor: «Frau Elster vom Fernsehn, Frau Elster mit ihrer Familie.»

«Überraschungsbesucher» kommen selten ohne Wünsche. Sie wollen Ponys besichtigen, Bücher signiert haben, uns zur Mitarbeit einladen, interviewen, aushorchen, überprüfen oder gar vernehmen.

Frau Elster war zu meiner Überraschung ein Mann namens Taddäus Punkt. Er schleppte einen Folianten an, vermutlich Muster für Fernseh-

Puppenspiele; ich glaube, ich war nicht sehr freundlich zu ihm, doch als er mir in der Stube das dicke Buch zuschob und aufschlug, wo das Lesezeichen steckte, sah ich die Hundegeschichte, die ich als Dreizehnjähriger geschrieben hatte. Der Foliant war der gebundene Jahrgang vom KUNSTBLATT DER JUGEND aus dem Jahre neunzehnhundertsechsundzwanzig. Frau Elster, alias Taddäus Punkt, hatte ihn in einem Antiquariat erstöbert. Ein Hauch aus der Kindheit wehte mich an und bestärkte meine leise Erfahrung: Kein Lächeln, kein Seufzer, kein Wort und kein Wink gehen verloren auf dieser Welt.

Ich war zwanzig Jahre alt und arbeitete in einer Landbrotbäckerei in der Nähe von Cottbus. Vormittags buk ich Brot, nachmittags fuhr ich's auf einem motorisierten Dreirad in die Stadt und verkaufte es. Teig kneten, Brot backen, es Leuten verkaufen, die es sogleich verschwinden ließen – war's das, was ich mir wirklich wünschte? War das was für ein Leben lang?

FAUST-Problem auf niederer Ebene; doch was ist niedrig, und was ist hoch?

Mephisto erschien:

Mein Meister mästete Schweine mit altbackenem Brot, das er aufweichte und mit Viehlebertran versetzte. Der Lebertranverkäufer nahm mich beiseite: «Was wirst du hier im Mehlstaub verkommen! Ein junger Mensch muß vorwärts und aufwärts!»

Ich glaubte noch an «vorwärts» und «aufwärts». Der Mann hieß Kuliak, war vierzigjährig, ließ sich den Kopf rasieren, hatte ein Boxerkinn und sah nicht nur skrupellos aus. Er war soeben Lebertran-Generalvertreter geworden, fuhr nunmehr ein Auto und nahm mich mit, um mich anzulernen. Sein Reden war wie Rummel-Raketengeknatter. Er stammte aus Hoyerswerda, sprach deutsch und sorbisch; beides gleich schlecht, gab den Kindern der Bauern Zucker, lobte die Schönheit der Frauen und Großmütter, bestaunte das Rindvieh, die Pferde, die Hühner – und welcher Bauer hört das nicht gern? Bei den Schweinen ging Kuliak mit seinem Lob sparsam um: «Deine Schweine machen mir Kummer, Nachbar! Alles Vieh platzt aus den Nähten bei dir, aber die Schweine, die liegen wie leere Tabaksbeutel. Fütterst du keinen Lebertran?»

Er hätte schon mal so was Weißes probiert, sagte der Bauer.

«Petroleum vielleicht, aber Lebertran nicht!» Kuliak holte ein Musterröhrchen aus der Tasche und kippte dem Bauern einen Tropfen auf den Zeigefinger: «Leck mal!»

Der Bauer leckte.

«Merkst du, wie dir die Zunge zittert?» fragte ihn Kuliak.

Der Bauer glaubte es zu bemerken.

«Da sind so Dinger drin, Tetramine; es ist der Tran von einem Wal-Roß», erklärte Kuliak und zog ein Album mit Fotografien aus seiner Ak-

tentasche: «Links siehst du Läuferschweine mit, rechts siehst du Läuferschweine ohne Lebertran gefüttert; alle zwölf Wochen alt. Was sagst du
nun?»

«Wenn's wahr ist, staun ich», sagte der Bauer.

Draußen erklärte mir Kuliak: «Nur bei der ersten Bestellung sind sie so
zähe, da nimmste das Maul ein bißchen voller!»

Wir trafen auf eine Frau. Sie war allein daheim und hängte Wäsche auf.
«So weiße Wäsche gibt's nirgends auf der Welt nicht», sagte Kuliak und erkundigte sich nach dem Waschmittel. Die Bäuerin verwies auf ihre Arme.
Kuliak bewunderte die Arme der Frau und lobte ihre «untadelige Figur».
Langsam leitete er zu den Schweinen über und kreiste die Bäuerin mit Lebertran ein, doch die Frau wollte nicht an die Unterschrift. Kuliak wußte
auch da Rat. «Tut doch nicht so und ziert Euch, man sieht doch, wer hier
auf dem Hofe herrscht!»

Die Frau unterschrieb.

«Bei Frauen mußt du mit allem rechnen», erklärte mir Kuliak: «Ein junger Bauer übernimmt sich leicht auf dem Felde, die Frau kommt nicht zum
ehelichen Recht. Was sollst nicht du ihr ein wenig zur Hand sein? Sie läßt
sich prügeln fürs Unterschreiben, doch verraten, daß sie mit dir im Heu war
– nie!»

Das Verkaufen von Viehlebertran war das leichteste Geschäft von der
Welt, wenn man in die Welt sah wie Kuliak. Ich sah nicht wie er in die Welt,
und soviel ich mich auch mühte, ein Verkäufer von seinem Schneid zu werden, es gelang mir nicht. Ich tauge noch heut nicht zum Agitator.

Ich kam zu einem Bauern. Sein Gesicht war wie aus der Rinde einer alten
Pappel geschnitzt, die Wangen voll grauer Borsten, in den Mundwinkeln
brauner Kautabaksaft: «Fein, daß du kommst!» sagte er. Mir hüpfte das
Herz. Das Geschäft schien sich schnell zu entwickeln. Der Bauer führte
mich in die Futterküche; dort stand die Bäuerin mit berußtem Gesicht vor
dem Backofen; die Magd wedelte mit einem schmutzigen Tuch die Fliegen
vom Küchentisch, das war wie Wellen vom Teich scheuchen. Aus dem
Futterdämpfer wraste es, und es roch nach gekochten Kartoffeln. Auch der
Knecht kam. Ich breitete meine Broschüren aus, pries meinen Lebertran,
ließ das Fotoalbum von Hand zu Hand gehen, holte schließlich meine
Tran-Proben hervor und bat den Bauern zu lecken.

«Ich bin doch kein Schwein nicht!» sagte der Bauer. Er hieß die Magd
Schweinefutter anrühren und ließ mich meine Proben hineingießen.

Man kippte das Futter einem Kastraten vor, und der schleckte und
schmatzte die Krippe leer, hob den Kopf, quiekte und wollte mehr.

«Das war's im kleinen», sagte der Bauer, «jetzt kommt's drauf an, wie es
im großen ist; hast du keinen Kanister zum Proben mit?»

Der Knecht lachte los. Er war so froh, daß nicht er diesmal der Narr sein
mußte.

Gelang mir ein Auftrag, mißlangen zehn andere Versuche. Eine Witwe war noch vom Schmerz zermürbt und wollte mir etwas Gutes antun; ich war so dürr, so bäckerbleich. Sie rechnete etwas an den Fingern aus und erklärte sich bereit, mir einen Kanister Lebertran abzukaufen, wenn ich's einrichten könnte, daß er erst zwei Monate später einträfe. Ich wußte, ich konnt's nicht einrichten, doch ich versprach's. Unterwegs reute mich die Kuliakerei. Ich zerriß den Auftrag der Witwe.

Ich entwickelte eine Verkaufsidee, arbeitete auf Feldern und Wiesen mit, erzählte Witzchen, sang selbstgedichtete Lieder, und langsam, langsam pries ich meinen Tran . . . Die Bauern hielten auch das für einen Scherz. Sie luden mich zu Mahlzeiten ein; Tran bestellten sie nicht.

Mein Mut entschwand und wich meiner Wut. Es fing mich an zu gelüsten, Scheunen anzuzünden, Prügeleien anzufangen. Ich rauchte, betrank mich, trug mich mit Selbstmordgedanken.

Der Strick war schon da, der Baum ausgesucht. Es sollte an einer Chaussee geschehn . . . Ich wollte nicht mehr zu den Bäckern zurück; ich wollte nicht wie ein Medium sein Od, Brote erscheinen und wieder verschwinden lassen; ich wollte nicht mehr für Bauern ein Narr sein. Die Ammern sangen. Ich wurde wunschlos . . . Die Ammern sangen noch, als ich erwachte: WIE, WIE WÄRS, WIE WÄRS, WENN DU SCHRIEBST?

SCHREIBEN!

Ich besaß noch einen Geldbetrag aus der Bäckerzeit, für den ich mir hatte eine Schreibmaschine kaufen wollen, jetzt wollte ich ihn mit Schreiben verrummeln und mietete mich in einem Gasthaus am Rande einer Spreewald-Kleinstadt ein.

Ich schrieb einen Tag auf Befehl meiner Rachsucht; ich schrieb einen Tag auf Befehl meines Kummers; ich schrieb einen Tag auf Befehl meiner Zweifel. Gott war tot, und die Welt taugte nichts.

Und wieder die Frage: War's das, was ich wollte? Was wollte ich denn, verflucht, was wollt ich?

Ich wollte einen Roman schreiben, las einen Packen Familienromane und stieß auf ein Schema:

Man mußte eine Liebschaft beschreiben, und die Liebschaft mußte Schwierigkeiten durchlaufen, damit genügend Zeitungs-Fortsetzungen entstanden. Am besten, man setzte die Geliebte gesellschaftlich tief und den Geliebten hoch an. Die Überwindung des sozialen Gefälles ergab die Länge des Romans. Ein Künstler mußte vorkommen, ein Geiger zum Beispiel, auch ein fernes Land nahm sich gut aus, am besten Amerika, wo die Tellerwäscher zu Millionären heranwuchsen wie die Champignons auf dem Pferdemist.

Ich stellte ein Liebespaar her, einen Kaffeehausgeiger, Kreuzung Paganini mit französischem Friseur. Das Mädchen war der eigensinnige Sproß des Grafengeschlechts Görtz auf Würzberg.

Leider gelang's mir nicht, die Liebschaft genügend auszuwalzen. Es stürmte zu sehr bei mir mit der Liebe. Der Roman wäre mit zehn Zeitungs-Fortsetzungen zu Ende gewesen. Nichts.

Ich lag schlaflos im Wirtshauszimmer: Weshalb schrieb ich nicht von Menschen, die ich kannte? Ich fing neu an. Im Handumdrehen rutschte mir einer der hassenswerten Bauern aus meinen Lebertrantagen in die Handlung. Die Zeit relativierte sich. Alles was ich je getan hatte, lag in einer Vergangenheit, lag in einer Steppe, doch wenn ich mich umsah, blühte die Steppe; die fahlen Gräser traten zurück. Ich ging mit Menschen und Dingen um, die ich mir neu erfunden hatte; es wurde mir leicht, wie's einer Daunfeder sein muß, wenn sie ein günstiger Aufwind packt.

Nach sieben Wochen gingen meine Ersparnisse aus. Ich mußte das Ende des Romans beschleunigen.

Das Geld für die Schreibmaschine reute mich nicht. Ich hatte einen Roman unterm Arm und ging wie ein Triumphator zu den Bäckern zurück. Andere Gesellen hatten eine Patenuhr oder einen Siegelring im Gepäck, ich hatte einen Roman.

Der große Shocking-maker Brecht behauptete, die Fabel jedes Romans lasse sich in einem Satz unterbringen. Mein Satz hätte lauten müssen: Bauernsohn zerwirft sich mit Stiefvater, geht in Stadt arbeiten und kommt zurück, nachdem Stiefvater Roman verließ.

Ich besorgte mir Zeitungen und Zeitschriften, in denen man Romane in Fortsetzungen abdruckte, weil ich meinen Roman anbieten wollte; beim Blättern stieß ich auf ein Inserat, das für mich gemacht zu sein schien: «Warum schreiben Sie nicht Romane? Haben Sie es schon versucht? Jeder kann schreiben. Schicken Sie uns Ihren Roman, wir beurteilen ihn und leiten ihn Redaktionen zu. Lektorat Lessing.» Die Geschäftsstelle des Lektorats lag in einer vornehmen Wohngegend Berlins. Ich schickte meinen Roman dorthin.

Nicht lange, und die Antwort traf ein. Ich las sie am einzigen Ort, an dem ein Bäckergeselle tagsüber ungestört sitzen kann. Herr Lessing, vielleicht gar ein indirekter Nachkomme meines großen Landsmannes aus Kamenz, teilte mir mit, daß sich mein Roman sehen lassen könne, daß man ihn aber niemand zeigen könne, weil er mit der Hand geschrieben wäre und Ausbesserungs-Spuren trüge. Herr Lessing erbot sich, das Manuskript in Maschinenschrift umsetzen zu lassen. Fünfhundert Mark für den Liebesdienst.

Ich wurde für meinen Roman zum Bettelmann. Meine Schwester leerte ihre Sparkasse, meine Großmutter holte etwas aus dem Strumpf, meine Tante hatte verheimlichtes Eiergeld, mein Großvater, meine Mutter, alle halfen mit, aus mir einen Romanschreiber zu machen und Herrn Lessing zu fünfhundert Mark zu verhelfen.

Es erübrigt sich fast zu erzählen, wie es ausging: Das Lektorat Lessing schickte mir einen Romandurchschlag, den ich meinen Geldleihern zu lesen geben konnte. Die einzige, die ihn las, war, glaube ich, meine Mutter. Alle warteten auf das, was geschehen würde. Es geschah nichts. Herr Lessing schickte den Roman zurück, ein Original, vier Durchschläge, und versicherte, er hätte ihn zahlreichen Zeitungsredaktionen angeboten, alle hätten ihn abgelehnt, und als Postskriptum teilte der Herr Lessing mit: «Unter uns, der Roman ist nicht flach genug.» Trost im Werte von fünfhundert Mark.

Ich weiß nicht, ob mein Roman flach, hoch, tief, lang oder breit war. Ich las ihn nie wieder. Er existiert noch und gilbt in einem der beiden Überseekoffer, die bei mir auf dem Hausboden lagern, angenudelt mit Schreibversuchen.

«Was macht dein Roman? Wann kommt dein Roman?» So fragten mich damals Tante und Schwester, so fragten sie alle; ich hielt's nicht mehr aus. Ich flüchtete bis an den Niederrhein. Kaum war ich dort, da schrieb ich schon wieder. Ich grünte aus jeder Wurzelfaser. Ich war eine Quecke im ehrsamen Kornfeld.

Es gibt Schreiber, die schreiben wollen, und es gibt Schreiber, die schreiben müssen, heißt es. Eine Zeitlang gefiel mir die Klassifizierung; ich hielt mich für einen der Edlen, für einen von denen, die schreiben müssen, aber da wußte ich noch nicht, daß auch Graphomanen Leute sind, die schreiben müssen, Schreibkranke.

Jetzt ist's an der Zeit, die Geschichte von meinem Freund und mir zu erzählen, von unseren Gesprächen und Freuden im Außenland. Er ist Kulturwissenschaftler, Doktor und Träger von drei, vier Titeln. Ich spare sie aus, weil ich der Titelsucht müde bin: hieß es nicht einst, im Mittelpunkt stünde der Mensch?

Wir kennen uns von früher, der Doktor und ich; er war Rangierer, ich Fabrikarbeiter, dann war er beim Kreisrat Kultursachbearbeiter, ich Kreisredakteur in der gleichen Stadt. Er war schon damals mit einer forschenden Natur begabt, mit analytischer Kraft, nur mit Röntgenstrahlen vergleichbar; ich hingegen war stets nur – wie soll ich mich charakterisieren? – ein Lebensverbraucher.

Er ist untersetzt. Man kann ihn nicht mit einem Bohrer vergleichen, eher mit einem Bolzen zum Lochen. Wenn ich mich in eine Frau versetze, muß ich den Doktor als hübsch bezeichnen, ein Nasenloch für Ein- und Ausfluß gebläht, das andere schmal wie das Öhr einer Nadel. Was mich betrifft, so kann ich nur mit diesem roten Vollbart aufwarten.

Wir hatten uns lange nicht getroffen; man spezialisiert sich, verliert sich – vom Fortschritt gezwungen. Was ist er, wer mißt ihn, den Fortschritt? Es war in einem Außenland, und es war in einem Bad, in dem wir uns wiedertrafen, und wir litten beide an Knochen-Kränke, die man mit allerlei Mediziner-Latein wichtig machen kann, aber volkstümlich heißt sie Rheuma, und er hatte seines vom Sitzen, und ich hatte meines vom Reiten; das Leben hatte uns abgenutzt.

·Wir trafen uns im Speisesaal des Sanatoriums; er war vor, ich nach dem Essen, und wir waren in Eile, jeder in der seinen – das Kurprogramm! Wir freuten uns rasch übers Wiedersehn und beseufzten auf einen Sprung die Tatsache, daß wir «nicht mehr die Jüngsten» wären.

Das zweite Mal trafen wir uns im sogenannten Spiegelbad. Ich saß schon bis zum Hals im geschwefelten Wasser auf einem gekachelten Sitzplatz der Männer-Massen-Badewanne; die Wassertemperatur betrug vierzig Grad, und es stand ein schwefeliger Dunst wie in einer Vulkanisieranstalt unter der Kuppel des Badehauses.

Der Doktor kam die gekachelte Treppe herunter; er war am Leibe zu füllig, ich nahm das befriedigt wahr, weil er doch – vom Frauenstandpunkt her – sonst ansehnlicher war als ich. Er erkannte mich nicht, er war brillenlos ins Bad gestiegen und ächzte; jeder ächzt in diesem Bad vor Wonne, weil es die Schmerzen lindert, wo man sie auch hat. Wir saßen, bis uns die Hitze zu Kopf stieg, dann fingen wir an umherzuwaten, zwei Amerikaner, drei Dänen, Tschechen und Slowaken, fünf Wiener, sechs Bayern, ein Scheich aus Kuweit, der Doktor und ich. Beim Schlendern im Wasser stieß der Doktor auf mich und erkannte mich ohne Brille. Wir setzten uns nebeneinander auf die Kachelstühlchen; das gelblich-grüne Wasser reichte uns bis ans Kinn, und der Doktor, der mir wohlwollte, fragte: «Schreibst'n?»

«Über Schreiben», antwortete ich.

«Über Schreiben schreibste?» Er schien mir's nicht zuzutrauen.

Zwei Tage später trafen wir uns – wieder im Kurkostüm aus lauter Nacktheit – dort, wo die Schlammpackungen verabreicht werden. Der Doktor bekam Zelle acht, ich Zelle sieben, und sie kamen zu mir zuerst mit dem Schlamm, und sie kleisterten meine Liegestatt voll schwarz-grauer Masse und machten mir ein Unterbett, wenn man will. Unsere Zellen waren nur durch eine dünne Holzwand voneinander getrennt, und der Doktor kam um die Wand herum, sah zu, wie sie mein Lager beschlammten, und fragte: «Wie'sn das überhaupt?»

Das Gespräch wurde unterbrochen. Ich mußte aufs Lager und wurde von oben mit Schlamm bepackt, schließlich in dunkle, dann in helle Leinenlaken gewickelt und zum Schluß in eine weiße Filzdecke aus Schafwolle gerollt. All das geschah auch dem Doktor. Die Wärter schoben ihren Schlammkarren davon, es wurde still, wir lagen da – Mitteleuropäer im Kokon, und der Doktor hob seine Stimme, ließ sie über die Bretterwand klettern, und fragte: «Ich meine, wie's mit'm Schreiben so ist?»

«Das eben versuchte ich rauszukriegen», sagte ich.

«Mit Schreiben was über Schreiben rauskriegen? Is ja wohl reine Empirie!»

Der Wärter kam und wischte mir den Schweiß von der Stirn, aus den Augenhöhlungen und erkundigte sich nach meinem Befinden. Ich nickte sparsam wie ein Mann mit Zahnschmerzen und wartete, aber der Doktor meldete sich nicht mehr. Er schien eingeschlafen zu sein – im Schlamm.

Es war mir verordnet worden, in einem mit Thermalwasser gefüllten Becken täglich eine Zeitlang zu schwimmen. Das war angenehm, aber ich ärgerte mich über die Angeber aus aller Welt, die Partys im Bassin abhielten, mit hochtrabenden Namen beim Gartenkellner Wermut bestellten, und mir, dem literarischen Schwimmer, den Weg verstellten.

Ich ging morgens um sechs Uhr zum Portier, ließ mir um ein Trinkgeld von fünf Kronen den Parkgarten aufschließen und hatte das Schwimmbassin für mich: Maimorgen, angefrosteter Wind von den Kleinen Beskiden herüber, aber das Wasserthermometer auf achtunddreißig Grad. Die Nachtigall sang noch, der Kuckuck rief schon. Jeder Windstoß voll Duft von blühendem Flieder. Das Wasser hellgrün und klar und Blütenblätter von Jasmin drauf.

Da hörte ich's schnaufen; der Doktor war hinter mir. Er hatte von seinem Zimmer aus gesehn, daß ich schon schwamm. Es ärgerte mich, daß er von meinem Trinkgeld nutznoß. Aus war's mit Nachtigall und Kuckuck. Der Doktor war aufgeräumt, setzte das Gespräch fort und fragte: «Was'n überhaupt die Kunst?»

«Weiß nicht!» ächzte ich zwischen zwei Schwimmstößen.

«Ich krieg das noch raus!» er hob sogar beim Schwimmen den Zeigefinger. «Ich kriege das raus, was Kunst ist, mußt du mir glauben!»

Ich muß ungläubig ausgesehen haben, denn der Doktor ging, etwas beleidigt, wie mir schien.

Ich schwamm noch eine Weile und wollt es nicht fassen, daß ein Doktor zum Glauben aufrief. Ich ging nicht zum Essen diesen Mittag. Ich aß in der Stadt.

Es hatte so ausgesehen, als sollten der Doktor und ich unsere alte Freundschaft im Sanatorium erneuern, aber wir waren nicht mehr die Menschen dazu. Jeder tat das Seine. Er forschte, ich schrieb. Mit diesen Tätigkeitsmerkmalen gingen wir wie mit Kainsmalen umher, auch im Sanatorium.

Ein viertes Mal trafen wir uns nach einem Schlammbad in jener Ecke des Bades, in der die Masseure herrschten. Es gab ihrer vier, und sie arbeiteten an Pritschen, die nebeneinander standen. Der Doktor lag auf dem Bauch, und ich lag auf dem Rücken, und wir wurden massiert. Ich rechnete nicht damit, daß der Doktor unser Gespräch in dieser Umgebung fortsetzen würde, doch als er auf dem Rücken lag, tat er's: «Wie fängst'n an, 'n Roman zet Be?»

Er wollte es wissen, ich wollte ihm helfen und fragte: «Wie denkst 'n, daß ich anfang?» Mir wurden die Zehen gebogen. Ich ächzte. Dem Doktor fuhr man mit zwei Daumen an der Wirbelsäule auf und ab, doch er antwortete:

«Erst mußt du, denk ich, den Schwerpunkt kennen, den ideologischen Schwerpunkt, denk ich.»

Ich stöhnte; der Masseur bearbeitete meine Oberschenkel mit den Handkanten. «Bei mir fängt's meist mit unideologischen Leichtpunkten an», sagte ich. Dem Doktor wurden die Waden geknetet; er bekam etwas Luft: «Bei deinem ersten Roman zet Be, was war denn da der unideologische Leichtpunkt?» fragte er und rümpfte die Nase.

«Es war, zet Be, eine Laus», antwortete ich.

«Nu fertig!» sagte der slowakische Masseur, als wäre er am Gespräch beteiligt gewesen.

Der Doktor ging. Er grüßte nicht. Er fühlte sich zum Narren gehalten.

Ich nahm mir vor, meine Behauptung beim nächsten Gespräch zu begründen, aber ich traf den Doktor im Sanatorium nicht mehr. Er war früher angekommen und reiste früher ab als ich. Es besteht kaum Aussicht, daß wir uns daheim je treffen. Die Spezialisierung! Ein Trost bleibt mir: Man liest sich zuweilen.

Puppenspieler zogen ins Dorf. Eine Frau mit blitzenden Südland-Augen und glitzernden Ohrgehängen kutschierte aus dem Wohnwagenfenster ein Ponygespann; ein Mann mit stehendem Schnauzbart saß auf dem Gepäckwagen, schwenkte die Mütze und sang:

«Puppenspiel, Puppenspiel,
heute abend Puppenspiel . . .»

Hinter der Gardine eines seitlichen Wagenfensters stand ein Mädchen mit schwarzen Locken, sah auf das Dorf und beobachtete seine künftigen Spielgefährten, uns Kinder. Mir war's als hätte mich das Mädchen besonders lieb angesehen.

Abends bangten wir um die Schöne Genoveva, die, von ihrem Manne verstoßen, sich und ihr Kind im Walde von Wurzeln und der Milch einer Hirschkuh ernährte. Wir bebten um das Schicksal künstlicher Menschengebilde, die an Drähten hingen.

Im Nachprogramm kam das Puppenspieler-Mädchen auf die Bühne und nahm den Kaspar auf den Schoß. Da saßen sie in der Puppenstube; der Kaspar war klein, und das Mädchen groß, und die Rampenbeleuchtung ließ es mir noch schöner erscheinen.

«Wie heißt du?» fragte der Kaspar.

«Sulamith Mingedö», sagte das Mädchen, und das war mir ein Name wie aus Glockentönen gemacht. Sulamith sang mit dem Kaspar ein fremdes, ein sehr fremdes Lied, und ich bewog meine Schwester, sich mit Sulamith Mingedö zu befreunden, und meine Schwester befreundete sich mit Sulamith Mingedö, und wir holten sie für den Schulgang ab, schützten sie vor zudringlichen Fragen von Rüpeln und lernten von ihr das fremde Lied:

Jede Rose, die wir sehen
Steil am Heckenstrauche stehen,
Muß doch mit dem Winde gehen,
Löst sich auf, erlöst, im Wind . . .

Ob in der Religionsstunde, ob in der Rechenstunde, ich meldete mich fleißig: Sulamith konnte gern sehen, was ich alles wußte! Die Sonne schien in
die Schulstube; die Blütenbälle der Geranien leuchteten auf; der Sonn-
schein fiel auf Sulamiths schwarze Locken, sie glänzten.

Der Lehrer ging lehrend durch die Klasse: «Da sagte der Herr so wun-
dersam: ,Welcher unter euch ist ohne Sünde, der werfe den ersten Stein auf
sie . . .'» Der Lehrer starrte auf den Kopf der Mingedö, berührte ihren
Scheitel mit seinem Stock und sagte mit ekelverzerrtem Gesicht: «Eine
Laus!»

Die ganze Dorfschulklasse war von Zeit zu Zeit verlaust. Immer wieder
erwachten Läuse auf unseren Köpfen, wie von der Sonne gezeugt. Kinder
von Wanderarbeitern brachten sie uns mit, oder wir lasen sie bei Zigeunern
auf. Wer Läuse hatte, wurde auf die Läusebank gesetzt. Sie stand an der
dunklen Längsseite des Klassenraumes zwischen dem Ofen und dem Land-
kartenschrank. Auf der Läusebank stand auch der Globus. Verlauste konnten wenigstens mit den Augen auswandern auf paradiesisch-läuselose In-
seln. Sulamith Mingedö wurde auf die Läusebank gesetzt.

Wenn meine Schwester verlaust war, rieb ihr die Mutter das Haar mit Sa-
badillessig ein, stülpte ihr für drei Tage eine Kappe über, und es war damit
getan, was gegen Läuse getan werden mußte.

Wir baten meine Mutter, Sulamith Mingedö die Sabadill-Kappe aufzu-
setzen. Die Mutter tat's nicht, es wäre ein Eingriff in die Angelegenheiten
einer fremden Familie!

Sulamith rannte uns beim Schulschluß auf ihren dunkelbraunen Beinen
davon, verschwand im Puppenspielerwagen und ließ sich nicht mehr sehen.

Ich prügelte mich für sie mit Jungen, die sie hänselten, und einmal schrie
ich aus Verzweiflung im Bibelton: «Welcher unter euch ist ohne Läuse?»
Ein großes Gelächter war die Antwort. In den Unterrichtsstunden sah ich
zur Läusebank hin und konnte doch keinen Blick von Sulamith einheim-
sen. Im Religionsunterricht wurde viel von der Seele geredet; meine war
wund. Der Lehrer ging groß und gewaltig durch den Klassenraum, ein alt-
testamentarischer Gott, den Menschenschmerzen nicht kümmern.

In unserem Hause herrschte «Pole Poppenspäler»-Stimmung. Wir besuchten die letzte Vorstellung der Mingedös und sangen das fremde Lied:

«Jede Rose, die wir sehen
Steil am Heckenstrauche stehen . . .»

Und die Mingedös zogen weiter. Wieder kutschierte die schöne Frau Mingedö, wieder schwenkte Vater Mingedö seine Mütze, diesmal zum Abschied. Sulamith sahen wir nicht. Die Menschheit teilte sich für mich in Läuselose und Verlauste.

Viele Jahre später. Ich war wieder in der Heimat, war Amtsvorsteher. Es war zwei Jahre nach Kriegsschluß. Kleine Feiern fanden statt. Ich sollte in der Schule über den Sinn dieses Tages sprechen, stand im Klassenraum meiner alten Dorfschule, sah die Bänke, zerrillt, zerschabt, in manchen Banktisch die Anfangsbuchstaben eines Namens geritzt. Über dem Katheder hing das Bild von Pieck. Ach, hätte es nicht dort gehangen; die Wand war verschmutzt von Bildern früherer Politiker!

Ich stand auf dem heiligen Podest, von dem aus man mich einst belehrte; sollte ich jetzt lehren? Mein Blick fiel auf den Globus, der wie ein Symbol, halb zertrümmert, auf der Läusebank stand. Es saß dort niemand.

Als ich in meine kalte Amtsstube zurückkam, fing ich an, über die Läusebank zu schreiben. Sulamith Mingedö fiel mir ein, ich erinnerte mich an die Kinder der Wander- und Gutsarbeiter. Und die Geschichte von der Läusebank wurde von Tag zu Tag länger. Ich schrieb und schrieb, und manchmal schrieb ich, um meinen Hunger zu vergessen, und manchmal kam jene Schwerelosigkeit über mich, wie ich sie von der Kindheit her kannte, aus der das Schöne in Kunstwerken lebt ...

Ich wurde Zeitungsredakteur. Die Geschichte von der Läusebank ging mit mir. Ich schrieb Reportagen, Berichte, Kritiken, redigierte und referierte, und nachts, wenn ich spät aus Sitzungen kam, schrieb ich «zur Erholung» an meiner Geschichte. Ich schrieb ohne Auftrag, schrieb überdrauf. Kunst ist immer ein Überdrauf!

Wenn ich zeitig ins Bett kam, stand ich um drei wieder auf, verschrieb meinen Sonntag, die Feiertage – drei Jahre lang dazu meinen Urlaub. Fotos aus jener Zeit zeigen mich bleich wie ein Bettuch, mit Augen wie Andersens Märchenhund.

Der Roman erschien vor fünfundzwanzig Jahren. Man liest ihn noch. Auf der ersten Seite ist von der Läusebank die Rede.

So kam ich zum Schreiben, so kam's über mich. *Was* Schreiben ist, weiß ich immer noch nicht. Er wird's mir erklären, versprach mir mein Doktor. Ich weiß, es wird an dem Tage sein, an dem man künstliches Leben erzeugt; wir werden ihn nicht erleben, den Tag.

Piešťany, im Mai 1975

EVA STRITTMATTER

Foto: Edith Rimkus-Beseler

Geboren 1930 in Neuruppin als Tochter eines Angestellten. 1947–1951 studierte sie Germanistik in Berlin. Anschließend war sie bis 1953 wissenschaftliche Mitarbeiterin beim Deutschen Schriftstellerverband, dann Lektorin im Kinderbuchverlag. Ab 1952 machte sie literaturkritische Arbeiten für die Zeitschrift *Neue Deutsche Literatur;* 1959–1960 war sie Redakteurin der *NDL.* Ab 1959 wurden ihre Kinderbücher, ab 1966 ihre Gedichte veröffentlicht. Seit 1960 ist sie freie Schriftstellerin. Eva Strittmatter lebt heute im Dorf Dollgow, Kreis Gransee, und in Ost-Berlin.

Werke:

Tinko (F, 1956; zusammen mit Erwin Strittmatter); Brüderchen Vierbein (K, 1959); Vom Kater, der ein Mensch sein sollte (K, 1960); Ich mach ein Lied aus Stille (G, 1973); Großmütterchen Gutefrau und ihre Tiere (K, 1974); Ich schwing mich auf die Schaukel (G, 1974); Mondschnee liegt auf den Wiesen (G, 1975); Jetzt wolln wir mal ein Liedchen singen (K, 1976); Briefe aus Schulzenhof (1977); Die eine Rose überwältigt alles (G, 1977); Der Igel (K, 1978); Zwiegespräch (G, 1980); Das Lächeln des Dichters (G, 1981); Ja doch (G, 1982); Beweis des Glücks (G, 1983); Heliotrop (G, 1983); Poesie und andere Nebendinge (Es, 1983).

Worin sehen Sie das Ziel Ihrer literarischen Arbeit? Halten Sie es für erreichbar?

Meine *literarische Arbeit* hat kein Ziel außer ihrer selbst. Ich hoffe, nie den *Impuls* zu verlieren und immer *meine* Wahrheit, *meinen* Glauben – an den Menschen – zu behalten, der mich zum Schreiben drängt. (Nicht schreiben, weil ich *Schriftsteller* bin, und man es von mir erwartet!)

Die Bedingungen – wie immer persönliche und *gesellschaftliche* Umstände sein mögen – liegen allein in mir; ich lebe in einem poetischen *Koordinatensystem,* dessen Ausdehnung, räumlich und zeitlich, fast *unendlich* ist. Solange ich sein bewegter und bewegender Mittelpunkt bin, bin ich ein *Kraftzentrum,* dessen in Worten gespeicherte Energien von anderen Menschen *abgerufen* werden können.

Petschora-Höhlenkloster

Petschora – zuerst ist das Erdbeerrot.
Ein Wort, das knarrt, und dann Höhlengänge . . .
Verwandelt sich hier der berüchtigte Tod
Noch immer in Weihrauch und sanfte Gesänge?
Geordnete Wirtschaft. Man siehts an den Wegen.
Und frisch gekalkt ist das weiße Gemäuer.
Eisgraue Weiblein beim Harken und Fegen:
Der Segen der Mönche ist ihnen teuer.
Die alten Klänge aus alten Farben:
Weiß, blau und gold und das Erdbeerrot.
Grün alten Kupfers. Die glaubenslos starben,
Starben auch einen farblosen Tod . . .
Keine Visionen vom Paradies,
Das, irdisch erschaut, *so* aussehn müßte:
Freude aus Farben. Der *Heiland* verhieß
Jenseits des Zeitmeers blühende Küste . . .
Stille geht ein und aus trotz der Leute,
Die um den *Guide,* ihren Leithammel, rammeln
Und die touristische Augenbeute,
Als Beweis ihres *Hierseins,* in Kameras sammeln . . .
Die Mönche malen nach *Pskower Schule*
Ikonen, die *fast* wie alte aussehen:
Der *Himmlische* schwebt auf dem Wolkenstuhle,
Während auf Erden *Dinge* geschehen . . .
Die keiner versteht. Nur gemalt zu ertragen:
Ganz kleine Krieger auf ganz kleinen Pferden
Reiten in Schlachten, ohne zu fragen . . .
Menschliche Hirten mit menschlichen Herden . . .
Die Massen gestaltlos: Woge im Meer.
Die Schädel als Wellenbewegung darüber.
Etwas Vergangenes reicht zu uns her . . .
Und etwas von uns reicht ins Finstre hinüber . . .
Aber die Lilien, die violett dunkeln!
Irdische Weisheit: verwandelter Sand.
Auf dem noch des Maimorgens Frostspuren funkeln:
Das Vergänglichste hält der Vergänglichkeit stand.

Der Preis

Vor zwei Tagen hat man mir einen Preis gegeben.
Ein Quartett hat gespielt. Bach, glaube ich.
Hundert Leute ließen mit Sekt hochleben
Zu Ehren Heines Villain und mich.
Beim Salatessen hat mir einer gesagt:
N wird sterben. Er weiß es noch nicht.
Wenn er euch begrüßt, daß ihr ihn nichts fragt!
N kam und lobte mein *Letztes Gedicht,*
Das der Laudator C zitierte
Und das von der *letzten Stunde* spricht.
Wie N die *letzten Worte* goutierte –
Als wären sie nichts als nur ein Gedicht ...
Da hat mich das kosmische Grauen besessen:
Meine Worte hatten sich wahr gemacht.
Ich ächzte: Laß das! Nicht jetzt! Beim Essen.
Trink! Und wir haben zusammen gelacht.
Dann hab ich zwei Interviews gegeben.
Wie fühlt man sich so? wurde ich gefragt.
Man fühlt, was es heißt, man ist noch am Leben.
Und möchte schrein, habe ich gesagt.
Wir meinten den Preis ... Und wie stehn Sie zu Heine?
Was bedeutet das *Buch der Lieder* für Sie?
Von tausenden Strophen vor allem die eine,
Die heißt: ich dachte, ich trüge es nie.

Balance

Arbeit ist das, was ich am wenigsten liebe.
Und dennoch arbeite ich nicht schlecht.
So von Widersprüchen ist alles durchzogen.
Würde mein Leben geradegebogen,
Ich glaube, daß kaum etwas bliebe,
Was eindeutig wäre und lotgerecht.

Ich bin nicht anders als alle die meisten.
Die Unschuld verlor ich im Paradies.
Ich unterliege den Lebenszwängen,
Die mich wie alle alltäglich bedrängen:
Ich will essen und muß dafür gegenleisten
Im Schweiße – wie es *Gottvater* verhieß.

Ich bin aber damit nicht einverstanden,
Daß es schwer sein soll. Ich will es leicht.
Darum übe ich mich, die Schwerkraft zu zwingen,
Übers Seil zu laufen und dabei zu singen,
Um endlich auf einer Wolke zu landen.
Bisher hab ich kaum die Balance erreicht.

Ornament

Bitteres Grün von Nesseln, die brennen.
Brennendes Hagebuttenrot,
Dessen Lockung Drosseln und Amseln erkennen:
Für uns warens Rosen, für sie ist es Brot.

Rosa rugosa streut Pfingstrosenduft
Von fast violetten Blütenblättern.
Ein Spinnwebfaden in goldener Luft,
Den Mücken umflirrn wie arabische Lettern.

Geheimnis arabischer Poesie:
Schreib von rechts nach links, lies von hinten nach vorn.
Alles ist Bild und alles Magie:
Die Blüten, die Früchte. Der Duft. Und der Dorn.

Anfang der Liebe

Wind ist gut. Liebe ist gut.
Nacht ist gut. Wenn die Liebe gut ist.
Wissen möchte ich, ob man die Liebe,
Wenn sie einst aufhört, nicht mehr vermißt.

Oder ob sie uns immer bleibt,
Dunkelnd mit uns in dämmernden Jahren.
Ob uns noch *das* zueinandertreibt?
Werden wir leben und es erfahren.

Jünger fühlt es sich grüner an.
Nichts trifft uns gründlich. Alles ist leicht.
Erst wenn man weiß, daß sie enden kann,
Hat man den Anfang der Liebe erreicht.

Licht

Was bleibt im Menschen unwandelbar?
Wie sehr verwandelt er sich im Fleisch!
Man kann nicht glauben, daß *er* das war,
Das braune Kind mit dem sanften Haar
Und dem Lustschrei wie Schwalbenkreisch.

Er wundert sich selber, daß er so verging,
Wenn er sich einmal, was selten ist, sieht.
War es nicht gestern, daß alles anfing?
Jetzt welkt die Hand und trägt einen Ring.
Vergangen ist schon, was morgen geschieht.

Doch etwas in ihm muß unwandelbar sein.
Ein Befehl, eine Sucht oder auch ein Gebet.
Das wacht mit ihm auf und schläft mit ihm ein.
Das wird niemals groß und war niemals klein.
Und ist das, was mit ihm nicht vergeht.

Was das in ihm war, er wußte es nicht.
Unwissend hat er es weitergegeben.
Manchmal schien ihm, es war nichts als Licht.
Und vergänglich waren wohl Leib und Gesicht.
Aber nicht das, was brennt, das Leben.

Bürde

Meine Gedichte soll man nicht bei Banketten,
Sondern in der Küche beim Kochen lesen.
Ich sympathisier nicht mit Sekt – Etiketten,
Sondern mit Schrubber und Besen,
Mit billiger Blutwurst und Schalkartoffeln
Und der Einfalt, die von Taktik nichts weiß.
Ich stamm eben her von Hansen und Stoffeln
Und achte den wirklichen Schweiß
Noch immer mehr als den sublimierten.
Ich vergesse die Frauen von Uhsmannsdorf nicht,
Die in die Schlünde der Glaswanne stierten:
Hölle aus Hitze, Lava und Licht.
Vor ihnen hatte ich abends zu lesen ...
Was wohl von ihrem Leben bleibt?
Wenn es süß war, ists Mühe und Arbeit gewesen?
Wie ist *ihre* Wahrheit und wo, der sie schreibt?
Ich bin es nicht. Es ist nicht die meine.
Mein Leben ist leichter. Oder anders schwer.
Und dennoch geschah es, daß von ihnen eine
Und die andre sagte: wir verstehen Sie sehr,
Sie sagten das, was wir sagen würden,
Wenn wir es sagen könnten so wie Sie ...
Ihre Worte gehörn zu den härtesten Bürden,
An denen ich trage. Noch weiß ich nicht, wie.

Mondrose

Komm in mein Zimmer, wenn Mondlicht ist.
Es hat sieben Fenster mit Seidengardinen.
Die werden vom vollen Mondeslicht
Wie Rosenblätter durchschienen.

Das bin ich sicher: du hast noch nicht
In einer Rose gelegen.
Wir lassen uns vom Mondeslicht
Im Innern der Rose bewegen.

Fliederort

Weggehn. Es gibt eine Stelle:
Am Fliederort im Auenwald
Abwärts zu einer Quelle,
Vom Schrei des Fischadlers kalt.
Da kann ich nicht vorbeigehen
Ohne das wilde Verlangen,
Mich verschwinden zu sehen
Und das Leben von vorn anzufangen.
Hinter mir schließen verschwiegen
Birken und Erlen das Holz.
Dann Tannendüster. Verstiegen
Ist der menschliche Stolz:
Alle Jahre gibt es hier wieder
Wildglockenblumen aus Blau
Und früh die gespindelten Lieder
Der Lerche über dem Tau
Und Faulbaumblütendüfte
Zu ihrer bestimmten Zeit,
Narkotisch werden die Lüfte,
Gewichtlos Lust wie Leid.
Und abends entgeistern weiße
Gespinste dem schwarzen See.
Vergäße ich, wie ich heiße . . .
Ich vergesse es nicht. Ich geh
Zurück auf niemandes Wegen
Durch rötliches Reihergras,
Auf das sich die Nebel legen:
Zitternde Prismen aus Glas,
In denen sich Zwielichter brechen,
Die sinken und steigen: schon Mond,
Noch sinkt die Sonne: nicht sprechen.
Nichts, was zu sagen lohnt.

An meine polnischen Freunde

Nun macht der goldene Abenddunst,
Die *Laterna magica,*
Aus anderen Bildern Zauberkunst ...
Denn alles, was ich sah,
Erscheint mir abends, unterlegt
Mit Gold und Himmelskühle,
Verklärt zum Bild und sanft bewegt
Von älterem Gefühle ...
Mein Inneres erweitert sich
Und tritt aus mir heraus:
Alle Erfahrung bringe ich
In Bildern mit nach Haus.

Nun also Polen. Spät, sehr spät
Geriet es in mein Leben.
Als Rätsel, das sich nicht verrät.
(Vor Zeiten aufgegeben.)
Verschloßne Sprache, sacht versiegelt.
Geheime Zeichen schützen sie.
Der Himmel, den die Wisła spiegelt,
Die Dohle, die im Abend schrie,
Warn mir seit alters her vertraut.
Und andres mehr: die herbe Heide,
Der Sonnenrose gelber Laut
Des Herbstes, den ich lächelnd leide –
Das war sehr nah, doch stumm und blaß
Bin ich durch euer Land gefahren,
Das ich lang scheute. Heilt denn das,
Was euch geschah, in dreißig Jahren?

Ich kann nicht leugnen, deutsch zu sein.
Und deutsch zu denken, deutsch zu sprechen.
Ihr hörtet meine Sprache schrein,
Und willig war sie dem Verbrechen.

O meine Sprache, du mein Leib.
Wenn ich je bin, bin ich in dir.
Und alle Hoffnung, daß ich bleib,
Und alle Kräfte kommen mir
Aus dieser Sprache. Wenn ich schweige,

Schweige ich deutsch. Deutsch ist mein Leben,
Das ich in Worten übersteige,
Um seine Grenzen aufzuheben.

Verzeiht mir, Freunde, diese Liebe
Und daß ich euer Land umfasse,
Als wenn ich eine Sprache schriebe,
Die nie verfalln war eurem Hasse ...

PAUL WIENS

Foto: Dieter Andree

Geboren 1922 in Königsberg/Ostpreußen (heute Kaliningrad, UdSSR), seine Kindheit verbrachte er in Berlin. 1933 emigrierte er wegen seiner jüdischen Abstammung in die Schweiz. Er besuchte die Schule in der Schweiz und studierte dann Philosophie und Nationalökonomie (1939–1942) in Lausanne und Genf. 1943 wurde er in Wien wegen «Zersetzung der Wehrkraft» verhaftet, dann war er bis 1945 im Konzentrationslager Oberlanzendorf. Von 1945 bis 1947 arbeitete er als Hilfslehrer in Wien, dann kehrte er nach Berlin zurück. Hier arbeitete er zunächst als Lektor und Übersetzer im Aufbau-Verlag. Seit 1950 war er freier Schriftsteller: Lyriker und Erzähler, Film- und Kinderbuchautor und Nachdichter. Paul Wiens lebte bis zu seinem Tode im April 1982 in Ost-Berlin.

Werke:

Begeistert von Berlin (G, 1952; zusammen mit Uwe Berger und Manfred Kieseler); Min und Go. Ein Brief aus China (K, in Versen, 1952); Beredte Welt (G, 1953); Das kleine und das große Glück (F, 1954); Einmal ist keinmal (F, 1955); Das Buch von Meister Zacharias und den acht goldenen Zeigern (K in Versen, 1955); Zunftgenossen – Kunstgefährten (G, 1956); Genesung (F, 1956; zusammen mit Karl Egel); Nachrichten aus der dritten Welt (G, 1957); Stimme der Stadt (G, 1958); Lied der Matrosen (F, 1958; zusammen mit Karl Egel); Leute mit Flügeln (F, 1960; zusammen mit Karl Egel); Die Haut von Paris (E, 1960); Ein Denkmal für Dascha (Oratorium, 1960); Lucia Temi oder Der aufgeschobene Weltuntergang (E, 1961); Der Mann mit dem Objektiv (F, 1961); ... und deine Liebe auch (F, 1962); Das Märchen von Lilüla, Liluli und Pill-Pill, dem Wundervogel (1962); Nachrichten und drei Welten (G, 1943–1963, 1964); Neue Harfenlieder (G, 1966); Dienstgeheimnis. Ein Nächtebuch (G, 1968); Vier Linien aus meiner Hand (G, 1943–1971, 1972); Sonnensucher (Fe, 1974); Poesiealbum 103 (G, 1976); Aus meiner Dienstzeit als deutscher Delphin (Übertragungen, 1982); Innenweltbilderhandschrift (G, 1982); Einmischungen. Publizistik 1949–1981 (1982); Yaon sagte (P, 1982).

Worin sehen Sie das Ziel Ihrer literarischen Arbeit? Halten Sie es für erreichbar?

Ich kann nicht anders als schreiben. Ich hätte ja vielleicht auch malen können, ich zeichne manchmal auch zum Spaß ein bißchen. Schreiben gehört zu meinem Leben. Erstens ist es eine Lebensäußerung, zweitens scheint mir das Leben außerordentlich interessant. Ich wundere mich immer, daß ich da bin; ich frage immerzu: Was ist das eigentlich alles? Ich versuche, verschiedene Dinge zu sehen und sie zu fassen. Ich suche das Gespräch. Wenn ich glaube, ich habe einen Kristall geschaffen, in dem da gewisse Dinge deutlich sind, eine Formel zum Beispiel, die möchte ich dann zeigen und fragen, was denkst du? Ist es so? – Das ist eine Art, mit der Welt fertig zu werden. Vielleicht kann das einige andere anregen, sich selbst zu finden. Ich glaube, das ist immer auf dem Wege einer Annäherung erreichbar, und ich möchte es gern erreichen.

Der schweigende Herodot

Gestern nacht wachte ich auf,
war krank und allein.
Da ging ich, zu suchen
die sterbenden jungen, die mutter rufen.

Ohne zeit steht ihr schrei,
der unaufhörliche, über den städten,
die unsere schlachtfelder sind.
Wir schämen uns dessen und schweigen.

Der grieche begegnete mir,
aufgeholt lichtgeschwind,
der geschichte schrieb.
Barfuß schritt er auf dem asphalt.

In den blauen hallenden straßen
lagen die söhne,
klagende stimmen im staub.
Der grieche sah sie und schwieg.

Unfertig gehn die gefallenen unter!
Ungetan schwinden jahrtausende liebe!
Zu früh unfruchtbar
entrauscht das blut seinen grenzen!

Still!
Alle hören den unaufhörlichen schrei.
Unsre arbeit ist: zu vergessen.
Vergessen, ehe die nacht aufhört . . .

Am tag soll keiner allein sein.
Staatspreise werden verliehen,
wir gründen lebendig alltägliches
und ehren vernünftig die toten.

Nur eine mutter für alle
namenlos tut sich auf für die namenlosen
kinder, holt sie schweigend in schweigende
finsternis heim, schamvoll.

Gestern nacht ging ich
über den steinernen kampfplatz.
Der grieche ging mit mir,
der geschichte schrieb, schweigend.

Hagel
oder
Flug in die freiheit mit untauglichen mitteln

Zu unrecht des mordes bezichtigt,
mit seinem sohn in Ypsilon in haft,
erfand ein chemiker aus luft ein mittel,
das gab den menschenmuskeln vogelkraft.

Den beiden sproß flaum, ein halbes gefieder;
sie hielten es unsichtbar unter dem hemd.
Dann haben sie nächtens, in der dreizehnten woche
ihrer gefangenschaft, das gitter ausgestemmt.

Sie zwängten sich durch die schmale luke
ins sternendunkel – und flogen dahin,
aufwärts sich schraubend, kreiselnd über den mauern,
mit hüpfendem herzen und zitterndem kinn.

Der stadt himmelschräg traf sie eine wolke,
fiel eisig über die nackten flieger her.
In der kälte versagten die lungenpumpen,
die federn der freiheit wurden starr und schwer.

Sie stürzten lange, eh sie zerklirrten,
denn gestiegen waren sie hoch in ihrer not.
Kristallen prasselten ihre leiber nieder
auf wellen, wiesen und dächer als weißes schrot . . .

Zu unrecht der lüge bezichtigt
ihr den reporter, glaubt ihr seine nachricht nicht!
Die geschichte braucht keinen beweis am ende
wie keinen beweis am anfang das gericht.

Zweiter auszug des verlorenen sohnes

Alles war schon beackert, gemessen und abgesteckt.
Der vater klatschte in die hände,
echo gaben alle vier wände:
– Söhnchen, der tisch ist gedeckt!
Nach dem essen magst du entfalten
hinterm hause frei deinen tatendrang,
schalten und walten
auf dem radieschenbeet ganze vier schritte lang!

Als sie vom fetten hammel im topf
alle drei satt waren,
ist der ältere bruder ins korn gefahren.
Der heimkehrer griff sich an den wirren kopf.
Es war mittag. Die sonne brütete oben.
Der alte erzeuger am fenster schlief.
Da hat sich der junge mann plötzlich erhoben,
als ob aus den wäldern jemand rief.

Er ließ die tür offen, der undankbare,
und die schmarotzenden bremsen herein,
schreiend lief er mit wehendem haare
durch alle vier winde querfeldein.
Und weil die sonne sein herz brannte,
und weil ein strolch sein glück nicht versteht,
war ihm gleich, wohin er rannte,
wo das licht auf- oder untergeht.

Die siebente sonne

1

Bei den bewohnern des sterns, den ich meine, ist die astronomie die lebendigste wissenschaft, weil die notwendigste.
   Dort traten drei männer vor ihre lehrer.
Ohne grußwort verneigten sie sich, ohne freundlichkeit hoben die köpfe sie
im dunkel des observatoriums, warteten.
   «Was wollt ihr?» fragten die lehrer.

2

Der erste mann sprach:
«Wir wollen euch loben. Wir waren kinder. Ihr nahmt uns in eure schule.
Für dreitausend sichtbare sterne gabt ihr uns gültige namen. Die sechs wir-
kenden sonnen zu unterscheiden, befähigtet ihr uns. Die drei zerfallenden
sonnen haben schädliche strahlung; der anderen licht ist uns günstig. Wir
sehen und denken dank euch!»
«Wir sind eure diener», sagten die lehrer zufrieden.

3

Der zweite mann sprach:
«Wir sollen euch tadeln. Wir sind nicht mehr kinder. Wir sehen und denken. Wir wollten das fernrohr bewegen; ihr aber ließt es einbetonieren auf
seinem gerichteten standpunkt. Es ist ein nebel am rande zwischen den sonnen. Unverständliche flecken zeigen sich auf den bildern. Wir sehens und
denken: es mag ein neues gestirn, eine siebente sonne sich nähern. Wir müssen sie schaun, ihre kraft zu erforschen rechtzeitig. Wir tadeln, daß ihr uns
verbietet, darüber zu sprechen.»
«Wer denn verbietets?» riefen die lehrer im chor. «Ihr seid uns gleiche,
so schaut, denkt und sprecht nach belieben! Der nebel am rand kommt vom
rauch der geäscherten felder. Der fleck auf dem bild kommt vom finger-
schmutz bei der entwicklung. Nahte ein siebtes gestirn, würden wirs sehn
durch das fernrohr. Der einmal gerichtete standpunkt ist ja der richtige
standpunkt . . .»

4

Der dritte mann unterbrach sie.
«Ich habe mir heimlich ein fernglas gebaut, ein nur schwaches. Durch-
suchte nächtlich den himmel – ohne verweilen bei den bekannten sechs
sonnen. Seht, von dem fremden licht ist mir ein aug fast verbrannt: doch
das andere auge, vom gleichen licht, wurde mächtiger! Wir dürfen nicht
warten! Wir müssen das fernrohr bewegen! Schnell die strahlung zergliе-
dern, die auf uns herabstürzt, die unbekannte!»
Da lachten die lehrer und klagten. Sie klagten ihn an:
«Du bist der wissenschaft untreu geworden. Ohne gerichteten standpunkt
hast du den himmel befahren. Das auge verbrannte zu recht dir von den drei
feindlichen sonnen. Eine der freundlichen sonnen gab durch zufall dem anderen kraft. Wir ja endeckten die drei, die hilfreichen, heilenden selber!

Wir, und von unsrem, dem festen, dem richtigen standpunkt! Was du beweisen willst – schmäht unsre wahrheit. Ein feind spräche nicht anders!»
Und sie spotteten:
«Man denke, schon wieder ein licht!»
Und sie behaupteten im dunkel des observatoriums:
«Sechs sonnen nur wirken in unserer welt – drei schädliche und unsre drei guten!»

5

Die männer jenes sterns aber kehrten ihren lehrern den rücken. Sie schritten im dunkel zu den verhangenen fenstern. Sie rissen den samt ab.
Ein neues, mächtiges licht stand am himmel. Neue farben gab es der stadt und den feldern. Viele, die dort lebten, verdarb es, und viele ließ es auferstehn von den toten.

1957

Charilaos
oder
Die tugend des schwertes

1

Zu den menschen, die frei sein wollten und darum dem Spartakus anhingen, zählte ein junger sklave griechischer herkunft, der hieß Charilaos.
Sein großvater wurde nach rom verkauft. Sein vater war dolmetsch und schreiber als sklave des prokonsul Tullio. Er selbst, Charilaos, wuchs auf mit dem jüngeren Tullio, freundlich behandelt und unterwiesen wie dieser in allen künsten und wissenschaften – mit ausnahme derer, die tüchtig machen zu kampf und zu herrschaft . . . Wozu auch brauchte ein sklave zu seiner gelehrsamkeit etwa die tugend des schwertes?
«Ich will meine freiheit und suche für alle gerechtigkeit!» So sprach Charilaos, als er sich Spartakus anbot.
Und die genossen empfingen ihn mit offenen armen, und Spartakus schenkte ein schwert ihm. Und bald galt Charilaos als einer von seinem rat.

2

Also: Von Metapontium hinauf nach Mutina und südwärts nach Rhegium und wieder nordwärts zog er in der kampfschar, bewehrt mit seinen gescheiten augen, als gleicher bei gleichen, am gürtel das schwert des Spartakus.

Nachts an den feuern sagten sie, schritt er durchs lager:

«Da geht Charilaos, der philosoph, der freund unsres bruders Spartakus!»

Er aber, Charilaos, sah ihre armut und ihre unordnung, und er dachte der sauberkeit im hause des Tullio ... Er sah sie ungeschickt in der rede und grob und uneins, und er wußte sich weiser ... Er teilte mit ihnen hunger und wunden, aber er dachte der friedlichen tage im hause des Tullio ... Und ob all ihrer schwächen befiel ihn tiefe betrübnis.

3

Im dritten jahr der erhebung, von der das weltreich erzitterte, nach vielen bittren gefechten, als rot war der himmel, am abend vor dem letzten gefecht, da riet Charilaos dem Spartakus:

«Ich weiß eine bessere tür als die blutige. Ich gehe ins lager des Crassus zu Tullio, mit dem ich einst spielte. Er ist gerecht und mir freundlich. Wir waren an wissen uns gleich, nun bin ich ihm gleich an freiheit. Als gleicher mit gleichen werde ich gerechtigkeit fordern für alle!»

Doch nur mit drei fragen erwiderte Spartakus:

«Wohin, bruder, willst du deine freiheit tragen? Bei wem, Charilaos, gerechtigkeit suchen? Das scharfe am schwert ist die klinge – wo steckt die tugend des schwerts?»

Und Spartakus lachte sein lachen und legte sich nieder zu kurzem schlaf. Denn am morgen, so war es beschlossen, wollten sie angreifen Crassus, seine legionen zerschlagen, ehe das hilfsheer heran war, oder sterben im kampf.

Charilaos wähnte sich witziger.

4

Er täuschte im dunkel eigene posten und feindliche. Er gelangte unbehelligt ins zelt des Tullio und berührte die stirn des schlafenden mit dem kalten eisen der waffe.

Der römer erwachte, und Charilaos gab sich zu erkennen: «Leg dein schwert neben dich, Tullio, siehe, ich tus mit dem meinen. Bei meiner jungend und deiner: ich weiß eine bessere tür als die blutige. Laß uns verhandeln als gleiche!»

Indessen erschienen die wachen.

Da lächelte Tullio, und er befahl den soldaten: «Wartet! Es will mein entlaufener freund, weil er klug ist, verhandeln.»

Und so:

Die hand nicht am schwert – Charilaos, die hand nicht am schwert – Tullio, begann die verhandlung. Im ring der schwerttragenden wachen.

Einfach des Charilaos richtige forderung. «Freiheit den sklaven, allen gerechtigkeit!» – Einfacher die des tüchtigen Tullio. «Wir sind die herrn. Bringt mir Spartakus!»

Als das dutzend der worte gewechselt war, wußte der römer genug: Seine sache mit hand und fuß verriet bereits Charilaos, nur noch hängt er daran mit dem klugen, dem machtlosen kopf.

Tullio winkte.

Die wache griff Charilaos. Einer der legionäre nahm von der erde sich – das verlassene schwert.

«Ist das deine tugend, Tullio?» klagte da laut Charilaos.

«Was willst du, sklave?» sprach Tullio. «Ich habe mein schwert nicht erhoben.» Und er lachte sein lachen.

5

Sie nagelten an ein hohes kreuz Charilaos. Und sie erhoben ihn mit der dämmerung über die landschaft.

Und eh er verschmachtete, eh ihn die sonne erstach, eh die geier auf ihn fielen, sah Charilaos die entscheidende schlacht bei Brundisium, sah sie mit seinen machtlosen augen.

Und mit seinem schwert auch – erschlugen sie Spartakus.

1963

Dienstgeheimnis

1

Die großväter meiner großväter
raten mir täglich. Nachts
besuchen sie mich in der grauen masse.

Sie schwimmen in meinem blut,
sie wohnen in meinen zellen.
Sie sagen: ich – sei sie.

Sie sagen: zeig unsre bilder,
zähl unsre fahrten auf, back
zwieback für deine mannschaft . . .

Sie sind hart.

Eine botschaft in brocken.

2

Ich wehre mich nicht, wenn die uralten
so in mir reden.
Was ich erfahre, bestätigt sie.

Ich sitze am tisch in der glocke der nacht,
ich aß und ich trank,
ich schreibe in sicherheit. Aber
es zucken durch mich die strahlungen
des planeten, es regnen auf mich die aschen
der völker, die zehrenden, die schicksale
meiner familien, meiner lieben – sie alle
sind doch mein teil, ich der ihre! –
meine mutter, mein mörder, die kinder . . .

Und kann nur so wenig (außer vergessen):
meine hände
gegen den druck der unendlichkeit,
mein schrei
gegen die explosionen der sonne.

6

Kunst

Schulen,
schnell schmelzende,
nicht haltbarer
als ein schneekristall . . .

Aber
in aber geschlechtern
wandert,
wirkt
und verwandelt
der strahl eines neuen blicks.

17

Außerhalb endlich, endlos und schon am ende . . .
Ich versuchte, mich zu erinnern. Wahrscheinlich
führte ich mich auf wie ein soldat. Ich spielte das
tagsüber gern, in der tat. In der nacht war ich frau . . .
Ich weiß es nicht mehr genau, ich war draußen.

Frei unendlich . . . Ich sah mich zu einem zeitpunkt,
den ich noch nicht überschritten habe, auf einer gerade
gedachten bahn. Sie berührte den erdkreis: tangente.
Ich bewegte mich auf ihr, ich suchte mich selbst
im gedächtnis. Woher ich kam, war verloren.
Wohin ich ging, war nicht aufzufinden. Schwindend nur
die erinnerung: hier – geh ich – vorüber . . .
Frei unendlich und nicht zu ertragen. Ein schrecken
zerreißender als die leere: kein mensch mehr zu sein!
Ich schrie: Nein! Ich schrie: Ja! Ich brüllte: Ruckzuck!
Zurück in den reigen zum maskenball!
In den ring! Aufs rad! Ins kostüm, das mich kitzelt!
Auf die folter heim! Untern fittich des fleisches!
Unter die menschliche deckfarbe rot!

Wie es doch heiß macht, wie es doch guttut:
wieder zu spüren, wie aus der wunde mir zeit tropft,
wieder gefangen bei dir, wieder im wechsel der räume

zu weilen!... Wie kurzweilig: wandern durch wälder!...
Wir lassen uns nieder zum frühstück im moos
an der quelle.

19

Stoffwechsel

Hieronymus Bosch

Ich öffne das buch. Ich betrete ein haus.
Dort wird einer geboren: ich. Aber
ich öffne ein fenster und klettre hinaus.
Auf der straße am kandelaber
hängt einer, schwarzhäutig, streckt
seine zunge heraus: ich. Indessen
verlaß ich die stadt. Im kornfeld neckt
einer nackt eine nackte: ich. Sie fressen
eines das andre – abendmahl. Doch
ich steh schon am kreuzweg. Dort stritten
zwei. Nun hat der eine ein rotes loch
im bauch und schreit: ich. Der andere, mitten
im dom auf der säule, entmannt sich: ich.
Ich senke den blick. Unter mir schimmert
die weltzentrale. Dort schläft einer: ich.
Einer bedient dort den knopf und wimmert:
ich. Ich wende mich ab, ich steig in den zug.
Wir rollen durch nächte und spielen
schach: ich gegen mich. Draußen im funkenflug
glüht einer: ich. Falle, ohne zu zielen,
finde das weiße blatt: mich. Brenne aus.
Springe frisch aus dem feuer, gesalbt und erkoren:
ein buch wird geöffnet, betreten ein haus,
dort einer geboren... Ich, ich, ich, ich...

25

Sie nahmen mich mit,
und sie sagten mir:
Sing uns vor!
Und ich sang wie abends am fluß.

304

Sie aber sagten:
Wer singt denn so?
Ich sagte:
Ich singe so abends am fluß.

Sie aber sagten:
Das ist kein gesang,
wir können nicht tanzen dazu.

Ich sagte:
Muß man denn tanzen,
wenn einer singt?

Sie lachten und sagten:
Muß denn
ein abend sein und ein fluß,
damit einer singt?

Und sie ließen mich gehn.

Da ging ich zum fluß hin.
Und als es abend war,
sang ich.

Der Salzmann

Ich sehe ihn kommen
über die ebenen nachts.
Er bringt uns das salz.
Seine füsse sind wund.
Er glaubt nicht. Er lächelt
dem kalten sternenraum zu,
der kein zelt ist.

Er sieht alles. Er lässt
die verhungerten kinder
links liegen und rechts
die herrlichkeit der staaten.
Er bringt uns das salz,
für die sieben erdteile
sieben körner.

CHRISTA WOLF

Geboren 1929 in Landsberg/Warthe (heute Gorzów, Wielkopolski, Polen) als Tochter eines Kaufmanns. 1945 floh sie nach Mecklenburg. Dort übte sie verschiedene Berufe aus, unter anderem als Schreibkraft des Bürgermeisters in Gammelin bei Schwerin. 1949 machte sie Abitur in Bad Frankenhausen; im selben Jahr trat sie der SED bei. Bis 1953 studierte sie Germanistik in Jena und Leipzig. Von 1953 bis 1959 war sie nacheinander wissenschaftliche Mitarbeiterin beim Deutschen Schriftstellerverband, dann Lektorin und Redakteurin der Zeitschrift *Neue Deutsche Literatur* und Cheflektorin beim Verlag Neues Leben in Ost-Berlin. 1959–1962 arbeitete sie als Lektorin des Mitteldeutschen Verlags in Halle und hatte Kontakte zu einer Arbeiterbrigade in der Eisenbahnwaggonfabrik Halle. 1962–1976 lebte sie als freischaffende Schriftstellerin in Kleinmachnow bei Berlin; seither lebt sie in Ost-Berlin. Sie war zeitweilig Kandidat des ZK der SED, aber nie Vollmitglied der Parteiführung. Im Frühjahr 1974 war Christa Wolf «Writer-in-Residence» am Oberlin College in Ohio, USA.

Werke:

Moskauer Novelle (1961); Der geteilte Himmel (R, 1963, F, 1964; zusammen mit Gerhard und Konrad Wolf); Juninachmittag (E, 1965); Die Toten bleiben jung (F, nach dem Roman von Anna Seghers, 1968; zusammen mit Joachim Kunert); Nachdenken über Christa T. (R, 1968); Unter den Linden (E, 1969); Ein Besuch (Pt, 1969); Blickwechsel (E, 1970); Neue Lebensansichten eines Katers (E, 1970); Lesen und Schreiben (Es, 1971); Kleiner Ausflug nach H. (E, 1971); Till Eulenspiegel (Fe, 1972; zusammen mit Gerhard Wolf); Selbstversuch (E, 1972); Unter den Linden (En, 1974); Kindheitsmuster (R, 1976); Kein Ort – Nirgends (E, 1979); Fortgesetzter Versuch (Es, 1979); Gesammelte Erzählungen (1980); Kassandra (E, 1983).

Worin sehen Sie das Ziel Ihrer literarischen Arbeit? Halten Sie es für erreichbar?

Meine Arbeit hat kein «Ziel», ich kann niemals ankommen. Ich wünsche mir, daß ich imstande wäre, mich in dem, was ich schreibe, ganz auszudrücken, so daß am Ende der Übergang von Ungesagtem – soweit es im Bereich des mir Sagbaren ist – gleich Null wäre. Das ist natürlich unerreichbar.

Aus dem Roman

Kindheitsmuster

Kapitel 13

Dreizehn ist eine Unglückszahl.
Flucht wider Willen – auch eines der Stichworte, auf die ein Leben sich
festlegen ließe. («Wer sich seiner Vergangenheit nicht erinnert, ist dazu verdammt, sie zu wiederholen.»)
Im Idealfall sollten die Strukturen des Erlebens sich mit den Strukturen
des Erzählens decken. Dies wäre, was angestrebt wird: phantastische Genauigkeit. Aber es gibt die Technik nicht, die es gestatten würde, ein unglaublich verfilztes Geflecht, dessen Fäden nach den strengsten Gesetzen
ineinandergeschlungen sind, in die lineare Sprache zu übertragen, ohne es
ernstlich zu verletzen. Von einander überlagernden Schichten zu sprechen
– «Erzählebenen» – heißt auf ungenaue Benennungen ausweichen und den
wirklichen Vorgang verfälschen. Der wirkliche Vorgang, «das Leben», ist
immer schon weitergegangen; es auf seinem letzten Stand zu ertappen,
bleibt ein unstillbares, vielleicht unerlaubtes Verlangen.
Herr Andrack hat noch spätabends, als Cousine Astrid endlich vor ihm
fliehen wollte, mit einem einzigen liebenswürdigen Satz (Aber Fräulein
Astrid! Es wird Ihnen doch nicht im Ernst einfallen, uns zu verlassen!) die
unverschlossene Flurtür für sie verriegelt, so daß sie Nelly bitten mußte, ihr
zu öffnen. Gegen Mitternacht, als beinah alle Gäste – auch Andrack – gegangen waren, setzte sich Nelly ihrem Onkel Walter auf den Schoß und
mußte sich dafür von ihrer Mutter zurechtweisen lassen: Sie müsse sich
daran gewöhnen, daß sie kein Kind mehr sei. Eine Ahnung kam ihr, was
das bedeuten konnte, und es tat ihr leid.
In G., am Abend jenes überheißen Sonnabends, als ihr durch die Richtstraße zum Hotel zurückgingt, eintauchtet in die roten, violetten, grünen
Vierecke der Leuchtreklame, fing Lenka sich auf offener Straße mit ihrem
Onkel Lutz zu balgen an. Du sagtest: Kalbert nicht!, und Lutz hielt inne:
Sind das nicht Schnäuzchen-Omas Worte? Das war dir nicht bewußt gewesen.
Lenka, schon jetzt größer, als Nelly es je werden sollte, verglich ihre Körperhöhe heimlich mit der Größe der vorbeischlendernden jungen Männer,
die sich – kaum daß sie den notdürftigsten Anstand wahrten – unverhohlen
nach ihr umdrehten, worauf sie natürlich nicht zu achten schien. Das Spiel
war angelaufen. Lutz machte dich mit Blicken darauf aufmerksam, du verzogst die Mundwinkel – Anerkennung und Resignation –, und H. sagte:
Jetzt geht das alles noch mal von vorne los! Darüber wurde ein bißchen ge-

lacht. Lenka beherrschte schon damals – wahrscheinlich immer schon – die Kunst des Weghörens. Sie zeigte ihr berühmtes undurchdringliches Gesicht.

(Jetzt, drei Jahre später, in diesem wechselhaften Sommer des Jahres 1974, nachts, wenn Lenka aus der Spätschicht kommt, vor Müdigkeit erloschen. In zehn, fünfzehn Minuten, während deren sie stumm, unfähig zu reden, dasitzt, kehren Farbe und Leben in ihr Gesicht zurück. Wie sie dann, während sie langsam ein paar Erdbeeren ißt, zu sprechen anfängt, in einzelnen Sätzen, zwischen denen lange Pausen sind. Sich fragt, ob es nicht überhaupt eine Zumutung ist, daß einzelne Leute – ich zum Beispiel, sagt sie – darauf bestehen, eine Arbeit zu finden, an der sie Spaß haben. Was ja Dreiviertel aller Menschen nicht können, sagt sie: alle die Leute in den Betrieben.

Sie beschreibt, wie Angst und Wut in ihr hochkommen, wenn der Automat, der ihr pro Schicht zehntausend Widerstände zur Codierung zuführt, mit einem monotonen, gemeinen Klicken Ausschuß produziert, falsch codierte Widerständekörper – daß man so was Totes «Körper» nennt!, auf denen die Farbringe in verkehrter Reihenfolge erscheinen oder unkenntlich ineinanderlaufen. Manchmal, sagt sie, sehe sie sich nach einem Riesenhammer um, den Automaten zu zerschlagen. Was die anderen mit ihrer Wut machen, fragt sie sich, zum Beispiel der junge intelligente Mensch, der sie ablöst, der seit zehn Jahren an diesem Automaten steht. Einer müsse die Arbeit ja machen, sagt er. Übrigens wurde sie gut bezahlt. Schichtarbeiter kriegen ihr Mittag für fünfzehn Pfennig, das ist eben Sozialismus, sagt Lenka.

Die anderen, sagt sie, sitzen heimlich im Nebenraum am Fernseher und sehen sich die Fußballweltmeisterschaft an, egal ob sich die Automaten, wenn sie Störung haben, die Seele aus dem Leib klingeln. Dann läuft der Liebscher, ein Sehschwacher, der diese Arbeit nicht mehr lange machen kann, wie ein Verrückter zu allen Automaten und bringt sie in Ordnung. Er muß sich selber beweisen, daß er unersetzlich ist. Dafür schieben sie es auf ihn, wenn ein Posten Ausschuß zurückkommt: Das war der Liebscher, der kann doch sowieso nicht mehr richtig sehen.

Beschissen, sagt Lenka. Findest du, daß man das mit Leuten machen kann?

Der Liebscher freut sich drei Tage lang, wenn ich ihm zum Abschied die Hand gebe. Er hebt mir immer die Hälfte von der Flasche Milch auf, die uns der Betrieb kostenlos liefert, weil wir mit gesundheitsschädlicher Lösung arbeiten müssen, von der ich regelmäßig Kopfschmerzen kriege. Vielleicht auch wegen der Hitze: mindestens neununddreißig Grad, durch die Trockenöfen. Das macht dich fix und fertig. Die Ventilatoren sind schon lange kaputt, aber die Frauen kriegen dafür eine Zulage und bestehen nicht auf der Reparatur.

310

Findest du, daß Leute das mit sich machen können? Ihr ganzes Leben lang? Jeden Tag acht Stunden? Dabei wäre es Unsinn, sagt sie, wenn sie selbst, bloß aus schlechtem Gewissen, dasselbe täte. Aber eine Frechheit bleibt es doch, einfach wieder wegzugehn. Dabei wisse sie jetzt schon: Sie werde in ein paar Wochen noch daran denken, aber so schlimm wie heute werde es ihr schon nicht mehr vorkommen. Alles verblaßt, sagt sie. Warum muß das so sein?

Es gibt Sachen, die unlösbar sind. Und das muß nicht mal an dir selber liegen, oder?

So ist es, sagst du. Antagonistische Widersprüche.

Sie sagt: auf).

An jenem Abend in G. – früher L. – seid ihr sehr müde gewesen und um halb zehn – vollständig dunkel war es noch immer nicht – ins Bett gegangen. Lenka hat sich gleich, ohne das Buch «Hiob» von Joseph Roth anzurühren, auf die Seite gelegt, der Wand zugedreht. Jedes der Betten stand an einer der Längswände des kleinen Zimmers. Die beiden Nachttische paßten genau in die Lücke zwischen ihnen. Vor jedem Bett lag ein grau gemusterter Läufer aus Bouclé. Zu Füßen der Betten gab es ein Tischchen mit abstehenden Beinen und zwei von jenen unbequemen Stuhlsesseln, die wir in den fünfziger Jahren in unsere östlichen Nachbarländer exportiert haben. Der Schrank rechts neben der Tür. Die Nachttischlampe, wie in allen Hotels Nachttischlampen: klein, unpraktisch und düster.

Bemüht, sowenig wie möglich mit den Blättern zu rascheln, hast du noch ein paar Minuten in der Zeitung gelesen, die ihr von zu Hause mitgebracht hattet. Die Schlagzeilen, die du dir später in der Potsdamer Landesbibliothek aus dem Blatt herausgeschrieben hast, lauteten: Höhere Ansprüche an die Arbeit der Gewerkschaften. – Ostseewoche mit Friedenskonzept. – Den guten Beispielen Massencharakter verleihen. Soll in Zukunft der Nachwuchs der Arbeiterklasse nur noch aus den Hochschulen kommen? – Weltniveau muß täglich neu erkämpft werden. – Aus Angst krank: 30 Prozent aller Patienten leiden unter neurotischen Fehlhaltungen. – Starben Saurier nach Polwechsel?

(Eine Meldung von heute, dem 26. Juni 1974: Das schwedische Friedensinstitut stellt in einer Studie fest: Der Atomsperrvertrag habe versagt. Es sei nicht gelungen, andere Länder vom Besitz von Atomwaffen auszuschließen. Auch verbrecherische Gruppierungen könnten sich in den Besitz spaltbaren Materials bringen.)

Du machtest die Augen zu und sahst ein deutliches und getreues Bild des Marktplatzes von L., wie Nelly ihn gekannt hat, und es fiel dir schwer, dir den Marktplatz heraufzurufen, wie er jetzt ist und wie du ihn eben gesehen hattest. Lenka, die du schlafend glaubtest, fragte plötzlich, ob du «irgendwelche Heimatgefühle» hättest. Gerührt, daß sie sich um deine Stimmung sorgte, hast du ihr überzeugend versichert: Nein. – Dir fiel ein, daß Lenkas

Frage auch ein schonendes Urteil über die Heimat enthielt, die ihr vorgeführt wurde. Sie konnte sie wohl nicht sehr anziehend finden.

Es gelang dir nicht, einzuschlafen, dabei konnte man müder nicht sein. Das Zimmerfenster stand offen. Der Dachrand des niedrigen Hinterhauses begrenzte den immer noch hellen Himmel, an dem tatsächlich, wenn auch für dich nicht sichtbar, der Mond aufgegangen war. Das merk ich mir. Das sind die Sachen, die man sich merken kann. Das andere vergeht.

Heimweh? Nein! – Das hörte sich gut an. Nur daß der Satz schon fertig war, lange ehe Lenka ihn hören wollte. So daß man nicht mehr wußte, ob man log oder die Wahrheit sprach. Da ein anderer als dieser Satz seit vielen Jahren überhaupt nicht in Frage kam.

In dieser Nacht in der fremden Stadt mit ihren fremdsprachigen Geräuschen begreifst du, daß die Gefühle sich rächen, die man sich verbieten muß, und verstehst bis ins einzelne die Strategie, die sie anwenden: Wie sie, indem sie selbst sich scheinbar zurückziehen, benachbarte Empfindungen mit sich nehmen. Nun verbietet sich schon nicht mehr nur die Trauer, das Weh – auch Bedauern ist nicht mehr zugelassen und, vor allem, die Erinnerung. Erinnerung an Heimweh, Trauer, Bedauern. Die Axt an der Wurzel. Da, wo die Empfindungen sich bilden, in jener Zone, wo sie noch ganz sie selbst, nicht mit Worten verquickt sind, dort herrscht in Zukunft nicht Unmittelbarkeit, sondern – man scheue das Wort nicht – Berechnung.

Und nun, wenn die Worte dazutreten, harmlos, unbefangen, ist alles schon vorbei, die Unschuld verloren. Der Schmerz – vielleicht vergißt man ihn jetzt – ist noch zu benennen, zu fühlen nicht mehr. Dafür, in Nächten wie diesen, der Schmerz über den verlorenen Schmerz . . . Zwischen Echos leben, zwischen Echos von Echos . . .

Die Linien – Lebenslinien, Arbeitslinien – werden sich nicht kreuzen in dem Punkt, der altmodisch «Wahrheit» heißt. Zu genau weißt du, was dir schwerfallen darf, was nicht. Was du wissen darfst, was nicht. Worüber zu reden ist und in welchem Ton. Und worüber auf immer zu schweigen.

Du stehst auf, ohne Licht zu machen – sehr leise, um Lenka nicht zu wecken –, und nimmst eine Schlaftablette.

Nachts bin ich ein besserer Mensch (ein Zitat). Besser heißt in dieser Zeit: nüchterner, mutiger – eine Verbindung, die bei Tage selten geworden ist. Nüchtern und vorsichtig – ja. Mutig und kopflos – ja. In jener Nacht, bis die Tablette zu wirken begann, bist du nüchtern und mutlos gewesen – was etwas anderes als feige ist – und mit der rasch verfliegenden Fähigkeit begabt, dich zu durchschauen und es zu ertragen.

Das Buch würdest du nicht schreiben können, und du wußtest, warum.

Du kennst die Gegengründe bis heute, sie sind nicht gegenstandslos. Der nicht zu begründende Umschlag kam am nächsten Morgen. Die Hitze schon um sieben. Frisches Erwachen nach wenigen Stunden Schlaf. Alles war anders. Der Luxus vollkommener Aufrichtigkeit – warum sollte er gerade dir ausgesucht sein? Dieses unzeitgemäße, absondernde Glück – das einzige, das diesen Namen verdient? Erleichtert warst du, beinahe los und ledig der Gewissenslast der allzu Glücklichen.

Tun wir nicht alle, was wir eigentlich nicht können, wissen darum und reden nicht davon, weil es unsere einzige Hoffnung ist?

Der Traum jener Nacht hatte mit den Phantasien vor dem Einschlafen scheinbar nichts zu tun; erst später, heute, liegen die Zusammenhänge offen. Du sahst dich als Mann, mit Eigenschaften und Fähigkeiten ausgestattet, die dir in deiner wirklichen Gestalt abgehen. Es schien, du könntest alles, was du wolltest. Drei Frauen verschiedener Lebensalter kamen vor, mit denen du befreundet gewesen bist und die alle an Krebs gestorben waren. Sie schienen auf dich nicht zu achten. Doch fühltest du wohl, daß sie dich auf eine ganz ungehässige, aber intensive Art beneideten, und da wußtest du es selbst mit einem starken Schuldbewußtsein, wie sehr beneidenswert du doch warst.

Montag, der 1. Juli 1974. Ein General Pinochet ernennt sich selbst zum obersten Führer der Nation. Die Namen der vier kürzlich ermordeten Chilenen, die gestern in der Zeitung standen: Jose, Antonio Ruz, Freddy Taberna, Umberto Lisandi. Fast genau vierzig Jahre früher hat der «General-Anzeiger» berichtet, daß vier Kommunisten aus L. vor dem Reichsgericht wegen Zersetzungsarbeit verurteilt worden seien. Fast genau neununddreißig Jahre früher standen Namen im «General-Anzeiger», deren Trägern man wegen Unwürdigkeit die deutsche Staatsbürgerschaft aberkannt hatte: Bertolt Brecht, Hermann Budzislawski, Erika Mann, Walter Mehring, Friedrich Wolf, Erich Ollenhauer, Kreszentia Mühsam (die, was nicht verschwiegen werden soll, in der Sowjetunion, wohin sie geflohen war, später in ein Lager kam und erst in ihren letzten Lebensjahren die Verwaltung von ihres Mannes literarischem Erbe wieder übernehmen konnte). In anderen Ländern und Erdteilen haben vor vierzig Jahren die Leute, in deren Zeitungen deutsche Namen standen, das Blatt zusammengefaltet und es neben ihre Frühstückstasse gelegt. Dieser sich wiederholende Vorgang steht dir vor Augen, während du die Zeitung von gestern zusammenfaltest und sie in den Zeitungsständer steckst. Gestern ist also in einer Kirche die siebzigjährige Mutter von Martin Luther King ermordet worden.

Auf einer alten, leicht stockfleckigen Karte der «Provinz Brandenburg», die in die Regierungsbezirke Potsdam und Frankfurt (Oder) zerfällt – einer Karte, die keine Jahreszahl trägt, aber noch nach deutschen und preußischen Meilen mißt und bei C. Flemming in Glogau gedruckt und verlegt wurde –, findet sich südöstlich von Seidlitz und Dechsel der Ort Birkenwerder, dessen Name einem Ortsnamen, den du nur ungenau erinnerst, am nächsten kommt und deshalb hier für diesen stehen soll. Die Karte mag vor der Einführung der norddeutschen Meile im Jahre 1868 gedruckt sein. Birkenwerder bei Schwerin also. Der Ort selbst wird gar nicht in Erscheinung treten. Nur soviel davon: Er muß von Kiefernwäldern umgeben gewesen sein (eine Bedingung, die Birkenwerder gewiß erfüllt). Die Familie von Onkel Alfons Radde, Nelly mit ihr, verbringt eine Woche in einer Art Jagdhütte, die Alfons Raddes Chef, Otto Bohnsack, hier draußen besitzt. Pfifferlinge in unübersehbarer Menge in den Wäldern. Nelly als einzige ist keine passionierte Pilzsucherin. Aber der Wald, Kind, der Wald! Tante Liesbeth geniert sich nicht, «Wer hat dich, du schöner Wald» anzustimmen. Nelly geniert sich, und ihr inzwischen neunjähriger Vetter Manfred geniert sich auch. Nelly entdeckt, daß sie eine Zuneigung zu diesem Vetter nicht mehr vortäuschen muß, sie sondern sich ab, tuscheln und kichern miteinander.

Der Wald duftet stark. Vielleicht hatte es am Vormittag geregnet, der Nachmittag des 20. Juli 1944 war, wie ein Sommertag sein soll. Gab es eine Art Birkenzaun um das einfache, dunkelbraun gebeizte Holzhaus? Wie auch immer: Als sie die Pilze aßen, wußten sie es schon. Onkel Alfons hatte die Nachricht aus dem Dorf mitgebracht, das also vermutlich nahe lag. Am nächsten Morgen würden sie natürlich sofort nach Hause fahren. Auf den Führer war ein Anschlag verübt worden.

Halbe Sätze, die in Nellys Gegenwart keine ganzen Sätze werden können. Man wird vor ihr nicht alles gesagt haben. Vorsicht, man kann nie wissen. Vielleicht hat es Blicke gegeben, die bedeuten sollten: Das ist der Anfang vom Ende. Oder Fragen: Ist das der Anfang vom Ende? Nelly kriegte die Blicke nicht zu sehen, die Fragen nicht zu hören.

Zwei Tage später steht sie auf dem Marktplatz in Reih und Glied angetreten. Nun erst recht! ruft der Bannführer. Und daß der Führer, wie man sieht, unverwundbar ist. Das kommt Nelly allerdings auch so vor. Wochenlang tragen sie alle in der Schule die Hitler-Jugend-Uniform, und das, wie Charlotte nörgelt, in Zeiten, da es keine Bezugsscheine für BDM-Blusen gibt und es schier unmöglich ist, eine der zwei weißen Blusen, die Nelly besitzt, immer einsatzbereit zu haben. Nelly findet es nicht übertrieben, daß man die Treue zum Führer auch äußerlich zeigt. Charlotte meint, man sollte Treue nicht durch Blusen zeigen müsen. Nelly schmerzt es, wenn die Mutter über heilige Gegenstände vom Standpunkt ihrer Waschküche aus urteilt.

Gab es – abgesehen von jenem düsteren Ausruf der Mutter, dem die Gestapo ergebnislos nachging und der Nelly ja verschwiegen wurde – in ihrer Umgebung die leiseste Andeutung, daß manche Menschen den Krieg für verloren hielten? Die Frage ist mit Nein zu beantworten. Nelly hat also zum erstenmal Gelegenheit, am eigenen Leib zu erfahren, wie lange es dauert, bis man bereit ist, Undenkbares für möglich zu halten. Ein für allemal lernt man es nie. Jene Zeiten, in denen sie es nicht wagte, aus dem, was sie mit eigenen Augen sah, zutreffende Schlüsse zu ziehen, erkennst du an einer besonderen Art von Verlust: dem Verlust des inneren Gedächtnisses.

Äußere Vorgänge ja: die ersten Flüchtlingstransporte, die in der Stadt ankommen. Aber weit enfernt ist Nelly, den besonderen Ausdruck in den Augen der Flüchtlinge anders zu deuten als Zeichen der Erschöpfung nach einer langen anstrengenden Reise. Es ist, als schiebe sich eine Wand zwischen
ihre Beobachtungen und den Versuch, sie zu deuten.

Die Müdigkeit, das scheint festzustehen, ist in diesen Monaten so groß,
daß sie sich nicht mehr allein durch die nächtlichen Feindanflüge erklären
läßt, von denen man sich eine Schädigung der Stadt kaum noch erwartet.
Die Bombengeschwader, die Berlin zerstören, wenden über L. und drehen
unbehelligt nach Westen ab. Trotzdem weckt Charlotte ihre Kinder gewis-
senhaft Nacht für Nacht, zwingt sie, sich anzuziehen und in den Keller zu
gehen, der alles andere als bombensicher ist. Man soll das Schicksal nicht
versuchen.

Andere Szene: Der Vater sitzt in Hemdsärmeln am Eßzimmertisch, ißt
seine Suppe und spricht mit der Mutter von den französischen Gefangenen,
die in einer alten Fabrik untergebracht sind und für deren Bewachung er
seit kurzem verantwortlich ist. Da haben sie den Bock zum Gärtner gemacht, sagt er. Einer, der selbst mal Gefangener war, kann ja Gefangene
nicht schikanieren, sagt er. Er kann doch den Franzosen die kleinen Öfchen
nicht verbieten, auf denen sie sich abends heimlich etwas brutzeln. Er kann
auch keine strenge Leibeskontrolle durchführen, wenn sie von ihren Ar-
beitsstellen ins Lager einrücken. Obwohl er jedes Versteck eines Gefangenen aus dem Effeff kenne. Aber er wisse eben auch, was einem Gefangenen
eine Scheibe Brot ist oder gar ein Stückchen Fleisch. Er kann die Leute
nicht wegen Diebstahl bestrafen. Er selbst habe ja – und daran müsse er immer denken – einst in Frankreich seine Madame ans Kartenspiel gefesselt,
während die Kameraden in ihre Räucherkammer einstiegen: Oh, monsieur
Bruno, un filou!

Aber die Geschichte kennen wir doch, sagte Charlotte Jordan müde.

Schon. Bloß daß er jetzt eben immer daran denken müsse.

Nellys äußeres Gedächtnis bewahrte die Szene auf, so wie der Bernstein
Fliegen aufbewahrt: tot. Ihr inneres Gedächtnis, dessen Sache es ist, die Urteile zu überliefern, die man aus Vorkommnissen zieht, konnte sich keine
Bewegung mehr leisten. Es blieb stumm. Nichts als mechanische Aufzeich-
nungen.

Dies müßte Lenka verstehen, um zu glauben, daß Nelly jene Austreibung
nie ernstlich hat rückgängig machen wollen. Es zeigte sich übrigens, daß sie
insgeheim – obwohl vollkommen ahnungslos – doch darauf vorbereitet gewesen war. Signale, die nicht Worte waren, hatten sie erreicht. Eines der
letzten war der Blick eines kleinen Jungen. Er kam, wie seine Mutter, die
hochschwanger war, aus Posen – heute Poznań –, und Nelly, die wie alle
Mädchen ihrer Klasse nicht mehr zur Schule ging, sondern Flüchtlinge
«betreute», kümmerte sich besonders um diese beiden; sie wollte sich nicht

darüber beruhigen, daß eine Frau unterwegs in einer fremden Stadt und womöglich ohne Hilfe ein Kind zur Welt bringen sollte, während sie zugleich nicht aufhören konnte, sich um ihr anderes Kind, eben den kleinen Jungen, zu sorgen. Sie holte die Hebamme zu der Frau. Die musterte sie kurz, aber gründlich, faßte dann ihre Füße an und erklärte: Solange sie so kalte Füße habe, komme die Geburt sowieso nicht in Gang. Da solle sie sich bloß keine Schwachheiten einbilden. Nelly versuchte ihre Mutter dringlich zu überreden, den Jungen zu sich zu nehmen, damit die Frau in aller Ruhe im Krankenhaus entbinden könnte. Charlotte, gewiß nicht ohne Mitgefühl, wich aus. Als letzten Grund für ihre Ablehnung nannte sie, so schonend sie konnte, die Möglichkeit, daß sie vielleicht selber bald aufbrechen müßten. Und wie sollte die Mutter den Jungen dann je wiederfinden?

Darauf konnte Nelly nur grell und verächtlich lachen: grell, weil diese Möglichkeit so absurd war, verächtlich, weil nun auch die Mutter, wie alle Erwachsenen, die abwegigsten Ausreden heranzog, um nur kein Risiko einzugehen, wenn einmal ein Mensch Hilfe wirklich nötig hatte. Die unterlassene Hilfeleistung an dieser Frau und ihrem Jungen ist Nelly lange nachgegangen. Diese zwei ihr unbekannten Leute waren es, an die sie, vierzehn Tage später «auf der Flucht», öfter denken mußte als an alle ihre Freunde, die ihr plötzlich und – wie sie genau zu wissen glaubte – zumeist auf immer entrissen oder, richtiger gesagt, entschwunden waren. Als sie durch Nachzügler erfuhren, am Krankenhaus, wo sich eine SS-Einheit verschanzt hatte, sei gekämpft worden, dachte sie an die Frau, die inzwischen dort liegen mochte (die Einschläge der Geschosse sind übrigens noch heute in der Fassade des Gebäudes zu sehen; du zeigtest sie Lenka beim Vorbeifahren). Ihr Junge aber konnte mit einem Kindertransport Gott weiß wohin geraten sein, und daß seine Mutter ihn je wiederfand, war nicht so sicher. Heute noch, wenn ein westlicher Sender immer noch Suchmeldungen des Deutschen Roten Kreuzes durchgibt, fragst du dich nach dem Schicksal des Jungen und seiner Mutter, aber eine Gewissenslast ist es dir nach all den Jahren nicht mehr.

Das allerletzte Zeichen dafür, daß sie im Grunde Bescheid wußte, ohne unterrichtet zu sein, kam Nelly aus ihrem eigenen Körper, der sich, da ihr eine andere Sprache durchaus verwehrt war, in seiner Weise ausdrückte. Charlotte Jordan, in gewissen Augenblicken zum Gebrauch ungewöhnlicher Wörter fähig, nannte den Zustand ihrer Tochter bündig einen «Zusammenbruch». Womit sie verriet, daß sie dem Kamillentee mit Honig, den sie Nelly einflößte, nicht allzuviel zutraute.

Zuerst weinte Nelly bloß, dann kam das Fieber hinzu. «Nervenfieber», behauptete Charlotte. Es war eben alles ein bißchen zuviel für sie. Aber was denn eigentlich? Diese Arbeit in den Flüchtlingslagern? Nun: Sie übertrieb sie vielleicht ein bißchen, andererseits war sie schließlich kein Hämchen und vertrug einen Puff. Auch an jenem Nachmittag hatte sie im «Weinberg» die Flüchtlingskinder um sich versammelt, nachdem das Geschirr abgewaschen war, hatte ihnen das Märchen vom Fundevogel erzählt, mit ihnen gespielt und gesungen. Julia, Dr. Juliane Strauch, auch hier Herr der Lage, ging mit ihrer großen Roten-Kreuz-Tasche von einer Flüchtlingsfamilie zur anderen, hockte sich zu ihnen ins Stroh und verteilte Medikamente und gute Ratschläge. Es war deutlich, daß sie ein Beispiel gab, und Nelly zögerte nicht, ihm zu folgen.

Ganz und gar genügte als Anerkennung ihr das Kopfnicken, das sie von Julia empfing, als sie, da ein neuer Treck angekündigt wurde, an der Ausgangstür zusammentrafen. Es war dunkel geworden. Beim Abladen ging es wie immer geschäftig, aber doch nicht eigentlich verzweifelt zu, bis plötzlich durch einen unvorhergesehenen Vorfall die allgemeine Stimmung, besonders aber Nellys Gemütslage umschlug. Der Säugling, ein vermummtes Bündel, das ihr aus einem der Planwagen zugereicht wurde, damit sie es an die Mutter weitergab, war tot: erfroren. Die junge Frau erkannte es an Zeichen, die Nelly nicht bemerkt hatte, ohne das Bündel erst aufschnüren zu müssen. Die Frau schrie sofort los, mit jener Stimme, die man nicht oft zu hören bekommt und die einem – in solchen Augenblicken erlebt man die Wahrheit mancher unerträglicher Redewendungen – «das Blut in den Adern stocken» läßt. So hab ich noch nie jemanden schreien hören, war das letzte, was Nelly dachte, danach dachte sie nichts mehr.

«Black box» hat man derartige Zustände später genannt, ganz zutreffend übrigens. Das Gehirn ein schwarzer Kasten, unfähig, Bilder aufzunehmen, geschweige Worte zu formen. Vermutlich – anders kann es ja nicht gewesen sein – ließ sie fallen, was sie gerade in der Hand hielt, zog sich steifbeinig bis zum Gartentor des Lokals «Weinberg» zurück, machte auf dem Absatz kehrt und lief davon. Nach Hause, wo sie zwar lange nicht reden, am Ende aber doch weinen konnte. Das nächste Bild nach der Erinnerungslücke: Das Eßzimmer, sie selbst auf dem alten Sofa liegend, vor ihr die Mutter mit der großen Teetasse.

Am nächsten Tag hat sich die Formel eingestellt, die jeden befriedigt, als Entschuldigung verwendbar ist und den Vorzug hat, nicht ganz falsch zu sein: Nelly hat sich erkältet und muß das Bett hüten. Ein Schnupfen, Kopfschmerzen, Fieber, das natürlich niemand mehr «Nervenfieber» nennt, weil auch das überspannte Wort «Zusammenbruch» dahin zurückfällt, wohin es gehört: in den Vorrat der unaussprechlichen Wörter. Bis es, wenige Monate später, zu größerer Verwendung und für den allgemeinen Gebrauch daraus hervorgezogen wird und auf einmal geeignet scheint, Zeitalter voneinander zu trennen: Vor dem Zusammenbruch, nach dem Zusammenbruch. Da war der einzelne seines eigenen Zusammenbruchs enthoben.

Nelly bekommt Besuch. Sie, krank, «im Kreise» ihrer Freundinnen: Eines der letzten Bilder aus dem Haus an der Soldiner Straße, das wir – es kann sich nur noch um Tage handeln – nun aber schleunigst zu verlassen haben, um es nie wieder zu betreten. Julia Strauch, das weiß sie noch nicht, hat sie schon zum letztenmal gesehen. Es beginnen die unwiderruflichen Abschiede der Fünfzehnjährigen. An diesem letzten Nachmittag sind sie ausgelassen. Sie kichern und glucksen, ohne zu wissen, worüber. Nur als Dora von einem Gerücht erzählt, das in Brückenvorstadt umgeht, wo sie wohnt: Russische Panzerspitzen seien über Posen vorgestoßen, ja, südlich von Frankfurt hätten sie schon die Oder erreicht – da weiß man, worüber man lacht. Russische Panzer an der Oder!

Das Gespräch der Freundinnen hat um den 25. Januar herum stattgefunden, etwa zwei Tage nachdem die Armee des Marschalls Konjew zwischen Oppeln und Ohlau (heute Opole und Olawa) die Oder erreicht hatte, während die für Nelly und ihre Freundinnen zuständigen Truppenteile unter dem Befehl des Marschalls Shukow – die Stadt L. zunächst nördlich und südlich umgehend – zu ihrer Zangenbewegung auf Küstrin (heute Kostrzyn) angesetzt hatten. Am gleichen Tage übertrug der Führer dem Reichsführer SS Himmler persönlich den Oberbefehl über die zur Verteidigung der uns interessierenden Gebiete aufgestellte «Heeresgruppe Weichsel»; der Tag, an dem Generaloberst Guderian, Chef des Generalstabs des Heeres, den Reichsaußenminister Ribbentrop aufsucht, um ihm – ergebnislos natürlich – «die Augen über die bedrohliche militärische Lage zu öffnen» (Nachkriegsveröffentlichungen Guderians: «Erinnerungen eines alten Soldaten», 1951; «Kann Westeuropa verteidigt werden?», 1951); fünf Tage ehe Rüstungsminister Speer in einer Denkschrift an den Führer – folgenlos natürlich – den bevorstehenden vollständigen Zusammenbruch der deutschen Kriegswirtschaft feststellt; sieben Tage ehe sowjetische Truppen nördlich und südlich von Küstrin die Oder überschreiten, auf deren Westufer sie Brückenköpfe bilden. Fünf Tage ehe Bruno Jordan – mit seinen französischen Gefangenen in Richtung Soldin – Stettin in Marsch gesetzt – in dem Dorf Liebenow von der nördlichen Gruppe der sowjetischen Streitkräfte gefangengenommen wird; vier Tage ehe Nelly und – wenn auch für immer voneinander getrennt – ihre Freundinnen in letzter Minute, bevor die Zange sich schloß, in Küstrin über die Oder gehen. Fünfeinhalb Tage ehe Charlotte Jordan als Insassin des letzten Postautos, das von L. nach Westen fuhr, ebenfalls die Oderbrücke passiert und dabei diejenigen Teile von Küstrin noch unzerstört sieht, die später während des Kampfes um die Stadt vollständig vernichtet werden sollen. (Der Genuß, den es macht, endlich einmal die Sprache so einzusetzen wie ein Marschall seine Truppenverbände: logisch, zwingend. Schlag auf Schlag.)

Die Tatsache, daß Charlotte Jordan ihre Kinder, um die sie sich sonst eher übermäßig ängstigte, alleine, wenn auch von Verwandten begleitet, ins sogenannte Ungewisse fahren ließ, ist in der jahrelang hin und her gewendeten, längst zur Legende erstarrten Familiengeschichte so gut wie nie erörtert worden. Und doch hätte man sich – wäre es mit rechten Dingen und gesunden Sinnen zugegangen, aber das tat es ja eben nicht – über diese einschneidende Entscheidung der Mutter mehr verwundern sollen als über die Tatsache, daß die Bevölkerung über Drahtfunk aufgefordert wurde, ihre Stadt zu räumen. Natürlich stand kein Transportraum zur Verfügung. Die Szenen, die sich auf dem Bahnhof abgespielt haben, mag der beschreiben, der sie miterlebt hat. Am Abend des gleichen Tages, des 29. Januar 1945, wurde der letzte überfüllte Flüchtlingszug von den sowjetischen Panzerspitzen, welche die Stadt südlich umgangen hatten, vor Vietz in Brand geschossen.

In einem Punkt stimmt die Erzählung der inzwischen in alle Winde verstreuten, um einige ihrer Glieder dezimierten und aus persönlichen und politischen Gründen in sich zerstrittenen Familie überein: Der Geistesgegenwart und Findigkeit des Schwagers Alfons Radde war es zu verdanken, daß man zu rechtzeitiger Flucht die Möglichkeit bekam. Nach telefonischer Verabredung in der Dunkelheit der frühen Morgenstunden fuhr er gegen neun Uhr mit einem Lastzug der Firma Otto Bohnsack, Getreide en gros, vor dem Jordanschen Haus vor, um seine Schwiegereltern Hermann und Auguste Menzel, seine Schwägerin Charlotte Jordan und deren beide Kinder Nelly und Lutz «einzuladen», wie der Fachausdruck hieß.

Es war seine große Stunde. Alfons Radde, der zeitlebens um eine geachtete Stellung in der Familie seiner Frau zu kämpfen hatte, erwies sich nun als Stab und Stütze der schutzlosen Frauen und Kinder. Alles verlief planmäßig. Das Gepäck der Jordans – Koffer, Kisten, fest gestopfte Bettensäcke, Kartons mit Konserven aus den Jordanschen Lagerbeständen und sogar ein Butterfäßchen, dessen Inhalt natürlich, als der bitterkalte Winter erst vorbei war, der Verderbnis nicht widerstand, aber auch ranzig noch oder als Buttersalz sowohl die Familie nährte als auch begehrtes Tauschobjekt war – alles wurde aufgeladen.

Man läßt den Auszug aus der Heimat nicht unbeweint. Charlotte hielt sich zurück. Vermutlich waren ihre seelischen Kräfte von dem Entschluß in Anspruch genommen, der sich erst in ihr entwickelte, während sie noch das Gepäck verstaute. Sie hatte zum Weinen keine Zeit. Nelly kam für Tränen «vor versammelter Mannschaft» nicht in Frage.

Schnäuzchen-Oma dagegen ja. Sie weinte auf eine scheue, verstohlene Weise. Anders die Generation der Tanten: Trudchen Fenske, geschieden, Olga Dunst, deren Mann mit Frau Lude «auf und davon» gegangen war, Liesbeth Radde: Alle sitzen sie im Halbdunkel des Lastwagens – bis auf Tante Lucie, die abgesprungen ist, um beim Aufladen zu helfen – und begleiten jede neue Station, jeden neuen Abschied mit ihren leicht und reichlich fließenden Tränen.

Heute – wir schreiben den 31. August 1974 –, am fünfunddreißigsten Jahrestag des Beginns des zweiten Weltkrieges, widmen die Zeitungen ihre diesem Datum zukommenden Kommentare. Kein neuer Krieg scheint irgendwo in der Welt begonnen zu haben.

Obwohl die verfeindeten Seiten im Nahen Osten weiter rüsten; Zehntausende von Menschen auf Zypern unter den Folgen eines dieser «begrenzten Kriege» leiden, die in Mode gekommen sind (unter ihnen jene alte Griechin, deren Weinen auf dem Bildschirm dich an das Weinen deiner Großmutter erinnert); obwohl in Vietnam gekämpft, in Chile gefoltert wird: Die größten Unglücke dieses Tages sind das Eisenbahnunglück im Bahnhof der jugoslawischen Stadt Zagreb und die Überschwemmungskatastrophe in Bangladesh.

Der heutige Tag ist, wie jeder Tag, auch die Spitze eines Zeitdreiecks, dessen zwei Seiten zu zwei anderen – zu beliebig vielen anderen – Daten führen: 31. August 1939. Von früh um sechs Uhr an wird zurückgeschossen. 29. Januar 1945: Ein Mädchen, Nelly, plump und steif in doppelt und dreifach übereinandergezogenen Sachen (geschichtsplump, falls dieses Wort etwas sagt), wird auf den Lastwagen gezerrt, um die in der deutschen Dichtung und im deutschen Gemüt so tief verankerte Kindheitsstätte zu verlassen.

Heute, an diesem heißen Tag, da durch die offene Balkontür das Geraschel der Pappelblätter, fernes Hundegebell und Motorengeräusch eines einzelnen Motorrades hereinkommt. Heute, da dir – ein seltenes Glück – auch das Unbedeutende nur das Gefühl steigern kann, zu leben: das Essen, der Wein am Mittag, die paar Seiten eines Buches, die Katze, das Schlagen der Uhr aus dem Zimmer, in dem H. über seinen Bildern sitzt, die Sonnenreflexe auf dem Schreibtisch. Der Schlaf nach dem Mittagessen und der zwielichtige Traum. Das Gedicht, das du liest, in dem es heißt: Hüte dich vor der Unschuld / deiner Weggenossen. Vor allem anderen aber die fünf Tagesstunden über diesen Seiten, der feste Kern eines jeden Tages, vom wirklichen Leben das Wirklichste. Ohne die sich alles, Essen und Trinken, Liebe, Schlaf und Traum in rasender, angstvoller Eile entwirklichen würde. Das ist richtig und soll so sein. Heute macht es dir nichts aus, dir jenen bitterkalten Januartag zurückzurufen.

Man will nun also abfahren, macht schnell, beeilt euch, es wird spät. Nelly, schon im Lastauto, streckt den Arm aus, ihrer Mutter noch hereinzuhelfen. Die aber tritt plötzlich zurück, schüttelt den Kopf: Ich kann nicht. Ich bleibe hier. Ich werde doch nicht alles im Stich lassen.

Folgte ein Tumult aus dem Wagen heraus, Rufe, Beschwörungen, Schreie sogar – die Großmutter, die Tanten! –, ein Tumult, an dem Nelly sich nicht beteiligte. Es war ja unglaubhaft, was geschah. Folgte ein kurzer Dialog zwischen Tante Lucie und Charlotte, in dessen Verlauf die Obhut über die Kinder besonders Tante Lucie übertragen wurde – eine vernünftige Wahl! –, wofür Charlotte versprach, sich um ihren Bruder, Lucies Mann, Onkel Walter, zu kümmern, der in seinem Betrieb, Maschinenfab-

rik Anschütz & Dreißig, «die Stellung hielt». Folgte gleich darauf das An-
rucken des Wagens: Alfons Radde, mit Recht ungehalten, wartete nun keine Minute länger. Sollte zurückbleiben, wer nicht mitwollte. Ein schrilles
Aufheulen aus dem Wageninnern, das abebbte, da Charlotte sich schnell
aus dem Blickfeld der Davonfahrenden entfernte. Das Haus sah Nelly
noch, die Fenster, hinter denen die überaus vertrauten Räume lagen, über
den Schaufenstern die roten Buchstaben: Bruno Jordan, Lebensmittel,
Feinkost. Zuletzt die Pappel.

Jahre später, als die Betäubung sich aufzulösen begann, hat Nelly sich jede Minute dieses letzten Tages, den ihre Mutter in ihrer Heimatstadt verbrachte, vorzustellen versucht. In dem Augenblick, da der Lastwagen ihren
Blicken entschwunden ist, steht sie wie angenagelt.

Nun ist es zu spät. Den Gedanken, daß sie ihre Kinder verloren hat, muß
sie sich verbieten. Hastig läuft sie die Treppe hoch, zurück in die verwüstete
Wohnung. Ordnung schaffen, für alle Fälle erst mal Ordnung schaffen. In
Schränke und Fächer zurücklegen, stellen, schichten, was hierbleiben mußte und herumlag. Das Führerbild von der Wand nehmen (auf den Schreibtisch klettern, um heranzukommen), es im Keller stumm mit dem Beil zerschlagen und es im Heizungsofen verbrennen. Plötzlich, als sie in die Wohnung zurückkommt, wie vom Blitz gerührt stehenbleiben: Sie hatte ja hier
nichts mehr zu tun. Sie war ja ganz und gar verrückt, daß sie hiergeblieben
war. Sie wußte ja überhaupt nicht, wohin ihre Kinder fuhren und wie sie
sie je wiederfinden sollte. Rasend schnell verfielen die Gründe, die sie sich
eingeredet hatte: Hüter von Haus und Herd sein, dem Mann für Hab und
Gut verantwortlich sein, den Kindern ihr Erbe erhalten. Aber das ist ja
Wahnsinn, wird sie vor sich hin gesagt haben. Das ist ja kompletter Wahnsinn.

Ihr wurde klar, daß sie Informationen brauchte. Das Telefon war schon
tot, die Lage schien ernst zu sein. Ein Einfall: Leo Siegmann, der Buch-
händler, Bruno Jordans Freund, ist in der Materialverwaltung der General-
von-Strantz-Kaserne. Wenn einer, kann der ihr sagen, wie es steht. Sie
dringt, zum Äußersten entschlossen, zu ihm vor. Siegmann, bleich, vernichtet gerade die letzten wichtigen Papiere, danach wird er unverzüglich
das Weite suchen: Und wenn er laufen müßte. Die Garnison hat Ab-
marschbefehl. Ein Blick auf den Kasernenhof überzeugt Charlotte: Alles ist
verloren. Sie weiß nun Bescheid. Aus der Traum, sagt sie zu Leo Siegmann.
Und wo bleibt euer Endsieg?

Jetzt flieht auch sie.

Lenka tritt ein. Sie muß noch etwas erzählen. Gestern abend, als sie von
ihrer Jugend-Tourist-Reise nach Živohošt' bei Prag zurückkam, hat sie etwas Wichtiges vergessen: nämlich, welche Lieder unsere Touristen im sozialistischen Ausland singen. Oder ahnst du, was sie singen, wenn sie sich
abends mit Prager Bier vollaufen lassen?

Warum ist es am Rhein so schön, vermutest du.

Nein, diesmal nicht. Diesmal zwei andere Lieder. Das erste: Es gibt kein Bier auf Hawaii, es gibt kein Bier.

Kenn ich, sagst du. Und das zweite?

Lenka sagt: In einem Polenstädtchen. Das kennst du nicht?

Nein.

Aber ich. «In einem Polenstädtchen, / da lebte einst ein Mädchen, / die war so schön, so wunderschön, / die war das allerschönste Kind, / das man in Polen findt, / aber nein, aber nein, sprach sie, / ich küsse nie.»

Geht es noch weiter? fragst du. Die Wut und die Lust, in singende Gesichter zu schlagen, die kennst du auch.

Das Lied hat drei Strophen. Von den beiden letzten kannte Lenka nur Bruchstücke. In der zweiten Strophe, wußte sie, passiert «es». Worauf «das Polenmädchen» sich erhängt, einen Zettel um den Hals, «worauf geschrieben stand: / Ich hab's einmal probiert / und bin krepiert.»

Die waren wirklich von uns, Lenka?

Was denkst du denn!

Wie alt?

Zwischen zwanzig und dreißig. – Aber es kommt noch besser. Weißt du, wie die dritte Strophe ausgeht?

Ja?

«Nimm dir ein deutsches Mädchen bloß, / das nicht beim allerersten Stoß / krepieren muß.»

In diesem Frühherbst wird es abends schnell kühl. Heute geht der meteorologische Sommer zu Ende. Du weißt, daß man es sich nicht wünschen darf, schneller alt zu werden. Im Zeit-Sinn leben! Man muß dem Sinn der Zeit eine Chance lassen, daß er sich einem zeige. Heute vor fünfunddreißig Jahren hat mit der Eroberung von Polenstädtchen durch deutsche Soldaten ein großer Krieg begonnen. Mit einmal ist dir das Interesse dafür abhanden gekommen, zu beschreiben, wie einige Leute – Deutsche – das Ende dieses Krieges erlebt haben. Diese Leute können dir gestohlen bleiben. Ein Lied, in diesem Sommer 74 von Deutschen gesungen, hat dir jede Anteilnahme an ihnen genommen.

Was haben denn die Tschechen dazu gesagt, Lenka? – Die haben nur groß geguckt und gegrinst.

Die Sänger werden keine Zeile dieses Buches lesen. Sie haben nicht hingesehen, als, vor nun schon zwei Jahren, drei polnische Frauen, die im deutschen KZ Ravensbrück «medizinischen Experimenten» unterworfen waren, vor der Fernsehkamera aussagten. Die eine war gegen ihren Willen und ohne Notwendigkeit operiert worden. Der anderen hatte man eine Spritze in die Brust gegeben, die danach hart und schwarz geworden ist und abgenommen werden mußte. («Ich mußte immer daran denken, daß ich nie einen Mann haben würde, keine Kinder, kein Zuhause. Nichts.») Die dritte war nach gewaltsam verabreichten Injektionen jahrelang über und über von Geschwüren bedeckt. Sie bekam 1950 ein Kind, Jadwiga. Das schrecklich entstellte Gesicht dieses jungen Mädchens erschien plötzlich groß auf dem Bildschirm.

Warum haben Sie sich ein Kind gewünscht! hat die Geburtshelferin, eine Professorin, nach der Entbindung zu Jadwigas Vater gesagt. Es ist doch vollkommen klar, daß diese Verkrüppelung eine Folge des KZ-Aufenthalts Ihrer Frau ist . . .

Jadwiga sprach selbst. Sie weinte. Die zweiundzwanzig Jahre des Lebens auf dieser Welt seien ihr ein fortwährender Alptraum gewesen. Ihr einziger Trost sei, daß sie lernen könne. Sie studierte Mathematik an der Universität Warschau, gehe aber nicht in die allgemeinen Vorlesungen, das wäre zu schwer für sie. Sie sagte: Ich möchte leben wie alle Menschen und etwas Gutes für die Menschen tun, das ihnen nützt.

Keine Zeile mehr. Abend. Im Fernsehen singt ein Chor schwarzer alter Männer: O when the Saints go marchin' in . . .

Bach-Musik.

Das Zugunglück in Zagreb ist auf menschliches Versagen zurückzuführen.

In G. (vormals L.), einem Polenstädchen, habt ihr am Sonntag, dem 11. Juli 1971, früh gegen neun in einer Milchbar am Marktplatz gefrühstückt.

«Ich habe viel aufgeschrieben, um das Gedächtnis zu begründen.» Johann Wolfgang Goethe.

Quellennachweis

Erich Arendt

«Valet», «Prager Judenfriedhof», «Feuerhalm», «Hyänengesichtig» und «Etrurien» sind dem Gedichtband «Feuerhalm» (1973) entnommen. «Lears letzte Tochter», «Leba», «Marina Zwetajewa» und «Dem Gedächtnis Paul Celans» sind dem Gedichtband «Memento und Bild» (1976) entnommen. Der Abdruck erfolgt mit freundlicher Genehmigung des Autors und des Insel-Verlags Anton Kippenberg.

Der Abdruck von «Goethe zeichnete», «Kap Palinurus», «Venentief» und «Stunde Chagall» erfolgt mit freundlicher Genehmigung des Autors.

Jurek Becker

Der Abdruck des 4. Kapitels aus dem Roman «Irreführung der Behörden» (1973) erfolgt mit freundlicher Genehmigung des Autors und des Hinstorff-Verlags.

Uwe Berger

«An den Dünen», «Was bleibt», «Volksfest», «Lebensbericht» und «Blaue Wege» sind dem Gedichtband «Lächeln im Flug» (1975) entnommen. «Immer such ich dich» ist dem elften Heft der *NDL* (1975), «Der Haß der Bäume» dem Prosaband «Backsteintor und Spreewaldkahn. Märkische Landschaften» (1975), entnommen. Der Abdruck erfolgt mit freundlicher Genehmigung des Autors und des Aufbau-Verlags.

Thomas Brasch

«Kassandra» wurde mit freundlicher Genehmigung des Autors und des Suhrkamp-Verlags dem Programmbuch zu dem Drama «Rotter» (1977) entnommen.

«Fastnacht» wurde mit freundlicher Genehmigung des Autors und des Rotbuch-Verlags dem Erzählband «Vor den Vätern sterben die Söhne» (1977) entnommen.

Volker Braun

«Unnachsichtige Nebensätze zum Hauptreferat» wurde mit freundlicher Genehmigung des Autors und des Verlags Philipp Reclam jun. Leipzig dem Band «Es genügt nicht die einfache Wahrheit. Notate» (1975) entnommen.

Der Abdruck von «Der Teutoburger Wald», «Das Forum», «Italienische Nacht», «Machu Picchu», «Neuer Zweck der Armee Hadrians», «IV Guevara» und «Ist es zu früh. Ist es zu spät» erfolgt mit freundlicher Genehmigung des Autors.

Jurij Brĕzan

Der Abdruck des Auszugs aus dem Roman «Krabat oder Die Verwandlung der Welt» (1976) erfolgt mit freundlicher Genehmigung des Autors und des Verlags Neues Leben.

Günter de Bruyn

Der Abdruck von «Freiheitsberaubung» erfolgt mit freundlicher Genehmigung des Autors.

Heinz Czechowski

«Katalaunische Nacht», «Gesellschaft», «Niobe», «Gegenwart», «Protokoll einer Reise», «Mörike – zu den Akten», «Flußfahrt», «Personenzug Gernrode – Halle», «Schafe und Sterne» und «Elgersburg» wurden mit freundlicher Genehmigung des Autors und des Mitteldeutschen Verlags dem Gedichtband «Schafe und Sterne» (1974) entnommen.

Adolf Endler
Der Abdruck der Texte aus dem «Notizbuch» («Alter Mann 1976», «Nachwuchsförderung angesichts gewisser Verluste», «Bettgespräch», «Ob es sich beim Essay», «Information über Köln», «Doktor Rumlands Deutschunterricht», «Publikumserfolg», «Die lange Geduld», «Zur Situation der DDR-Lyrik», «Willis Beitrag zur Memoirenwelle», «Vexierbild», «Über das Rudern im Achter», «Besuch aus Königswusterhausen», «Melancholie», «K. über M.L.», «Wie sehr», «Short Story», «Zuvorgekommen», «Vorschlag zur Güte / Für den Poetologen Heinz Kahlau», «Unvergeßlicher Augenblick», «K. und sein Versteck», «Traum», «Zukunftsbilder aus der Vergangenheit», «Unverhoffte Begegnung Peter Altenbergs mit Stalin», «Der achtzehnjährige Kritiker», «Alterswerk / Für E.A.», «Ein Mädchen», «Wenn ich», «Neue Kunstausstellung / Palast der Republik», «Als unser Lebensgefühl diskutiert wurde», «Vorabdruck aus meinem ersten Roman», «Argumentation», «Buchbesprechung im Sommer», «Das Gedicht 'Auf der Wiese', vorgestellt von Kunstschriftsteller K.-D.S.», «Alter Mann 1976», «Frühlingsbild», «Denkmal für Angelika Woite», «Zettel von O. an A.E.» und «Trauerfeier für A.E. oder Schlechte Träume») erfolgt mit freundlicher Genehmigung des Autors.

Elke Erb
«Die Gestalt des Wolfs», «Die Rückkehr von den KZ- und Todesinseln», «Ungenießbar», «Kleist», «Fernsehen», «Am Ziel», «Muttererde unterm Hammer», «Da staunst du Bauklötze», «Schau!», «Nach schlafloser Nacht» und «Zum Abschluß der Mahlzeit» wurden mit freundlicher Genehmigung der Autorin und des Aufbau-Verlags dem Band «Der Faden der Geduld» (1978) entnommen.
    Der Abdruck von «Naturschilderung» und «Vorspiel» erfolgt mit freundlicher Genehmigung der Autorin.

Fritz Rudolf Fries
Der Abdruck von «Vom Tod, vom Feuer, vom Leben» erfolgt mit freundlicher Genehmigung des Autors.

Franz Fühmann
Der Abdruck von «Drei nackte Männer» erfolgt mit freundlicher Genehmigung des Autors.

Günter Görlich
Der Abdruck von «Die Entdeckung» erfolgt mit freundlicher Genehmigung des Autors und des Kinderbuchverlags.

Peter Hacks
Der Abdruck von «Das Arboretum» erfolgt mit freundlicher Genehmigung des Autors und des Claassen-Verlags.

Stephan Hermlin
Der Abdruck von «Mein Friede» erfolgt mit freundlicher Genehmigung des Autors.

Stefan Heym
«Mein Richard» wurde mit freundlicher Genehmigung des Autors und der Verlagsgruppe Bertelsmann dem Band «Die richtige Einstellung und andere Erzählungen» (1976) entnommen.

Karl-Heinz Jakobs
«Quedlinburg» wurde mit freundlicher Genehmigung des Autors und des Verlags Neues Leben dem Erzählband «Fata Morgana – Phantastische Geschichten» (1977) entnommen.

326

Bernd Jentzsch
«Spiegel», «Fernsehübertragung vom Schlachtfeld», «Der Ort», «Seitdem», «Die Liebhaber», «Phantasien am Zürichsee», «Gedächtnis», «Arioso», «Briefe schreiben, Briefe lesen», «Das Verlangen» und «Stoßgebet» wurden mit freundlicher Genehmigung des Autors und des Carl-Hanser-Verlags dem Gedichtband «Quartiermachen» (1978) entnommen.

«Stadtordnung» wurde mit freundlicher Genehmigung des Autors und der Pfaffenweiler Presse dem Band «Berliner Dichtergarten und andere Brutstätten der reinen Vernunft» (1979) entnommen.

Hermann Kant
«Eine Übertretung» wurde mit freundlicher Genehmigung des Autors und des Aufbau-Verlags dem Erzählband «Eine Übertretung» (1975) entnommen.

Uwe Kant
Der Abdruck von «Monopoly» erfolgt mit freundlicher Genehmigung des Autors.

Rainer Kirsch
Der Abdruck von «Sonett», «Sich Reckende», «Lenin 1918», «Aufschub», «Aussicht», «Protokoll», «Ernste Mahnung 75», «Lied der Kinder», «In der Kreisstadt Werneuchen», «Soziologie des Witzes» und «Implikationen aus 'Prinz von Homburg'» erfolgt mit freundlicher Genehmigung des Autors.

Sarah Kirsch
«Rückenwind», «Der Meropsvogel», «Das Waldsanatorium», «Im Sommer», «Niemals verzogen» und «Tucholsky-Straße» wurden mit freundlicher Genehmigung der Autorin und des Langewiesche-Brandt-Verlags dem Gedichtband «Rückenwind» (1977) entnommen.

Wolfgang Kohlhaase
«Worin besteht das Neue auf dem Friedhof?» wurde mit freundlicher Genehmigung des Autors und des Aufbau-Verlags dem Erzählband «Silvester mit Balzac» (1977) entnommen.

Günter Kunert
Der Abdruck von «Ballade vom Ofensetzer» und «An Alphabeten» erfolgt mit freundlicher Genehmigung des Autors und des Carl-Hanser-Verlags.

«Nachrichten aus der Provinz», «Die Verursacher», «Nahwest oder: Fern im Okzident», «Eine Metapher», «Lagebericht», «Venedig II», «Zur Archäologie unseres Verschüttetseins», «Stille» und «Geschichte II» wurden mit freundlicher Genehmigung des Autors und des Carl-Hanser-Verlags dem Gedichtband «Unterwegs nach Utopia» (1977) entnommen.

Reiner Kunze
Der Abdruck von «Tagebuchblatt 74», «Tagebuchblatt 75», «In der Thaya in Südmähren», «Tatsachen», «Gründe, das Auto zu pflegen» und «Möglichkeit, einen Sinn zu finden» erfolgt mit freundlicher Genehmigung des Autors und des S.-Fischer-Verlags.

«Element» wurde mit freundlicher Genehmigung des Autors und des S.-Fischer-Verlags dem Band «Die wunderbaren Jahre» (1976) entnommen.

Kito Lorenc
«Die Struga», «Mein Jüngster Tag», «Bautzen – Neue Ansicht vom Proitschenberg», «Flurnamen» und «Struga - eine Konfession» wurden mit freundlicher Genehmigung des Autors und des Aufbau-Verlags dem Band «Flurbereinigung» (1973) entnommen.

Karl Mickel
«Geselliges Lied», «Hofgeschrei», «Guter Ort», «Ewalds Party», «Frauentag», «Neubauviertel», «Herr Schwarz», «Das Eisen. Nach Polybios», «Dickicht Brechts», «Der Krieg», «Das Krankenhaus» und «Bier. Für Leising» wurden mit freundlicher Genehmigung des Autors und des Mitteldeutschen Verlags dem Gedichtband «Eisenzeit» (1975) entnommen.

«Intermezzo: Hans Wursts Hinrichtung, 1», «Intermezzo: Hans Wursts Hinrichtung, 2» und «Epilog: Hans Wursts Auferstehung» wurden mit freundlicher Genehmigung des Autors und des Henschelverlags Kunst und Gesellschaft der Oper «Einstein» (1974, Musik von Paul Dessau) entnommen.

Irmtraud Morgner
Der Abdruck der Abzüge aus dem Roman «Leben und Abenteuer der Trobadora Beatriz nach Zeugnissen ihrer Spielfrau Laura» (1974) erfolgt mit freundlicher Genehmigung der Autorin und des Aufbau-Verlags.

Heiner Müller
Der Abdruck von «Todesanzeige» und «Die Hamletmaschine» erfolgt mit freundlicher Genehmigung des Autors.

Erik Neutsch
Der Abdruck von «Ein Heldenbericht» erfolgt mit freundlicher Genehmigung des Autors und des Tribüne-Verlags.

Eberhard Panitz
Der Abdruck von «Absage an Albert Lachmuth» erfolgt mit freundlicher Genehmigung des Autors.

Siegfried Pitschmann
«Die dunklen Höhenzüge der Kamele», «Mal vom Käseberg aus gesehen» und «Entwurf für einen Vater» wurden mit freundlicher Genehmigung des Autors und des Aufbau-Verlags dem Erzählband «Männer mit Frauen» (1974) entnommen.

Ulrich Plenzdorf
Der Abdruck von «Kein runter kein fern» erfolgt mir freundlicher Genehmigung des Autors.

Benno Pludra
Der Abdruck von «Schreiben für Kinder» erfolgt mit freundlicher Genehmigung des Autors.

Hans Joachim Schädlich
«Teile der Landschaft» wurde mit freundlicher Genehmigung des Autors und des Rowohlt-Verlags dem Prosaband «Versuchte Nähe» (1977) entnommen.

Klaus Schlesinger
Der Abdruck von «Am Ende der Jugend» und «Zwei Anekdoten» erfolgt mit freundlicher Genehmigung des Autors.

Rolf Schneider
«Brief zum Abschied» wurde mit freundlicher Genehmigung des Autors und des Verlags Volk und Welt dem Reisebuch «Polens Hauptstädte» (1974) entnommen.

Max Walter Schulz
Der Abdruck von «Der Läufer» erfolgt mit freundlicher Genehmigung des Autors.

Helga Schütz
Der Abdruck von «Berlin 17 Uhr» erfolgt mit freundlicher Genehmigung der Autorin.

Anna Seghers
Der Abdruck von «Steinzeit» erfolgt mit freundlicher Genehmigung der Autorin.

Martin Stade
Der Abdruck von «Siebzehn schöne Fische» erfolgt mit freundlicher Genehmigung des Autors.

Erwin Strittmatter
Der Abdruck von «Sulamith Mingedö, der Doktor und die Laus. Geschichten vom Schreiben» erfolgt mit freundlicher Genehmigung des Autors.

Eva Strittmatter
«Petschora-Höhlenkloster», «Der Preis», «Balance», «Ornament», «Anfang der Liebe», «Licht», «Bürde», «Mondrose», «Fliederort» und «An meine polnischen Freunde» wurden mit freundlicher Genehmigung der Autorin und des Aufbau-Verlags dem Gedichtband «Die eine Rose überwältigt alles» (1977) entnommen.

Paul Wiens
Der Abdruck von «Der schweigende Herodot», «Hagel oder Flug in die freiheit mit untauglichen mitteln», «Zweiter auszug des verlorenen sohnes», «Die siebente sonne», «Charilaos oder Die tugend des schwertes», «Dienstgeheimnis» (1, «Die großväter»; 2, «Ich wehre mich nicht»; 6, «kunst»; 17, «Außerhalb endlich»; 19, «Stoffwechsel»; 25, «Sie nahmen mich mit») und «Der salzmann» erfolgt mit freundlicher Genehmigung des Autors.

Christa Wolf
Der Abdruck des 13. Kapitels aus dem Roman «Kindheitsmuster» (1976) erfolgt mit freundlicher Genehmigung der Autorin und des Aufbau-Verlags.

329